用思维导图学汽车示波器的使用

杨增雨　主编

辽宁科学技术出版社
·沈　阳·

图书在版编目（CIP）数据

用思维导图学汽车示波器的使用 / 杨增雨主编. — 沈阳：辽宁科学技术出版社, 2019.11

ISBN 978-7-5591-1242-2

Ⅰ. ①用… Ⅱ. ①杨… Ⅲ. ①汽车—示波器—使用方法 Ⅳ. ①U467

中国版本图书馆CIP数据核字（2019）第142546号

出版发行：辽宁科学技术出版社
（地址：沈阳市和平区十一纬路25号　邮编：110003）
印 刷 者：辽宁新华印务有限公司
经 销 者：各地新华书店
幅面尺寸：165mm × 235mm
印　　张：20
字　　数：300千字
出版时间：2019年11月第1版
印刷时间：2019年11月第1次印刷
责任编辑：吕焕亮
封面设计：刘克江
责任校对：李　霞

书　　号：ISBN 978-7-5591-1242-2
定　　价：138.00 元（赠光盘）

编辑热线：024-23284373
邮购热线：024-23284626

序——我与汽车示波器的故事

我是从 1998 年开始使用汽车示波器的，当时在北京理工大学参加了汽车新技术培训后，买了一台福禄克 98 型示波器，用于汽车电控系统故障诊断。记得那时，听朱军老师讲课，做课前统计，全国参加培训的到场人员有 300 多人，只有三家修理厂有示波器，很幸运的是其中有我们一家。

时间到了 2019 年的今天，也实在没有想到，20 多年过去了，我还在用示波器排除故障，并且，几个月之前，在北京给大家做培训时发现，大多数修理厂仍然还没有示波器。

示波器为什么还没有普及？示波器是一台很好用的设备，并且极大地提高了维修工作中的诊断效率。还有些修理厂有示波器，但不会用，让它躺在库房里“睡觉”，这太浪费了吧！更多的人则是感觉它很神秘，怕买了不会用。

在朱军老师的课堂上，他问我：“你用示波器的感受是什么？”

我回答说：“我用示波器排除了一辆丰田佳美的点火系统故障，故障原因是火花塞间隙过大。我换完火花塞后，用示波器检测点火次级波形，发现击穿电压明显变低了。以前我修车只用万用表，没有办法去检测高压及瞬间变化的信号。用示波器后，对自己的维修是否有效，有了明确的判断结果。”

在后来的工作中发现，其实更大的收获并不仅仅是在提高诊断效率上，而是加深了自己对汽车电子控制系统的理解。为什么这样说呢？因为如果没有示波器理论，光凭想象，永远无法理解信号到底是怎样变化的；仅仅了解，有时是无法掌握真正的技能。当条件不具备时，我们只能低效率地去猜想、去排除，这样我们所浪费在诊断上的时间与代价，远远超过示波器的价值。示波器为我们带来的不仅是眼前效率的提高，更重要的是让我们养成用理论去分析故障，再做出科学判断的工作习惯。

示波器一点都不神秘，只要我们用心学，一定能学会，但肯定需要一个过程。对于我们大家来讲，如果没有人教的话，这个过程可能是比较难的一件事。因为我们在职的维修人员已经形成了自己的工作习惯，在使用示波器的初期，往往不会提高效率，而会“降低效率”，但这只是暂时的。就像我们学习打字一样，如果你想高效，就下定决心练会五笔，花几个月的时间学会了，一辈子受益。现在离了电脑，叫电脑盲。而我们维修人员，离了电脑就等于被技术时代淘汰。因为现在的汽车技术不仅是原来的信息量了，各种资料的信息量爆炸式增长，我们如果不会利用电脑来学习、工作，很快就会被淘汰。

学习示波器不需要太多的高深知识，需要的仅仅是我们初中物理知识，再加上你的用心就可以学会，并且可以极大地提高工作效率。还不快点来学习示波器的使用，难道你真的不想实现技术梦想了吗？

目前市场上，我们看到的关于汽车维修的书中，很少有关于示波器的，即使有，也是原来旧书的翻版，没有多少新的内容。因为我所在的县级市，我所接触到的车型，跟现在市面上的高级、新型轿车相比，车型落后，自己也感觉写出来的东西怕不能解决维修中遇到的问题。后来发现，这个担心是不必要的，因为示波器解决的问题是不分新旧车型的，因为越是新车型，应用的电子控制技术越多，越需要用示波器来诊断。

为了避免把书写成高难的纯理论教材，我们收集了大量的实际维修案例，通过案例了解示波器的实用性，可以让你能看进去，进而看得懂。借助思维导图这个思维工具的帮助，可以让你在书中任意“畅游”，都能清晰知道自己学习的进度。形象地比喻一下，你头脑当中的技术就是一棵树，这棵树的每一片叶子就是一个知识点、技能点，树枝和树叶的多少就是技术人员之间的差异。

我想通过这种创新的写作方式，让看起来高深莫测的示波器普及到每一个修理厂，用思维导图来学习示波器的使用是一种好方法。因为思维导图本来就是以图形的形式思考问题，而示波器也是以图形的形式分析故障。这样是不是能够让一些内容更好理解，加上色彩后是不是能更强烈地刺激我们的大脑，达到快速、高效地掌握这门技术，达到深入理解电子控制系统工作原理的目的。

本书在编写的过程中，得到邓忠、高杰山、杨国兴老师的指点，在此表示感谢！另外，参与编写的人员还有高玉良、梁雅琪、吴翔宇、李达、魏佳宜、梁博郡、董腾达、刘科委、穆伟业、吴泽美、罗小朝、冯亚恩、陈曦村、杨增霄、崔曙光、张兰允、张冬雪、张建显、冯向前、魏欢欢、李晓、冯琛、王艳、李展、杨爽、梁涛、魏强、高少峰、温朋达、钱友旭、王阳、李少锋、张兰须、赵昌建、刘丰、郭宗晓、温朋睦、郑子夺、谢宇航、李梦霖、马成帅、张彤、杨云喆、董金政、赵佳乐、李锦烨。书中通过大量的案例和视频，为你讲解、演示用示波器排除故障的思路与方法，其中的案例全部为原创，这是一笔非常宝贵的财富，我愿拿出来与你分享！

本书共收集大约 240 张图片，其中思维导图约 60 张，示波器典型故障波形图约 140 张以及其他实物照片。

每张导图都记录着一次思维路径，每张波形图代表一个典型故障。

图 1 是用思维导图做出的本书大纲。

杨增雨

2019 年 3 月 29 日

10 总结
示波器测量时的接线方法
示波器的分类与技术参数
示波器使用中的常见问题
示波器使用进阶
汽车电子电路立体学习法
建立良好的工作习惯
软件引发的故障你注意到了没有?
让我们能看到“电”的第六感觉
1 认识示波器
打开从万用表到示波器的大门
认识汽车专用示波器
示波器的工作原理
通过面板与示波器进行交流互动
如何快速掌握示波器的使用?
想乘凉先栽树——时间、频率和周期
专业示波器使用前的设置
直接测量和间接感应测量
把精彩瞬间留下——波形存储数据的处理和输出
使用示波器的 20 条注意事项
9 示波器的拓展应用
通过进气压力波形诊断发动机缺缸故障
用示波器判断发动机机械正时是否错位
用示波器诊断节温器是否正常
传感器模拟器与信号发生器
如何“看”到噪音在哪个位置?
超声波探头的检测与思考
2 电子元件的检测要点
汽车电气元件的分类
电阻型元件
电感型元件的特性与示波器的测量要点
电容型元件
用示波器检测供电元件
半导体元件的检测要点
电化学传感器的检测要点
8 网络通信类故障
网络故障的基础知识
LIN 通信线的特点与故障处理
车辆通信系统发展史与不通信故障检测要点
网络拓扑图的学习
OBD 信号监听器
雪佛兰车系网络故障特点
终端电阻的概念及应用
2012 年马自达 6 左前门电动玻璃开关无法控制其他门
2017 年福睿斯倾翻后不着车
汽车电控系统网络故障总结
3 用示波器诊断车身故障
如何用示波器诊断充电系统故障?
如何用示波器诊断蓄电池电流传感器?
如何用示波器诊断 ABS 系统故障?
如何用示波器诊断空调压力传感器故障?
如何用示波器诊断空调外界温度传感器故障?
如何用示波器诊断超声波距离传感器故障?
如何用示波器诊断车速传感器故障?
如何用示波器诊断车速表不走故障?
如何用示波器诊断水温传感器故障?
如何用示波器诊断机油液位传感器故障?
如何用示波器诊断汽油油位传感器故障?
7 示波器应用实战 19 例
奔驰 GL450 大灯近光不能正常点亮
沃尔沃 S80 后门电动玻璃不工作
保时捷卡宴散热风扇转动异常
捷达发动机怠速时轻微抖动
大众途观发动机故障灯亮
华晨中华发动机故障灯亮和抖动
大众波罗劲取电动玻璃不工作
帕萨特 B5 启动困难且着车后发动机缺缸
道奇酷博雨刷和喷水电机工作异常
速腾制动助力系统失效
伊兰特偶发性熄火
长安 CX75 偶发性不走车
捷达偶发性启动困难
海马福美来偶发性缺缸
雪佛兰乐驰发动机抖动
索纳塔换挡异常
威志发动机故障灯偶尔点亮
奇瑞 A518 小灯工作异常
2008 年 QQ6 发动机故障灯亮且加不上油
4 用示波器检测发动机电控系统传感器
与解码器配合检测空气流量传感器
如何用示波器检测进气压力传感器?
如何用示波器检测节气门位置传感器?
如何用示波器检测水温传感器?
如何用示波器检测曲轴位置传感器?
如何用示波器检测氧传感器?
如何用示波器检测爆震传感器?
如何用示波器检测加速踏板位置传感器?
发动机电控系统正时信号三要素
如何用示波器检测凸轮轴位置传感器?
6 示波器检测电子控制单元案例
控制单元内部工作原理
电子控制单元的检测要点
大众速腾发动机不着车
捷达发动机电脑维修
尼桑骐达 ABS 电脑维修
尼桑 350Z 不着车
帕萨特 B5 发动机电脑损坏
桑塔纳新秀发动机电脑屡次损坏
长安悦翔 V7 发动机缺缸且冒蓝烟
别克君越前氧传感器加热电路故障
5 用示波器检测执行器
用示波器诊断占空比调节怠速阀
喷油脉宽波形分析
点火线圈驱动形式分类
点火线圈初级波形分析
点火线圈次级波形分析

图 1

目 录

1 认识示波器

▶1.1 打开从万用表到示波器的大门

当你打开本书时，恭喜你打开了两扇大门，一扇是通往汽车电子电路维修的大门，另一扇是通往高效学习的大门——思维导图。我从事汽车维修30年了，其中汽车电子电路维修也将近20年了，自从有了示波器，就如长了一双火眼金睛一样，可以“看”到故障的本质，准确而高效地找到故障原因。

本书利用思维导图这种思维工具，为大家讲解MT3500型示波器在汽车电子电路维修中的应用。思维导图是一种思维工具，它可以提高我们的思维效率，对复杂的技术问题进行整理，使之更加清晰、有条理。我是全国用思维导图学修车第一人，在本书中大量应用思维导图对技术问题进行分析和总结。

刚开始接触电路维修工作，大家都是从万用表开始，通过万用表的使用，我们在大脑中建立了电压、电阻和电流的概念，我们排除电路故障要以欧姆定律为理论基础，进行检测、分析、判断，根据我们的判断进行相应维修，最后才能排除故障。随着经验不断的积累，不断加深对电路知识的理解，会逐步建立功率的概念。以上知识点基本就够用了。

汽车上的点火系统比较特殊，它是一种特殊的电路，它是利用电感储能，再通过变压器的升压作用，将12V的电压升到接近10000V的高压，在火花塞电极间放电，产生电火花点燃混合气，汽油在气缸内部的燃烧。从电路上讲，点火系统属于高压脉冲电路，由于高电压和快速变化这两个特点，万用表是无法直接测量点火系统故障的。

只有汽车专用示波器才能实现次级点火高压的测量。通过使用汽车示波器，可以让我们加深对“击穿”这种物理现象的理解，即“击穿”发生时先是一个能量积累的过程，当电压升高到足够高时才能击穿混合气，这个积累过程实际上涉及电容和电感两种电路原理。

示波器不仅仅可用来测量点火系统，还可以测量更多快速变化的电信号，比如喷油脉宽等。虽然解码器的数据流中，也有喷油脉宽的显示数据，但它的刷新速度比较慢，并且是经过发动机电脑计算后输出的，所以有时会与实际值存在一定误差。如果想要精确测量，只有示波器才能完成这方面的工作。

“电”是看不见摸不着的，但有了万用表，可以让我们间接意识到电的存在，这种感受是要不断地想象，但电的快速变化没有办法通过万用表“看”到。对于复杂的电子信号，只有示波器可以让我们直观“看”到电信号，并且属于“火眼金睛”，无论变化多么快的信号，它都能进行识别。新型数据存储示波器还具有神奇的“定身法”，它可以将瞬息万变的电信号“冻结”，让时间“凝固”，这样我们可以慢慢进行分析，这就是数字示波器的功能之一——冻结图像。

经常使用示波器，有利于提高诊断效率和诊断准确性。示波器不但可以看到快速变化的电信号，还可以加深对数据的理解。经验和理论相互验证与促进，如果我们仅使用万用表而不使用示波器，对于汽车电子电路中快速变化的信号，就不能准确理解，更不能科学分析相关故障。因为快速变化的信号与普通电路的工作规律有很大的区别，这些检测和分析故障的技能，只能建立在实践的基础上，才能掌握。

通过示波器的使用，可以让大脑的思维得到拓展，将知识通过实践得到验证，同时总结多次工作实践可以得到宝贵的经验，再通过经验可以进一步加深对理论知识的理解。有时复杂的问题是要经过好几个轮回。示波器使用起来给我们带来的最大好处就是通过分析波形，让电信号以形象化进行思维，这样既轻松，又快捷，实现对复杂电路的检测与分析。将以上内容用思维导图加以总结，如图 1–1 所示。

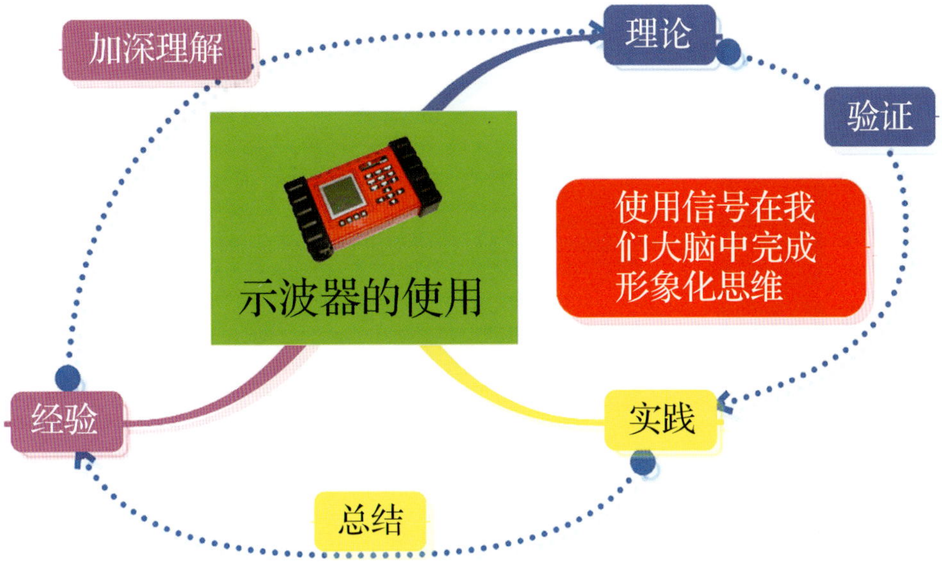

图 1-1

▶ 1.2 认识汽车专用示波器

示波器本来不分汽车专用示波器，所谓专用示波器其实是带“傻瓜”菜单的示波器。示波器在使用时跟万用表一样，需要根据被测量的电信号的电压和频率做一个估算，然后选择合适的量程。而一般汽车维修人员不具备电子电路维修人员的专业程度，在某些测量项目中设置示波器有一定难度。为了方便汽车维修人员，汽车专用示波器专门设计了用于汽车电子信号检测的快捷菜单，具备这种功能的示波器就是汽车专用示波器。

我们先来认识示波器，如 MT3500 型汽车专用示波器，如图 1–2 所示。

我们检测人员想测量汽车上的电子信号，比如测量喷油脉宽，通过示波器上的菜单可以进入设置，进入到纵向每格电压为 10V、横向每格时间为 2ms，这样的设置适合大多数车辆的喷油脉宽检测，可以看到比较合适的波形。如果你熟练掌握了相关的计算，那也可以直接进入示波器的菜单，自己动手选择合适的量程。

示波器之所以能让我们看到电子信号的波形，它的工作原理是怎样的？我们掌握示波器的使用前，一定要先掌握万用表的使用，这样在万用表使用的基

图 1-2

础上，理解时间与频率的概念，才能更快地接受示波器的基本理论。

万用表只能显示当前的电压值，随时间连续快速变化的电子信号无法用万用表来精确检测，万用表的检测速度仅为每秒 1 次。

示波器的工作原理就是把电压信号变成一个点一个点的图像，再在时间轴上进行连接，将电压和时基设置好以后，这个屏幕就代表一段时间内信号的扫描窗口，通常电子信号的变化是有规律的重复变化，比如点火脉冲。我们要了解的是这个信号电压在时间轴上的变化规律，示波器可以快速地对被测量信号电压进行取样检测，然后连接成一条连续变化的曲线。也就是说，示波器由于其本身工作频率的限制，并不是达到连续检测信号，只是快到一定程度，对于我们来说就近似于连续变化了。

实际上，整个示波器的学习过程中，就是在我们大脑中建立快速变化的信号电压变化规律的图像，通过对信号电压曲线进行分析，得出一定的结果，来进行故障诊断。从理论基础上讲，需要的是交流电路的知识和电子电路的知识。

所有的电子电路几乎都由这 4 类元件组成：电阻、电容、电感和半导体。其他的一些元件数量非常少，比如晶体振荡元件等。所以，学习电子电路基础是学习示波器不可跨越的一个门槛。

什么是汽车专用示波器？它是一台能够专门用于汽车电子控制系统的专用

诊断设备，它可以为我们呈现快速变化的汽车电子信号电压变化曲线，并且可以记录下这些复杂的信号波形。

▶1.3 示波器的工作原理

说起示波器的工作原理，因为它是一套高深并且专业的知识，讲上十天半月的都讲不完。我们不是搞电子设计的，也没有必要从内部电子元件工作原理上进行学习，但是作为汽车维修人员，解决好奇心的方法就是动手拆，虽然搞不太明白，但可以了解其大致结构，了解一下与我们相关的使用方面的问题就可以了。

拆开示波器的外壳，我们看一下里面的结构，如图 1–3 所示。

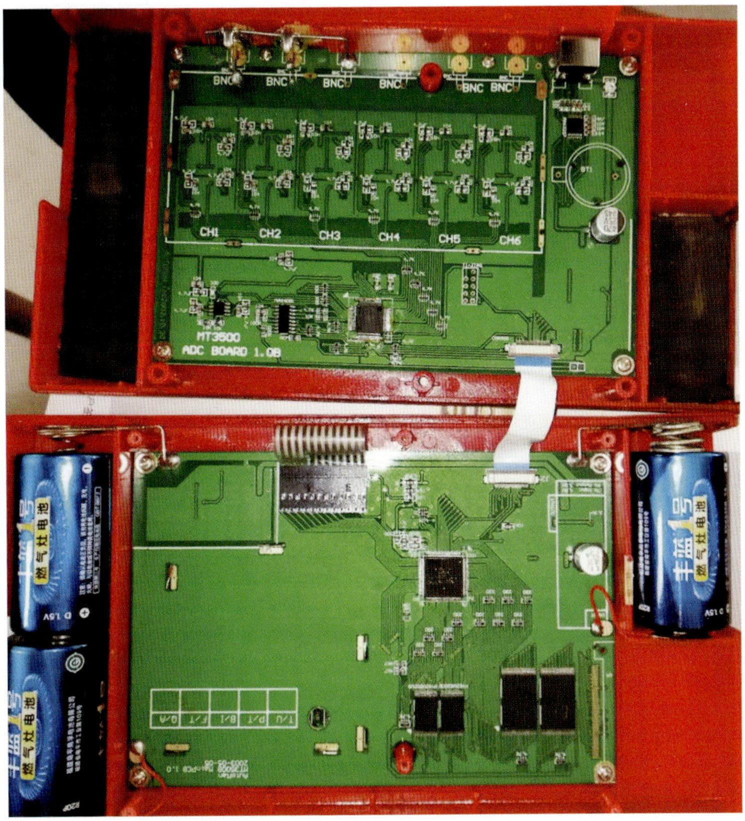

图 1–3

从结构上看，里面有两块电路板，上面那块电路板是输入信号处理器，从电路板的字符可以看到，这是一块 6 通道的示波器电路板，但只用了两个通道。下面的电路板是显示屏控制电路板，它主要由显示屏、输入菜单按钮处理电路组成。前后两块电路板靠一条数据线连接，用来交换数据。详细的工作原理，要涉及更加专业的电子控制系统的知识，这方面的知识我也不专业，本书只是讨论如何用好示波器。如果有感兴趣的，可以去自学一下关于单片机的知识，这类教材中有关于液晶显示屏驱动的工作原理。

显示屏上有多个像素组成，每个时刻只有一个相对应的电压值，随着时间的推移，电压值的大小变成显示屏上高低变化的点，这些点连到一起，就是一条变化的曲线，也就是电压在时间轴上移动的痕迹，我们就能看到电压信号的波形。

示波器是以时间为横轴（水平方向），电压为纵轴（垂直方向）的一种关于电压变化的坐标图。

同样是水温传感器信号电压的测量，我们可以选择这两种设备测量水温传感器，示波器可以更加精准地反映信号电压的变化过程。而万用表只让我们“看”到了一个一个的相对于时间变化的点，无法形成完整的变化曲线，除非用我们的大脑“合成”。而示波器直接把变化过程以图像的形式显示出来。

上面所说的水温传感器的信号变化速度，在所有汽车电子信号中，可以说是变化最慢的，我们可以用万用表测量，遇到更快的信号，比如曲轴位置传感器的信号，万用表只能测量一下电阻，或是用交流电压挡测量一下电压，也可以粗略判断一下故障。对于我们习惯使用示波器的人来说，用万用表测量交流电压的感觉就像我自己是 1000 多度的近视眼，让我摘下眼镜来看东西一样，模糊一片，近乎盲人的感觉。

什么情况下需要使用示波器呢？其实刚才已经表明了，对于快速变化（每秒钟变化 1 次以上）的信号就需要使用示波器了，否则，我们就不是在做真正的诊断，而是在做“赌博”，或者说是瞎猜。如果这样，你的客户是非常明白的，当他看到你换了两次件都没办法解决故障时，离开你的可能性会增加。我相信这件事谁都不愿意看到，这不是挣不挣钱的问题，是有没有自信，是将来自己技术、事业发展的大事！

从万用表到示波器，我们还可以找到共同点，万用表的作用是测量电压、电阻和电流，再加上一些附加的功能，如三极管放大倍数和通断检测等。而示波器仅能检测电压信号；对于电阻，示波器是不能检测的；如果给示波器配上一个电流传感器，测量电流也是可以的。

在测量的过程中，遇到的问题就是一个量程问题，使用万用表时需要考虑这一问题，用示波器测量同样需要考虑这一问题。不但是电压的范围需要考虑，而且信号的频率，相对于时间方面变化的快慢也是要考虑的，因为如果时基选择错了，就不能看清楚或看不到我们想要了解的波形。到底如何选择合适的量程，我们把相关内容放到了以后章节进行详细的讲解。

1.4 通过面板与示波器进行交流互动

MT3500 型示波器的面板上可以分为几个区域，如图 1–4 所示。

在图 1–4 的几个区域中，右侧的键盘区分上、下两部分，上面是操作菜单

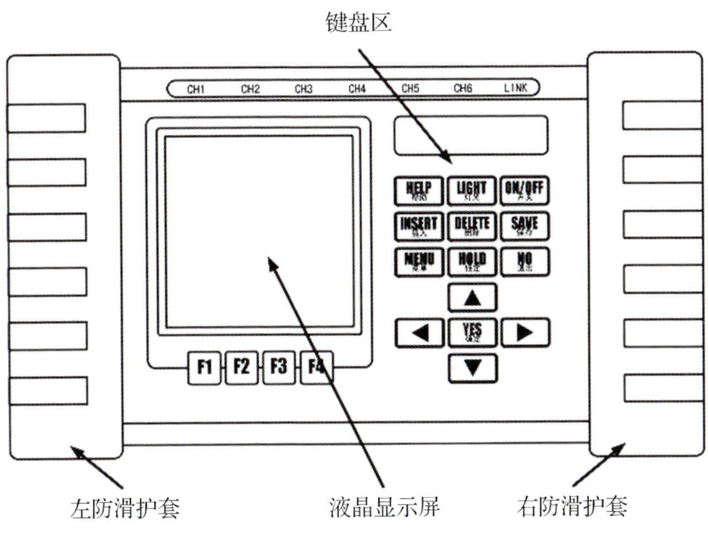

图 1–4

按钮，下面是上、下、左、右选择键和确认按钮。在键盘区我们第一眼看到的是英文菜单，在每一个英文单词下面还有一个中文的解释，所以，即使你的英文水平一般，也不用担心看不懂。

刚拿到示波器，可能会不知道显示屏下方几个功能键“F1、F2、F3、F4”的作用，这4个按键与我们电脑上的F1~F12一样，是配合屏幕上显示内容工作的，在不同的界面有不同的功能。包括屏幕右下角上的4个箭头，也是与屏幕上的内容配合使用的，相当于鼠标的作用。

在右侧中间面板的菜单按钮上既有中文显示，又有英文显示，其功能如图1-5所示。

除了以上按钮以外，还有上、下、左、右4个箭头，这是用来移动光标位置的。

在仪器的顶端面上有2~6个输入通道端口，是用来连接示波器的探针，是检测时信号的输入端。跟万用表一样，每一个通道有两个探针输入，但输入的导线是同轴电缆形式的，不像万用表使用的是两条线。这是因为示波器输入信号频率较高，用导线易受到外界电磁波的干扰，而用同轴电缆可以有效屏蔽这些干扰信号，使示波器工作起来更加稳定。

示波器的上端面上有6个输入端口，实际情况如图1-6所示。

示波器的接口参数：

一台示波器可以测量的电压最高是多少伏特，可以测量的频率最快是多快？这也是我们关心的问题。该示波器可以精确到每格125 μs，也就是说一个波形变化速度为10 μs的话，我们在示波器的显示屏上可以勉强看到。在汽车电子领域，这个频率的速度已经可以解决99%的问题了，对于我们初学者来说，完全够用。当初我在买这台示波器时，还有一个担心，就是这么小的屏幕能够用吗？这个疑问也如上面的问题一样，不能说完全够用，但按实际使用是可以完成绝大多数检测任务的，因为价格优势，还是值得考虑的一台好示波器。

这台示波器还有一个优点，在我使用中，基本没有出现过故障，非常耐用。说到这里，我并不是给这台示波器打广告，而是真的很认可这台示波器的质量。

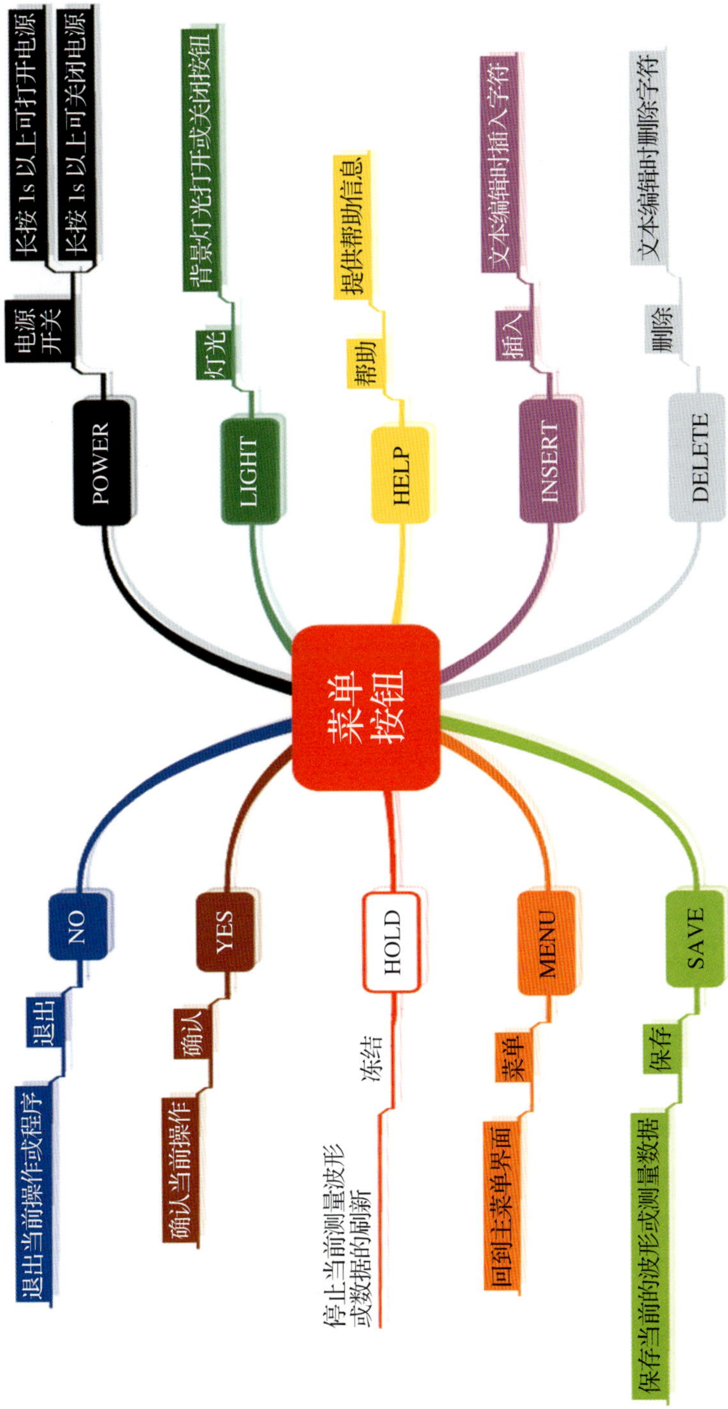
菜单按钮
POWER
电源开关
长按 1s 以上可打开电源
长按 1s 以上可关闭电源
LIGHT
灯光
背景灯光打开或关闭按钮
HELP
帮助
提供帮助信息
INSERT
插入
文本编辑时插入字符
DELETE
删除
文本编辑时删除字符
NO
退出
退出当前操作或程序
YES
确认
确认当前操作
HOLD
冻结
停止当前测量波形或数据的刷新
MENU
菜单
回到主菜单界面
SAVE
保存
保存当前的波形或测量数据

图 1-5

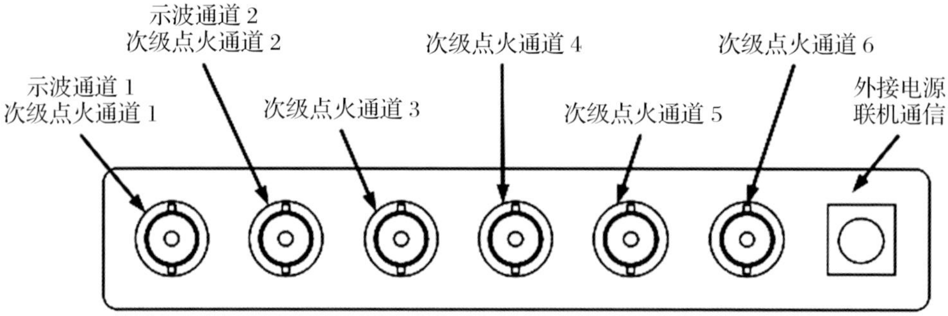

图 1-6

我是 2004 年买的，当时也没想到质量这么好！

我们再看看示波器的外围附件，两根输入电缆、两套组合式探针、外加点火感应线两根。还有一个重要的问题是，该示波器使用普通 1 号电池为电源，可以方便地从超市中买到，用了近 15 年都没有因为电池失效耽误我的使用。不能不感叹设计者的用心，这位优秀的工程师就是想为我们广大维修人员提供一台方便易用的好设备。

仪器功能：MT3500 型手持发动机分析仪功能强大，可提供多项检测项目，满足汽车检测时的多种需求，其具体功能特点说明如下：

★采用双轨示波器可直观测出信号的波形及参数，如直流电压、交流电压、频率、脉宽、占空比等

★上部有 6 个测试通道，可同时测 6 缸次级点火波形

★时基显示可以精确到 125 μs/ 格

★数字万用表功能

★元件测试功能

★仪器存储容量可达到 32MB

★应用 3 节 1 号电池供电，低功耗设计、自动关机功能更能延长使用时间

★数据文件管理功能

★系统设置功能

★软件直接安装功能

▶1.5 如何快速掌握示波器的使用?

作为汽车维修人员，你一定会认可，我们这一行业的特点之一就是需要不断地学习。说起学习，我感慨很多，因为我本人从事这个行业的 30 年里，几乎是坚持每天学习的，也正因为如此的艰苦和坚持，才有了现在的成绩。

我国北方的冬天是非常冷的，大部分树木都要落叶，你看到落了叶子的树有什么感觉呢?你看那树的特点，有一个树干加上树枝，再就是更细的枝杈，当季节进入了夏天，树变成了这样，如图 1–7 所示。

图 1–7

我们的维修技能本身也如上面的两棵树一样，你的理论是主要的枝干，而每一片叶子则是你宝贵的实践技能。仅有枝干的是初出校门的新手，他们只懂理论，但没有实践经验，很难把车辆维修好，因为他们没有通往细枝末节的更小的经验支撑。所以，每一个维修人员的技能就是一棵大树。你有没有遇到过这样的问题：一个故障几年以前修过，几年以后再次遇到，当时费了九牛二虎之力，这次又忘了是怎样维修好的，结果把几年前的工作重新来了一遍。而我本人却很少遇到类似的问题。因为我是一个笨人，遇到维修过的疑难故障，经常会通过写日记的方法把它记录下来，而比较精彩的典型故障，会送到杂志社投稿。稿件发表之后，我再次阅读会加深一次印象，所以相对复杂的疑难故障，我会印象非常深，几乎可以达到终生不忘的程度，这是一种作为技术人员不断提高技能的好方法，建议聪明的你采用这种方法学习，对你的技术成长一定会有所帮助。

对于示波器的学习，也同样有好方法，你看一下示波器的说明书就明白了。在《使用说明书》中，把示波器的操作说明列成了目录树形式，如图 1–8 所示。

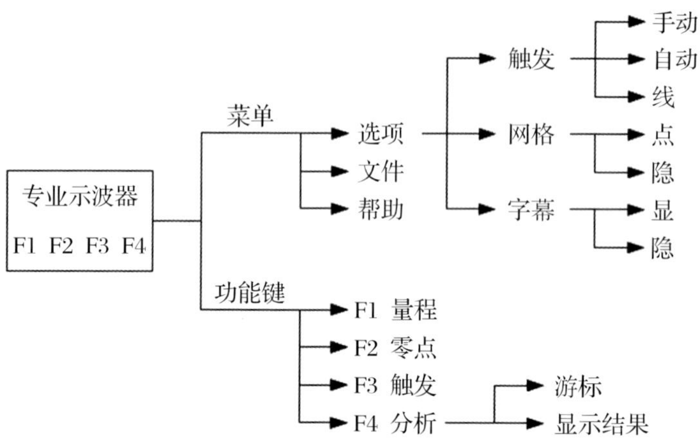

图 1–8

这就是一个树形目录，这种表达方式已经很不错了，但是有一个小缺点，就是看不到整个菜单树的全貌，我们用思维导图把上述的目录树进行重新整理，得到一张整个的目录树的思维导图，通过这张图可以快速了解该示波器的使用操作，如图 1–9 所示。

从这张思维导图上可以看到，开机界面的第一层菜单共有 11 个子菜单，在这 11 个子菜单的下一层，又有不同的分支，分支最多的是元器件测试这个菜单，它有 5 层的深度。

可以通过这张图了解整个示波器菜单的大致结构，这对于我们以后操作该示波器非常有帮助。我们也不用死记硬背，只需要经常使用，就能记住这些菜单，用这种方法学习汽车示波器，你是不是觉得非常高效呢?

树形目录的第一层是主目录，其余的子菜单我们可以边用边学，化繁为简，把这 11 个主菜单熟悉就行了，如图 1–10 所示。

思维导图的方法是把知识加以归纳整理，加强理解，找出需要记忆的核心

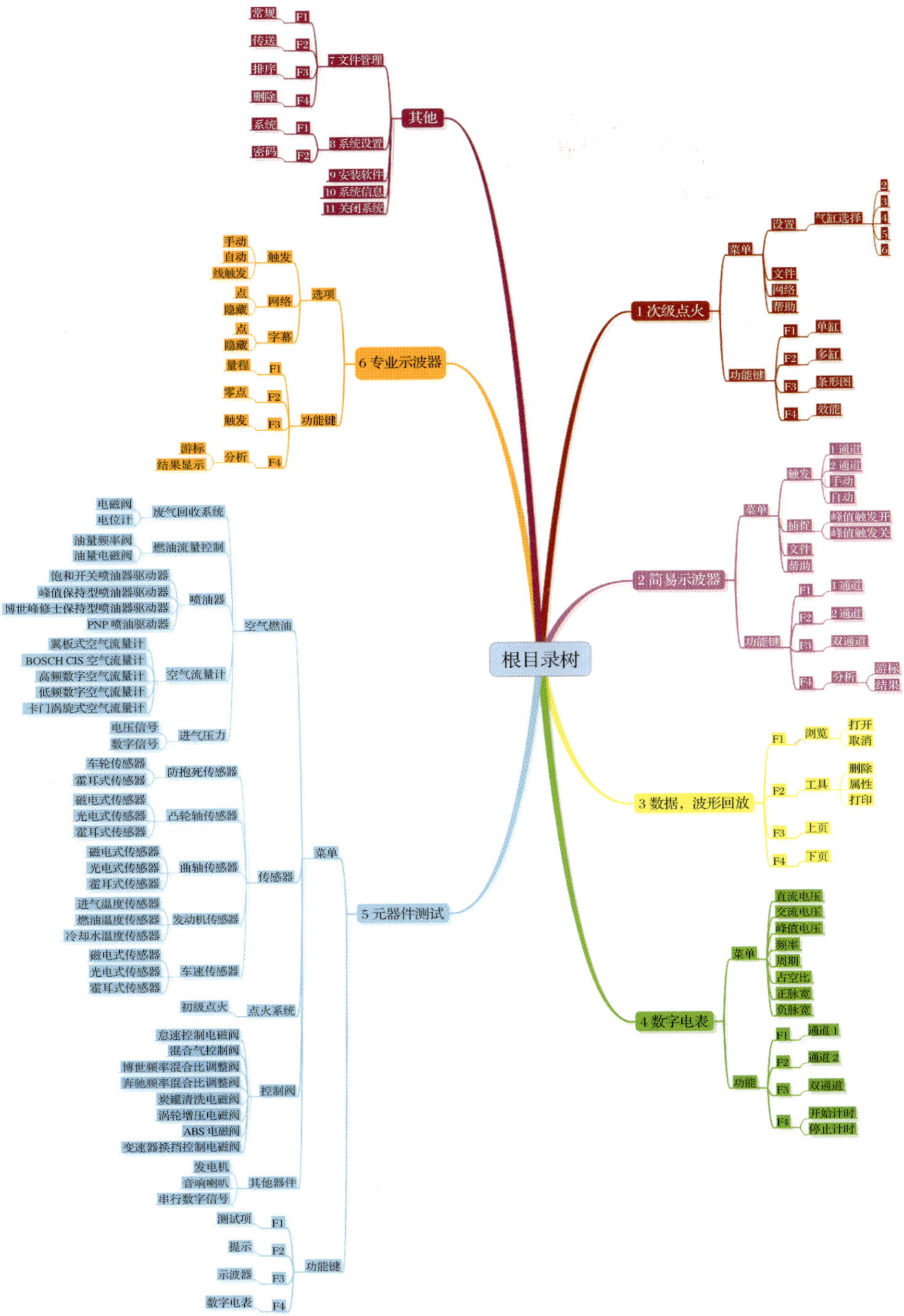
根目录树
其他
7 文件管理
F1 常规
F2 传送
F3 排序
F4 删除
8 系统设置
F1 系统
F2 密码
9 安装软件
10 系统信息
11 关闭系统
6 专业示波器
选项
触发
手动
自动
线触发
网络
点
隐藏
字幕
点
隐藏
功能键
F1 量程
F2 零点
F3 触发
F4 分析
游标
结果显示
5 元器件测试
菜单
空气燃油
废气回收系统
电磁阀
电位计
燃油流量控制
油量频率阀
油量电磁阀
喷油器
饱和开关喷油器驱动器
峰值保持型喷油器驱动器
博世峰修士保持型喷油器驱动器
PNP 喷油驱动器
空气流量计
翼板式空气流量计
BOSCH CIS 空气流量计
高频数字空气流量计
低频数字空气流量计
卡门涡旋式空气流量计
进气压力
电压信号
数字信号
传感器
防抱死传感器
车轮传感器
霍耳式传感器
凸轮轴传感器
磁电式传感器
光电式传感器
霍耳式传感器
曲轴传感器
磁电式传感器
光电式传感器
霍耳式传感器
发动机传感器
进气温度传感器
燃油温度传感器
冷却水温度传感器
车速传感器
磁电式传感器
光电式传感器
霍耳式传感器
点火系统
初级点火
控制阀
怠速控制电磁阀
混合气控制阀
博世频率混合比调整阀
奔驰频率混合比调整阀
炭罐清洗电磁阀
涡轮增压电磁阀
ABS 电磁阀
变速器换挡控制电磁阀
其他器件
发电机
音响喇叭
串行数字信号
功能键
F1 测试项
F2 提示
F3 示波器
F4 数字电表
1 次级点火
菜单
设置
气缸选择
2
3
4
5
6
文件
网络
帮助
功能键
F1 单缸
F2 多缸
F3 条形图
F4 效能
2 简易示波器
菜单
触发
1 通道
2 通道
手动
自动
捕捉
峰值触发开
峰值触发关
文件
帮助
功能键
F1 1 通道
F2 2 通道
F3 双通道
F4 分析
游标
结果
3 数据，波形回放
F1 浏览
打开
取消
F2 工具
删除
属性
打印
F3 上页
F4 下页
4 数字电表
菜单
直流电压
交流电压
峰值电压
频率
周期
占空比
正脉宽
负脉宽
功能
F1 通道 1
F2 通道 2
F3 双通道
F4
开始计时
停止计时

图 1-9

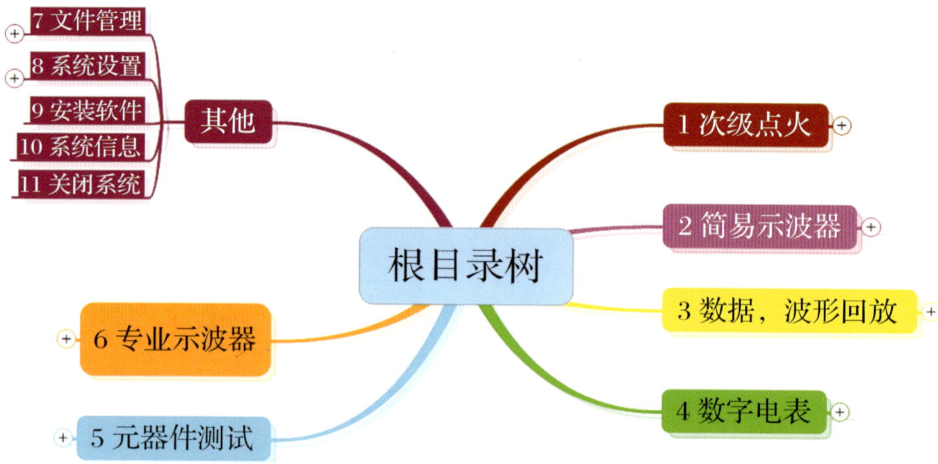

图 1-10

内容，再加强记，就可以提高学习效率。

示波器虽然是一台高级诊断设备，但它并不娇气，只要正确使用，还是非常稳定的，基本上不用担心无意当中损坏示波器。前提条件是要把注意事项牢记，别犯严重的基本操作上的错误即可。

大多数业余的乒乓球爱好者，开始学习乒乓球时，都是拿起拍子就打，刚开始时打得漏洞百出，动作变形，但没关系，练习的时间久了就能不断进步。我认为学习汽车示波器也跟学习乒乓球一样，不必先把所有理论都搞懂了再动作，我们完全可以先看着说明书进行操作，遇到什么问题再找资料。

有了上一节对示波器的菜单全貌的认识，还是有再对每个菜单熟悉的必要，我们同样采用思维导图把菜单树进行整理如下：

（1）在“次级点火”菜单中（图 1-11），在实际操作时分两大步骤完成，一步是设置菜单，另一步是连接测试线。

进入菜单并连接好测试线后，即可显示正常的次级点火波形。如果有必要，可以调整时间与电压。默认的电压是纵向每格 4kV，横向每格 2ms。调整电压或时间时，需要 4 个上、下、左、右的箭头配合确认键完成。

（2）在“简易示波器”菜单中（图 1-11），可以让我们快速进入示波器功

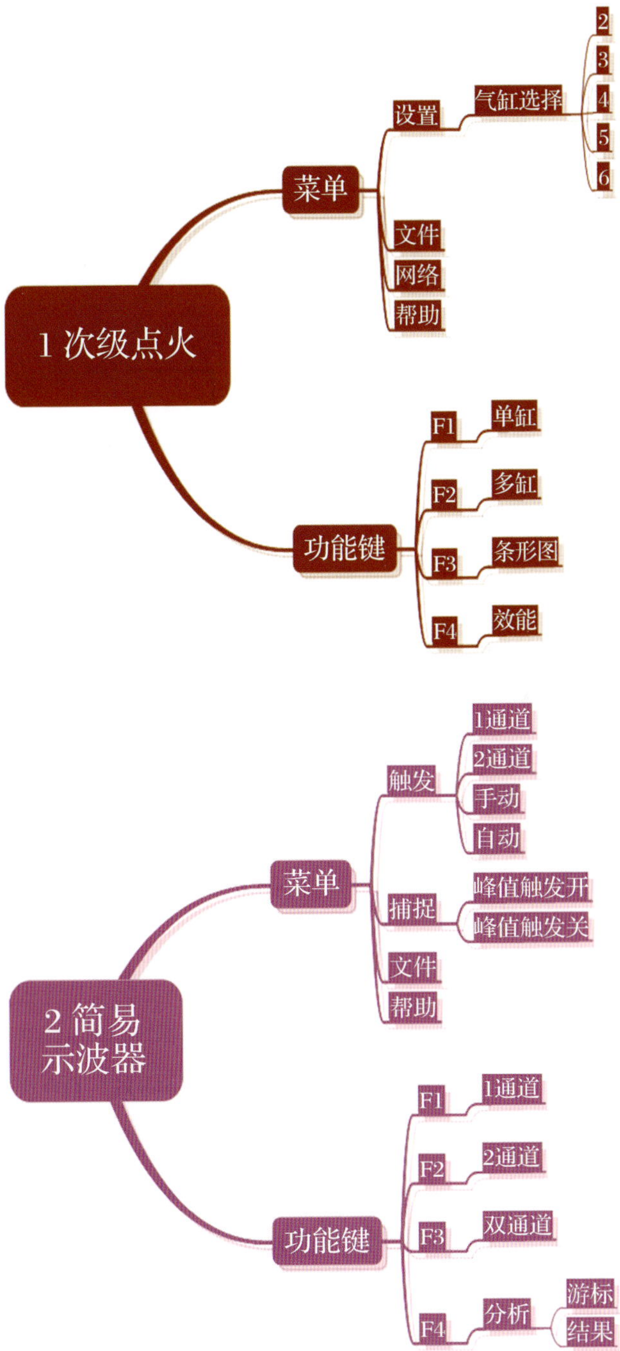
1 次级点火
菜单
设置
气缸选择
2
3
4
5
6
文件
网络
帮助
功能键
F1
单缸
F2
多缸
F3
条形图
F4
效能
2 简易示波器
菜单
触发
1通道
2通道
手动
自动
捕捉
峰值触发开
峰值触发关
文件
帮助
功能键
F1
1通道
F2
2通道
F3
双通道
F4
分析
游标
结果

图 1-11

能，一些简单的信号，用它来测量比较方便。与专业示波器相比，没有电子测量的功能，对波形的分析功能较弱，所以，相对于复杂的波形，则要采用元器件测试或是专业示波器来进行。

（3）在“数据，波形回放”菜单中（图 1–12），我们可以选择重要的波形数据，把它输出到笔记本电脑，这样可以方便地写案例总结。

（4）在“数字电表”菜单中（图 1–12），可以检测一般数字万用表所能检测的内容，除此之外，还增加了直接显示信号的频率、周期和占空比以及脉冲宽度的功能。

（5）“元器件测试”菜单中（图 1–13）是我们平时维修工作使用最多的一项，大多数的检测都可从该菜单中找到，并且它可使示波器的操作更简单，测试什么元件就选什么菜单。

在“元器件测试”菜单中，还有下一层子菜单，分别是空气燃油、传感器、点火系统和控制阀以及其他器件，我们一步步进行分别讲解说明：

①“空气燃油”子菜单中（图 1–14）所包含的内容，把关于混合气调节的执行器，以及关于排放方面的执行器进行了归类。通过这个菜单的测试项目，可以让我们方便地看到这些元件工作的波形。

②在“传感器”子菜单中（图 1–15），根据传感器的工作原理进行了分类，可以帮助我们完成关于传感器的大多数检测，而不用我们去设置时间和电压，系统自带的软件已经设置好了，如果测量时波形显示不理想，可以随时调整。

③如图 1–16 所示，如果需要测量初级点火波形，可以进入“元器件测试”，再进“点火系统”，然后选择“初级点火”菜单进行；测量各种控制电磁阀，则选择“控制阀”菜单；在“其他器件”中，有与“发电机”和“音响喇叭”信号相关的检测；如果需要分析通信时通信线上的波形，可以选择“串行数字信号”菜单。

（6）在“专业示波器”菜单中（图 1–17），有更加专业的测量电子信号选项，在熟练掌握了示波器的使用后，我更喜欢用这个菜单来完成测试操作。

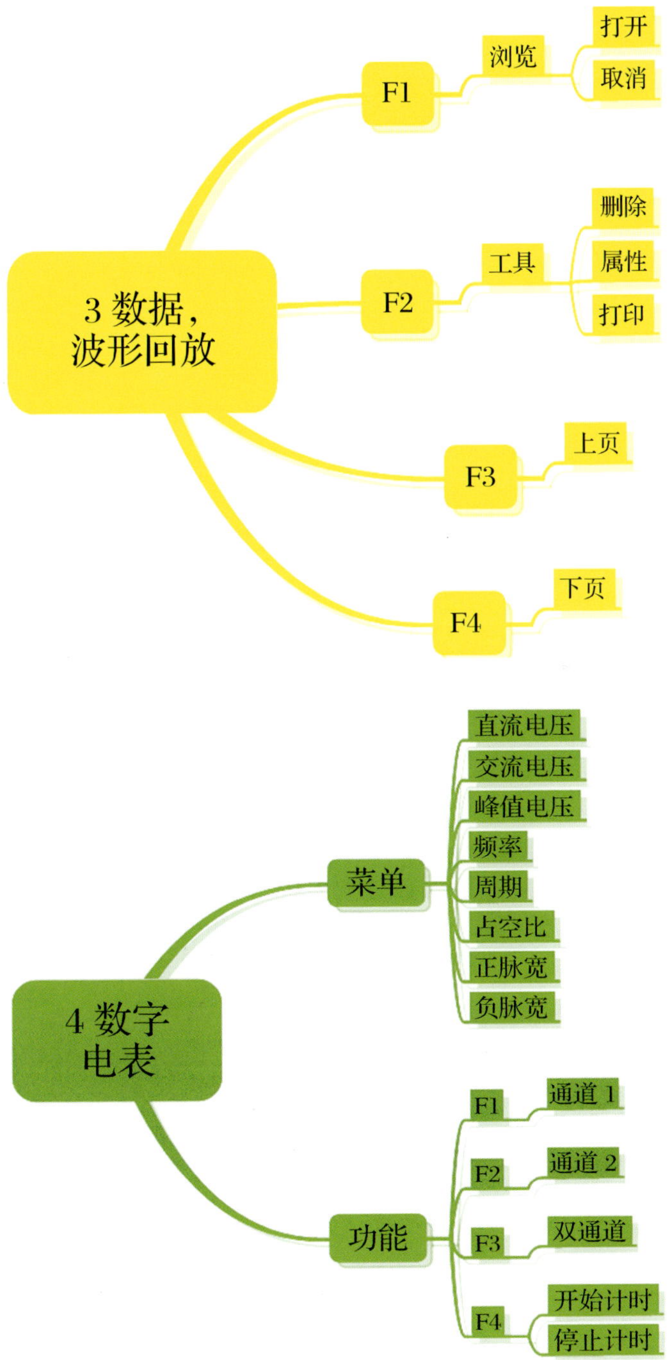
3 数据，波形回放
F1
浏览
打开
取消
F2
工具
删除
属性
打印
F3
上页
F4
下页
4 数字电表
菜单
直流电压
交流电压
峰值电压
频率
周期
占空比
正脉宽
负脉宽
功能
F1
通道 1
F2
通道 2
F3
双通道
F4
开始计时
停止计时

图 1-12

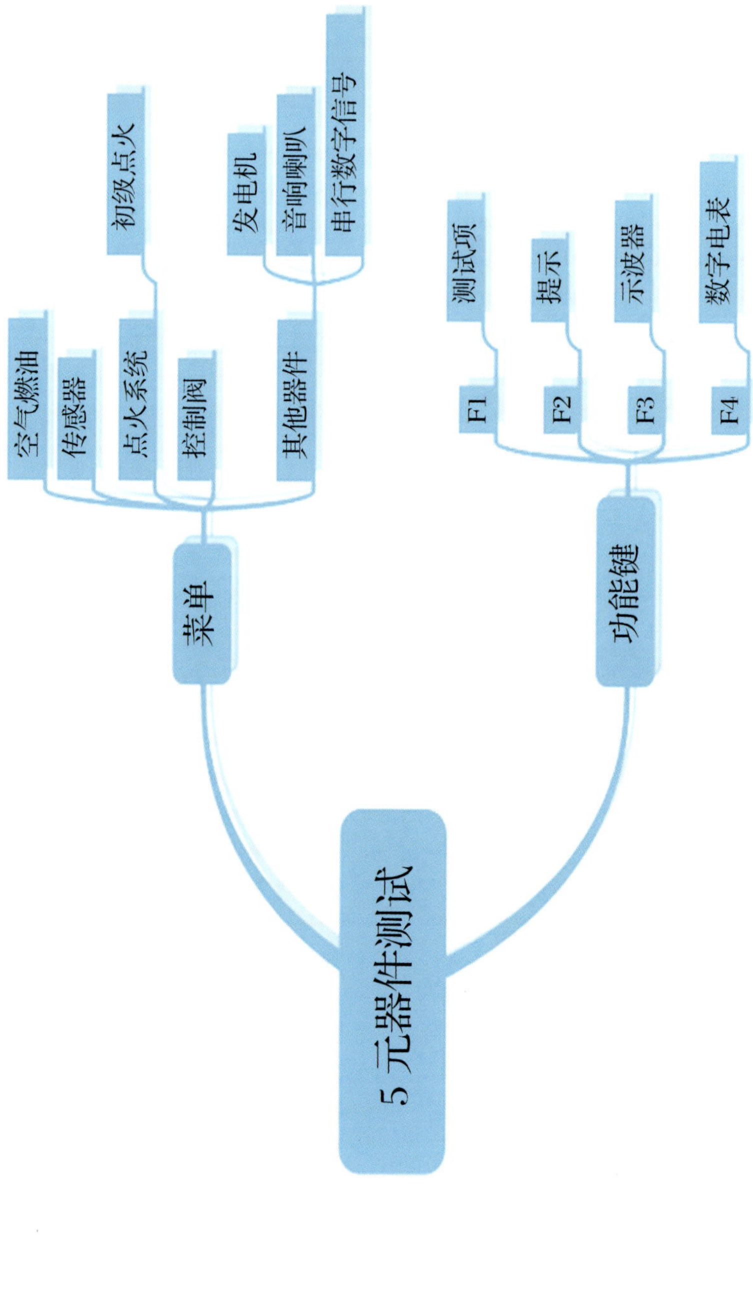
5 元器件测试
菜单
空气燃油
传感器
点火系统
初级点火
控制阀
其他器件
发电机
音响喇叭
串行数字信号
功能键
F1
测试项
F2
提示
F3
示波器
F4
数字电表

图 1-13

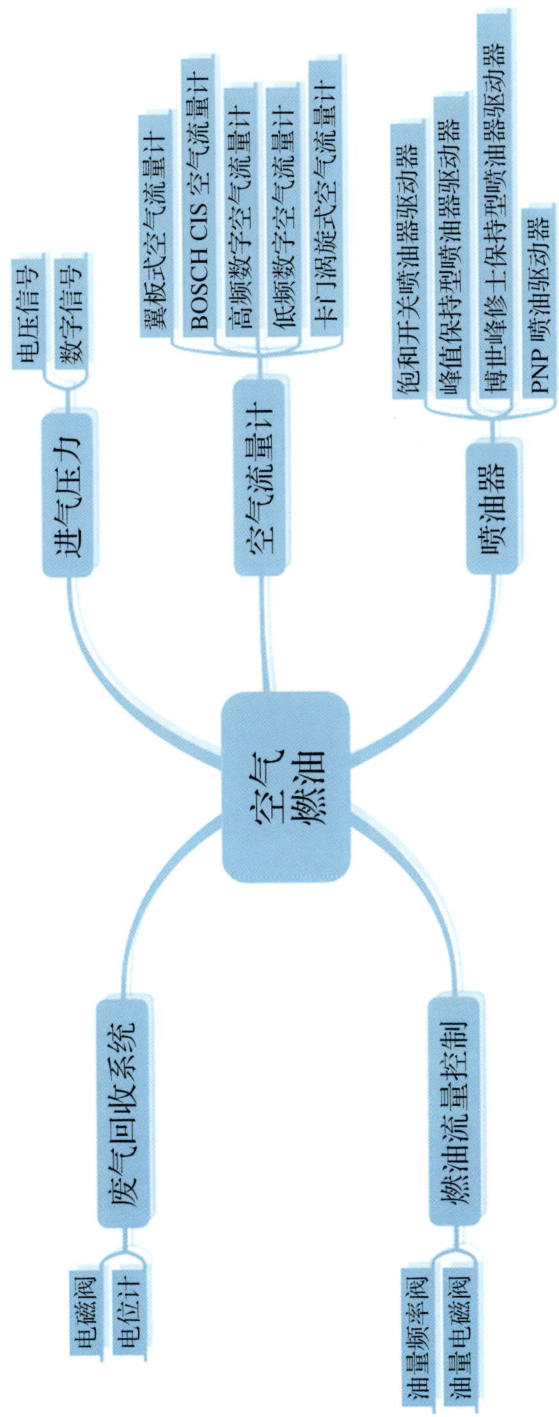
空气燃油
进气压力
电压信号
数字信号
空气流量计
翼板式空气流量计
BOSCH CIS 空气流量计
高频数字空气流量计
低频数字空气流量计
卡门涡旋式空气流量计
喷油器
饱和开关喷油器驱动器
峰值保持型喷油器驱动器
博世峰修士保持型喷油器驱动器
PNP 喷油驱动器
废气回收系统
电磁阀
电位计
燃油流量控制
油量频率阀
油量电磁阀

图 1–14

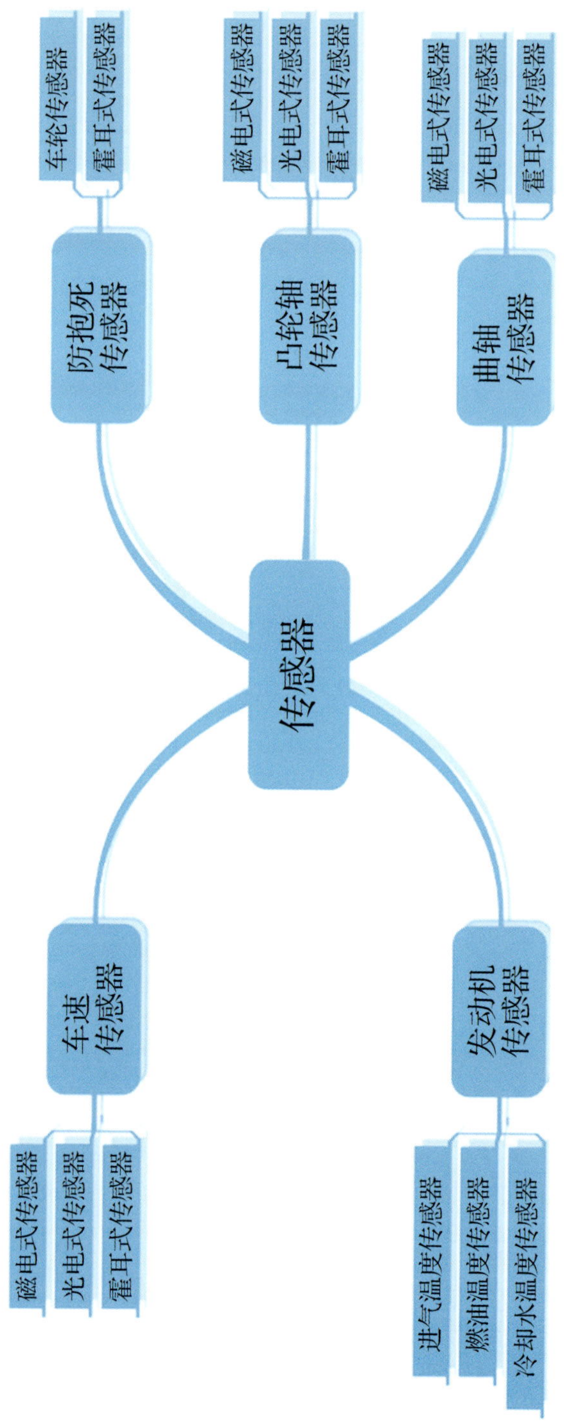
传感器
防抱死传感器
车轮传感器
霍耳式传感器
凸轮轴传感器
磁电式传感器
光电式传感器
霍耳式传感器
曲轴传感器
磁电式传感器
光电式传感器
霍耳式传感器
车速传感器
磁电式传感器
光电式传感器
霍耳式传感器
发动机传感器
进气温度传感器
燃油温度传感器
冷却水温度传感器

图 1-15

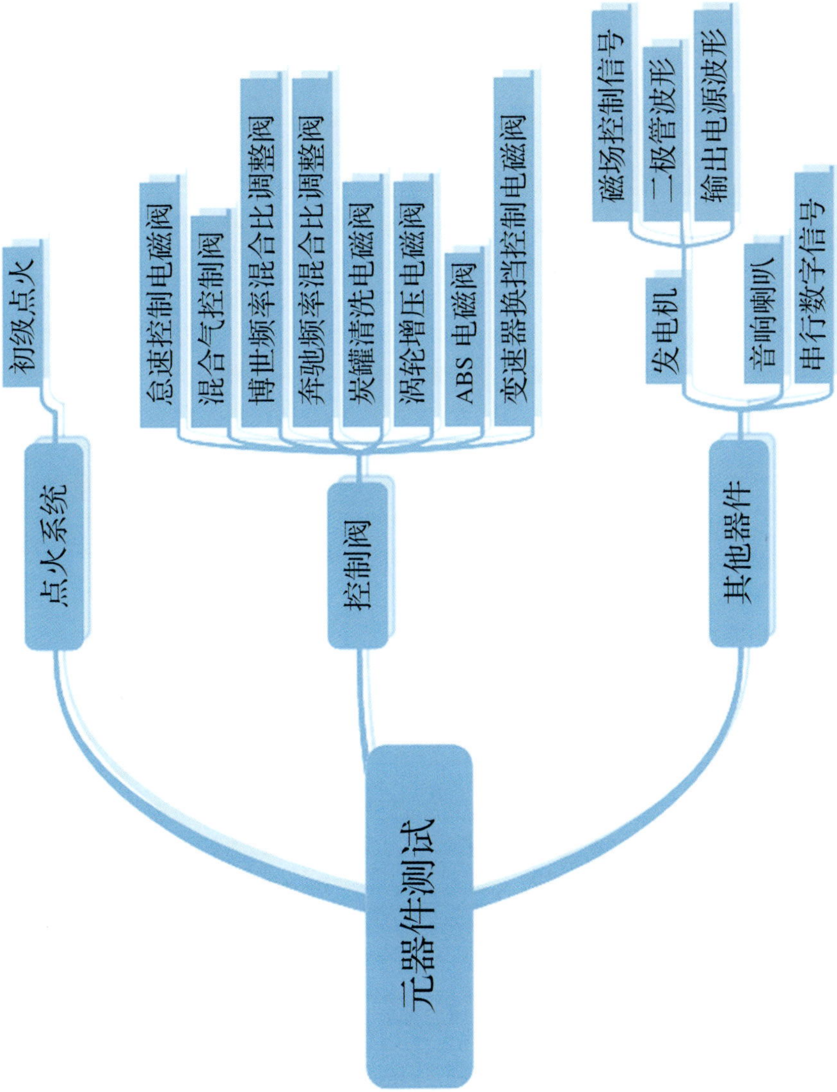
元器件测试
点火系统
初级点火
控制阀
怠速控制电磁阀
混合气控制阀
博世频率混合比调整阀
奔驰频率混合比调整阀
炭罐清洗电磁阀
涡轮增压电磁阀
ABS 电磁阀
变速器换挡控制电磁阀
其他器件
发电机
磁场控制信号
二极管波形
输出电源波形
音响喇叭
串行数字信号

图 1-16

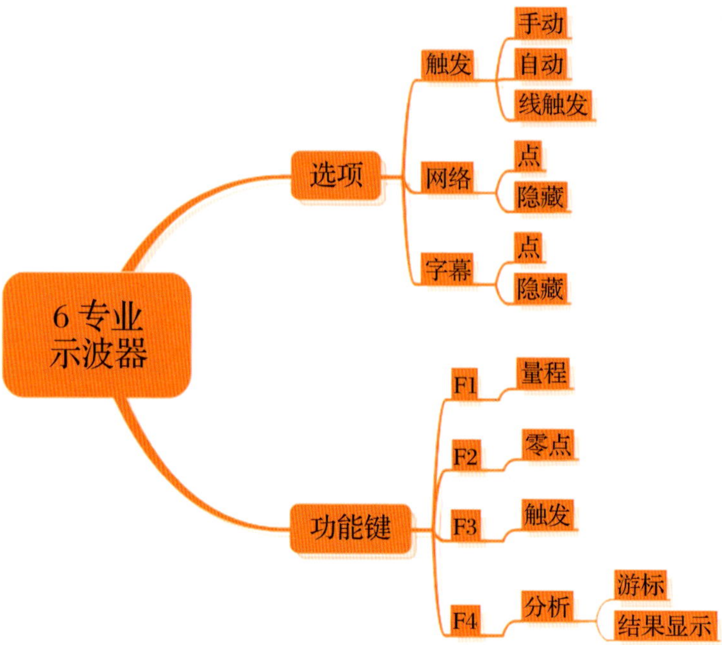

图 1–17

在“其他”系统中（图 1–18），是一些平时用得比较少的操作菜单，一般也不用去设置。

对于以上的菜单树，能背下来最好，如果你感觉到一下子背这么多内容有困难，也不必强求。先看一下，把以上内容熟悉了就行。在示波器上操作时不需要全部背下来，因为进入操作界面后，还会有相应的提示，我们用菜单树让大家看到整个树形结构的全貌，遇到不会操作的问题时，借助这张图可以更快地找到方向。

另外，思维导图的优势在于，把内容以图片的形式进行记忆，类似于照相机的技术，这其中的道理就像我们刚入学时，认识新同学的过程，没有人会背下来哪一个同学有什么精确的特点，但很快能叫出其名字。

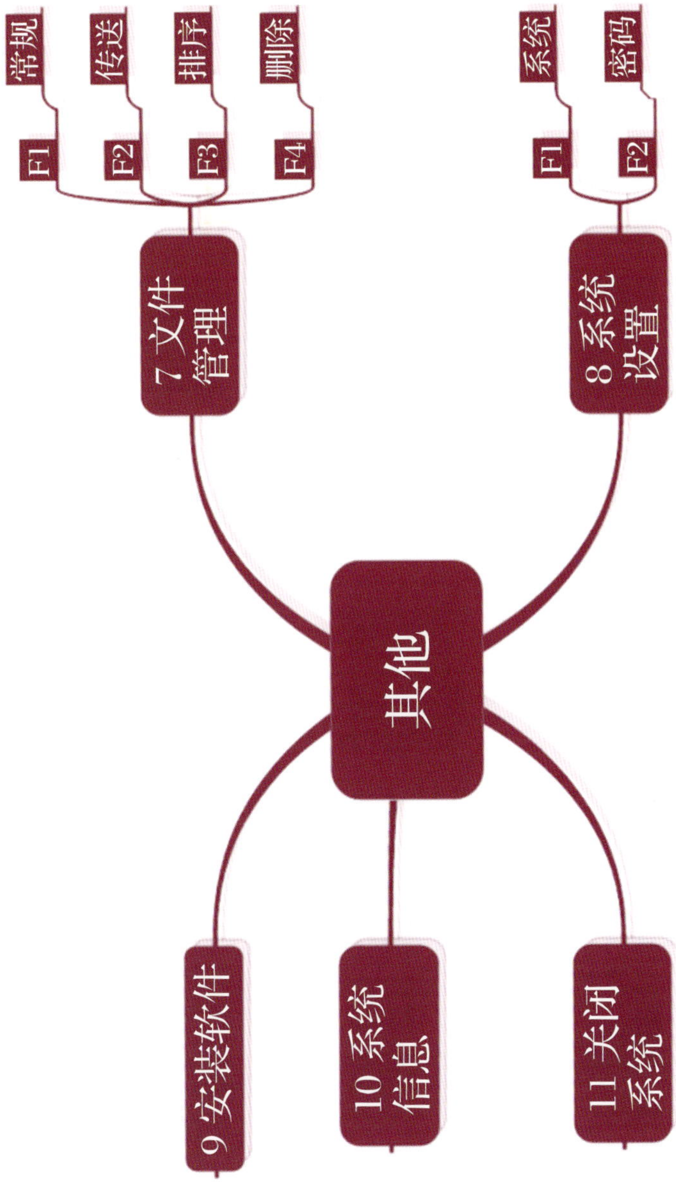
其他
7 文件管理
F1
常规
F2
传送
F3
排序
F4
删除
8 系统设置
F1
系统
F2
密码
9 安装软件
10 系统信息
11 关闭系统

图 1-18

1.6 想乘凉先栽树——时间、频率和周期

示波器与万用表的使用还是有很多区别的，所以要学习相关的理论知识。示波器在使用时同万用表一样，要选择合适的量程，才能完成测量。除了选择电压外，还要考虑选择一个合适的时基，屏幕中每一格在横向上代表的是时间。时基是示波器使用中的重要概念，下面我们需要学习一下时间这个概念。

历史学和古生物学研究的是很长时间以前所发生的事，而我们汽车电子维修要研究的是在一刹那所发生的事。在以往的知识中，你可能认为最快就是以秒为单位所发生的事，小于 1s 的事件，考虑得可能比较少。在电子信号的测量中，1s 是一个非常“漫长”的时间，因为当发动机高速转动时，比如 6000r/min 时，1s 内喷油器工作了 20 次，点火线圈工作了 20 次。对于这样的瞬间变化，我们需要用示波器来迅速地记录下到底发生了哪些细节问题。很明显，1s 的时间太漫长了，我们需要一个新的单位，才能更好地描述电子世界里发生了什么事，这个单位就是毫秒（ms）（1 秒等于 1000 毫秒）。

要熟练地掌握这些概念，比如喷油器打开的时间是以毫秒（ms）为单位的，甚至在发动机电脑中，晶振的每次振荡时间可以精确到 1 μs（1 毫秒 =1000 微秒）。如上所述，每秒钟喷油 20 次，用另外一个专业名词来表达就是喷油器当前的工作频率为 20 赫兹（Hz），赫兹的概念就是每秒钟内发生某件事的次数。

在自然界中，蝙蝠可以利用超声波定位（图 1–19），相对于超声波在自然界中还有一种振动波叫次声波，它是在地震时发出的，超声波和次声波我们人耳都听不到，超声波振动频率比次声波高，比超声波低的声波是我们人耳所能听到的，一般每秒钟低于 20Hz 频率的振动是次声波，高于 20000Hz 的是超声波。

对于频率这个概念，用物理学中的公式表达就是 $f=1/T$，就是频率与周期互为倒数。接下来，我们利用一个思维导图来进行这方面的理解，可能会使你一目了然，如图 1–20 所示。

比如说，喷油脉宽是以毫秒（ms）为单位的，如果是 4ms 的喷油脉冲，它的意义就是每次喷油持续的时间为千分之四秒，1 毫秒等于千分之一秒。因为

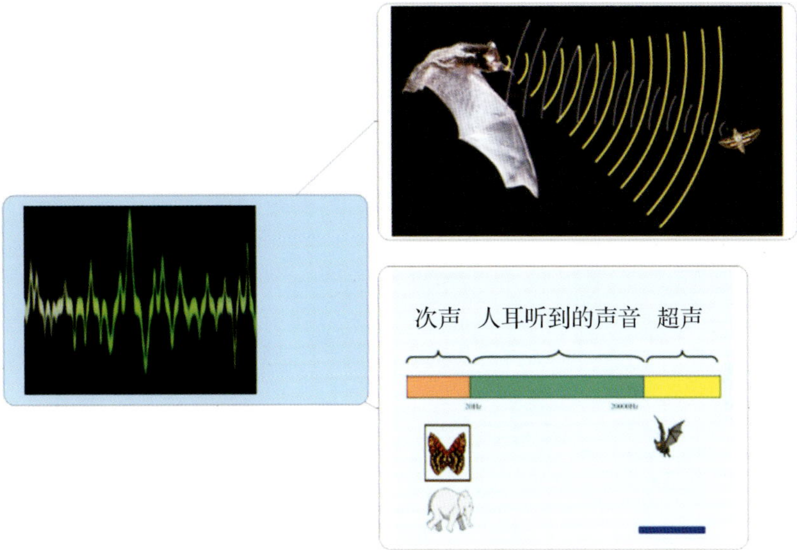

图 1-19

1ms=1/1000s。

另外就是图 1-20 中所列的几种常见的频率现象，汽车转向灯的工作频率为 1Hz，即每秒钟亮灭各一次，下一秒钟重复同样的动作，每次亮的时间为 0.5s，灭的时间为 0.5s，加起来刚好 1s。如果我们开关转向灯，转向灯就这样以每秒钟重复一次的频率工作着。

在使用示波器时往往会通过发动机转速推算出来点火的频率或是喷油的频率，我们可以利用已知的频率，推导出时间，用来选择合适的时基，即示波器显示屏上每一格横向代表的时间。通常，为了口算方便，我们把发动机怠速确定为 600r/min（实际上更多的 4 缸车的发动机转速为 800r/min 左右，为了口算方便，我们可以采用一个近似值）。

总结：在本小节中，我们学习到了两个概念：时基和频率，时基是示波器使用中选择测量速度的挡位，单位是秒（s）、毫秒（ms）或微秒（μs），频率是衡量事件发生快慢的一个物理量——每秒钟内发生了多少次事件，它的单位是赫兹（Hz）。时基为 1ms 时，就把示波器设置成每格 1ms，整个屏幕水平显示为 10 格，即为 10ms 的时间内，电压信号发生的变化会显示在示波器的屏幕上。

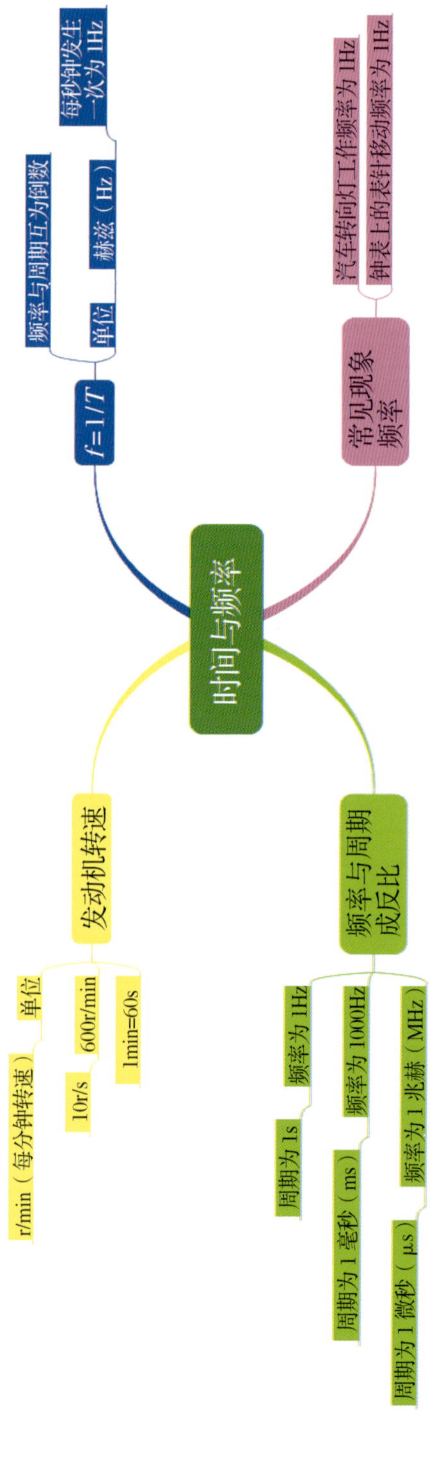
时间与频率
f=1/T
单位
赫兹（Hz）
每秒钟发生一次为 1Hz
频率与周期互为倒数
常见现象频率
汽车转向灯工作频率为 1Hz
钟表上的表针移动频率为 1Hz
发动机转速
单位
r/min（每分钟转速）
600r/min
10r/s
1min=60s
频率与周期成反比
频率为 1Hz
周期为 1s
频率为 1000Hz
周期为 1 毫秒（ms）
频率为 1 兆赫（MHz）
周期为 1 微秒（μs）

图 1-20

1.7 专业示波器使用前的设置

打开示波器的电源，大多数汽车电控系统的检测项目已经被工程师设计好了，给了我们一个“傻瓜”菜单，我们按里面的选项进行选择，就能解决大多数检测中遇到的问题，非常方便。这也就是我们的示波器叫作汽车示波器的原因。

因为示波器本身是用来检测电子电路的设备，甚至是进行科学研究的基础设备。所以，要想掌握示波器的使用，我们要做两件事：一是这台示波器的菜单是如何设计的；另一个就是一些特殊情况下，还是需要我们自己动手进行手动设置。

示波器的菜单树我们已经讲过了，本小节主要讲解如何手动设置示波器。例如要测量某个点火线圈（带功率放大模块的）驱动信号，我们如何选择正确的电压和时基呢？

第一步：电压的选择，如图 1–21 所示。

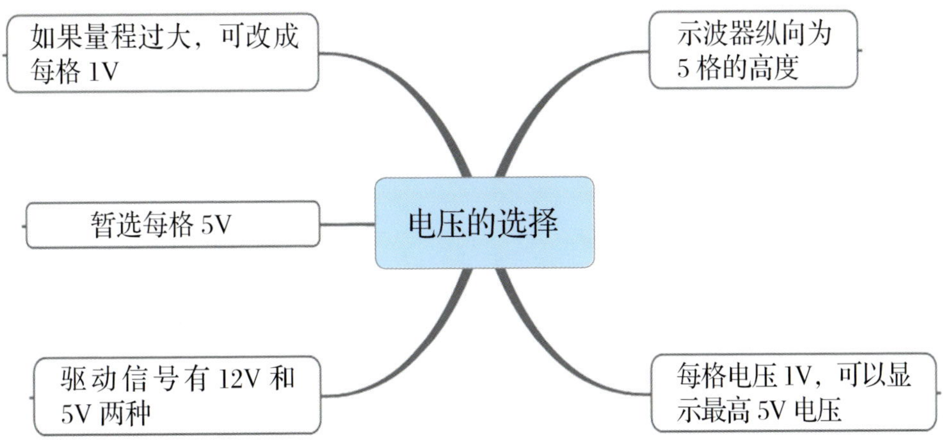

图 1–21

实际操作中，电压选择不同会看到不同“高矮”的信号，如图 1–22 所示。

虽然从外观上看，图 1–22 中两个信号“高矮”差别明显，但实际上是电压一样的高低。

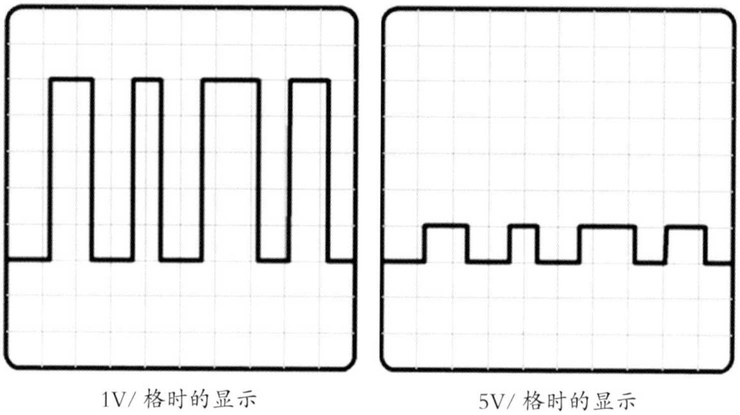

图 1–22

第二步：时基的选择。发动机转速在 600~6000r/min 之间，它的信号频率就是这样计算的，如图 1–23 所示。

如果转速在 600~6000r/min 之间变化，如图 1–24 所示。

学会了以上计算频率的方法，我们就能提前估算出信号的频率，选择合适的时基，以方便让信号清晰地显示到示波器的屏幕上。

虽然我们学会了计算频率来选择合适的时基，但如果选错了时基后会出现什么样的问题呢？图 1–25 中就是同一个信号，在选用不同时基时的显示效果。

时基不同时，显示到屏幕上的效果就“胖瘦”的变化，但实际上这是一个信号。

在实际使用中，我们还可能会遇到这样的问题，选错了量程之后，会不会烧坏示波器？示波器在设计时，已经考虑到了这个问题，一般示波器的输入电阻为 10MΩ，这样减小了对被测量电路的影响，还能保证不会烧坏示波器。在实际使用中，如果选择错误的时基，最有可能造成的是无法准确看到波形的全貌，不会损坏示波器，我们也可以在操作界面中再手工修改，即使你不熟悉以上的相关计算，也没有关系。

唯一要注意的是，不要拿示波器的低压探针去直接测量点火系统的高压，或是测量超过 200V 电压，否则会损坏示波器。

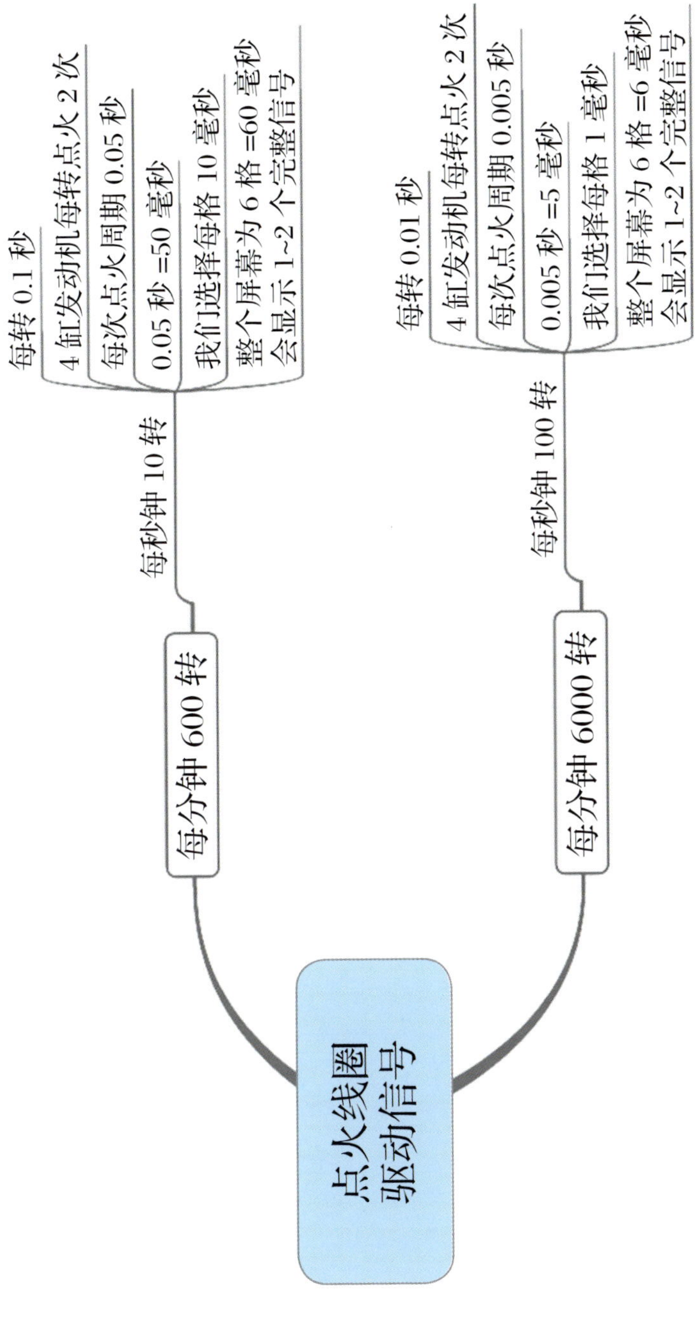
点火线圈驱动信号
每分钟 600 转
每秒钟 10 转
每转 0.1 秒
4 缸发动机每转点火 2 次
每次点火周期 0.05 秒
0.05 秒 =50 毫秒
我们选择每格 10 毫秒
整个屏幕为 6 格 =60 毫秒
会显示 1~2 个完整信号
每分钟 6000 转
每秒钟 100 转
每转 0.01 秒
4 缸发动机每转点火 2 次
每次点火周期 0.005 秒
0.005 秒 =5 毫秒
我们选择每格 1 毫秒
整个屏幕为 6 格 =6 毫秒
会显示 1~2 个完整信号

图 1-23

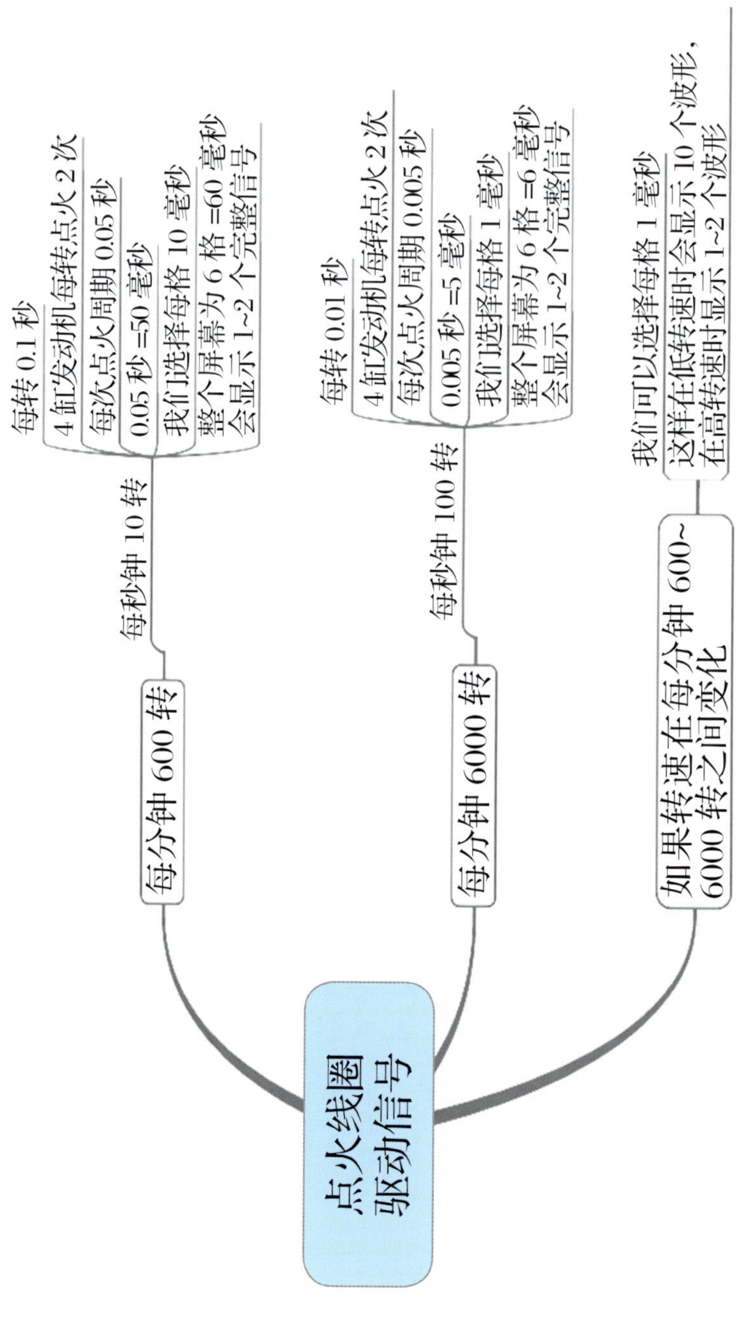
点火线圈驱动信号
每分钟 600 转
每秒钟 10 转
每转 0.1 秒
4 缸发动机每转点火 2 次
每次点火周期 0.05 秒
0.05 秒 =50 毫秒
我们选择每格 10 毫秒
整个屏幕为 6 格 =60 毫秒会显示 1~2 个完整信号
每分钟 6000 转
每秒钟 100 转
每转 0.01 秒
4 缸发动机每转点火 2 次
每次点火周期 0.005 秒
0.005 秒 =5 毫秒
我们选择每格 1 毫秒
整个屏幕为 6 格 =6 毫秒会显示 1~2 个完整信号
如果转速在每分钟 600~6000 转之间变化
我们可以选择每格 1 毫秒
这样在低转速时会显示 10 个波形，在高转速时显示 1~2 个波形

图 1-24

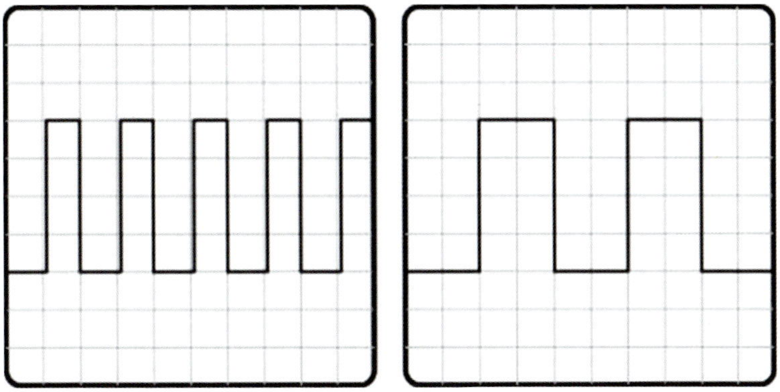

图 1-25

▶ 1.8 直接测量和间接感应测量

电和磁是一对“孪生兄弟”，有电流就会产生磁场，在高压的大电流电路中，直接测量往往有困难。遇到这种问题时，可以采用间接测量，利用变压器的工作原理，我们测量磁场强度的变化，再进行按比例的换算，就能得到被测电流的大小。

在汽车启动瞬间，启动机会消耗 100A 左右的电流，这么大的电流直接测量也有困难，一是需要电流表量程非常大，另外是接入蓄电池线后会形成接触电阻，影响原来的电路。这时，新型的钳形直流万用表出现了，它利用的是霍耳式传感器测量导线周围磁场强度的方法，间接测量电流。这种方法巧妙解决了以上大电流测量的难度，使测量更简单，并且不会引起断电给车辆带来的后续问题。

以前维修，用万用表可以测量大多数的电路问题，但汽车点火系统是一个脉冲高压，这就难以用万用表来测量高压的电压值（因传统的电流表要断开导线，把电流表串入电路才能测量）。于是，示波器采用感应测量的方法解决了这个问题。

在 MT3500 型示波器中，采用电容法来检测次级点火高压波形，它利用感应夹的分布电容间接得到次级高电压信号，经换算处理后再显示出来。用一个感应夹夹在高压线上，就能实现电压的测量，这种测量方式解决了两个问题：一个是电压高低，另一个是瞬间快速变化信号的变化规律。通过分析信号波形，还可以反映出很多的故障原因。

除了在点火系统中的高压测量使用感应式测量外，感应式测量还被应用在测量电流上，这就是钳形万用表。我们所见到的钳形万用表按其工作原理分为两类：一类是线圈感应式，它利用的是变压器工作原理；另一类是霍耳效应式。汽车钳形直流万用表使用的是霍耳效应原理，它利用霍耳元件测量通电导线周围的磁场强度，再根据磁场强度计算出电流大小。

电磁波是一种神奇的物质，它在我们今天的生活、工业中有广泛的应用，它到底是怎样形成的呢？我们先看一下图片，如图 1–26 所示。

图 1–26

我小时候生活在滏阳河边，经常往河里丢小石块玩，当水中丢入小石块时，会形成涟漪。为什么会形成这些涟漪？因为水中的能量使水从中心振动起来，能量不会消失，因为水的黏性存在，在中间形成一个微弱的弹簧，能量就不断地传递，形成一个辐射状的圆圈，一个套一个地扩散开来。电磁波也是这样，当电磁场形成后，因为能量不会消失，就会生成感应磁场，而磁场也不会消失，就又生成电场。如此反复转化，就如同一个环套一个环一样，如同水的波纹涟漪一样，在空间内扩散开来。写到此处，我的大脑中呈现出 30 多年前课本上的一幅图画样式，如图 1–27 所示。

因为磁场产生感应电场，电场又产生了感应磁场，电场和磁场相互转化，一个环套另一个环，这样传播开来。因为传播过程中能量损失很小，可以传播

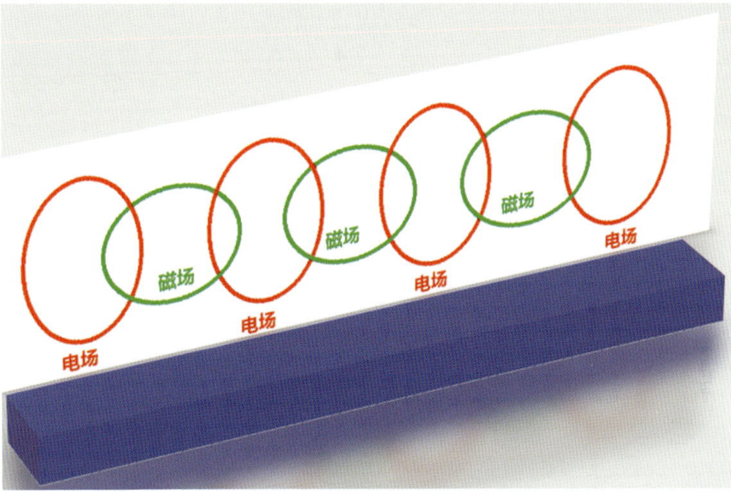

图 1-27

到很远的地方。

总结：电磁波是一种类似水的涟漪一样的振动，当条件允许时，它会在空间当中传播，我们的手机、无线电视、收音机都是利用这些电磁波来传递信号的。

在维修实践中，刚开始时只有一块万用表和试灯，是我们电路诊断的工具，但遇到这样的一个难题，就是如何测量点火线圈输出的高压，因为高压是火花塞工作的基础，如果电压出现问题，发动机点火就会出现故障。万用表是完成不了这样的检测的，有两个原因：一个是电压太高，我们的数字万用表是无法直接测量这样高的电压的，这一点不是主要的，如果想测量，可以加上衰减电阻就能完成测量；另外一个就是时间太短，万用表测量电压是需要一定时间才能完成的，而高压火是瞬间工作的。基于以上两种原因，对于点火系统的高压的测量，万用表肯定是用不上了。

那么如果不能测量，怎样判断故障呢？在没有汽车示波器的时间里，只能是凭借估计，进行换件试验，这非常不合乎科学诊断的理念。

终于，通过学习，知道有示波器这个“神器”，可以完成这个工作。示波器是一个快速工作的设备，它可以让我们了解电压的瞬间的变化情况。这里要说的不是示波器能不能测量点火系统，而是它的测量方式也大不一样了。

我们知道用万用表时，测量电压、电阻和电流都需要用表笔接到被测量点上，这样才能完成测量工作，而示波器测量点火系统高压波形时，只需要夹上一个感应夹就能完成，它的测量并不直接与高压线有电气连接，而是感应式测量，如图 1–28 所示。

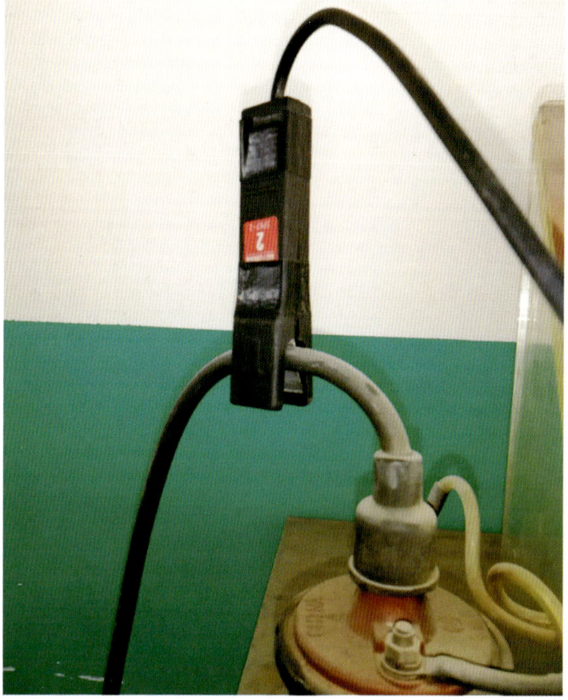

图 1–28

朱军老师的讲座中，把示波器检测点火高压的原理分为两类：一类是电容感应式，另一类是电感感应式。我在实践中也确实发现这两种感应检测夹。

电感感应式就是一个类似小形变压器的线圈，绕在高频磁芯上，采用这类检测的有福禄克 98 示波器，而我们的 MT3500 型示波器则采用的是电容感应式的，因为拆开探头内部，我们看不到磁芯，也没有线圈，它利用分布电容的原理，来检测点火高压。

检测电气参数，除了直接检测方法外，还可以采用感应法进行测量。电磁波是一种类似水的涟漪的电磁振荡，它可以在空间中传播。

▶ 1.9 把精彩瞬间留下——波形存储数据的处理和输出

当我使用的第一台示波器时，使用的是一台美国进口的汽车专用示波器——福禄克 98，这台示波器性能非常好，价格也非常贵，当时是 3 万元买到的，各方面都很好，唯一一个遗憾是检测的波形无法输出，只能在示波器中存储（我们没有买输出到电脑上的通信线和软件）。示波器的波形数据冻结功能，可以让我们看到静态的波形，我们还可以利用存储功能把故障波形记录到示波器内部，以方便我们随时拿出来研究。同时，示波器还有数据输出功能，可以方便地让我们把波形输出到个人电脑上，以便我们与同行之间进行交流。

具体的操作如下：

在 MT3500 型示波器的上端面有一个黑色的专用插头（图 1–29），它跟我

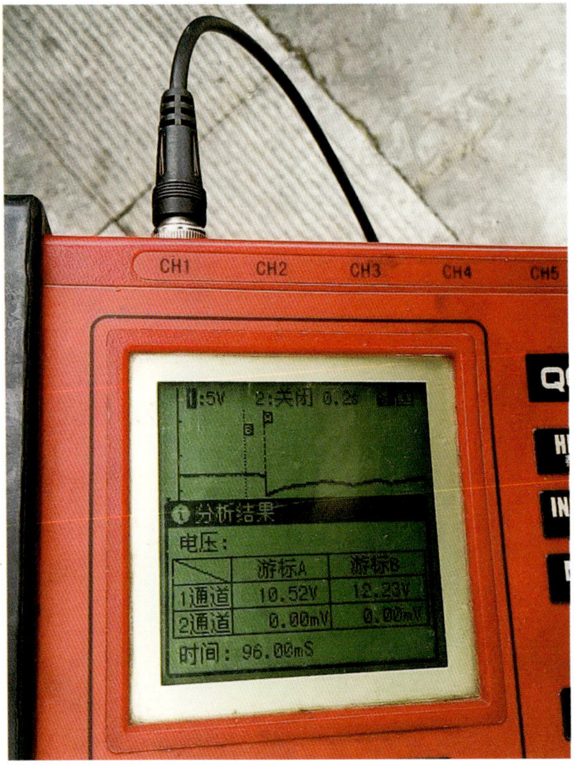

图 1–29

们个人电脑老式的鼠标插头一样，是一个圆形的9针插头，有一条专用导线可以帮我们实现与个人电脑的连接，在老式的个人电脑上可以直接连接，但个人电脑接口不断改进，在已经没有这个9针的接口了，我们怎样才能实现它与电脑的连接呢?

我从网上找到了这样一条专用的转换线，下载了一个小程序，再次实现了从示波器输出波形到电脑的功能。它可以把COM 9针插头输出的信号变成USB信号，输出到电脑上。在用了一段这样的方式后，我发现还是比较麻烦，现在又换了台电脑，因为手机的摄像头像素不断提高，在工作中随时可以拍下清晰的照片，连这专用线也懒得用了。

手机是方便了，但还有一个问题，存在手机中的照片老是把内存占满了，再后来我改成重要的照片，都直接放到微信朋友圈里发表，这样在换手机时还能找到以前的重要照片。你是不是像我一样，随着身边的装备不断增强，也在不断更新自己对专业知识的学习呢?

▶1.10　使用示波器的20条注意事项

示波器是一台精密的电子检测设备，使用该设备时请注意以下安全事项：

①尽量在通风良好的环境下使用仪器，如果在室内通风不良的环境下使用，应尽量使车辆的尾气排放到室外。

②严禁明火接近燃油系统，包括吸烟、电器打火等。

③保持仪器汽车的运动部件有一定距离，例如传动皮带、风扇、齿轮等。

④蓄电池内的电解液具有腐蚀性。防止电解液接触皮肤及工具，如果不慎接触到已受到腐蚀的电池电极，应及时用水冲洗。

⑤在发动机运转的情况下，应将变速器挡位置于空挡位置，并将手制动拉上。

⑥要注意防止冷却液、水、油等任何液体将仪器弄湿。

⑦禁止将仪器用于非汽修的测量。

⑧安装仪器的扩展模块或部件时应先关闭电源。

⑨进行各种测试时应无搭铁连接。

⑩在拆卸仪器防滑护套更换电池时，应先断开仪器的所有测试接线并关闭仪器电源。

⑪禁止在没有安装防滑护套的情况下使用仪器。

⑫禁止使用绝缘外皮破损的测试线及测试探头。

⑬禁止在仪器信号输入端输入超过 500V 的直流或交流电压。

⑭检测次级点火时严禁使用非指定的及已损坏的测试线及探头。

⑮禁止用导电物体短路电池的正负电极。

⑯防止人体接触次级点火会产生高压的部分，注意安全测试次级点火前应先将测试线与仪器连接，再与发动机连接。

⑰禁止在未将仪器的搭铁端与汽车的搭铁可靠连接的情况下使用仪器。

⑱严禁将测试夹或测试探头与次级点火电路的导电部分直接接触。

⑲串行联机接口是用于连接电脑、扩展模块的通信接口，严禁使用非指定的连接线及其他未指定的任何设备接入。

⑳使用完毕后，应将所有的接头、测试导线及测试夹卸下，并完整保存于 MT3500 型示波器的包装箱中。

看到这些注意事项，我感觉有点烦琐，但又不能去掉哪一点，因为看上去每一点都很重要。我们学习的目的是把它记住，为了便于记忆，经过整理后得到思维导图，如图 1–30 所示。

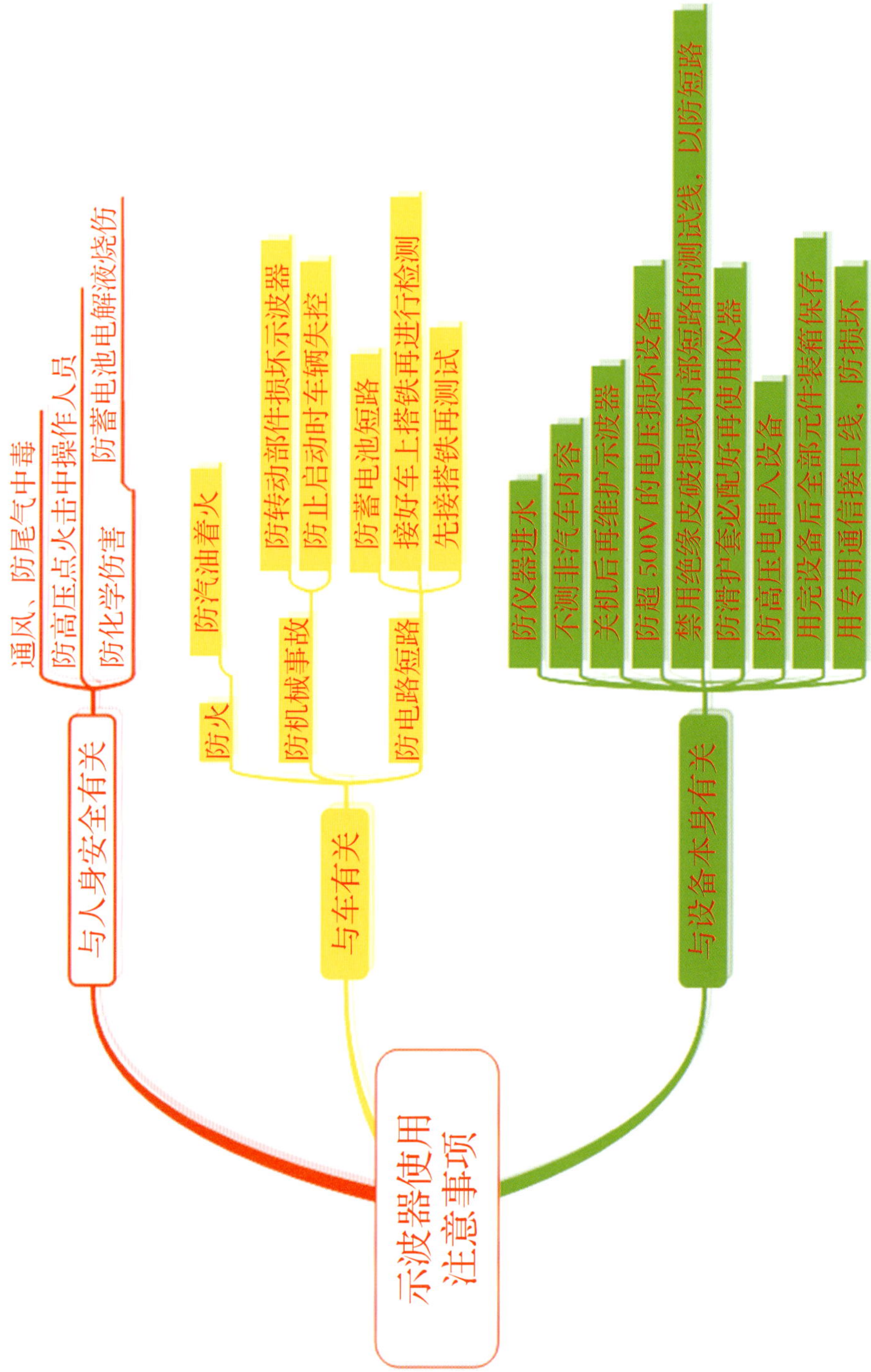
示波器使用注意事项
与人身安全有关
通风、防尾气中毒
防高压点火击中操作人员
防化学伤害
防蓄电池电解液烧伤
与车有关
防火
防汽油着火
防机械事故
防转动部件损坏示波器
防止启动时车辆失控
防电路短路
防蓄电池短路
接好车上搭铁再进行检测
先接搭铁再测试
与设备本身有关
防仪器进水
不测非汽车内容
关机后再维护示波器
防超 500V 的电压损坏设备
禁用绝缘皮破损或内部短路的测试线，以防短路
防消护套必配好再使用仪器
防高压电串入设备
用完设备后全部元件装箱保存
用专用通信接口线，防损坏

图 1–30

2 电子元件的检测要点

▶ 2.1 汽车电气元件的分类

受到 MT3500 型示波器说明书中对于电气元件的分类的启示，从不同的角度给电气元件分类。这样，根据汽车电气元件的交流特性，可以分为 4 种，如图 2–1 所示。

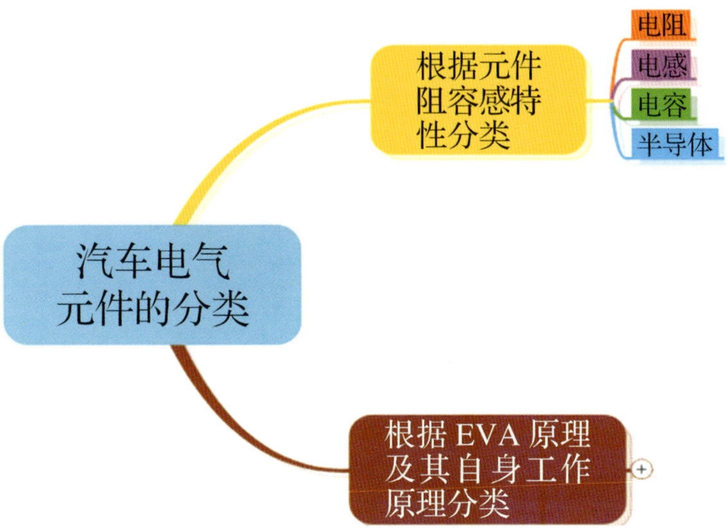

图 2–1

对于汽车电子元件在控制系统作用来分类，可以分成传感器、控制器和执行器 3 部分。为了更高效率地完成示波器的学习，我认为这样分类更合理，如图 2–2 所示。

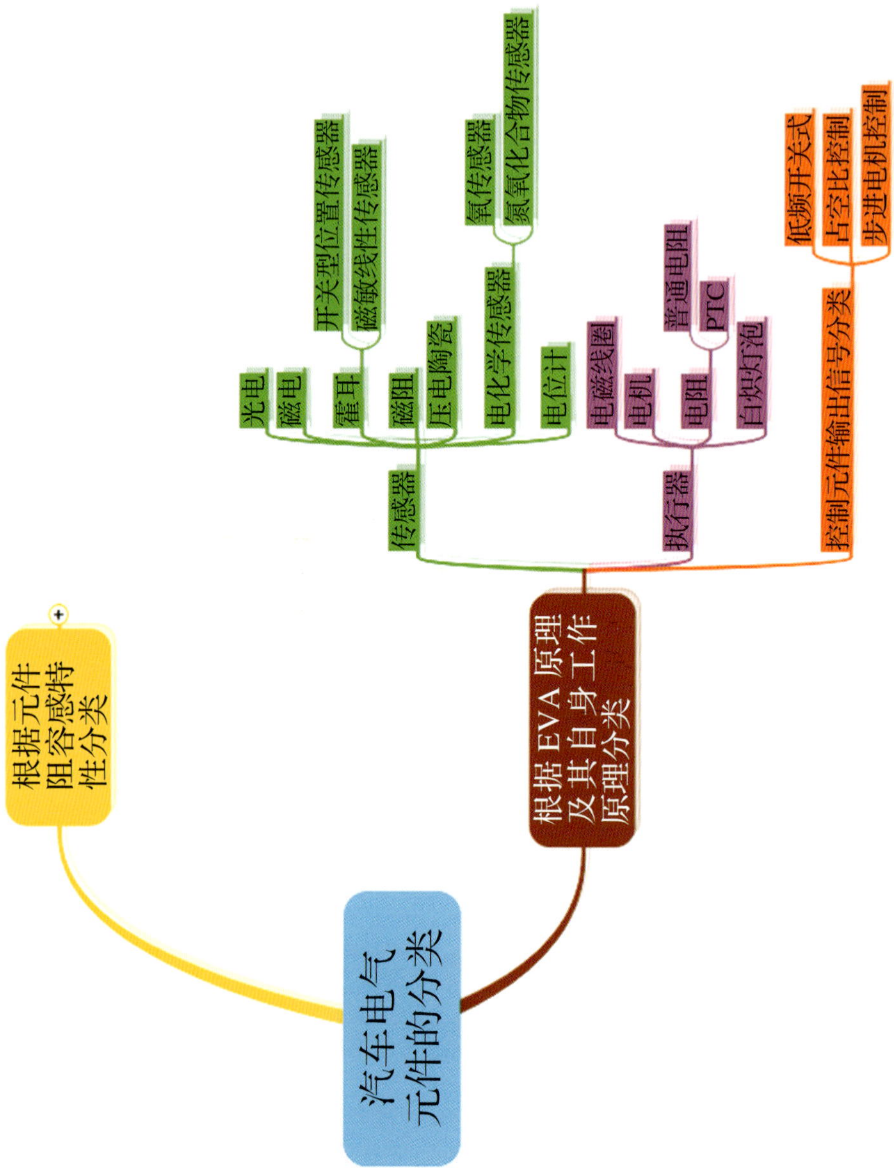
汽车电气元件的分类
根据元件阻容感特性分类
根据EVA原理及其自身工作原理分类
传感器
光电
磁电
霍耳
开关型位置传感器
磁敏线性传感器
磁阻
压电陶瓷
电化学传感器
氧传感器
氮氧化合物传感器
电位计
执行器
电磁线圈
电机
电阻
普通电阻
PTC
白炽灯泡
控制元件输出信号分类
低频开关式
占空比控制
步进电机控制

图 2-2

详细来讲，按元件在控制系统作用及其工作原理分类，可以让我们更详细了解传感器，示波器菜单就是采用这种分类方法进行检测的，如图 2–3 所示。在实践过程中，我又对其进行完善，如电化学传感器、磁阻式传感器以及霍耳式传感器，这 3 种传感器是新型传感器。当年在设计汽车示波器时，这些传感器在汽车上还没被应用，所以在菜单中也没有专门针对这 3 种传感器的菜单，但它并不影响我们的检测。只要熟练掌握本书提供的方法，就能顺利完成对这些传感器以及执行器的检测。

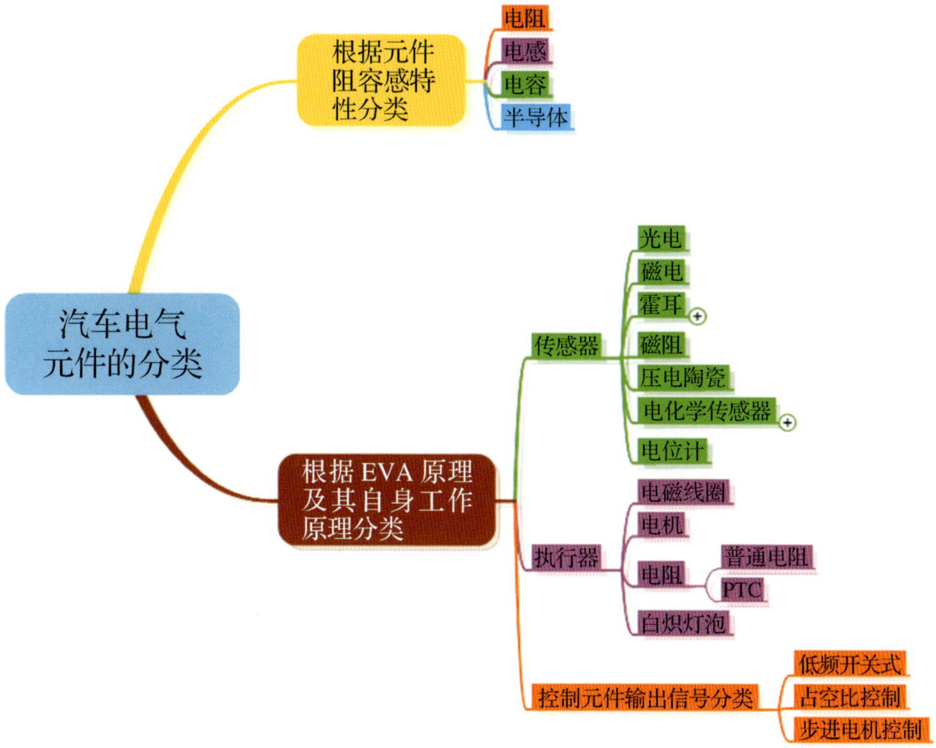

图 2–3

要想用好示波器，还要对各种电子元件的工作原理进行学习，所谓“磨刀不误砍柴工”。

根据传感器的工作原理，进一步分类，如图 2–4 所示。

根据其输出信号的交直流特性分类，如图 2–5 所示。

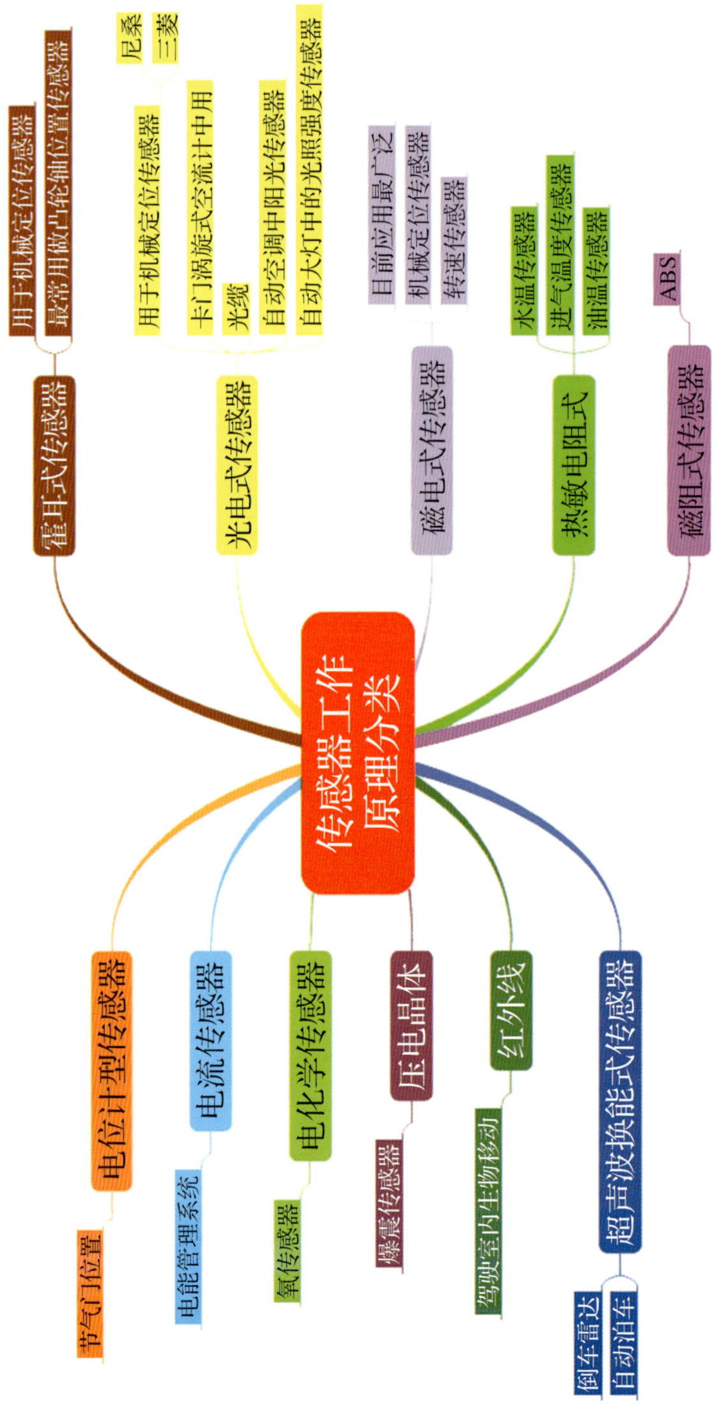
传感器工作原理分类
霍耳式传感器
用于机械定位传感器
最常用做凸轮轴位置传感器
光电式传感器
用于机械定位传感器
尼桑
三菱
卡门涡旋式空流计中用
光缆
自动空调中阳光传感器
自动大灯中的光照强度传感器
磁电式传感器
目前应用最广泛
机械定位传感器
转速传感器
热敏电阻式
水温传感器
进气温度传感器
油温传感器
磁阻式传感器
ABS
电位计型传感器
节气门位置
电流传感器
电能管理系统
电化学传感器
氧传感器
压电晶体
爆震传感器
红外线
驾驶室内生物移动
超声波换能式传感器
倒车雷达
自动泊车

图 2-4

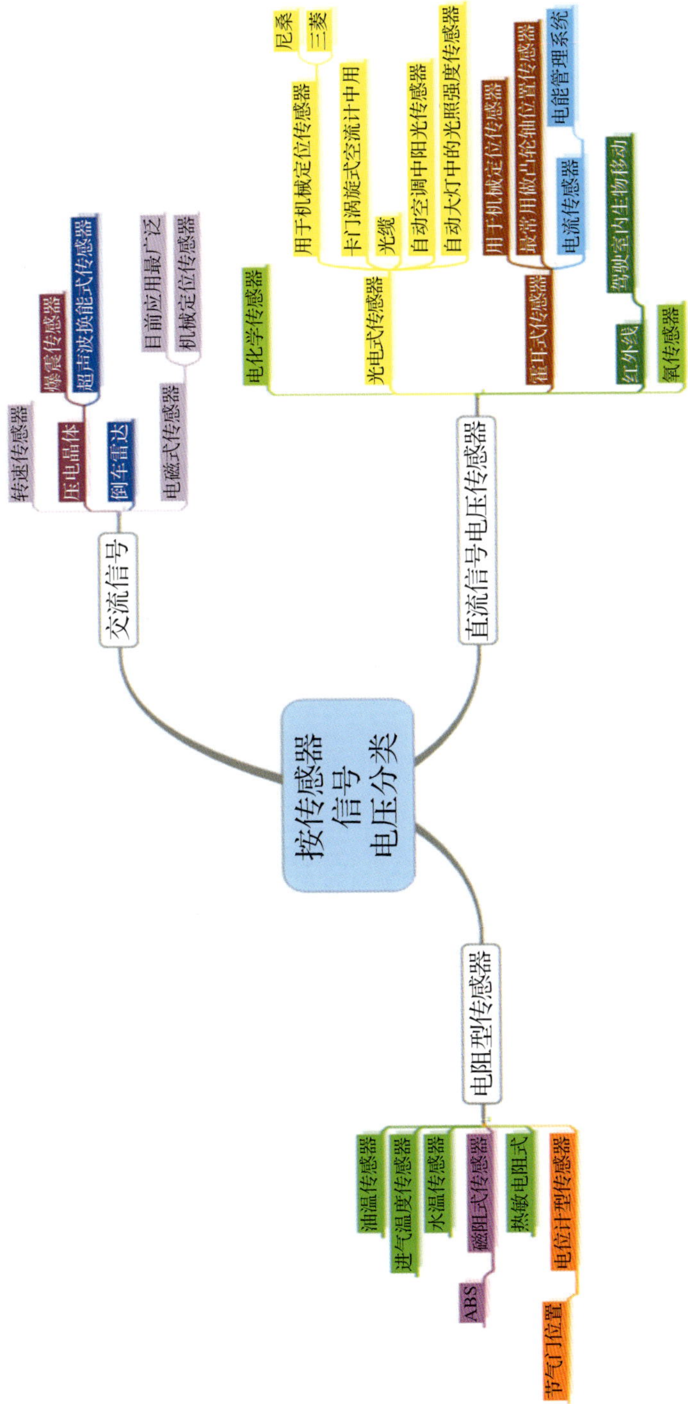
按传感器信号电压分类
交流信号
转速传感器
压电晶体
爆震传感器
超声波换能式传感器
倒车雷达
电磁式传感器
目前应用最广泛
机械定位传感器
直流信号电压传感器
电化学传感器
光电式传感器
用于机械定位传感器
尼桑
三菱
卡门涡旋式空流计中用
光缆
自动空调中阳光传感器
自动大灯中的光照强度传感器
霍耳式传感器
用于机械定位传感器
最常用做凸轮轴位置传感器
电流传感器
电能管理系统
红外线
驾驶室内生物移动
氧传感器
电阻型传感器
油温传感器
进气温度传感器
水温传感器
磁阻式传感器
ABS
热敏电阻式
电位计型传感器
节气门位置

图 2-5

▶ 2.2 电阻型元件

根据物体的导电性，自然界的物体可以分为 4 种，如图 2-6 所示。

图 2-6

可以顺利导电的称为导体，比如金属都是导体；不能导电的叫绝缘体，比如塑料和橡胶等；导电能力介于导体和绝缘体之间的叫半导体，通常半导体指的是电子元件，比如二极管和三极管。超导体是一种在低温下没有电阻的物体，它仅仅在实验室中可以存在，目前在自然界中还没有出现。

电阻型元件分类：电阻型元件在汽车上应用十分广泛，可以进一步分类，如图 2-7 所示。

电阻型元件是汽车电气元件中最基础的元件，比如汽车电脑板上的色环电阻、氧传感器加热电阻、水温传感器的热敏电阻，都属于电阻型元件。色环电阻其每一道色环，表示不同的数字，其外观如图 2-8 所示。

具体通过色环读取电阻值的方法在《70 图讲透汽车电子电路》一书中有详细讲解，如果你有兴趣，可以看一下这本书。

电路特性：电阻型元件遵循直流电路欧姆定律，即流过导体的电流与电压成正比，与电阻成反比。

实际工作中，用示波器检测此类元件时，可以看到方波形的控制波形，当

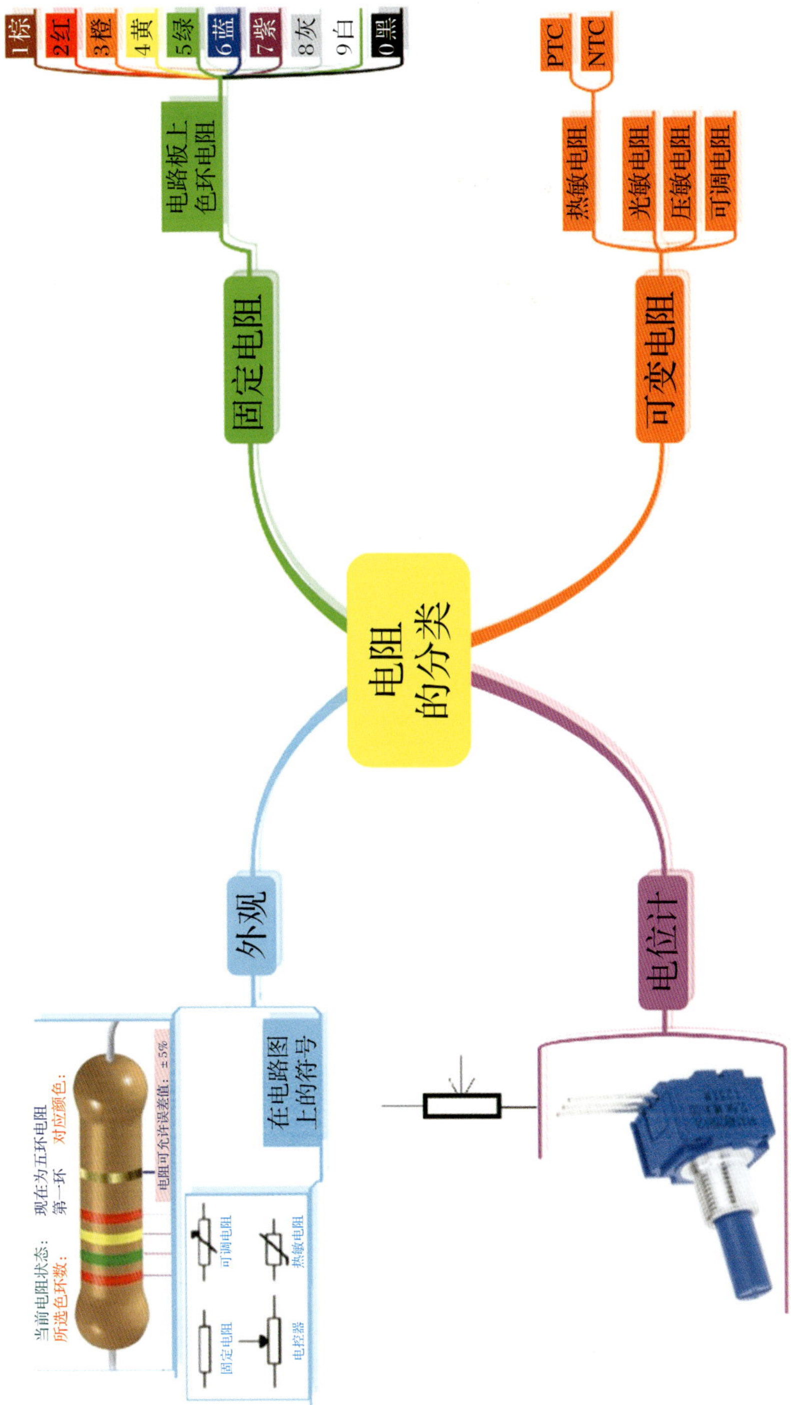
电阻
的分类
固定电阻
电路板上
色环电阻
1棕
2红
3橙
4黄
5绿
6蓝
7紫
8灰
9白
0黑
可变电阻
热敏电阻
PTC
NTC
光敏电阻
压敏电阻
可调电阻
外观
在电路图
上的符号
固定电阻
电控器
可调电阻
热敏电阻
当前电阻状态：现在为五环电阻
所选色环数：第一环
对应颜色：
电阻可允许误差值：±5%
电位计

图 2-7

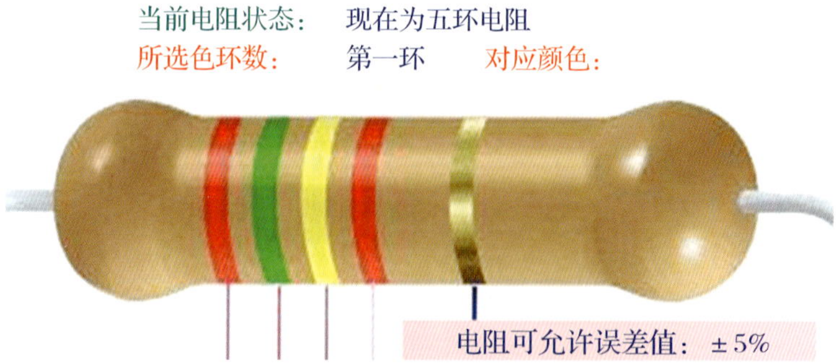

图 2-8

电压变化时，电流跟着变化，电流和电压变化曲线之间没有时间差。

示波器不能直接测量电阻阻值，如果需要还是用万用表测量比较方便。用示波器检测此类元件时，要注意接通电路，在带电状态下测量，才能得到正常的控制信号波形。

电阻在电路中的作用：降压、限流、阻抗匹配以及与电容形成阻容电路。

等效电阻的概念：一个复杂的电子控制电路一般做成一个控制单元，有些故障我们需要考虑整体电路的等效电阻。比如遥控器中的电池损耗较快故障，我们就要考虑是不是遥控器中的某个元件损坏导致漏电，使电池寿命缩短。这时我们可以把整个遥控器的电路板看作一个电阻型元件，拆下电池后测量其总电阻，与标准数据相比较，总电阻过小时，就能判断是电路板内部损坏。

与电阻相关的故障检测：单独测量电阻，可以使用普通万用表来完成，而示波器一般不带有专门检测电阻的功能。在维修电路板上追踪信号时，可以用示波器测量信号经过电阻前后的变化，这样会快速地缩小故障范围，找到故障点。

2.3 电感型元件的特性与示波器的测量要点

在汽车电路中常见的电感外形如图 2-9 所示。

图 2-9

电感型元件在电路中一般是由漆包线绕成的多匝线圈，可以分为有芯和无芯两种。

在汽车电路中，最常见的点火线圈就属于电感性质的元件，还有炭罐电磁阀、喷油器、汽油泵以及各种电磁阀都属于电感型元件，这些都属于执行元件。

电感在电子电路当中的主要特性是“隔交通直”，它可以让直流电顺利通过，而对交流电有较大的阻止通过的特性。再通俗一点讲就是它限制电流的突然变化，当电路电压要突然增加时，它进行限制；当电流要突然减小时，它也限制。因为交流电的电压和极性始终是变化的，所以电感在电路当中的作用就是限制交流电的通过，而直流电流在通电后保持电压和电流不再变化，电感就没有限制直流电通过的作用，我们把这一特性简称隔交通直。

电感的物理单位是亨（H），因为这个单位比较大，在使用中不方便，所以更常用的是毫亨（mH），在一般电子电路中应用大电感并不多。

电感在电路中的另外一个作用是与电容形成固定频率的谐振，比如汽车遥

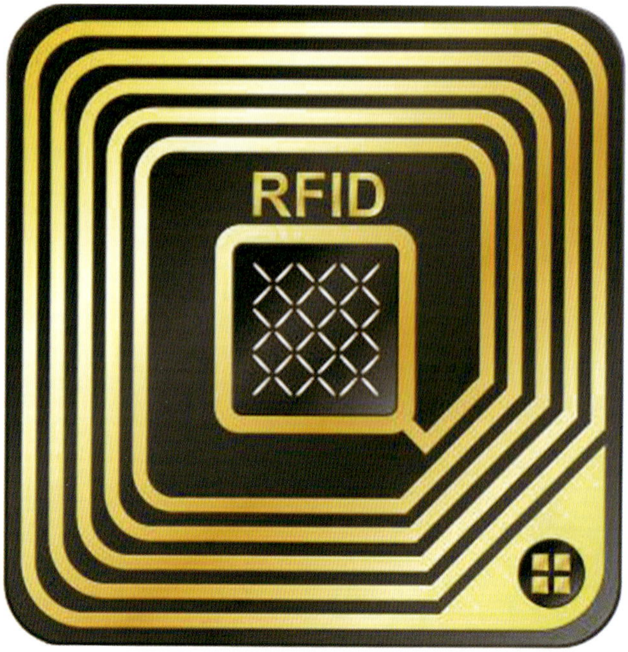

图 2-10

控电路板上利用印刷铜箔形成的电感，就是起到这个作用，它与电路板上的电容形成 315MHz 或 433MHz 的振荡频率，让信号发射到空中，再由车内的接收电路接收后，进行编码识别，然后执行相应的指令。

图 2-10 是一个在印刷线路板上靠印刷铜箔构成的天线电路，在高频电路中，这就是一个天线，也是一个电感元件。有了它，就能使高频信号发射到空中去。

分布电感：上述电感是人为设计出来的电感，但有时电路板上还会出现非设计的电感，因为电路板上的元件是靠印刷铜箔来连接的，铜线的走向就会构成一个非设计因素出现的分布电感。在低频电路中这个分布电感对整体电路影响不大；而在高频电路中，有可能会对电路产生严重影响。

将以上关于电感的简介进一步整理，得到思维导图，如图 2-11 所示。

总结：通过以上的总结，我们认识了电感的作用和分类，以及常见电感的外形，还有汽车上哪些元件属于电感性质的元件？感兴趣的话可以自己列出来。

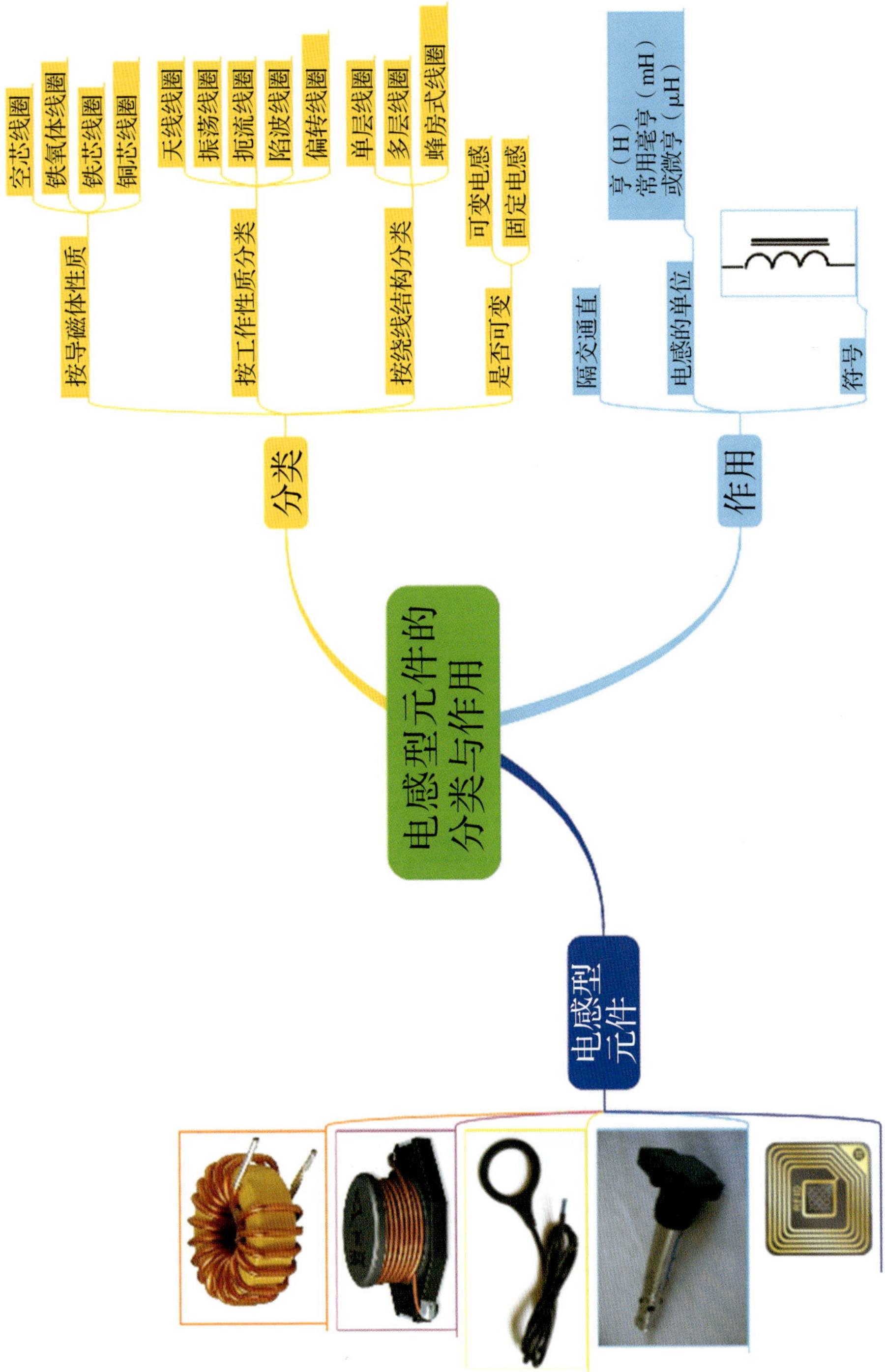
电感型元件的分类与作用
分类
按导磁体性质
空芯线圈
铁氧体线圈
铁芯线圈
铜芯线圈
按工作性质分类
天线线圈
振荡线圈
扼流线圈
陷波线圈
偏转线圈
按绕线结构分类
单层线圈
多层线圈
蜂房式线圈
是否可变
可变电感
固定电感
作用
隔交通直
电感的单位
亨（H）
常用毫亨（mH）
或微亨（μH）
符号
电感型元件

图 2-11

2.4 电容型元件

电容即电荷的容器，它在电路中的符号是 C，先认识一下电容的外观，如图 2-12 所示。

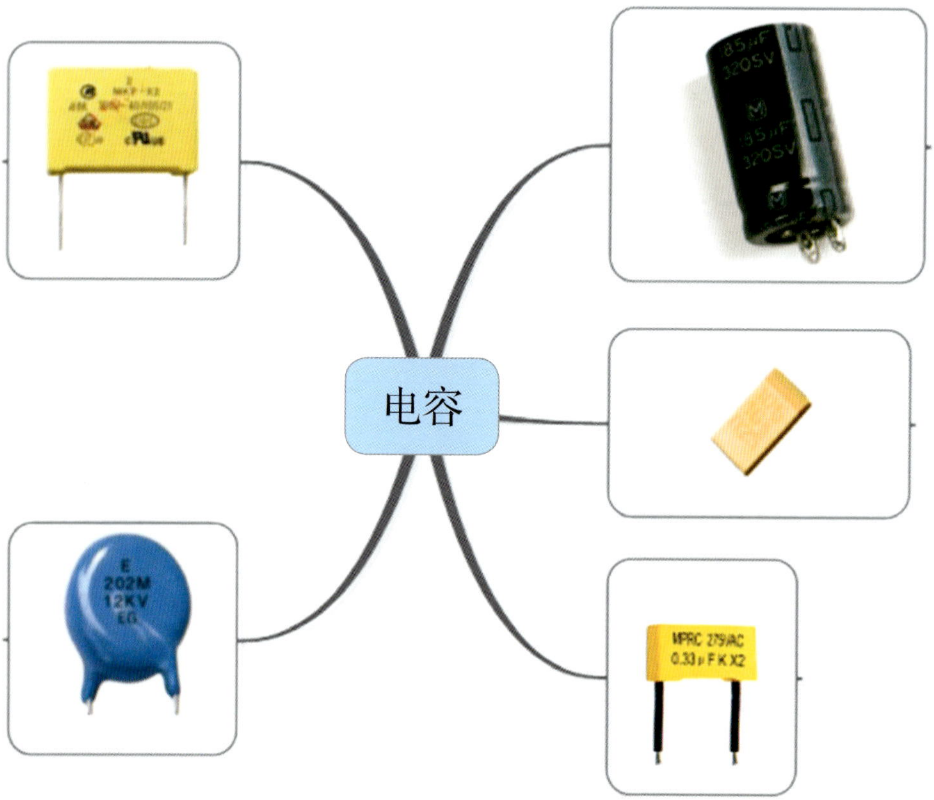

图 2-12

电容的构成：两个正对的金属板就形成一个电容器。

电容的充放电工作原理：给两个金属板分别接上一个电极，然后给其两个电极（图 2-13）通上电压，就会有电流出现，把电荷送到极板上。随着时间的延长，电流逐渐变小，直到减小到零，这时极板上的电压也与电源相等了，充电结束。把电池板极性反过来，正负极对调后，再接到电源上，这时就有一个

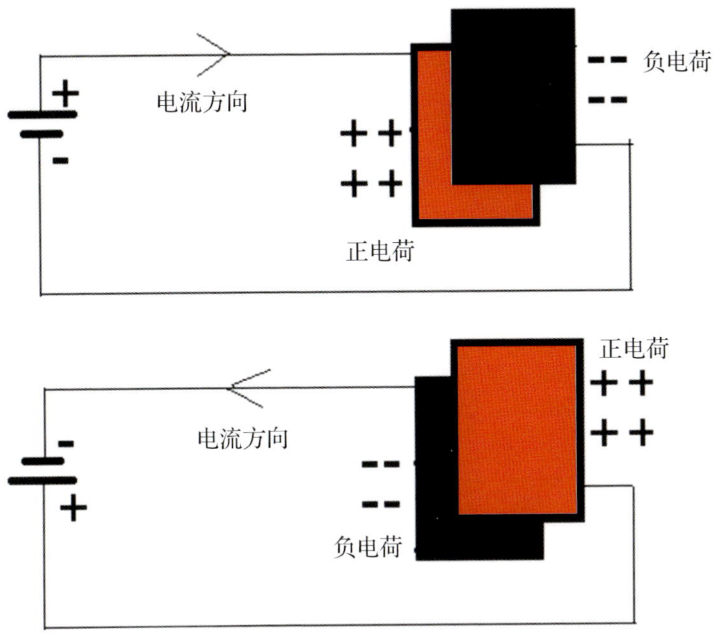

图 2-13

大电流出现，因为此时两个极板上的电压差实际上是两倍于电源电压，电流也自然更大。这样反复调整电压极性，就会有交流电流流过电容。

电容的单位：电容的容量单位是法拉（F），法拉是一个比较大的单位，平时我们使用更多的是微法（μF）或皮法（pF）。它们之间的换算关系是：1F=1000000μF；1μF=1000000pF。

电容的分类：电容的分类如图 2-14 所示。

电容的特性和作用：电容器在电路上的作用是“隔直通交”，它与电感的作用相反，即电容可以让交流电顺利通过，对于直流电有较强的阻碍其通过的能力。

分布电容：无论是电阻型元件，还是电感型元件，再或是电容型元件，还包括后面要讲到的半导体元件，一般情况下，从理论上讲，它都不是纯理想物理的元件，比如电阻型元件装在电路板上，会有分布电容的存在和分布电感的存在。而电感型元件一般是由线圈绕成，它本身是一个电感，但因为绕制线圈的材料有电阻，所在其本身相当于一个串有电阻的电感元件。同样电容型元件也

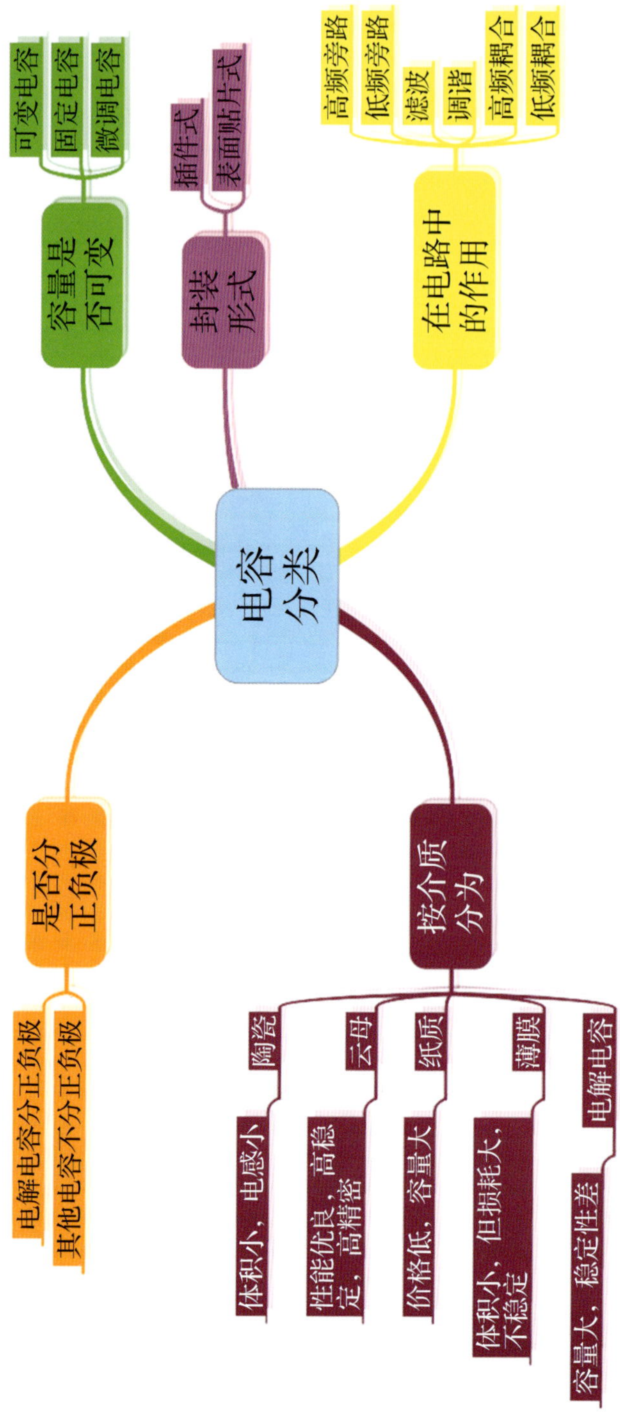
电容分类
容量是否可变
可变电容
固定电容
微调电容
封装形式
插件式
表面贴片式
在电路中的作用
高频旁路
低频旁路
滤波
调谐
高频耦合
低频耦合
是否分正负极
电解电容分正负极
其他电容不分正负极
按介质分为
陶瓷
体积小，电感小
云母
性能优良，高稳定，高精密
纸质
价格低，容量大
薄膜
体积小，但损耗大，不稳定
电解电容
容量大，稳定性差

图 2-14

是这样，它不但有电阻存在，其本身还会有分布电感的存在，我们设计时需要考虑的是其主要特性，在分析诊断故障时，也需要判断其主要性能是否变劣。一般情况下会忽略分布电感与分布电容，但在高频电路中就不一样了，需要按高频电路的规律去分析。

实践工作中，关于电容有两方面的注意事项：其一，是我们在维修时要认识电容，其中电解电容多用于电源电路中，它主要是用来滤波，它的损坏原因一般有电压过高被击穿和自然老化，再或是电源板极性接反引起损坏。其二，电解电容损坏概率比较高，损坏后的表现形式有：漏液，外壳鼓包、破裂甚至爆炸性损坏，以及容量变小或短路。

因为电解电容是有极性电容，所以我们在更换新电容时，要记住原来的极性，新装上的一定要注意其极性不能接反，否则就有爆炸的可能！

电容的测量：有些较高级的万用表可以直接检测电容容量，这样的万用表在维修电子电路时，使用起来比较方便。

电容在电子元件中类型最多，实践工作中，它出现故障的概率也最高。根据封装形式可以分为带引脚插针式封装和表面贴片式封装两种。

用思维导图总结一下电容的用途，主要有 7 种，如图 2–15 所示。

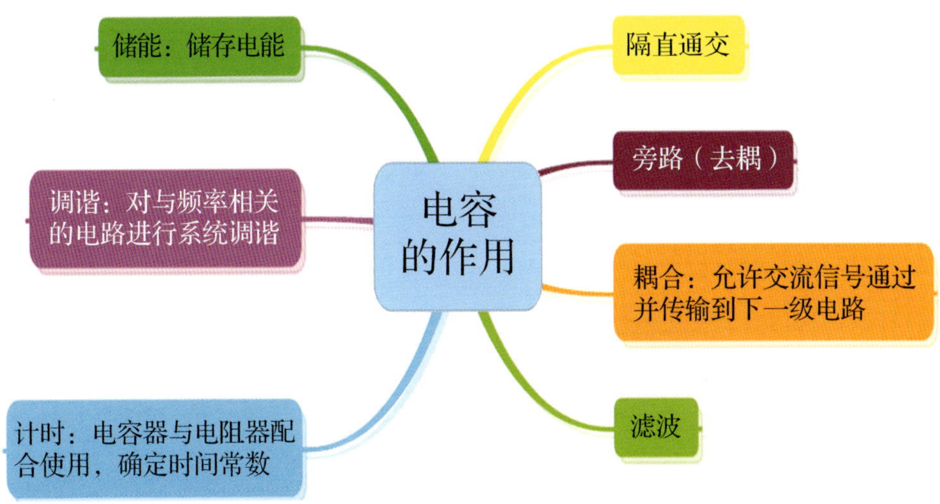

图 2–15

▶2.5 用示波器检测供电元件

目前汽车上使用的电池大都是电化学能电池，也就是电能与化学能相互转换。它对外可以输出电能，也可以将发电机输出的电能存储起来。它在电路中的作用相当于是整个电路的心脏。刚开始使用示波器时，觉得蓄电池电压是一条12V左右的直线，没有什么可以测量的，可后来发现，用万用表测量启动瞬间的蓄电池电压不太精确。如果用示波器测量启动瞬间的电压波形，是不是能在一定程度上反映蓄电池的内阻呢？带着这一想法，进行了试验，结果发现了用万用表没能发现问题。

因为启动瞬间，蓄电池内部的化学反应需要时间来进行的，如果蓄电池内阻增加，会引起蓄电池电压瞬间下降过多，由此可以判断蓄电池的内阻是否过大。

经过多次试验，发现有很多老化的蓄电池，利用示波器就可以快速诊断出故障。

以下介绍一案例，相信你看过此案例之后，会在示波器检测电源上有一定启示。

案例：2008年捷达节气门匹配错误故障

故障现象：用解码器进行匹配（电子）节气门后，显示正常，但怠速仍旧不稳定。熄火后重新启动着车，再次读取故障码，显示有节气门匹配错误的故障码，发动机故障灯点亮。

该车从其他修理厂转来维修，在别的修理厂进行清洗节气门后没有效果，更换一新的节气门总成后，仍然无法正常工作。

我们接手后先确认故障，用解码器进入系统，先清除故障码，然后再读取故障码，显示系统正常。发动着车后，再次用解码器读取故障码，仍旧显示是节气门的故障码，再进入数据流第60组，第4区显示“ERROR”，说明匹配未成功。

将发动机熄火后，再次输入组号“60”给节气门进行匹配，匹配完后，没有发动着车，直接进入数据流60组，观察数据60组第4区，显示“ADP OK”。再次启动着车后，进入60组读取数据流，则显示“ERROR”。经过反复试验都是这样，检查发现节气门插头有些脏污，估计存在接触不良。更换后，再进行检查，依然是上述故障现象。

这时，发现蓄电池电压过低，有些启动困难，用我们车间的备用蓄电池启动着车后，上述现象消失。是不是因为原车的蓄电池电压过低引起的故障呢？经过反复操作确认，在匹配节气门完成后，如果使用车上的蓄电池进行启动，60 组数据就会显示“ERROR”，而利用辅助蓄电池启动，则不会显示“ERROR”。

由以上操作确认，蓄电池电压过低，是造成上述故障的主要原因。为了找到规律，我们用示波器记录了启动瞬间的蓄电池电压变化过程，如图 2–16 所示。

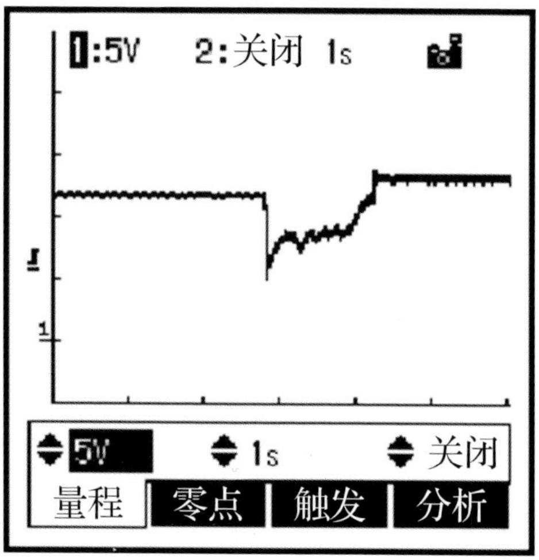

图 2–16

从波形图上可以明显看出，该车在启动瞬间，蓄电池电压下降到了 5V 左右，如此低的电压，必然会影响到发动机控制系统输出给节气门位置传感器 5V 参考电压。因为此参考电压低，造成节气门位置信号错误，电脑无法识别，而存上故障码，并且在 60 组的 4 区给出错误提示。

更换蓄电池后，故障排除。

该车不能正常匹配节气门故障的主要原因是蓄电池容量太小，启动瞬间电压过低，更换蓄电池后故障排除。

因为该车采用的是全电子的节气门，所以当节气门信号出现异常时，可能会影响到行车安全。即使着车后，蓄电池电压恢复正常，系统仍旧不能进行正常工作。可能是因为电压过低，使节气门的匹配过程中的学习数据丢失，也可能是因为安全原因，使驾驶员提示系统存在安全故障。

在此案例中，示波器可以捕捉到瞬间的低电压，让我们清清楚楚地找到引起故障的原因。而这一功能是万用表替代不了的，如果没有示波器，我们只能对此情况进行推理。有了示波器，则可以有助于我们对故障现象的理解，加深对故障形成机制的认识。

本案例告诉我们，在用示波器诊断电源型元件故障时，要注意给其加上负载进行测量，这样才能找出故障所在。

2.6 半导体元件的检测要点

分类：按照电气元件的导电特性可以把其分成 4 类，如图 2-17 所示。

图 2-17

导体是可以导电的物体，金属是常见的导体，它的电阻率在 10^{-8}~10^{-6} Ω · m 之间。

另一类的导电性能非常差，称为绝缘体。常见的绝缘体有云母、塑料、玻璃、橡胶等。

导电能力介于导体和绝缘体之间的物体叫半导体。半导体一般是人类加工制造的新型材料。

超导体是没有电阻的导体，目前来讲，此类物质仅仅是在科学家的实验室内可以找到。1911 年，荷兰科学家昂内斯（Ones）用液氦冷却汞，当温度下降到 4.2K 时，水银的电阻完全消失，这种现象称为超导电性，此温度称为临界温度。

半导体元件是汽车电子元件中的一个“大家族”，也正因为出现了半导体，才使得我们的汽车和家用消费类电子呈现出日新月异、翻天覆地的变化。半导体元件的检测要分开来讲，半导体“家族”中，包括二极管、三极管和集成电路以及各种敏感元件。在汽车电子电路中，还包括各个集成传感器，比如进气压力传感器、空气流量传感器、氧传感器等。限于篇幅，这里只简单讲解一下关于二极管、三极管和集成电路的检测。

1. 二极管的检测

（1）静态检测（图 2-18）：利用万用表的二极管挡进行检测，将万用表拨

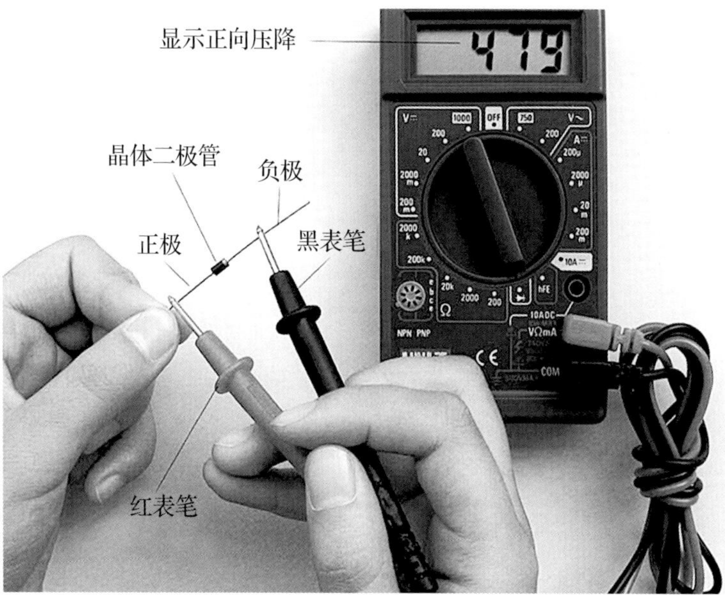

图 2-18

到二极管挡，直接把红、黑两个万用表表笔接到二极管两端，当红表笔接正极、黑表笔接负极时，二极管应该导通，这时显示的数据是二极管的正向电压降。一般情况下硅材料二极管电压为 0.7~0.8V，锗材料二极管电压为 0.3~0.4V。对调表笔后，测量到的电压要明显高于这两个数据，说明二极管没有损坏，反之二极管可能损坏。如果是在电路板上检测，要注意考虑是否在二极管两端还并联有其他元件。

（2）动态检测：利用示波器观察导电状态下的二极管上的电压波形，在整流前为正弦波，整流后为半个波形。如果整流后再并联上一个电容滤波，电压波形就变成一条直线。

2. 三极管的检测

（1）对于没有装到电路板上的三极管，可以按下面的方法检测（图 2–19）。

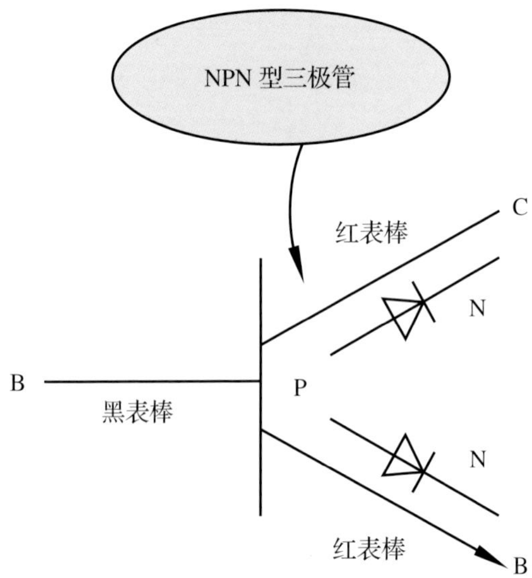

图 2–19

①先要找出其各个引脚对应的功能，以判断这是 PNP 三极管还是 NPN 三极管。

②将万用表拨到三极管放大倍数测量挡，把三极管的 3 个引脚发射极、集

电极和基极分别插入万用表检测孔 e、c 和 b。

③小型三极管通常放大倍数在 80 以上，大于此数据为正常，小于此数据需要进一步确认。

（2）对于装在电路板上的三极管，也有两种方法：一种是利用万用表测量三极管的两个 PN 结，利用二极管的单向导电性判断三极管的好坏；另一种就是在通电状态下测量 3 个电极的电压，利用检测到的电压或波形分析三极管是否在正常工作。

3. 集成电路的检测

（1）用万用表测量其各引脚对于正极和负极电源的电阻或等效电阻。

（2）利用万用表或示波器测量其在通电状态下各脚电压或波形，判断其工作是否正常。

（3）对于集成传感器，可以给其提供工作条件，看条件变化时是否输出了对应的信号。具体讲，比如测量进气压力传感器，可以测量在不同工况下传感器的输出电压，在《70 图讲透汽车电子电路》一书中有关于进气压力传感器检测的详细讲解，建议去看一下这本书。

2.7 电化学传感器的检测要点

电是一种神奇物理现象，化学也是一种神奇的科学，当两种神奇的现象相遇时，就产生了更为神奇的变化——电化学变化。

电化学是研究电和化学反应相互关系的科学。电和化学反应相互作用可通过电池来完成，也可利用高压放电来实现（如氧通过无声放电管转变为臭氧），二者统称电化学，后者为电化学的一个分支，称放电化学。

电化学对于我们汽车维修人员来说，可能觉得比较陌生，但实际上你每天都用到相关的知识，只是我们大多数人没有注意到这方面的问题。比如电池就是电化学的一个典型应用，还有经常见到老化的蓄电池极柱上会出现很多的绿色腐蚀物，这就是在电解液渗出后，在电和化学的双重作用下形成的腐蚀物，这种腐蚀物的生成不仅仅是因为化学腐蚀的作用，它跟电池的电解作用也有一定关系。

关于电化学，还有一个相关的原理知识就是火花塞为什么会烧损，一半原因是因为燃烧时产生的高温造成电极上的金属氧化，这是化学原因，还有就是燃烧形成的酸性气体对电极有一定腐蚀作用，再有就是电极在高温下会轻微汽化，在高压电的作用下，金属物质产生转移，这是物理、化学和电的共同作用。在这多重作用下，最终火花塞电极变短、变圆滑，电极间隙变大。所以说，电化学在汽车上有很多应用，并且在今后电化学会越来越多地被认识到。

因为目前的汽车电源——汽车蓄电池就是基于电化学的原理来工作的。除此之外，随着汽车技术的进步，电化学传感器越来越多地应用到了汽车上，最早期和应用最广泛的电化学传感器就是氧传感器，它是一种典型的电化学传感器。如果传感器周围的空气中有氧存在，就输出 0.1V 的信号电压；如果没有氧存在，就输出 0.9V 左右的高电压。除此之外，缸内喷射发动机上的氮氧传感器其工作原理与之类似。再有就是尾气分析仪上也装有这两种传感器，它的工作原理与汽车上的传感器一样，都是遇到某种化学气体后，会输出不同的信号电压。再想想，制冷剂纯度鉴别仪的内部也一定装有氟利昂纯度鉴别仪，它遇到 R134A 就会输出信号电压。

总结以上关于电化学的描述，我们会发现电化学传感器是一种新兴的传感器，它将越来越多地应用到汽车上，甚至包括我们的生活消费类电器上（检测糖尿病的血糖检测仪也是利用电化学传感器来工作的）。检测这类传感器可以利用其工作特性并且结合控制系统的变化，然后对检测结果进行分析，就能判断这类传感器工作是否正常。

关于 4 线普通氧传感器的检测方法，我们在《70 图讲透分析尾气排故障》一书中有详细的描述，并且在本书的维修实例一章中也有相关案例，在此不做详细讲解。我们简单讲一下 6 线（或 5 线）氧传感器相关数据，不同公司生产的宽带氧传感器输出的信号电压范围不一样，并且与电压对应的稀浓关系也有所区别，收集相关的数据，如图 2-20 所示。

在大众车上，6 线（或 5 线）宽带氧传感器在 750℃时才能正常工作，其内

宽带氧传感器
大众奥迪
正常变化范围
1~2V
"λ"=1
信号电压1.5V
"λ">1
信号电压>1.5V
"λ"<1
信号电压<1.5V
宝马日产
"λ"=1
信号电压2V
"λ">1
信号电压>2V
"λ"<1
信号电压<2V
东风本田广州本田
"λ"=1
信号电流为0或128mA附近
"λ">1
信号电流<0或128mA
"λ"<1
信号电流>0或128mA
丰田
"λ"=1
信号电压3.3V
"λ">1
信号电压>3.3V
"λ"<1
信号电压<3.3V

图 2-20

部氧浓度差电池的内阻为 80Ω，通过测量氧浓度差电池的内阻，ECU 即可感知氧传感器的温度信息。ECU 利用此信息驱动氧传感器加热电路工作，使其工作温度稳定在 750℃左右。

6 线（或 5 线）宽带氧传感器输出的电压信号以 1.5V 为中心，高于 1.5V 说明混合气偏稀，低于 1.5V 说明混合气偏浓。在正常情况下，我们可以用解码器读取 33 组数据流，第 1 区为前氧传感器信号电压，也可以用示波器直接观察传感器信号电压的波形。

维修经验表明，大众车缸内喷射发动机的宽带氧传感器，其 33 组数据在正常情况下，始终是在 1.5V 附近轻微变化。在发动机急加速和急减速时可以看到明显的变化，而在发动机转速稳定状态下，变化不明显。并且，当此信号电压出现明显大幅度变化时，往往意味着混合气调节出现了问题。

3 用示波器诊断车身故障

▶3.1 如何用示波器诊断充电系统故障?

我们现在看到的汽车上的发电机都属于交流发电机，其基本工作原理是利用转子电磁场切割定子线圈，产生感应电压，经过二极管整流后，变成直流电给蓄电池充电，给全车供电。为了使输出电压稳定，在设计上有一个电压调节器，调节器通过控制转子线圈的电流来控制其磁场的强度，以达到发电机在任何转速下都输出稳定的电压。

现今绝大多数的车辆都采用内装电压调节器的发电机，只有个别车型采用把电压调节器设计在发动机电脑内部，比如马自达和福特车系中，在某些车型上采用这种设计。

MT3500 型示波器有专门的菜单项来测试充电系统故障，打开示波器后，按照流程就能进入测量菜单，如图 3-1 所示。

我们按思维导图的指引就能快速进入菜单，选择测量发电机的哪一个项目。当发电机激磁电路出现故障时，会在转子磁场的控制电压波形上有变化；当发电机内部整流二极管损坏后，也会在其输出电压上有变化；如果怀疑发电机有问题，可按图 3-1 操作示波器。

我们用一个故障实例来说明具体的故障诊断过程与信号电压的分析方法。

案例：一汽马自达 6 不发电

车型：一汽马自达 6，已经行驶大约 200000km。

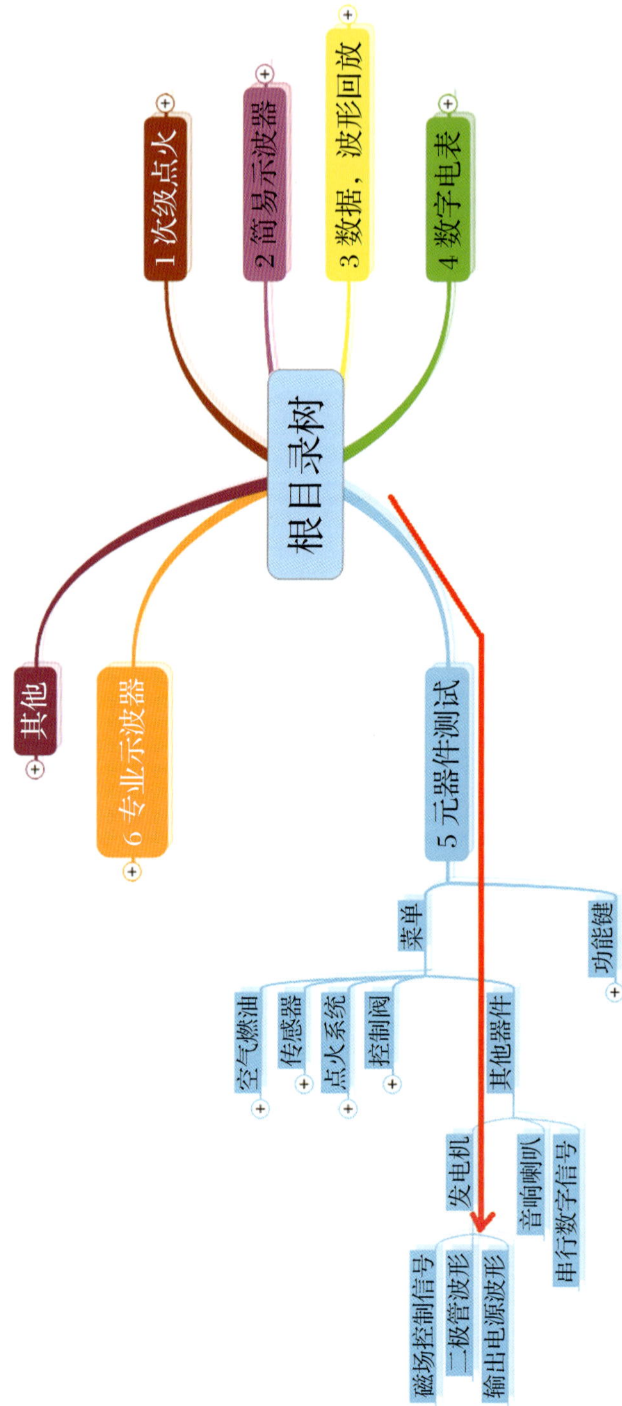
根目录树
1 次级点火
2 简易示波器
3 数据，波形回放
4 数字电表
5 元器件测试
6 专业示波器
其他
菜单
功能键
空气燃油
传感器
点火系统
控制阀
其他器件
发电机
音响喇叭
串行数字信号
磁场控制信号
二极管波形
输出电源波形

图 3-1

故障现象：该车在某修理厂进行正常的保养后，出现发电机不发电故障。经过该修理厂诊断，为发电机损坏，但更换了 4 个发电机，还是不发电，配件方面找不到故障原因，车辆方面也找不出故障原因，于是，到我们厂来维修。

根据该车车主反映的情况，我们提前准备了一下该车的资料，通过查阅电路图知道，该车的发电机激磁是受发动机电脑控制的，上一家修理厂更换了 4 台发电机，发电机本身的损坏可能性比较小，我们要排除的是线路故障和相关的其他原因。

用万用表进行检测，发现此车与发动机相关的线路是正常的，因发电机励磁受发动机电脑控制，所以怀疑发动机电脑内部发电机转子线圈电压控制部分出现故障。拔下发电机插头后，将示波器接到发电机的两个端子上，得到如图 3-2 所示波形。

根据这个信号波形，说明发电机输出的信号正常。将发电机插头插到发电机上，再用示波器进行检测，得到如图 3-3 所示波形。

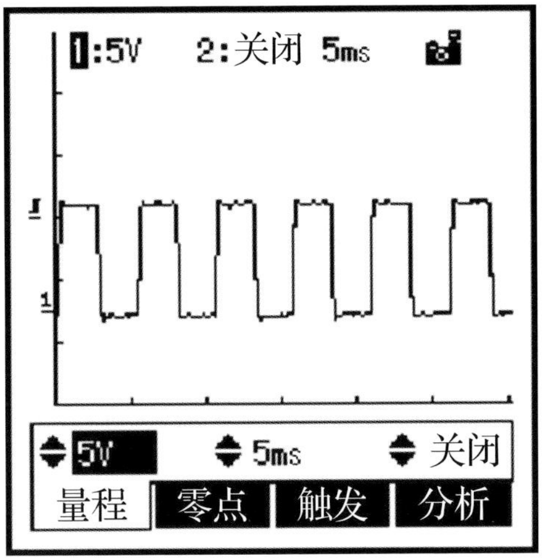

图 3-2

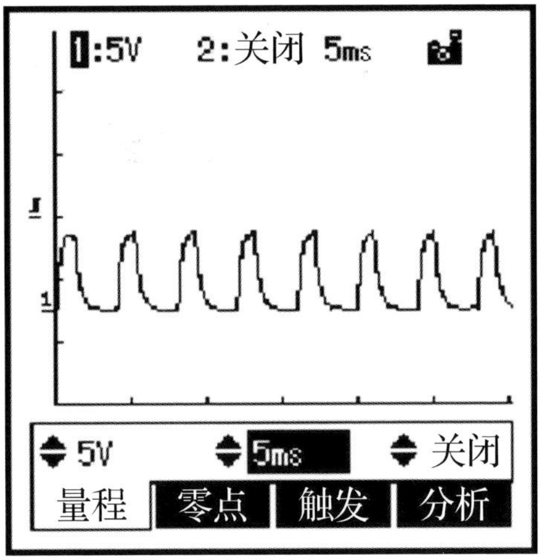

图 3-3

波形由方波变成了上述形状，说明发电机转子磁场线圈的电感引起电流不能突变，进而可以看到上述的电压波形，属于正常现象，也说明发电机的转子得到了正常的励磁电流。这时用万用表检测发电机的火线输出电压为 12V，说明发电机不发电。将发动机熄火，用万用表检测发电机火线的电压仍为 12V，说明蓄电池正负极与发电机连接良好。经过以上测量，可以判断出该车的发电机的线路不存在故障，并且发动机电脑对激磁电流的控制是正常的。

重新发动着车后，仔细观察发现运转中的发电机，发现发电机皮带转动缓慢，将发动机熄火后检查，皮带张紧度正常，皮带磨损也正常。再次发动着车检查，发现着车后曲轴皮带轮外的皮带有转动缓慢的现象。将车辆举升起来检查，发现此车的发动机曲轴皮带轮为带缓冲橡胶层的双层结构，在内外两层金属轮中间采用橡胶层来缓冲发动机旋转引起的震动，因为橡胶层脱胶，造成发动机着车后，曲轴与皮带轮内外层之间打滑。此时虽然发电机在转动，但转速太低，形不成自激磁，磁场强度不够，进而造成发电机不发电。实际情况如图 3–4 所示。

图 3–4

更换一新的曲轴皮带轮后，故障排除。

总结：该车不发电故障是因为曲轴皮带轮损坏引起的，属于机械原因，原因很简单，但是不常见。对该车结构不熟悉的情况下容易引起误判，又因为电路正常，发电机正常，激磁线路正常，所以在进行更换发电机、检查范围在电气方面时是检查不出故障来的。

上一个修理工，在地沟里完成拆装工作，光线条件不足，造成工作起来无法放松，始终处于一个紧张的状态，很难找出复杂的故障来。经验不足，理论不到位，产生了不自信的心理，再加上车主给的压力，最终造成诊断失败。

3.2 如何用示波器诊断蓄电池电流传感器?

汽车蓄电池电流传感器分为两类：一类是利用分流器原理工作的，另一类是利用霍耳效应原理工作的。

分流器是根据检测直流电流通过电阻时，在电阻两端产生电压的原理构成的。分流器属于直接式检测法，测量电流的上限一般不能太大，电阻上直接得到的电信号是量值很小的模拟信号，还需外接放大电路将信号放大，再通过 A/D 转换电路将其转化为数字信号。

霍耳式传感器是根据霍耳效应制作的一种磁场传感器，属于间接测量，可以测量各种类型的电流，从直流到几十千赫兹的交流。霍耳式传感器包括开环式和闭环式两种，高精度的霍耳式传感器大多属于闭环式，闭环式霍耳式传感器基于磁平衡式霍耳原理，即闭环原理。当原边电流 I_P 产生的磁通通过高品质磁芯集中在磁路中，霍耳元件固定在气隙中检测磁通，通过绕在磁芯上的多匝线圈输出反向的补偿电流，用于抵消原边 I_P 产生的磁通，使得磁路中磁通始终保持为零。经过特殊电路的处理，传感器的输出端能够输出精确反映原边电流的变化。

霍耳式传感器只需外接正负直流电源，被测电流母线从传感器中穿过，即可完成主电路与控制电路的隔离检测，简化了电路设计。霍耳式传感器的输出信号是副边电流 I_S，它与输入信号（原边电流 I_P）成正比，I_S 一般很小，只有几十到几百毫安。如果输出电流经过测量电阻 R_m，则可以得到一个与原边电流成正比的大小为几伏的电压信号，经 A/D 转换，可方便地与电脑和各种仪表接口。

霍耳式传感器具有优越的电性能，是一种先进的、能隔离主电路回路和电子控制电路的电测量元件，如图 3–5 所示。它综合了互感器和分流器的所有优点，同时又克服了互感器和分流器的不足。具有精度高、线性好、响应快的优点，但此方法易受干扰，不适合在复杂的工作环境和电气环境中使用，同时元器件也易损坏。

我们利用下面的案例，来学习一下关于蓄电池电流传感器的检测。

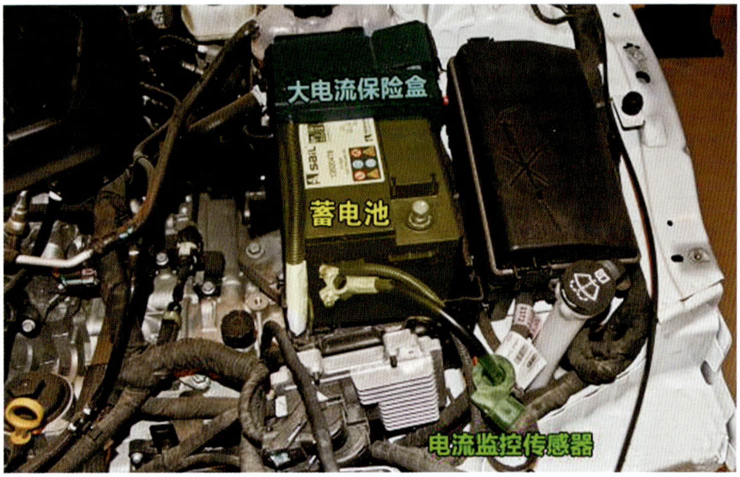

图 3-5

案例：2013 年奥迪 A6L 涉水故障

故障现象：该车涉水后出现多个故障，维修中发现有故障码 U104000，解释是蓄电池监控单元无通信。清除故障码后，再次读取故障码，故障码会重新出现。

查资料得知，该传感器安装在后备箱的蓄电池负极上，拆开后备箱盖板后，在蓄电池旁边找到该传感器，实际位置如图 3-6 所示。

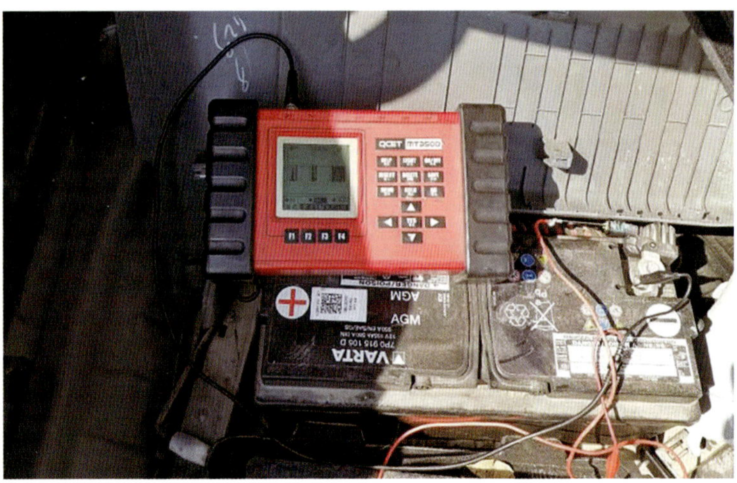

图 3-6

经过检查，发现传感器插头接触不良，处理插头后重新装复。用示波器检测该传感器，发现该传感器上共有两根导线，其中一根上面为 12V 水平不变化的电压，分析认为这是传感器的供电线，另外一根线有波形，如图 3-7 所示。

图 3-7

从波形上看，该传感器为一 LIN 线工作的传感器，传感器与蓄电池负极线做成一体。该传感器工作时就送出 LIN 信号，电能管理系统靠此信息计算蓄电池充电状态。

用解码器清除故障码后，显示系统正常，着车后，试车，故障没有再次出现，确认故障排除。

▶ 3.3 如何用示波器诊断 ABS 系统故障？

大多数 ABS 系统使用磁电式传感器来收集 4 个车轮上的车速信号，磁电传感器输出的是交流电压信号，我们在连接示波器时，需要把正极和负极探针直接连接到车速传感器的两个端子上，可以连接上控制单元插头，也可以不连接控制单元插头。与发电机工作原理类似，磁电传感器不需要外部供电，当车轮转动时，它自身就能输出交流电压信号。

当ABS故障灯点亮时，说明ABS系统存在故障，我们用解码器读取故障码，如果是某一车轮上的传感器故障码，可以用示波器观察该传感器的输出信号电压，来判断传感器工作是否正常。

具体操作方法如下：打开示波器电源，选择专业示波器，将示波器调整到双通道模式，通道1和2均为每格10V，时基为20ms，然后分别把信号1和信号2的0V基准线利用上下箭头调整到屏幕的合适位置，连接两个通道测试线到传感器即可。测试两个传感器的目的是把正常信号与故障信号进行对比，可以让我们轻松找到故障点。

我们利用下面的案例，来学习一下关于ABS车速传感器的检测。

案例：2008年帕萨特B5仪表上ABS故障灯亮

行驶里程：200000km。

故障现象：仪表上ABS故障灯亮。

用解码器读取故障码，只有一个故障码，显示为“左前轮ABS传感器”。与车主沟通得知，该车刚在其他修理厂更换的左前轮ABS传感器。但不久后，ABS故障灯再次点亮。

进行试车，同时观察数据流，在车速达到80km/h时，发现左前轮的车速数据存在跳动现象。怀疑是左前轮车速传感器和其相关的部件出现故障。

将车辆举起，拆下该车的ABS传感器进行检查，发现确实如车主所述，左前轮ABS传感器是新的。将传感器拆下后，目视检查ABS传感器的触发轮，没有发现问题，对比右前轮，也没有异常。

查阅电路图（图3-8），找到ABS控制单元插头处对应的各传感器脚位，然后将ABS控制单元插头拔下，用万用表检测4个传感器的电阻，分别是：左前1.0kΩ，右前1.2kΩ，左后1.3kΩ，右后1.3kΩ。通过以上数据比较发现左前轮ABS传感器电阻偏小，但不能确认传感器本身有问题。

左前轮传感器连接ABS控制单元插头的1脚和2脚，右前轮传感器连接ABS控制单元插头的19脚和20脚。

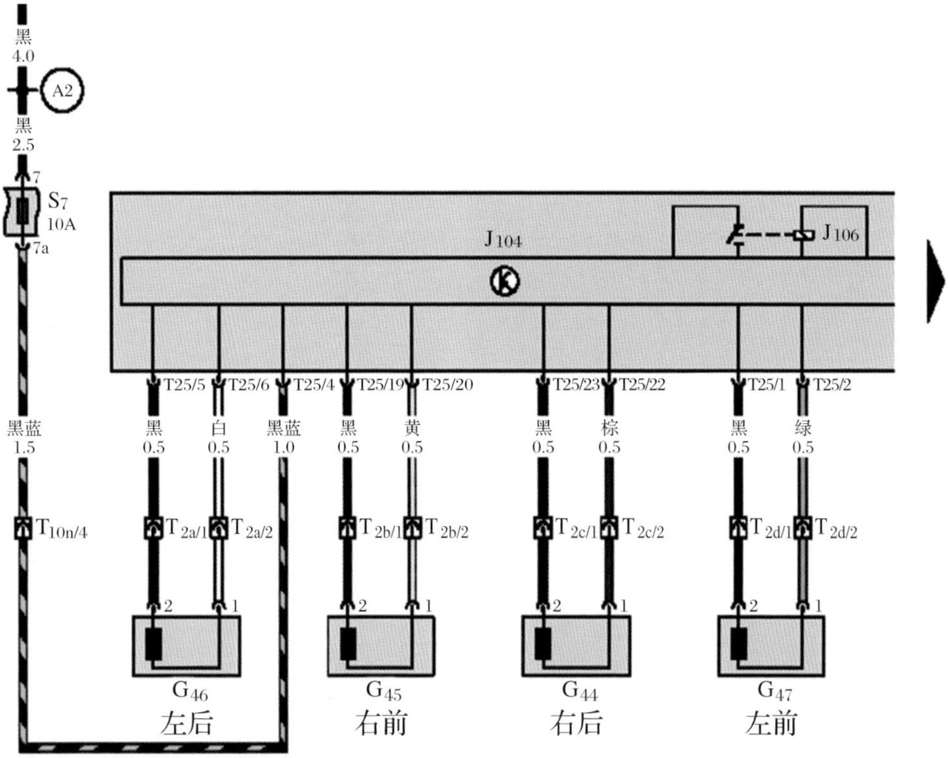

图 3–8

将控制单元插头拔下后，同时转动左前轮和右前轮，用示波器检测对应这两个传感器引脚的波形，如图 3–9 所示。

从波形上看到通道 2 的信号电压变化幅度明显偏低，说明接到该通道的车速传感器存在问题。再次检查传感器的安装，包括传感器的插入深度，触发轮没有变形，反复确认机械安装没有问题。最终确诊，该车新换的左前轮 ABS 传感器本身有故障。

更换一新的左前轮 ABS 传感器后故障排除。

总结： 此车故障是由左前轮 ABS 传感器灵敏度过低引起的。左前轮传感器输出信号幅度过低，控制单元无法顺利识别，造成有时丢失转速信号，引起 ABS 故障灯亮。

传感器的电阻偏小不能直接断定其是否能够提供正常的车速信号，从 ABS

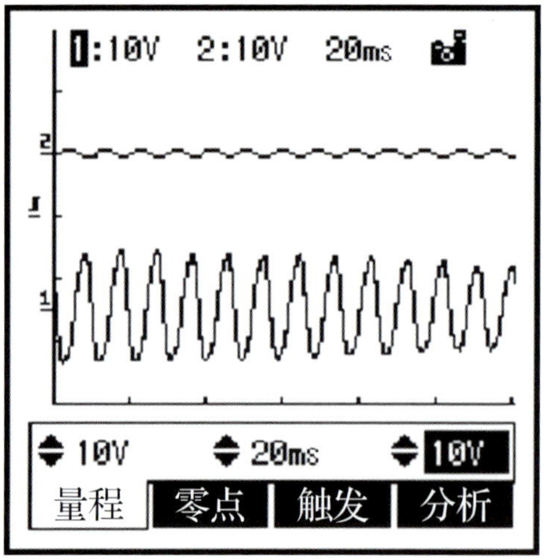

图 3-9

控制单元的角度上看，它需要的是一个频率和幅度正确的信号。能不能达到这一要求，可以用示波器检测信号波形来确认。通过示波器的双踪功能，很方便地完成了一个对比，使故障诊断准确、高效。

因为是电磁式的 ABS 传感器，当拔下控制单元插头后，可以用示波器直接测量波形，而不需要连接 ABS 控制单元的电源给传感器供电。

3.4 如何用示波器诊断空调压力传感器故障?

汽车空调压力开关和传感器是汽车空调中的重要控制部件，早期采用压力开关的形式来保护空调压缩机，使其在没有制冷剂的情况下停止工作。我们能看到在 2010 年以后的大众车上，开始采用压力传感器，这种压力传感器输出的是数字信号。这种传感器是否工作正常，是否输出了正常的信号电压，利用万用表检测信号电压的方法已经不能明确判断，因为其输出的信号电压是占空比变化的直流脉冲信号。当占空比变化时，用万用表测量到的平均电压变化不明显，也无法得出准确的测量结果，只有通过示波器观察其信号波形，才能准确判断空调压力传感器工作是否正常。

怎样用示波器检测这种传感器，我们通过下面的案例来学习一下。

案例：2010 年捷达空调不工作

车型：2010 年捷达，该车是出租车，已经行驶 540000km。

故障现象：空调不工作，打开空调开关后，散热风扇工作正常，但压缩机电磁离合器不吸合。

车主报修的是空调不工作故障，接车后确认故障，接上空调压力表检测系统压力正常。接上解码器，读取发动机系统故障码，显示有一个故障码——空调压力传感器信号错误。

用万用表检测压力传感器，拔下插头后检测线束侧插头，其中 3 根导线的电压分别为 12V、0V 和 12V。插上插头后检测，12V 电压正常，负极电压为 0V。用示波器观察信号脚上的电压，如图 3-10 中左图所示。

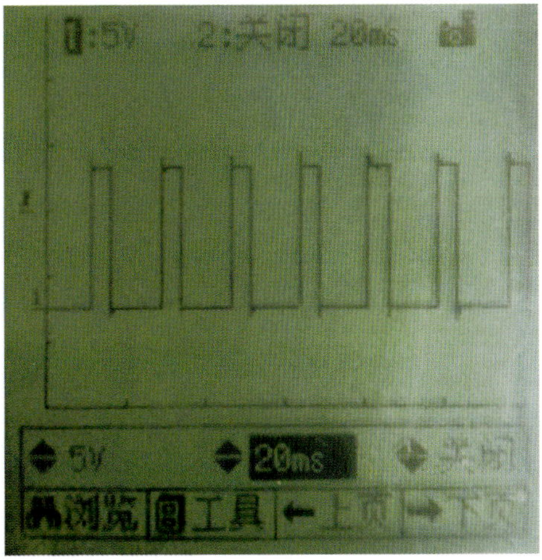

空调压缩机不工作时的波形

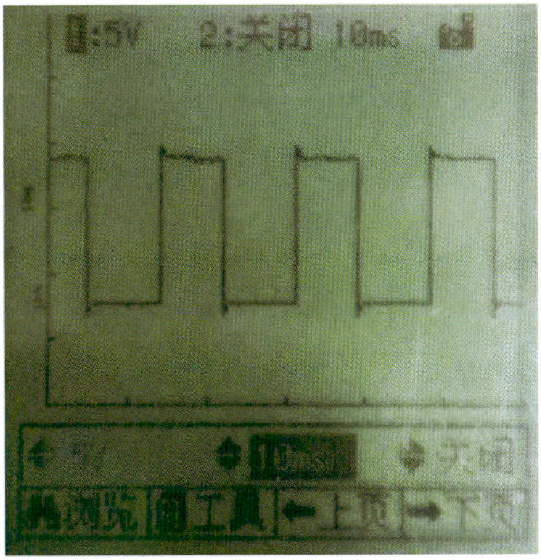

空调压缩机工作时的波形

图 3-10

压力传感器发出的是方波信号，可以判断该压力传感器工作基本正常。清除故障码后，再打开空调开关，结果空调恢复正常工作。

我们还没有维修，空调不工作故障为什么会自己好了？分析认为，只有一种可能，就是压力传感器插头接触不良。我们在检测过程中从插头背面插入插针后，使插头变形，暂时插头与插针之间的接触恢复正常，从而故障现象消失。

拔下空调压力传感器插头后仔细观察，发现线束侧插头端子有轻微变形，调整端子使其恢复弹性，清洗插头表面的锈迹，再用专用导电液进行处理后装复，打开空调，此时空调恢复正常。我们用示波器记录了空调压缩机工作前后的波形变化，如图 3-10 中右图所示。

从波形上可以看到，空调压力增高时，低电平时间变短，高电平时间变长；当空调压力高时信号电压的占空比变大了。

总结：此车空调不工作故障是因为压力传感器插头接触不良引起，因为压力传感器接触不良，发动机控制单元收到的压力信号异常，为了安全，保护性切断压缩机工作。在检测过程中触动了插头，使故障现象暂时消失。维修完毕后跟车主沟通，车主反映是在清洗发动机室内部后出现的故障，可能有水进入插头，造成插头接触不良，引发此故障。该车的压力传感器将信号直接送给发动机控制单元，发动机控制单元负责进行计算，如果压力超出正常范围，则空调开关送来请求信号时，发动机控制单元将不允许空调压缩机工作，不输出允许信号，散热风扇继电器得不到正常的信号，不会驱动电磁离合器吸合，空调不工作。

空调压缩机工作的条件有以下几个方面：环境温度传感器、空调压力传感器以及发动机电控系统无重大故障。这些条件全部满足后，空调压缩机才会正常工作。

在福特车上，空调压力传感器是一个模拟信号电压，供电电压为 5V 和 0V 两线，正常情况下在室温 30℃左右时，压力传感器输出 1.5V 左右的信号电压。空调压缩机工作后，高压压力升高，该电压会升高到 1.7V 左右，可以用示波器观察到一个直线形模拟直流电压。

2010 年以后生产的捷达车，开始采用压力传感器，由原来的空调压力开关改成了压力传感器的形式。

以上两种压力传感器的信号在形式上不同，在功能上相同，并且都直接送给发动机控制单元。所以，除了使用示波器观察波形以外，还可以在数据流中看到，在捷达车上，数据流的 137 组为此压力数据，用示波器与解码器结合的方法诊断相关故障，又快又准。

通过本小节的学习，我们学到了一个新概念，叫占空比。在方波信号中，占空比是指有效电平在一个周期之内所占的时间比率。具体的关于占空比的定义如图 3-11 所示。

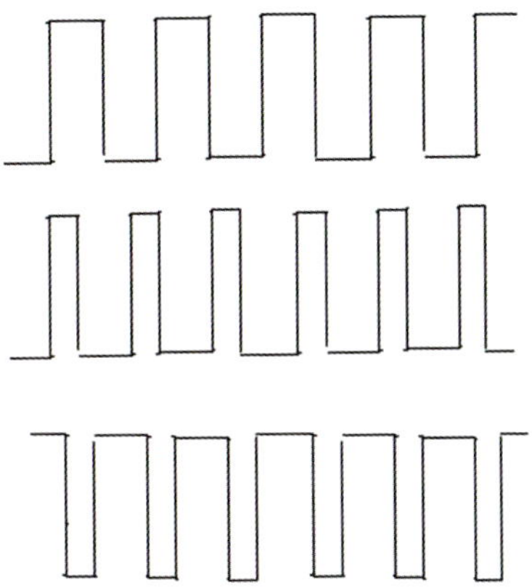

在每一个信号周期内，高电平时间与低电平时间各占 50%，我们称为占空比为 50%

在左侧的波形中，每个周期内的波形中，高电平占 25%，低电平占 75%，该信号的占空比为 75%

在左侧的波形中，低电平信号的时间宽度占整个周期的 25%，该信号的占空比为 25%

图 3-11

▶ 3.5　如何用示波器诊断空调外界温度传感器故障？

在汽车电子控制系统中，温度传感器应用十分普遍，一般利用热敏电阻来做温度传感器。早期的电子控制系统中，给热敏电阻串上一个上拉电阻，形成串联电阻分压的方法，让热敏电阻的阻值变化转换成电压变化，从而电子控制系统利用模拟信号电压进行转换，转换数字信号后输入 CPU 进行计算。

新型的电子控制系统中，温度传感器虽然仍旧采用热敏电阻，但施加给热敏电阻的电压变成了脉冲电压，而非原来的直流模拟电压，这给我们诊断工作带来了问题，普通万用表测量信号电压的方法也不好用了，只有用示波器观察其脉冲信号电压的高低，才更为直观，也更准确。我们在平时维修中发现，一些大众车的水温传感器和自动空调系统的外界温度传感器，包括奥迪 A6L 的空调外界温度传感器，都采用了这种控制电路。

下面我们通过一个案例，来学习一下相关知识。

案例：2013 年斯柯达晶锐空调不工作

车型：2013 年斯柯达晶锐，该车已经行驶 43000km，配装的是变排量压缩机。

故障现象：空调不制冷，该车的空调为变排量压缩机，没有电磁离合器，制冷功率调节靠控制压缩机的排量实现。

先用制冷剂压力表检测系统压力为 400kPa，说明系统中有制冷剂，该压力有点偏低，但可以保证空调不工作时不是缺少制冷剂引起的。检查空调压缩机皮带及电磁阀插头安装正常，检查空调面板供电正常。

再用解码器进入发动机系统，观察第 50 组数据，3 区一直显示“ON”，4 区一直显示“OFF”，不开空调或打开空调都是这样的显示，看来此车控制系统有故障。

用解码器进入仪表系统，有故障码为室外温度传感器断路。查资料得知，此车的空调系统为半自动空调，用解码器进入空调系统，显示有故障码“仪表”。清除故障码后，再次读取故障码，故障码重新出现。由此验证此故障码是一个当前存在的故障码。

在前保险杠左下角找到室外温度传感器，发现传感器插头丢失，人为改装了两个单线插头。将传感器拆下后，用万用表检测电阻为 1.3kΩ，当时气温 18℃左右，此阻值在正常范围内。用万用表测量传感器插头上电压，为 0.5V 左右。负极线上电压为 0V，怀疑传感器插头存在接触不良。找到原车的电路图检查，发现室外温度传感器将信号送入了仪表，实际电路图如图 3–12 所示。

按以往的经验，此传感器插头的电路电压不对，应该为 5V 左右才对，说明传感器与仪表之间存在故障。经过检查，发现负极线电阻为 1.9Ω，此数据说明线路之间有轻微的接触不良，但不影响信号的传递，因为传感器的电阻在 1.3kΩ 左右。将传感器拔下后，再用示波器观察线束侧插头的信号电压波形，如图 3–13 所示，晃动线束有时会出现如图 3–14 所示波形。

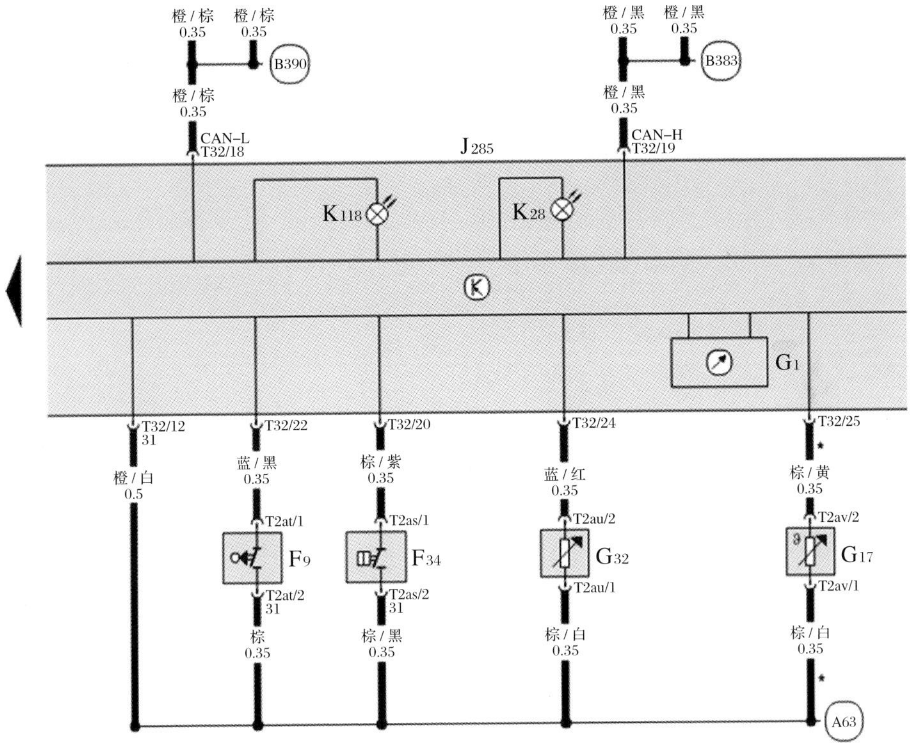

图 3–12

用解码器进入空调系统，可以从空调系统第 6 组数据中，读取到温度值是 77℃。当接触不良时，可能会出现 –40℃。经过进一步检查，发现室外温度传感器插头是后改接的，存在接触不良。并且在改接的插头与原车线束连接的地方，采用铰接方式连接，接头氧化。将以上接触不良的问题处理后，插上传感器，用示波器再次检测信号波形，如图 3–15 所示，并且信号波形显示稳定，晃动线束也不变化了，发动着车并打开空调，制冷恢复正常。

为了确认故障已经排除，我们做了以下试验，拔开传感器插头，从仪表系统中可以读到室外温度传感器断路的故障码，并且无法清除。从空调控制系统中可以读到与仪表通信的故障码，并且无法清除。将插头装复后，仪表和空调系统的故障码则可以全部清除，并且制冷恢复正常。由此判断，该车的空调不工作故障，就是室外温度传感器接触不良引起的。

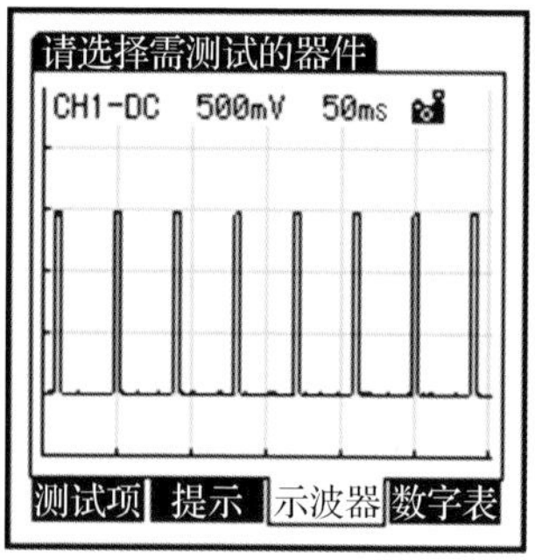

图 3-13

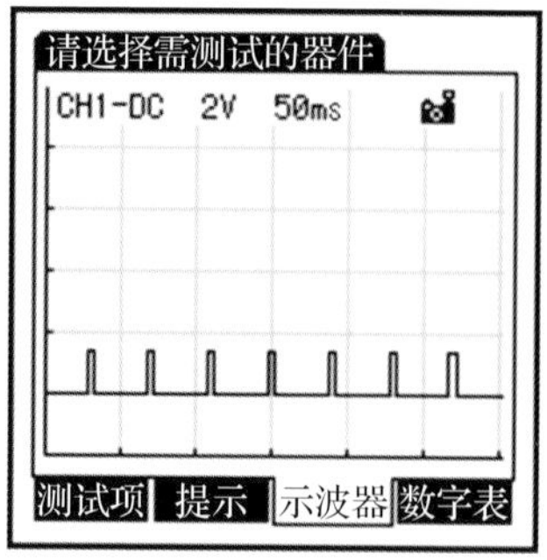

图 3-14

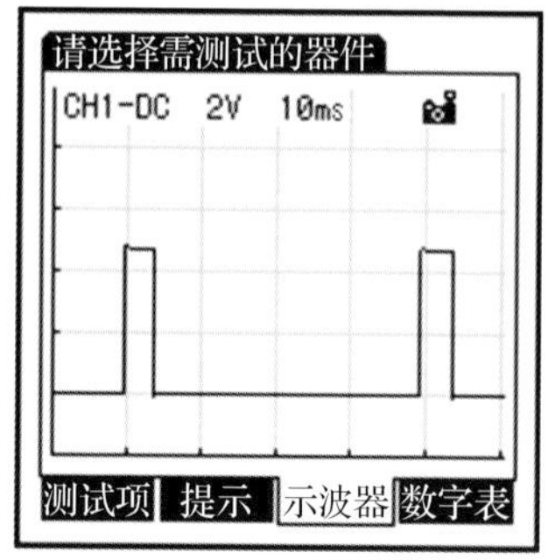

图 3-15

通过以上试验，确认此传感器是将室外温度信号送入了仪表控制单元，再通过 CAN 总线，送给空调控制系统。空调控制单元利用此信号进行空调制冷控制。当此信号丢失时，会引起空调不工作，将接触不良故障排除后，不用试车，空调系统就能恢复正常工作。

总结： 维修完毕后，50 组 3 区仍旧始终为“ON”（后来分析认为，因为该车没有电磁离合器，可能这种结构的空调系统，其数据流显示都是这样的规律），但 4 区开始响应空调开关的变化，打开空调时显示“ON”，关闭空调时显示“OFF”。同时，打开空调制冷恢复正常。

在查阅电路图时，发现一个问题，就是从资料的插头位置项中看到了室外温度传感器，但在查找电路图时，翻遍了整车电路图，没有找到室外温度传感器属于哪一个系统，在空调系统中没有发现室外温度传感器。后来发现，将室外温度传感器插头编号输入搜索框，采用搜索的方法，才找到室外温度传感器属于仪表系统。实际问题是经常遇到的，但如果没有好方法，真不好解决，通过本次维修找到了这个好方法，是大家一起努力配合工作的结果，应该对团队合作加以肯定。

此车的室外温度传感器采用的是脉冲信号方式，传感器本身是热敏电阻式的，但施加上面的电压是脉冲的，这就带来了一个问题，用万用表仅能测量到 0.5V 左右的电压，很难对此进行分析，只有使用示波器，才能明确故障的真实情况。

此类故障本来比较简单，可以沿传感器插头进行检查，是出现事故后维修不彻底造成的，传感器插头是改造的，离插头最近的线看上去也不是原车的颜色，再往前搜索几十厘米，就能找到接口，应该对这样的故障点有所预料，并加以注意。只有这样，才能提高诊断的准确性与效率。

用解码器进入空调系统，当传感器断路时显示与仪表通信故障码，并且清除后再次出现，而传感器导线恢复正常后，故障码仍存在，但是后面的状态栏变成了“连接”，估计是翻译软件搞错了。并且清除故障码后，再读时不再出现。

此车仪表通信没有故障，仅仅是因为传感器线路接触不良引起，不过有两个故障点，分别是传感器插头接触不良和线路接口处存在接触不良。在检测电阻时发现导线两端有 1.9Ω 的阻值，说明系统存在接触不良，应该彻底排除。也正因为接触不良，引起电阻阻值不确定，进而引起传递给控制器的信号电压不稳定，可能会产生任意的温度值，而不是真实的温度值。

▶ 3.6 如何用示波器诊断超声波距离传感器故障?

在维修倒车雷达和辅助泊车系统故障时，都会遇到检测超声波距离传感器的问题，如何判断一个超声波距离传感器是否工作正常，最好的方法就是用示波器观察它的信号电压波形。根据结构不同，超声波探头分为两大类，一类探头内部封装的是一个陶瓷晶振换能器，另一类内部封装的是一个陶瓷晶振换能器外加集成控制电路。一般情况下，每个车上会装有 3~8 个超声波距离传感器，我们可以通过测量正确工作的传感器波形，与故障传感器波形进行对比，可以方便地找出出现故障的传感器。

我们通过下面案例来学习一下宝马轿车超声波距离传感器的检测。

案例：2012 年宝马 320i 自动泊车故障灯点亮

车型：2012 年宝马 320i，该车已经行驶 80000km。

故障现象：此车在一次事故维修后，仪表上自动泊车的故障灯亮了，并且倒车影像系统也不工作。液晶显示器显示泊车距离报警装置“PDC”支持失效。

着车后，挂挡踩制动踏板状态下检查，用手摸超声波探头，可以感觉到明显的震动感，只有左前方向的探头没有正常工作的手感。用解码器检测，也是“PDC”系统左前探头的线路故障，实际情况如图 3–16 所示。

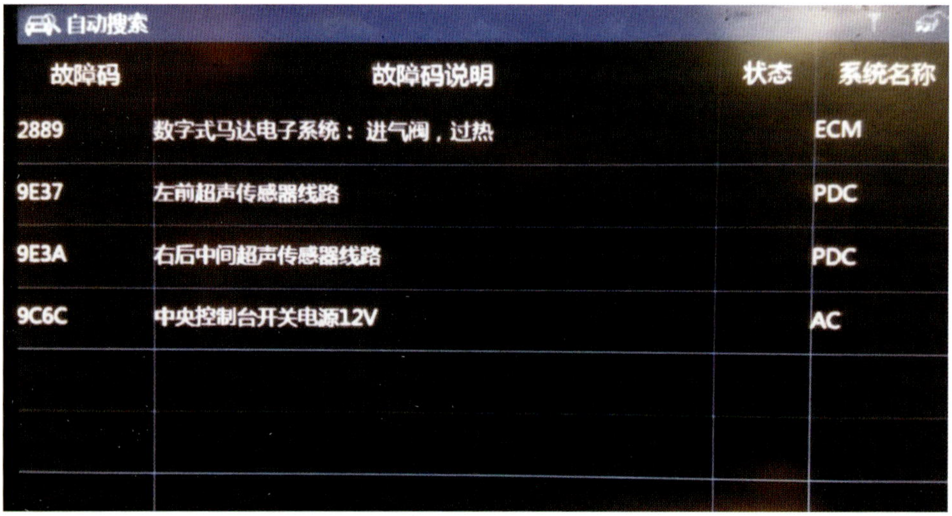

图 3–16

试着清除故障码，只剩下“9E37 左前超声传感器线路”故障码无法清除。查阅该车的线路图，如图 3–17 所示。

从线路图上看，前部左外超声波传感器的 3 根导线均来自 PDC 控制单元内部，线路中间没有插头，只有传感器和控制单元两处有插头。结合线路图、故障码以及故障现象进行分析，认为该车前部左外超声波传感器或其线路出现故障。于是，拆开前保险杠进行检查，发现左前超声波探头插头的线路是经过改造的，其他 3 个均为原车线束。检查左前超声波探头线束，并与其他 3 个好的超声波探头线束进行对比，发现电源线与信号线的位置接反了（探头上 3 根线电源线为绿黑，负极线为棕白，信号线为黄灰，其他信号线也是以黄色为主色），实际情况如图 3–18 所示。

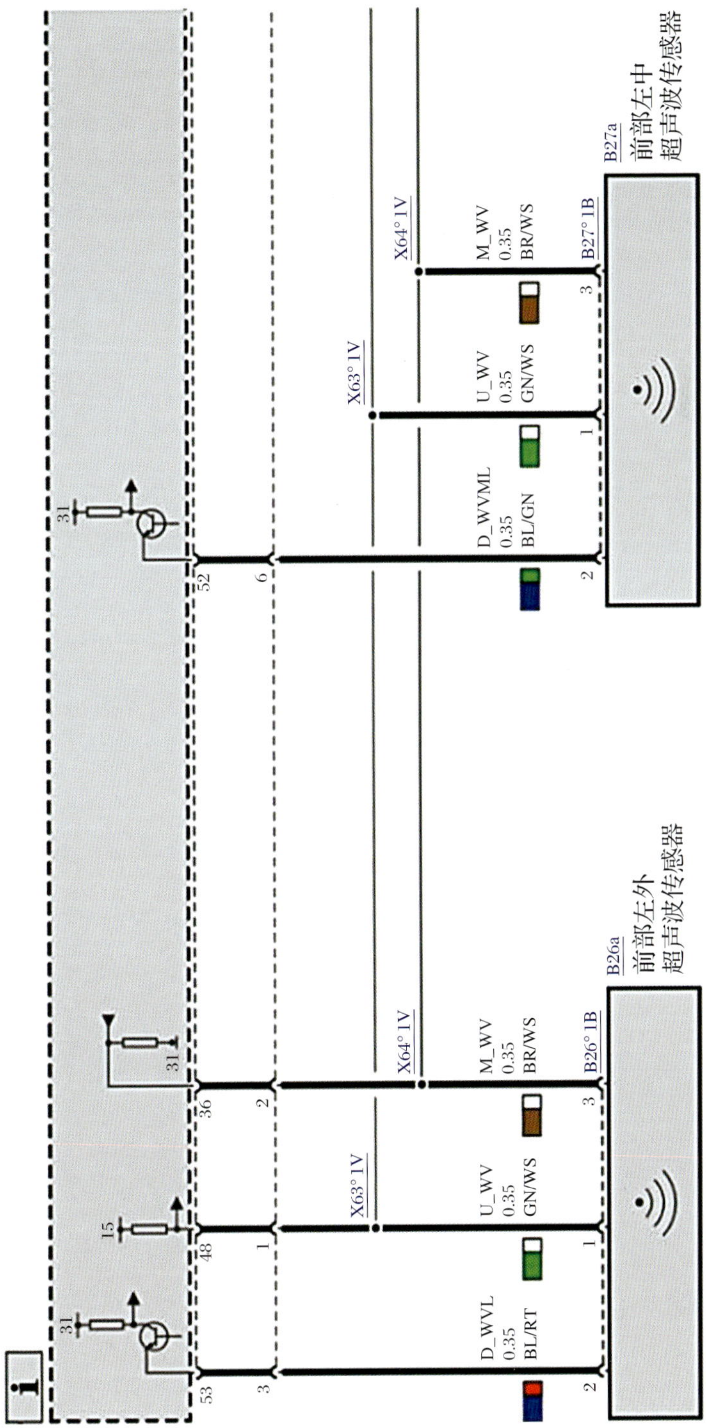
B27a
前部左中
超声波传感器
X64° 1V
X63° 1V
M_WV
0.35
BR/WS
U_WV
0.35
GN/WS
D_WVML
0.35
BL/GN
B27° 1B
B26a
前部左外
超声波传感器
D_WVL
0.35
BL/RT
B26° 1B

图 3-17

图 3-18

电源线电压为 8.5V，负极线电压为 0V，用示波器检测信号线上的电压波形。

经过试验，正常工作的超声波传感器，如果有物体阻挡住探头后，波形会更加密集。此车有故障的左前超声波传感器的波形为一条直线，没有任何波形，如图 3-19 所示，正常的探头波形如图 3-20 所示。

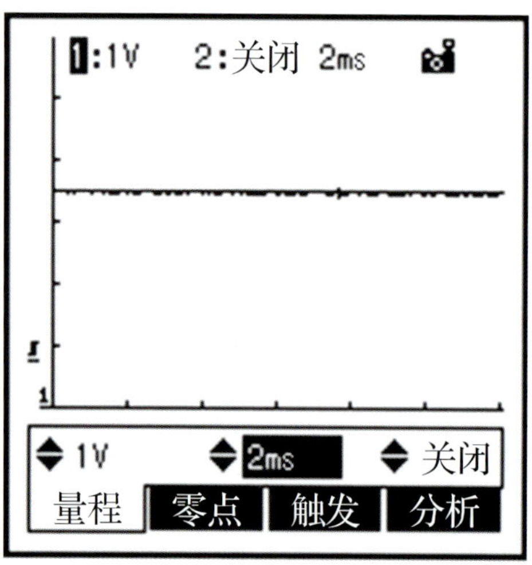

图 3-19

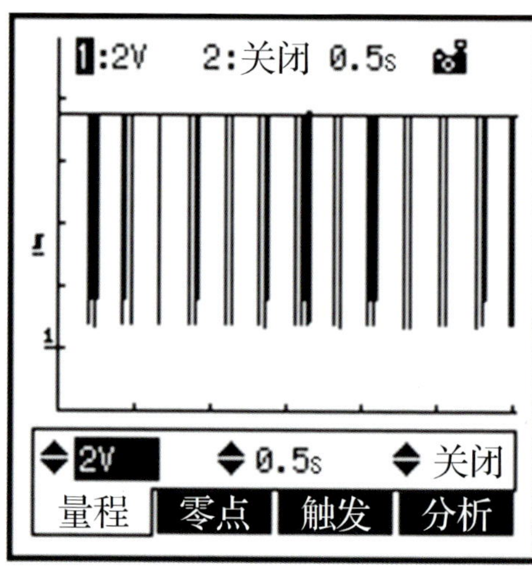

图 3-20

沿线束方向检查，发现此车线束有维修过的痕迹，并且维修部位采用简单铰接处理，已经生锈，存在接触不良，我们重新处理并加以锡焊以减小接触电阻。插上插头仍不工作，为了验证左前超声波传感器的好坏，我们又把中间超声波传感器的插头插在左前探头上，这时，左前探头用手摸可以感觉到震动，说明左前探头没有损坏，是好的。

怀疑是从 PDC 控制单元到超声波传感器之间的导线存在接触不良，在后备箱右侧的翼子板内，经过检测电脑到传感器之间的线路电阻，电阻为 0.1Ω，属于正常范围。

再次检查左前超声波传感器插头，发现问题，该传感器插头是经过改装的，正反两个位置都可以插到超声波传感器上，试着反向插上插头后，左前超声波传感器起作用了。清除故障码后试车，故障排除。

总结：该车故障是因为上次故障维修不彻底造成的，故障原因有两个：一个是线路接口处存在接触不良，另外一个原因就是传感器插头插反，导致传感器不能正常工作。

该车 PDC 系统在前、后保险杠上各有 4 个超声波传感器，当 8 个超声波传感器中有个别损坏时，为了安全起见整个系统会退出工作，并从显示屏上提示车主注意安全，并且倒车影像也会退出工作。

使用手摸传感器是否有震动的方法可以快速进行粗略检查，用检测超声波探头工作状态最好的方法是用示波器观察波形，可以更加准确地确定故障原因。

该车故障是因为上次维修不认真造成的，认真的工作态度是提高维修质量的前提，也是技术的前提，不认真，就谈不上技术。

3.7 如何用示波器诊断车速传感器故障?

安装位置：车速里程表传感器安装在变速器壳体上，与输出轴靠近的地方，通过变速器内部齿轮驱动传感器工作。传感器的齿轮转动时，会带动内部的信号触发轮转动，产生脉冲信号，常见车型的车速传感器输出信号有 3 种：

（1）霍耳式车速传感器，这种信号为方波信号。

（2）干簧管式车速传感器，这种信号也是方波信号。

（3）磁电式车速传感器，这种信号为正弦波信号。

传感器工作原理如图 3-21 所示。

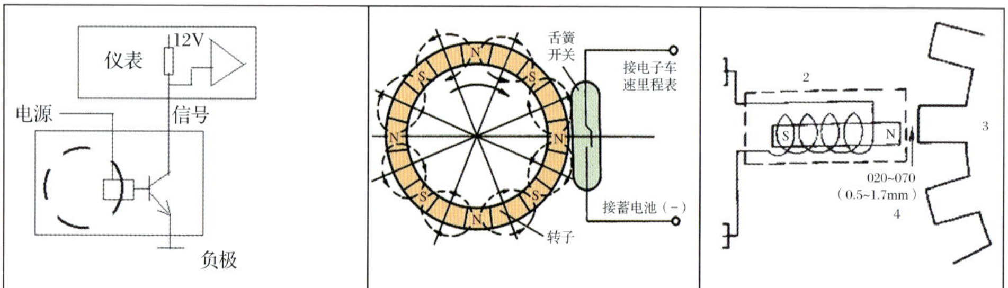

霍耳式车速传感器原理　干簧管式车速传感器原理　磁电式车速传感器原理

图 3-21

车速信号在车身电器中的传递方式有两种：一种是有专门的车速传感器为仪表提供车速信号；另外一种设计是没有专门的车速信号，仪表通过车载 CAN 网络从 ABS 系统中获取车速数据。因为每一车轮上的车速传感器都可以检测当前的车速，ABS 控制单元利用此信息工作，另一方面它把计算出来的信息放到 CAN 网络数据线上，由仪表控制单元读取后，就能显示当前的车速，这是现在大多数新型轿车的设计。所以当你找不到车速传感器时也不要着急，有可能车上根本没有专门用于里程表的传感器。

对于有专门用于车速表传感器的车辆，其车速里程表系统出现故障时，在检测时就要考虑 3 个方面的因素：机械传动机构、传感器本身和仪表。

霍耳式车速传感器为 3 线传感器，其作用分别是：电源正极、电源负极和信号线。传感器正常工作的外部条件就是供电正常，才能产生信号输出。另外，机械传动系统正常，才能保证传感器正常工作。这样再加上霍耳式传感器本身正常，才会输出波形。

霍耳式车速传感器有了正常的供电，当其齿轮轴转动时，就能输出信号，这个信号的上拉电压是来自仪表内部，然后在传感器内部的下拉三极管根据信号轮的位置产生开关信号，才能产生 0V 或 12V 的方波，实际的原理图见图 3-21 中最左侧图示。

检测传感器的具体操作方法：

（1）检测供电：将示波器的负表笔连接到传感器负极线上，再将示波器的正表笔连接到信号电源正极。

（2）检测信号：当供电正常时，再将正表笔移到信号线上，同时转动安装有传感器一侧的传动轴，看传感器是否输出的方波信号，方波信号的幅度为峰值 12V，最低电压为 0V，并且随车速加快频率升高（有的车是 5V 的方波）。

干簧管式车速传感器工作时会随着触发轮转动，间歇性接通电路，形成方波信号。可以用万用表检测传感器的电阻，同时转动传动轴，电阻应该在 0V 和无穷大之间不断变化。

磁电式车速传感器，输出的信号是类似正弦波的信号，它的电阻为 600~1200Ω。当其转动时，可以用示波器观察信号波形，来判断传感器是否工作正常。

故障分析：如果观察到信号有明显缺齿、不均匀现象，说明传感器本身或机械系统工作异常，如果信号波形幅度正常且频率稳定，车速表针或是里程计数出现异常，说明仪表本身有故障。

常见问题：

（1）霍耳式车速传感器的 3 个引脚功能不同，不能随意连接；干簧管式车速传感器两个引脚功能相同，可以随意互换，磁电式车速传感器的两个引脚互换后不影响其工作。

（2）更换加大轮胎后，会造成实际行驶里程与车速显示之间存在差别，因为轮胎直径的增加，使同样的行驶距离轮胎转动的圈数变少，车速传感器所产生的信号频率就会变低，会引起实际车速高于仪表所显示的车速。

（3）在某些车型上，车速传感器损坏的概率还是比较高的，比如比亚迪 F3、桑塔纳 2000 以及夏利等车型上，因为车速传感器安装位置比较低，并且传感器本身防水能力有限。当车辆涉水后，传感器内部的电子元件会被水浸泡而失效。

▶ 3.8 如何用示波器诊断车速表不走故障?

早期的车辆其里程表采用的是机械式里程表，利用齿轮进行计数，也叫字轮式里程表。车速表采用软轴式的，利用电涡轮原理，把变速器内的齿轮旋转速度变成指针摆动角度。当车速表不走时或者实际车速与仪表显示车速不一致时，要考虑到是否机械传动系统出现问题。如果正常，再考虑车速表软轴是否断开，或是车速表本身产生故障。

随着技术的进步，出现了带车速传感器的车速里程表。这种结构的车速表出现故障，从大的角度讲，也要先排除是否机械传感器系统出现问题。我们可以用示波器检测传感器是否输出了正常的脉冲信号，如果没有，要考虑是传感器本身故障，还是传感器以前的机械传感器出现问题；如果传感器输出了正常的脉冲信号，就要考虑仪表内部是否接收到信号，是否进行了正常的转换。

近几年来，技术的再次进步，把车速传感器又取消了，采用 ABS 系统的信息作为车速信号，因为 ABS 系统随时处理 4 个车轮速度传感器信息，经 ABS 处理的信息完全可以为仪表提供车速信号。在一汽大众捷达轿车上还出现过车速表利用 ABS 车速信号，发动机也同样利用车速传感器信号这样的设计，但最终也取消了车速传感器。取消车速传感器后降低了成本，同时降低了故障率。

一般带车速传感器的车辆，其输出信号大多是霍耳式的方波，有可能是 5V 方波，也有可能是 12V 或是 10V 方波。正常情况下，每行驶 1km，车速传感器会输出确定个数的脉冲，里程表内部通过给脉冲计数，来计算行驶里程，通过脉冲信号的频率来计算车速。当我们遇到车速里程表不走故障时，要注意根据车辆的实际结构进行分析。

我们通过下面案例来学习一下车速传感器的检测。

案例 1：雪佛兰开拓者里程表不走故障

故障现象：正常行车时里程表数字不变化，车速表始终不走。

查阅相关资料，如图 3-22 所示为仪表车速信号处理模块的线路原理图，跟其

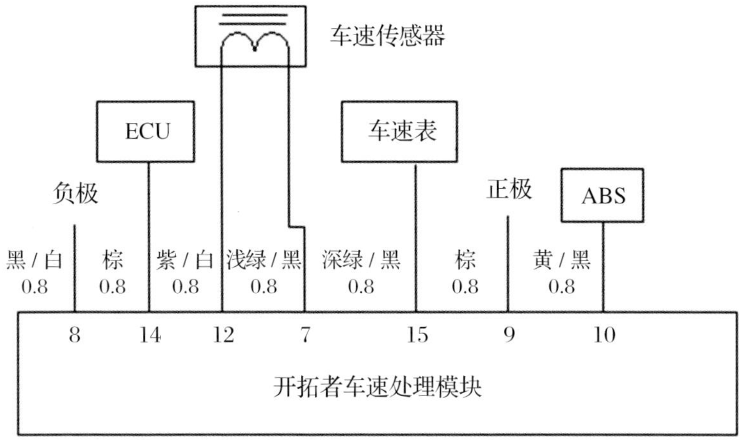

图 3-22

他车型不一样的地方是，该车的车速信号并没有直接送到里程表，而是先送到该处理模块。经过该模块的处理后，分别送往里程表、ABS 系统和发动机控制单元。

经过实际测量，发现输出到两个控制单元的信号都是与实际输出的脉冲数一样的 5V 方波，而输出给里程表的则是经过减频的方波。在资料上，称之为车速传感器校准处理模块。

用示波器观察输出的波形，输入的电磁信号的频率与输出的信号频率的关系以及该模块的各脚功能如表 3-1 所示（该模块有两个插头，其中 1~6 号脚集

表 3-1

引脚	功能	测量结果
7、12	为车速传感器的输入端	实测该传感器两脚都没有电压，当传动轴转动时，输出电磁脉冲信号
8	电源负极	0V
9	过保险片的正极电源	12V
10	输出车速信号去 ABS 控制单元	该信号为 5V 方波，与磁电式车速传感器输入的信号频率相同。每个电磁脉冲，产生一个周期的方波。实际波形如图 3-23 所示
15	输出车速信号去车速表	该信号为 5V 方波，频率为车速传感器信号的 1/36，即每 36 个电磁脉冲输出一个周期的方波。实际波形如图 3-24 所示
14	输出车速信号去发动机控制单元	该信号为 5V 方波，其频率与车速传感器输入的电磁信号频率相同。实际波形如图 3-25 所示

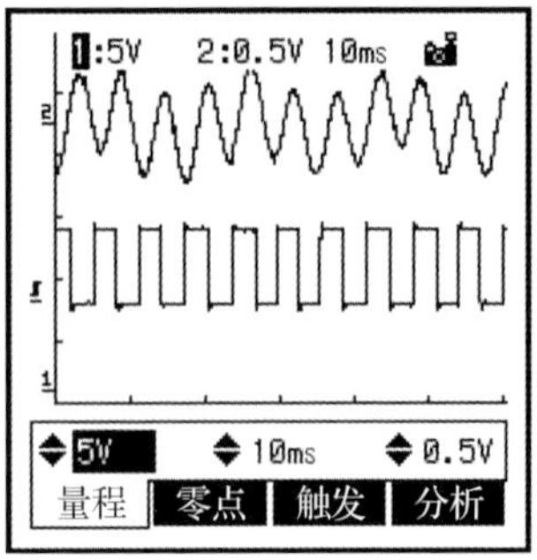

输出到 ABS 控制单元的信号
与车速传感器信号对比

图 3-23

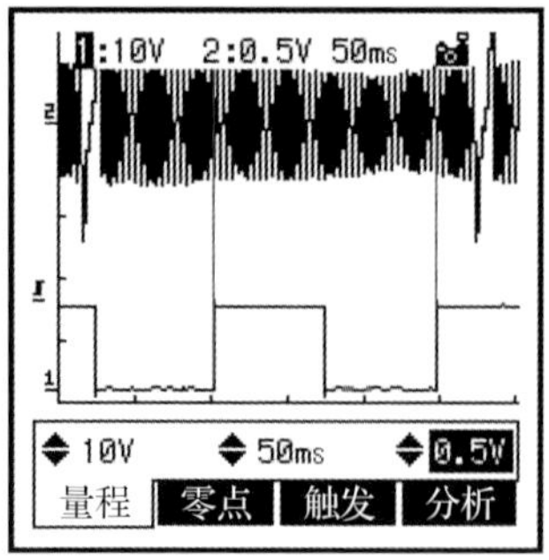

车速传感器输入到处理模块
与模块输出到车速表的方波信号

图 3-24

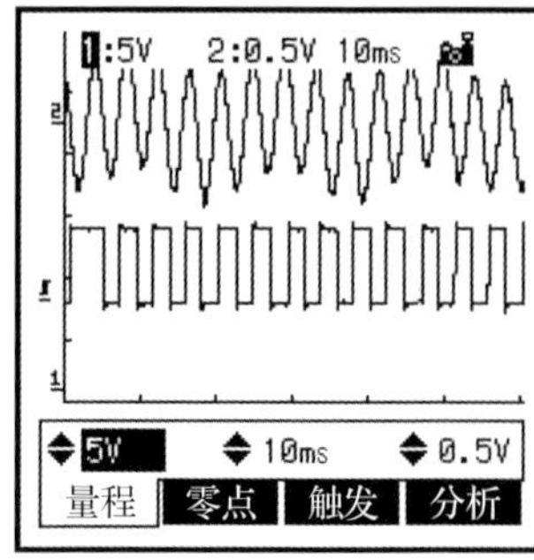

输出到发动机控制单元的车速
信号与车速传感器信号对比

图 3-25

中在一个插头上，此插头车上闲置未用，另一个插头主要集中了 7~15 号脚），整理各个引脚功能。

用示波器测量发现，车速传感器的输出信号，幅度不随着车速的增加而增加，并且其输出的信号幅度比一般的信号低，怀疑是该传感器损坏。当车速低于 80km/h 时，3 个输出的信号都是有规律的方波；当车速超过 80km/h 后，方波变得没有规律，频率也在下降，而直接形成了高电平，没有波形了。

经过测量发现，当车速表收到的信号达到 130Hz 时，车速表达到最高车速 180km/h。当车速表的指针在非零位时，如果给车速表断电，再次通电时，车速表指针会有一个归零的过程。即车速表指针反方向转动，约 30s 之后，才能对输入的车速信号做出正常的指示。

该车型较为少见，所以车速传感器在市场较难找到，即使找到了价格也较贵，于是用一个旧的曲轴位置传感器改装成功。方法是测量两传感器的直径差别，然后到车床上加工一个合适的衬套，使改装的传感器刚好装到安装孔内，并且通过加工的尼龙套的沿的厚度，使其与信号轮之间的间隙约 1mm 时，输出的波形可以被处理模块正确识别了。

经过示波器检测，在冷车状态下，传感器输出的信号幅度明显增高，此时仪表也可以正常工作。将仪表装复后试车，故障排除。

总结：此车故障是因为车速传感器损坏造成的，有了示波器的帮助，可以清晰地看到传感器输出信号的幅度不足，引起故障。在更换新的传感器后，通过调整传感器与触发轮之间的间隙，使信号电压达到要求后，故障排除。磁电式车速传感器的信号电压偏小时，要注意检查传感器与触发轮之间的间隙，一般情况下磁电式车速传感器的间隙应该在 0.5~1mm，才能保证传感器正常工作，输出正常幅度的信号电压，间隙过大时电磁感应太弱，信号电压太低，控制单元无法正常工作。

诊断里程表不走故障，需要先掌握车速信号的工作流程，根据车速信号流程确定从哪个地方下手检测，具体讲就是遵循思维导图所指导的顺序，如图 3–26 所示。

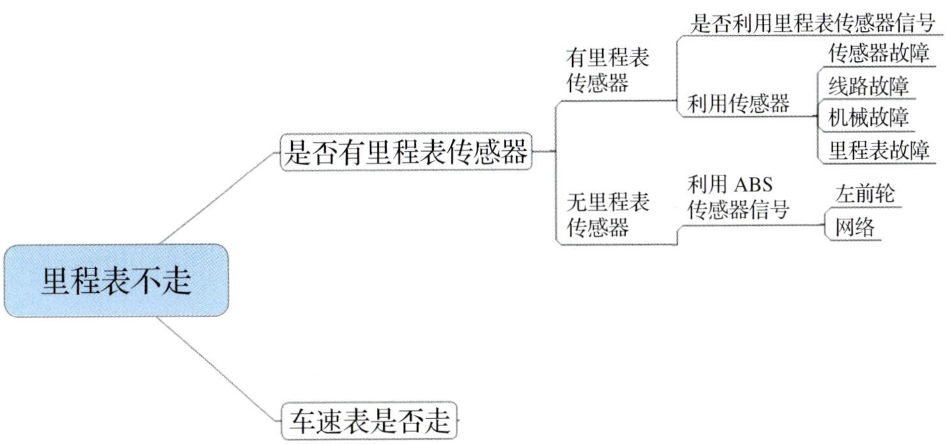

图 3–26

以下是两例关于捷达轿车车速表不走的案例，通过这两个案例，我们继续学习车速表不走的故障诊断方法。

案例 2：2010 年捷达车速表和里程表不走

故障现象：车速表和里程表不走且 ABS 故障灯亮。

用解码器与 ABS 系统无法通信。再进入发动机系统以及仪表系统，都有动力总线通信的故障码。

再用万用表检测 ABS 的供电情况，供电正常，负极正常。用示波器检测与仪表连接的 CAN 线，两线的波形如图 3–27 所示。

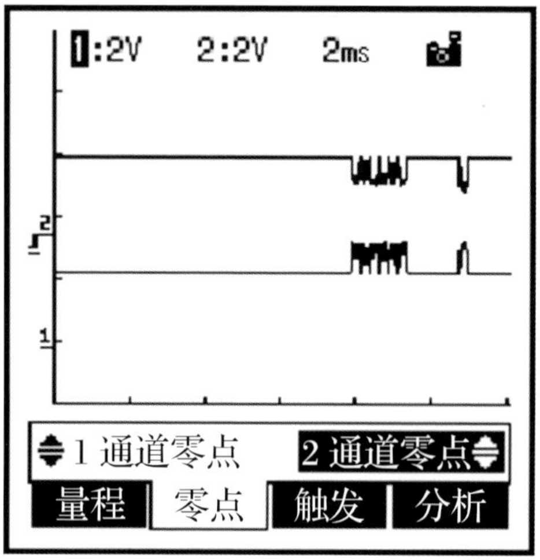

故障车的 CAN 波形

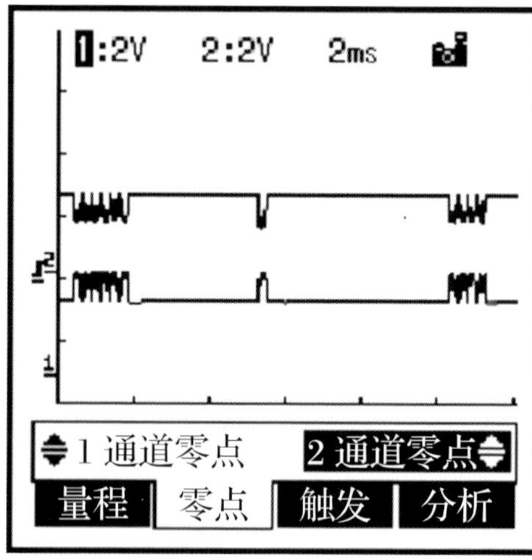

正常车的 CAN 波形

图 3–27

从波形上看，来自仪表和发动机的 CAN 线也正常。于是，确诊为 ABS 控制单元损坏。

更换一新的 ABS 控制单元后，装车试验，发现 ABS 仍旧无法与解码器通信。我们车间刚好有一辆同型号的车，我们把拆下来的旧 ABS 总成装到正常车上，用解码器进行通信试验，发现 ABS 可以进行通信。

回到故障车上，再次检测各脚的供电情况，发现 1 脚没有 12V 供电电压，根据电路图，该脚电压是 S4 提供的。我们检查发现 S4 烧断，并且电路图标明应该是 10A 的保险丝，实际使用的是 5A 的保险丝，怀疑是型号不对，造成保险丝烧断。更换新保险丝后，再次试验，仍旧不能通信。

难道是故障车辆的线路还存在问题？于是我们经过分析，认为解码器与 ABS 控制单元的通信是通过 K 线进行的，是不是 K 线上存在问题？于是采集了正常车和故障车 K 线在与解码器通信时的波形，如图 3–28 所示。

比较这两个波形，没有问题。经过对 ABS 线束每一个引脚核实，没有发现异常。经过进一步检查，发现是 ABS 控制单元插头没有插到位，因为插头塑料外壳有损坏，不能锁紧，没有插到位，所以无法接通电源，当然无法通信。重

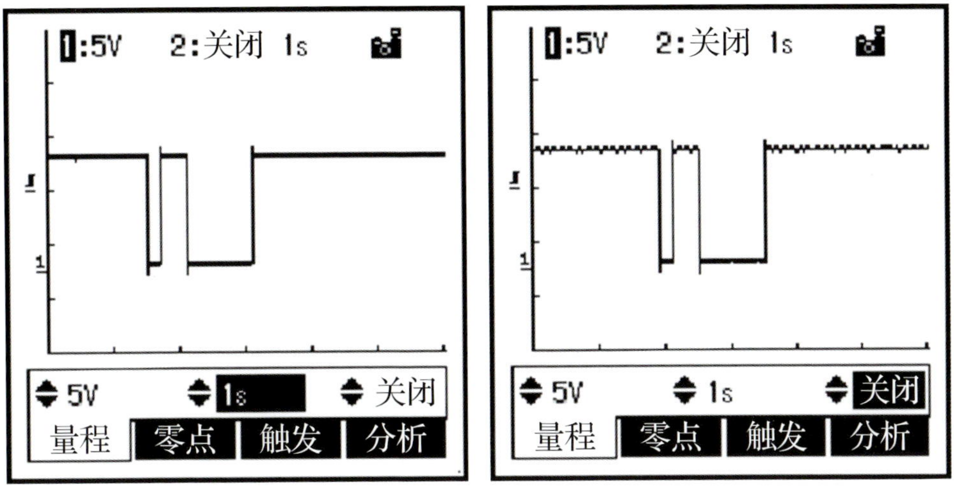

正常车解码器与 ABS 通信的波形　　故障车解码器与 ABS 通信的波形

图 3-28

新插紧插头并紧固后，故障排除。

总结：此车 ABS 的无法通信故障是因为 S4 烧断，控制系统电源不正常引起的，我们在第一次检测时不仔细，引起误判。在维修过程中，因为 ABS 传感器插头损坏，造成接触不良，把问题搞得更加复杂。在有一辆正常车的情况下进行了互换性试验，最终找到了故障。ABS 系统与解码器通信是通过 K 线进行的，而 ABS 与发动机控制单元以及仪表之间进行的数据交换是通过 CAN 进行的。之前我们对这部分知识没有了解，通过此例，加深了对车辆控制单元之间通信的理解。此车 ABS 与仪表控制单元之间的通信只能用示波器看到波形，而当某一个控制单元不通信时，我们没有办法读取 CAN 信息，不能确定 ABS 系统是否把车速信息放到了 CAN 数据线上，只能通过逻辑分析方法来排除故障。

案例 3：2009 年捷达车速表不走

车型：配置手动挡变速器。

故障现象：车速表不走。

接车后，确认故障，车速表不走。用解码器进入仪表系统，显示 ABS 系统无法通信。

用示波器检测里程表传感器，发现传感器的输出信号电压幅度过低，实际情况如图 3-29 所示。进一步检查，发现车速表信号上接有一根外接的导线，怀疑此导线所接负载影响信号电压幅度，去掉此导线后，信号电压的幅度升至正常高度，如图 3-30 所示。

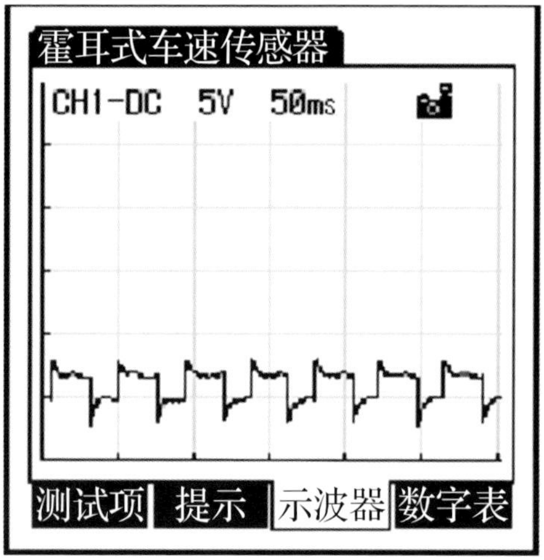

图 3-29

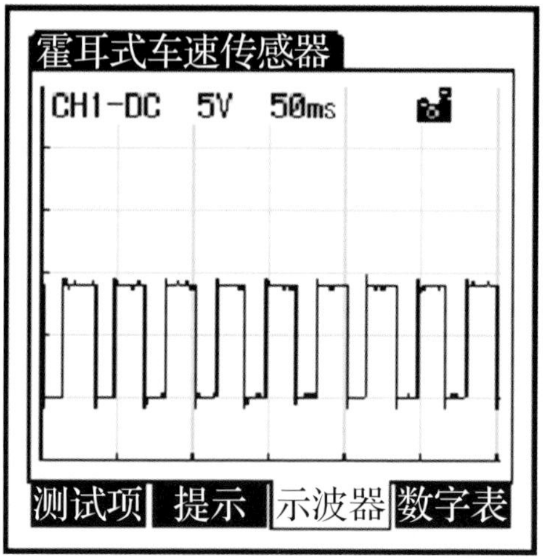

图 3-30

根据以往的经验得知，此时的信号波形已经达到正常的幅度。

试车，车速表仍然不走，再接着进一步检查，发现车速信号送到了仪表的内部，并且从仪表电路板内部也可以看到正常的波形，说明车速信号进入仪表，为什么车速表还是不走呢?

此车的车速信号应该是通过网络通信的方式，实际上采用的是 ABS 的 CAN 信号。于是，检查 ABS 相关的线路。拔下 ABS 控制单元插头后，检测 ABS 供电情况，经过实际测量，确认 ABS 的供电正常，各脚功能如表 3-2 所示。

不但供电正常且 CAN 的信号也能从 ABS 控制单元插头的引脚上测量到，由此说明，故障原因就是 ABS 控制单元损坏。拆下 ABS 控制单元，将外壳锯开

表 3-2

脚号	功能	脚号	功能
8~9	左前轮传感器	23	CAN-L
2~3	左后轮传感器	1	正极接 S04 保险片
5~6	右前轮传感器	14	正极接 S05 保险片
11~12	右后轮传感器	18	K 线
19~24	短接线	16	制动灯开关
20	S4 保险片正极	10	去仪表 J285
21	CAN-H		

后，发现 ABS 电路板内部进水，并且腐蚀较为严重，已经没有维修价值了。

于是，我们更换一新的 ABS 控制单元，试车，车速表恢复正常。

总结：该车车速表不走的故障原因是 ABS 控制单元损坏。此车的车速信号是来自于 ABS 控制单元提供 CAN 信号，而不是取自车速传感器。所以车速传感器信号幅度不够并不是真正的故障原因。

▶ 3.9 如何用示波器诊断水温传感器故障?

水温传感器工作原理：水温传感器内部是一个热敏电阻，它一般为负温度系统热敏电阻。在电路中充当下拉电阻，上拉电阻在控制模块内，为固定电阻，通过热敏电阻阻值的变化，把温度转变成模拟电压信号或是幅值可变的脉冲信号，再由模块内部电路进行处理。

因为传感器是负温度系统热敏电阻，所以随着温度上升，电阻阻值变小，信号电压会逐渐下降。当温度上升到正常工作温度不变化时，信号电压也保持不变，这是水温传感器信号电压的规律。

检测水温传感器的具体方法如下：

将示波器调整到检测水温传感器菜单，仪器自带的设置是每格 1V 和每格 60s，连接好测试针与水温传感器后，打开点火开关，发动着车，我们会看到随着时间的延长，信号电压逐渐下降。

一辆东南菱悦轿车的水温传感器正常工作的变化曲线图，如图 3-31 所示。

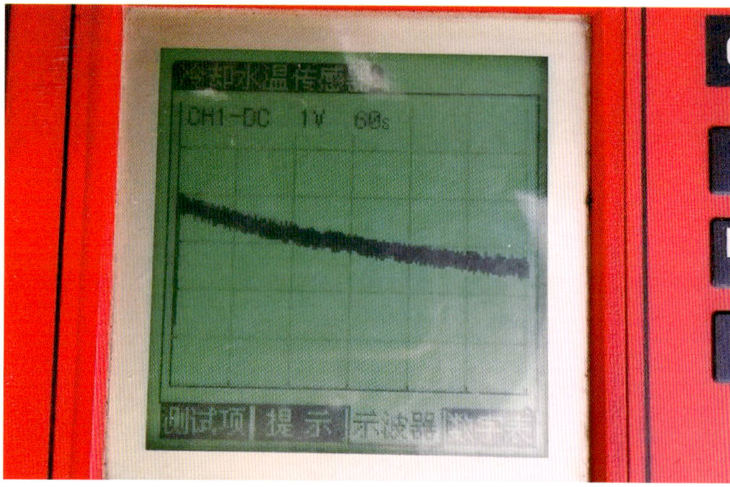

图 3-31

从图中可以看到，水温传感器信号电压随着着车时间的延长，而逐渐下降。这条曲线是从室温 20℃开始，发动着车后，随着时间的延长，水温逐渐升高，到最后大约为 60℃。随着时间的推移，当节温器打开后，水温基本保持不变，我们再次把波形记录下来，如图 3-32 所示。

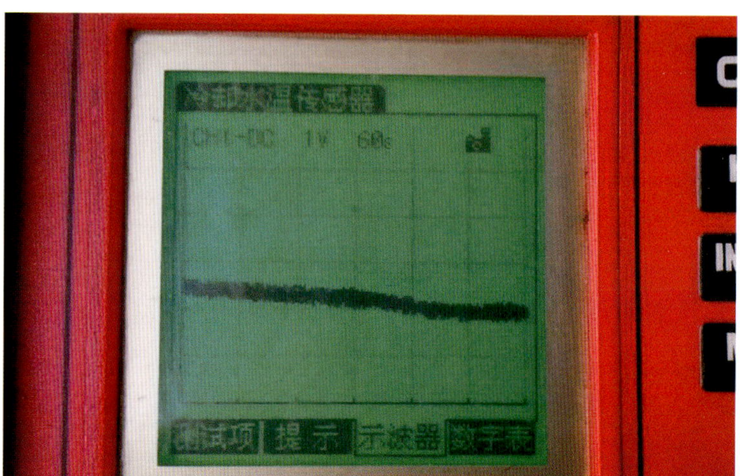

图 3-32

在行车 1km 过程中记录下来的数据，当时的行车速度为 40km/h，室外温度为 10℃左右，在图中波形上后半部分，可以看到波形上显示的电压已经保持基本不变。可以推想，此车的节温器起到了调节冷却水流量的作用，保持温度不下降，因为信号电压没有上升。可以假设一下，如果节温器有关闭不严故障，信号电压会再次上升，我们通过对水温传感器信号电压可以监测出节温器工作状态的变化。

水温传感器数据一般变化比较慢，可以用示波器观察其信号电压的波形，然后通过示波器记录下来的波形进行分析。这种方法比较方便，比起万用表检测信号电压来，不需要时时刻刻观察电压变化，甚至一边聊天就能完成测试。并且可以实现自动连续观测。以上是模拟电压型水温传感器的检测，在实际工作中，还有另外一种数字脉冲式水温传感器。

2010 年捷达水温传感器上的电压波形，如图 3–33 所示。

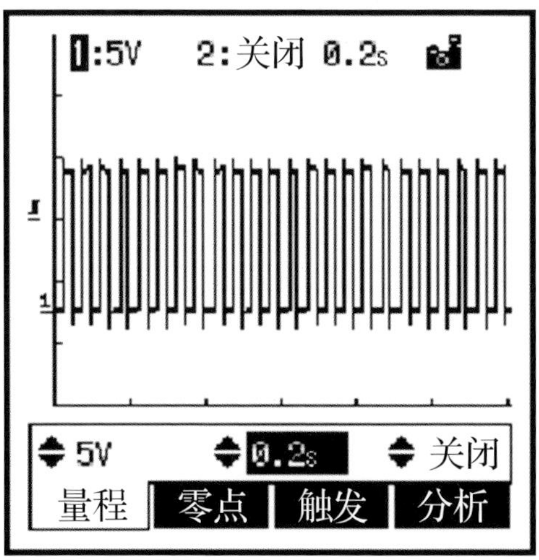

图 3–33

该车的仪表内部结构为单片机控制型，水温传感器上的信号不是一个模拟电压，用万用表测量，会测量到 1.5V 左右的电压。

用示波器观察，上述波形是拔下线束插头情况下测量到的，当插上水温传感器插头后，此方波电压幅值会降低，频率不变化，占空比也不变化。用万用表检测时，因为是脉冲波形所以得不到准确的测量结果。

总结： 水温传感器信号电压可以分为两类，一类是模拟电压型，另一类是数字脉冲式，两类信号都可以用示波器方便地进行检测。根据水温信号变化曲线，可以分析冷却系统的工作状态。在同样的外界温度环境下，用示波器记录下故障车的温度上升曲线，与正常车辆相对比，如果故障车存在升温过快，也就是说信号电压下降的斜线过陡，说明故障车的冷却系统有散热不良的隐患。当散热曲线反映出来行驶时温度过低时，意味着节温器关闭不严；温升过快时，说明冷却系统循环不良或是水箱表面脏污严重。

3.10　如何用示波器诊断机油液位传感器故障？

机油液位传感器是一个内部带单片机的传感器，它输出的信号是数字脉冲信号。大众车上的机油液位传感器共有 3 个引脚，两个供电端和一个信号端。当机油液面过低时，该传感器会输出数字信号，传递给仪表后，由仪表解码信息后点亮黄色机油报警灯。有没有脉冲信号输出，用万用表无法准确判断，只能利用示波器进行检测。

下面我们通过故障实例学习该传感器的检测方法。

案例：宝来 1.8 仪表黄色机油指示灯点亮

行驶里程： 150000km。

故障现象： 仪表上的黄色机油指示灯亮。

接车后，首先检查机油液面，发现机油液面正常，然后按以往的经验，给蓄电池断电后，再装复试验，结果几分钟后，黄色机油指示灯再次亮起。确认，此车的机油液面指示系统确实存在故障。

将车辆举起后，从机油底壳上找到机油液面传感器，此传感器有一个三线插头，经过测量，找到此传感器的 3 根导线，其中 1 号为电源 12V、2 号为负极、3 号为信号线。经过检测，机油液面传感器的供电正常，信号脚用示波器观察波形，如图 3–34 所示。

通过波形观察，发现传感器输出信号异常，确认是传感器本身损坏，于是订购一新传感器，到货后装复，再次用示波器测量波形，如图 3–35 所示。

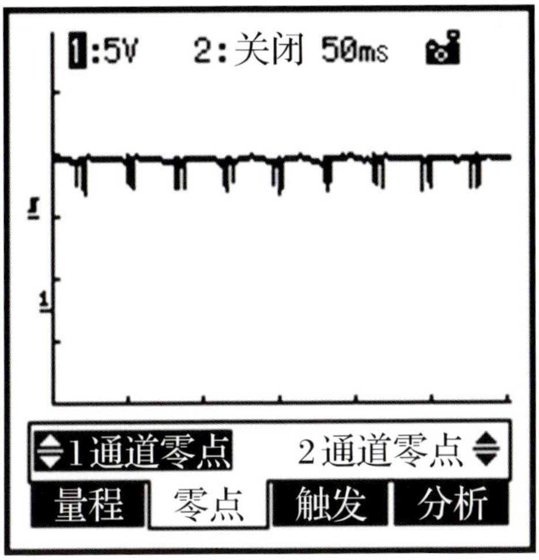

图 3–34

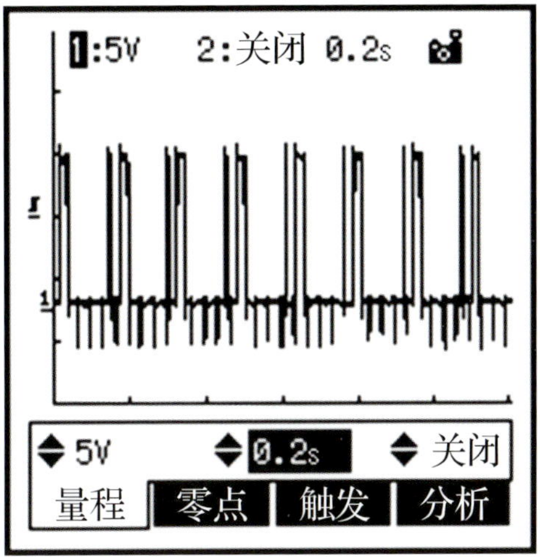

图 3–35

通过波形变化分析，确认此车的机油液位传感器确实损坏。经过几天的试验，此车故障没有再次出现，确认故障排除。

总结：此车的故障是由机油液位传感器损坏引起的，这个传感器的作用是测量机油液面的位置，动态进行检测。在行车过程中随时向驾驶员提供信息，除了检测液面信息外，还可以检测机油温度，是一个 LIN 信号性质的传感器。当传感器损坏后，可以从波形上明显看出异常，波形的通信信号无法达到最下限，使仪表无法与之进行正常通信，所以点亮故障指示灯。

在平时工作中，如果遇到此灯点亮，应先检查是否由机油液面过低引起的。

3.11 如何用示波器诊断汽油油位传感器故障?

汽油油位传感器为可变电阻型液面位置传感器，由浮子带动传感器的滑动触点，在可变电阻的轨道上滑动，与仪表内部的上拉电阻配合，形成随汽油液面变化的直流电压，仪表内部再处理这个电压信号，变成汽油表指针的变化，为驾驶员显示当前的汽油油量。

我们在遇到汽油表故障时，可以用示波器观察这个变化的模拟电压，看它是否达到了正常的变化幅度，并且可以观察到触点滑动过程中是否存在接触不良。非常方便快捷。

下面是一例关于汽油油位传感器的疑难故障。

案例：2009 年本田思域屡次损坏汽油油位传感器

故障现象：该车因为涉水后，发动机不着车，更换一新汽油泵总成后，出现一个奇怪的故障现象——屡次损坏汽油油位传感器，并且发动机在行驶时间稍长后会出现多缸失火故障。

据车主反映，该车因为汽油泵损坏，更换一新汽油泵，从此就不断出现油位传感器损坏问题；更换一新的油位传感器后，用不了几天就会再次烧坏。车主来的时候带来了两个油位传感器，另外汽油箱内的油位传感器已经损坏，车主已经不敢再直接更换传感器了，怕再次损坏传感器。

在上一家修理厂，怀疑是仪表内部出现故障，于是让车主找来同型号的车，将故障车上的仪表更换到正常车上，发现仪表工作正常。到此，他们还是不相信仪表是正常的，又把仪表发到省城做检测，检测结果也认定仪表正常。到此，找不到其他原因，才找到我们修理厂维修。

我们接手此车后，先做了基本检测，用万用表电阻挡检测车主带来的传感器，发现有一个损坏，另外一个是新的，传感器电阻变化范围及对应的仪表显示信息，如表 3–3 所示。

表 3–3

阻值（Ω）	显示格数	电压（V）	阻值（Ω）	显示格数	电压（V）
22.6	油箱加满后	0.93	500	9	6.12
100	15	3.73	600	8	6.11
200	11	5.33	700	8	6.10
300	9	5.96	776	油箱完全空时	8.98
400	9	6.09			

有了以上检测结果，我们还将车主拿来的新传感器装到车上进行试验，发现传感器在满油箱的位置时正常，在完全没油时正常，在中间位置有时不对应。插上传感器插头，打开点火开关，左手拿住传感器，右手匀速扳动浮子上下滑动，用示波器观察电压波形，如图 3–36 所示。

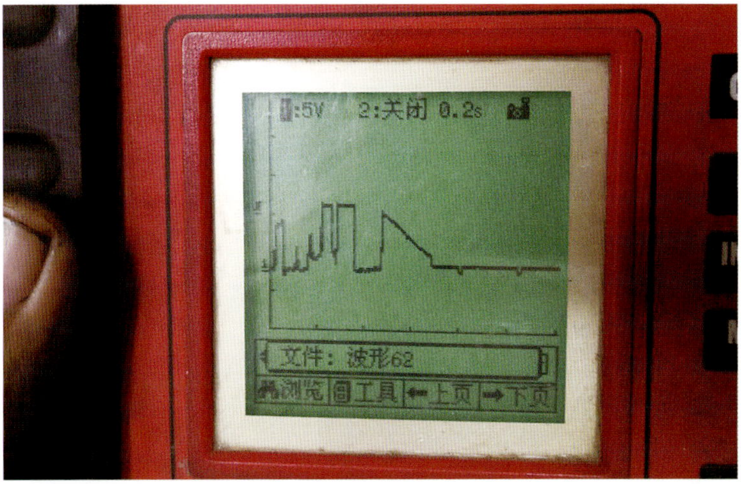

图 3–36

通过上述检测，从波形上看到传感器信号电压不连续变化，说明触点在滑动过程中有接触不良现象。我们确认此车仪表没有问题，有问题的是新传感器。拆下汽油泵内部安装的油位传感器，检测此传感器也明显有接触不良的问题。

面对 3 个传感器，我们检测了一下原车换下来的旧传感器，发现此传感器上的厚膜电阻上一根金属导线被腐蚀得断路了，发现其有修复的可能，试着用电烙铁焊上一根短接导线后修复了旧传感器，再用示波器检测汽油浮子变化位置时的信号电压，如图 3–37 所示。

旧传感器在修复后，从电压波形上看是连续变化的，触点在电阻上滑动时接触良好，不用更换新传感器。

再进一步检查旧传感器损坏的原因。这时将汽油箱内部的汽油取出一小部分，经过目视检查，发现其油质偏乳白色，应该是混入了水分造成的。这时我们眼前忽然一亮，原来传感器损坏是由汽油品质引起的，因为汽油中有水分，

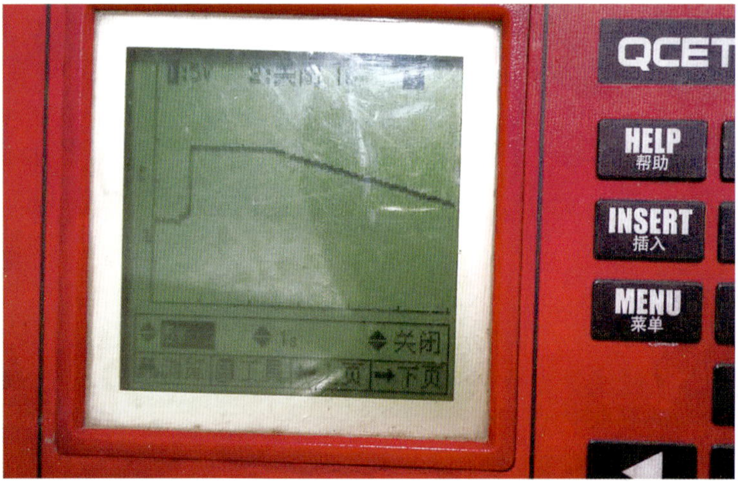

图 3-37

造成水分腐蚀传感器印刷电路板上的导线，形成上述故障。

确认故障原因后，将旧汽油排出，换新汽油后交车。此车另外一个故障现象——多缸失火问题，也在更换新汽油后消失，因为汽油品质中有水分，必然会引起发动机燃烧不良，形成多缸失火故障现象。

总结：此车屡次损坏油位传感器和多缸失火故障现象是因为汽油品质中有水分造成的，并不是车主所描述的“烧”坏的，而是在电化学作用下腐蚀坏的。我们用示波器检测油位传感器信号电压，通过观察信号电压波形变化的连续性，判断滑动触点是否接触良好，是一种准确、高效的诊断方法，并且非常直观，值得大家借鉴。用传感器模拟器对原车的传感器进行电阻模拟，也是一种维修电阻型仪表的好方法，主要优势是准确、高效。

4　用示波器检测发动机电控系统传感器

4.1　与解码器配合检测空气流量传感器

汽车上传感器的作用是将物理信号转变成电信号，送给控制器进行处理。比如，水温传感器将发动机温度信号转变成模拟电压信号，进气压力传感器将进气歧管的压力转变成模拟电压信号。空气流量传感器则是将进入发动机的空气量转变成模拟或者数字电压信号，为发动机电脑提供计算喷油量的主要依据。

空气流量传感器是一个精密传感器，要想检测它的好坏，需要一定的外部条件，我们汽车维修中，检测空气流量传感器的一个好方法就是在热车怠速无外负荷的情况下测量。因为发动机的机械结构从设计上分析，在此状态下发动机进气量只与转速有关，是相对稳定的一个状态，通过与健康车辆数据做对比，我们可以确定待诊断车的空气流量传感器是否正常。

首先要以以下理论为基础，进行分析：

（1）空气流量传感器是精密测量进气量的传感器，可以瞬间测量到进气量，并且精确到0.1g/s，如果是模拟电压型的传感器，其信号电压的精度在0.001V。

（2）通常确定一个传感器工作是否正常，要先看给定的外部条件是否有问题，外部条件是指传感器的供电和机械系统是否正常。

（3）实际进气量跟哪些因素有关？

一台工作正常的发动机，其实际进气量跟两个因素相关：发动机排量和转速。进气测量系统中机械压缩系统是基础，即发动机缸筒活塞、活塞环密封正常，气门不漏气，配气相位正常，才能实现良好的压缩。有了良好的压缩，进气量也就是一个确定值。

以此为基础分析，我们得出结论：发动机的进气量仅与排量和转速两个参数有关。机械压缩系统正常的情况下，发动机的进气量实际上只与转速有关，所以，如果是粗略测量，则完全可以利用转速这个信号计算出进气量，而不用空气流量传感器。但随着发动机的磨损，以及气门的密闭性，发动机的进气量会有轻微变化，空气流量传感器就是用来精确测量进气量，让发动机电脑可以以此为依据精确计算出喷油量。

检测空气流量传感器是否正常工作，可以借用上面的理论分析，因为热车怠速状态下，发动机转速在一定范围内，其进气量也应该在比较小的范围内。经过实践工作中不断总结，我们得出这样的宝贵数据：

以时代超人桑塔纳 2000 为例，发动机排量为 1.8L，热车怠速状态下，在无负荷时，进气量为 2.8~3.0g/s。

当进气量数据出现较大偏差时，在保证机械系统正常、不存在真空漏气的情况下，则可以判定空气流量传感器损坏。

下面我们以案例来说明一下。

案例：2003 年尼桑帕拉丁加不上油

故障现象：发动机着车后踩下加速踏板，发动机转速不上升反而下降。

用解码器读取故障码，显示为空气流量传感器信号错误。发动着车后，读取数据流，显示空气流量数据始终为 0g/s，我们怀疑空气流量传感器损坏。

经过检查，发现此车的空气流量传感器安装在节气门体上，有一个取样孔可以测量进气量，该空气流量传感器有 3 根线，为电热丝式空气流量传感器。在不着车的状态下，测量空气流量传感器的 3 根导线上相对蓄电池负极的电压，分别为 12V、0V 和 0V。在启动发动机的瞬间，用示波器观察信号脚的波形，如图 4–1 所示。

从波形上看，怠速状态下空气流量传感器没有输出信号电压，再用万用表检测信号线对地无短路后，怀疑该传感器损坏。拆下传感器来进一步检查，发现里面的热丝已经断开，确认其损坏，更换新空气流量传感器后故障排除。

图 4-1

总结：此车结构比较特殊，空气流量传感器与节气门体做成一个总成，我们可以看到其中的热丝，是一种较老的车型，在蓝鸟车上曾经见到过类似的结构。

空气流量传感器是一种可以输出信号电压的传感器，与之相似的还有氧传感器，以及各种磁电式传感器，这些传感器不依赖于发动机电脑，在其工作时可以直接输出信号电压。当然，空气流量传感器所需要的 12V 电压，有时也来自于发动机电脑或直接由电源线提供，它是传感器工作的外围条件，而信号电压可以看作是由传感器输出，送给发动机电脑的，所以在断开传感器插头后，我们不会从线束方向上测量到电压，这一点往往会造成误诊。

▶ 4.2 如何用示波器检测进气压力传感器?

常见车型的进气压力传感器信号电压为模拟电压型，怠速状态下约为 1V，随着发动机加速且进气压力升高，同时信号电压也上升。在检测时示波器负极探针接传感器负极，示波器正极探针接信号脚，发动着车后就能测量传感器工作状态的波形。

进气压力传感器是一个间接测量进气量的传感器，在我们实际诊断工作中，还可用它来判断发动机的燃烧状态。正常情况下，可燃混合气在气缸内部被点燃，气体膨胀做功，推动活塞下行，活塞带动曲轴转动，形成曲轴转速的加速度。该加速度会带动其他处于进气冲程的气缸活塞加速下行，在进气管内形成进气真空。所以，当发动机燃烧出现故障时，活塞下行的加速度降低会造成这个进气真空度下降，反过来讲，当发动机有故障时，进气管真空度一定会变低。

从另外一个层面上讲，进气管真空度是由于节气门的限流与活塞下行时的抽真空共同作用，形成的一个相对稳定动态的进气管真空。一般情况下怠速时真空度较高，急减速时进气管真空度最高，节气门全开时因为没有节气门限流，所以进气管没有真空度。我们可以利用以上的原理知识，对发动机进气管真空度信号电压波形进行分析，以诊断发动机故障。

关于进气管真空度信号还有一个比较特殊的现象，所有影响燃烧的故障都会造成进气管真空度下降，当发动机电脑收到错误的进气压力信号时，还会造成计算负荷时产生错误，进而影响到喷油量的计算。而错误的喷油量还会影响到发动机的燃烧速度，所以有时会难以区分清楚到底是因为进气压力信号错误影响了发动机的燃烧，还是因为燃烧不良引起进气压力变化。

在诊断与进气压力传感器相关的故障时，可以结合使用解码器，读取数据流中的进气压力数据，然后结合示波器检测传感器信号电压，来分析故障。

下面就是一个关于进气压力传感器相关的故障案例，我们通过案例一起学习一下。

案例：2017 年五菱宏光启动困难

车型：配置 1.5L 发动机。

故障现象：碰撞事故后，仪表上发动机故障灯点亮，发动机启动困难，着车后要加大油门着车，松油门后怠速严重游动，并且容易熄火。

用解码器读取故障码，显示有故障码，解释是进气压力传感器信号对地短路。

用万用表测量传感器 3 个引脚上的供电电压，有一根为 5V 供电，另两根线上电压均为 0V。再查电路图后找到信号脚，将示波器正极探针接到信号脚上，示波器负极夹子接传感器负极引脚，得到如图 4-2 所示波形。

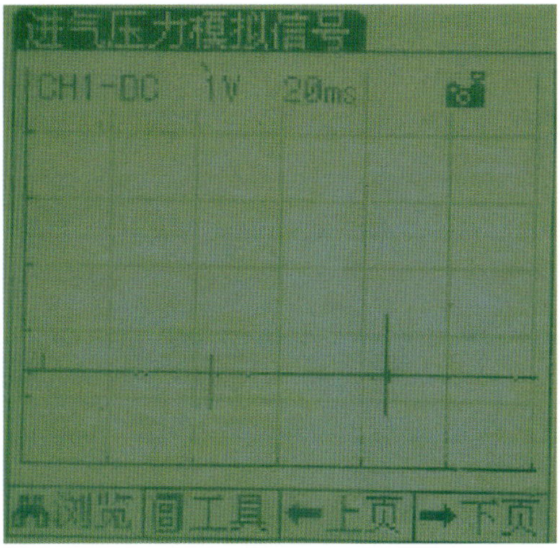

图 4-2

在怠速状态下是图 4–2 波形，加油门时信号电压不变化。用万用表确认传感器信号没有对地短路，确认该车进气压力传感器损坏。更换新配件后，再次测量传感器信号电压波形，如图 4–3 所示中左图。

在着车状态下加油门后再减油门，得到图 4–3 中右图的波形，说明进气压力传感器工作恢复正常。清除故障码后试车，一切正常，故障排除。

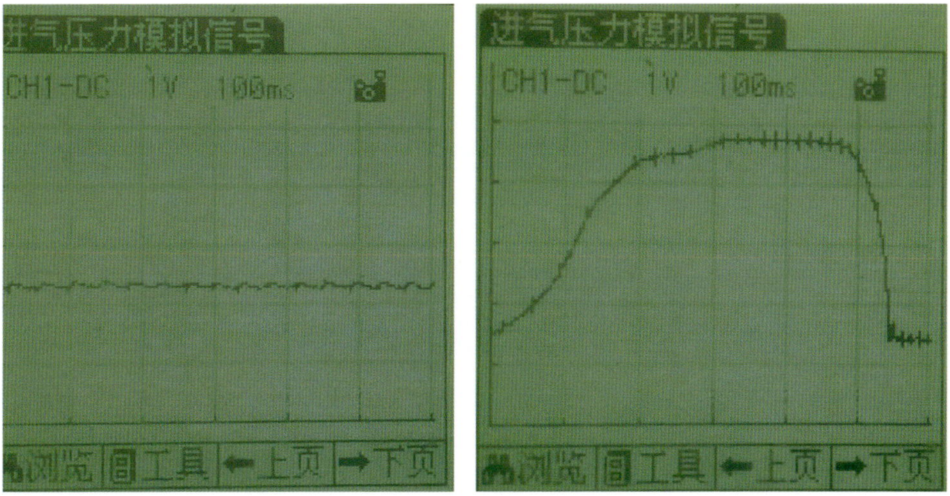

图 4-3

总结：进气压力传感器信号电压为模拟电压型，发动机怠速状态下，信号电压为 1V 左右；发动机加减速时，信号电压在 0.5~4V 之间变化。当发动机燃烧不稳定时，进气压力会升高，同时传感器信号电压也会上升。

▶ 4.3 如何用示波器检测节气门位置传感器？

（1）节气门位置传感器的作用和工作原理：电位计式节气门位置传感器曾经广泛应用，如果我们能找到一种方法，可以不用查资料，解决所有的关于节气门位置传感器的相关故障，那就是一种高效的诊断方法。

节气门位置传感器的作用是把节气门开度信号转变成一个电压信号，此信号送给发动机控制单元，发动机控制单元利用此信号判断驾驶员当前的驾驶意图，是怠速、加速、维持当前速度或是减速慢行，再或是全速加力向前（一脚油门到底），接收到操作意图信息后，发动机电脑再根据当前的发动机状态，计算出合理的执行数据，喷多少油，什么时间点火……

在怠速时进气量最小，仅能达到维持发动机怠速运转，进气量仅能让发动机克服运转时的阻力，不对外输出做功。当然这时也可能在行车，只不过是靠惯性行驶或是以最小的功率维持车辆行进。

节气门位置传感器信号送发动机电脑，发动机电脑综合计算各传感器信息，判断出不同的工况，然后，发动机电脑调用不同的子程序，来完成发动机运转状态的控制，包括喷油量点火时间控制等。如果是自动变速器的车辆，节气门信号还为变速器控制单元提供信息，以确定是否需要换挡，节气门位置信号也是控制换挡的重要信息。

（2）检测三要点：①节气门全关；②全开时信号电压；③中间变化时电压是否连续。

详细分析如下：节气门全关时，为信号电压波形最低端，电压应该在 0.3V 左右，节气门全开时对应信号电压最高端为 4.5V 左右，信号电压超出此范围为有故障。上升和下降的信号电压呈线性变化，变化连续且没有毛刺为正常，如果信号电压变化过程中出现毛刺，说明内部触点存在接触不良。

（3）具体操作方法：

①把示波器设置在每格电压 1V，横向设置成每格 500ms。

②把示波器黑色夹子夹在蓄电池负极，红色探针接到节气门位置传感器信号脚。

③打开点火开关，匀速把油门踩到底，然后匀速松开。按下示波器锁定按钮，冻结图像，并且存储到示波器中。

④波形分析要点，反复多次测量，注意每一次操作完毕后，节气门全关时信号电压应固定不变，如果每次操作完毕后信号电压变化超过 0.01V，说明传感器内部存在接触不良或传感器插头接触不良。

下面我们通过案例一起学习一下。

案例：长安之星车速最高只能达到 40km/h

故障现象：最高车速受限，油门踩到底只能达到 40km/h。

用解码器检测，没有故障码，查看数据流，也没有明显异常。由于没有故障码的提示，所以没有诊断方向，与车主沟通后得知，此车是在涉水后出现的这个故障。

高速动力不足，可能有以下几种可能：排气管堵塞，排气不充分造成高转速时发动机功率受限；另外就是供油不足，是不是汽油压力过低等因素引起。但这些因素好像与涉水没有联系。

再次用解码器观察数据流，在不着车状态下踩下加速踏板，随着开度增加数据流中节气门开度数据也逐渐加大，当油门踩到底时节气门开度仅为 30% 左右，用示波器观察节气门信号电压波形，得到如图 4-4 所示波形。

我们再检查油门拉线是否正常，经过检查发现油门拉线正常连接，当油门踩到底时，节气门也到了全开状态。正常情况下，节气门位置传感器信号电压在节气门全开时应该在 4.5V 左右。由此判断，此车节气门位置传感器损坏。更换新的节气门位置传感器后，再次用示波器检测节气门位置信号电压波形，如图 4-5 所示。

试车，动力恢复正常，故障排除。

总结：此车故障是因为涉水后节气门位置传感器损坏，因为不能产生正确

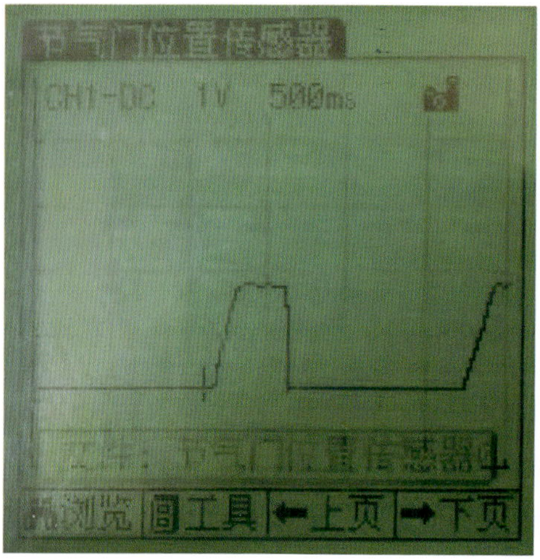

图 4-4

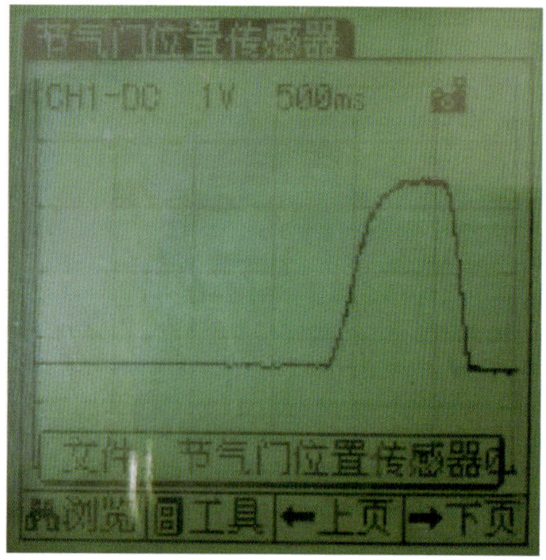

图 4-5

的信号电压，发动机电脑接收到的信息有误，会限制喷油量，造成此车高速功能受限。

此案例中综合运用解码器和示波器，结合理论分析快速确定故障原因，这些设备综合运用，才能快速准确诊断节气门相关故障。

利用数据流分析节气门位置传感器信号的合理性，再用示波器检测信号电压的方法，是一种快速高效的好方法。

拉线式节气门现在已经不常见了，但它与现在的电子节气门位置传感器和加速踏板位置传感器一样，我们可以把这种方法扩展到加速踏板位置传感器和全电子节气门的检测上。

▶ 4.4 如何用示波器检测水温传感器?

汽车水温传感器的发展历程：

从水温传感器的作用进行分类，汽车上的水温传感器至少有两类：一类是水温表配套用的水温传感器，另一类是发动机电控系统用的水温传感器。

在汽车技术的发展过程中，先出现了与仪表配套的水温传感器，但随着电控燃油喷射发动机的出现，电控发动机本身也需要一个专用的水温传感器，这样在早期的电控发动机的车辆中，可以看到两个水温传感器，一个用于水温表，另一个用于发动机电控系统。

随着技术进一步发展，新型以网络化工作的车辆电气系统中，又将两个传感器集成了一个。首先由发动机电控系统完成水温的检测，再将水温信息放到 CAN 总线上共享，仪表就能从 CAN 网络中获取水温信息，用于当前发动机温度的显示，水温传感器又从以前的两个变成了一个，如奥迪 A6L 和新君威轿车就采用了这种设计。

因技术形式上与功能作用上的变革，造成水温传感器的封装形式经历了以下几个变化，如图 4-6 所示。

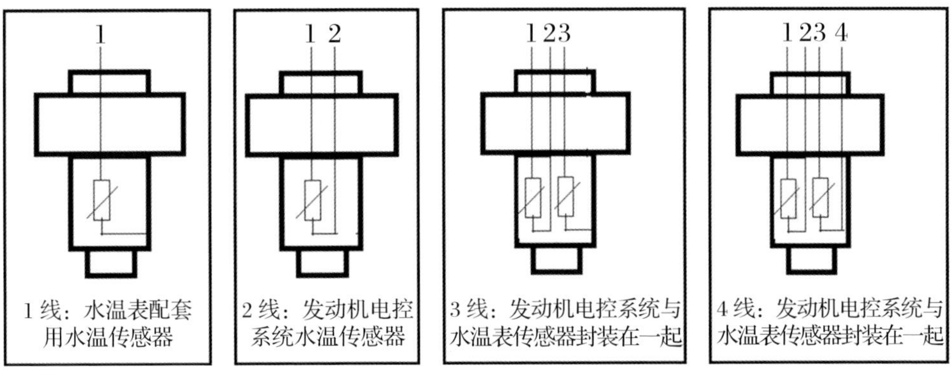

图 4-6

从原始的用于水温表的水温传感器只用一根导线输出，传感器的另一个端子与外壳相连接，这样，将水温传感器装到发动机上，水温表与水温传感器之间呈串联关系。因为水温的变化，引起水温传感器电阻的变化，进而引起串联电路中电流的变化，水温表呈现出指针角度的变化，显示出当前温度，给驾驶员观察。

电控发动机出现后，先是在原来的基础上增加了一个两线的水温传感器，专门用于发动机电控系统，它之所以需要两根导线，是因为电控系统要求的水温信号较为精确，如果还采用外壳搭铁的形式，从电子电路的角度上看，容易受到发动机搭铁点上电流流动引起对被测量信号的干扰。所以电控系统提供了专门的负极线，这个负极线直接回到了发动机电脑内部，实现精确测量。其工作原理图如图 4–7 所示。

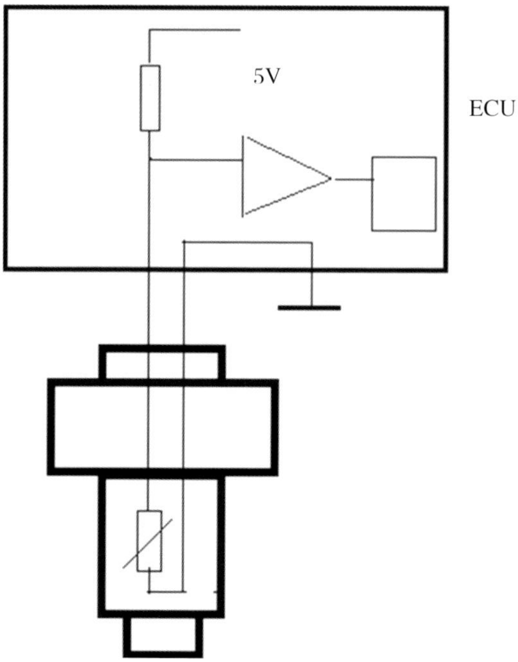

图 4–7

有些车辆为了安装方便，把两个传感器结合到了一起，比如比亚迪 F3 就采用了这样的方式。这就是图 4–7 中的 3 线式的水温传感器，其中水温表使用的传感器负极采用外壳搭铁的方式，发动机用的水温传感器采用将负极线引出的方式，这样反映到实际形状上，我们看到的是 3 线水温传感器。在检测此类传感器时，可以通过以上分析，根据故障现象确定检测方式。

4 线水温传感器，我们在时代超人轿车上见到过，因为此车的水温传感器没有采用螺丝式的安装，而是采用了胶圈加卡簧的安装方式，这样传感器的外壳就无法作为一个电极了，只能采用 4 线的封装形式，所以在这个车上我们会见到 4 线水温传感器。

水温传感器除了为发动机电控系统和水温表提供信息之外，有些车型的空调冷却风扇控制系统也设计了专门的水温传感器，典型代表车型就是富康。该车上有 3 个水温传感器，分别用于发动机电控系统、水温表和冷却风扇控制系统。为了区分这 3 个传感器，防止错误安装，采用了 3 种颜色进行区分：棕色、蓝色和绿色。

发动机电控燃油喷射系统水温传感器的工作原理：

水温传感器是利用热敏电阻的原理工作的，它与发动机 ECU 中的 5V 参考电阻（上拉电阻）串联工作，经过简化的原理图如图 4–8 所示。

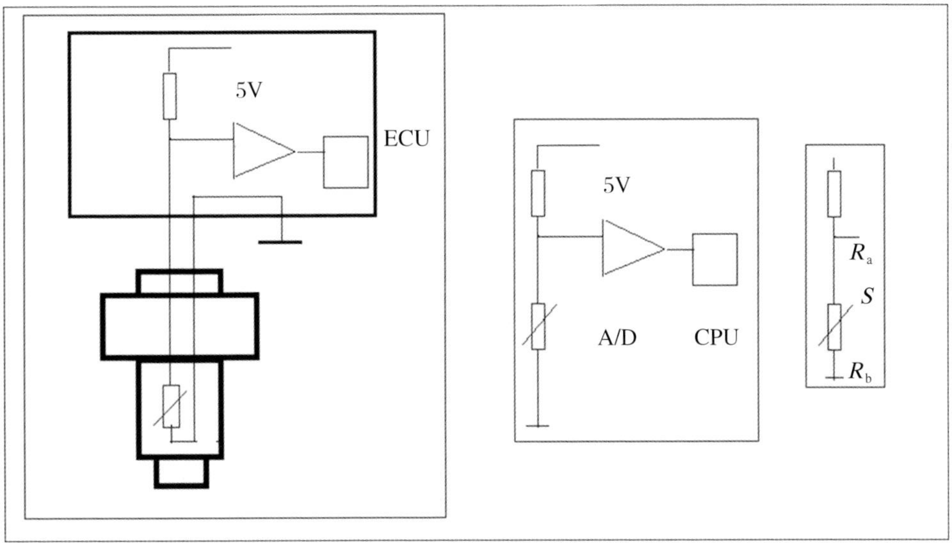

图 4–8

在由两个电阻串联后组成的分压电路中，上拉电阻固定不变，下拉电阻变化时会有两个方向的极端情况：

下拉电阻为 0Ω，这时信号电压 S 就等于 0V。

当下拉电阻 R_b 为最大值（无穷大即断路）时，即电阻开路时，S 端信号电压为电源电压，这里就为 5V。

一般情况下，汽车上的水温传感器多采用负温度系数热敏电阻，随着温度的上升，电阻下降，所以实际的信号电压的变化规律是随着温度的上升，信号电压下降，如图 4–9 所示。

发动机电控系统中的自诊断功能是为了减少维修时的难度，正常情况下，

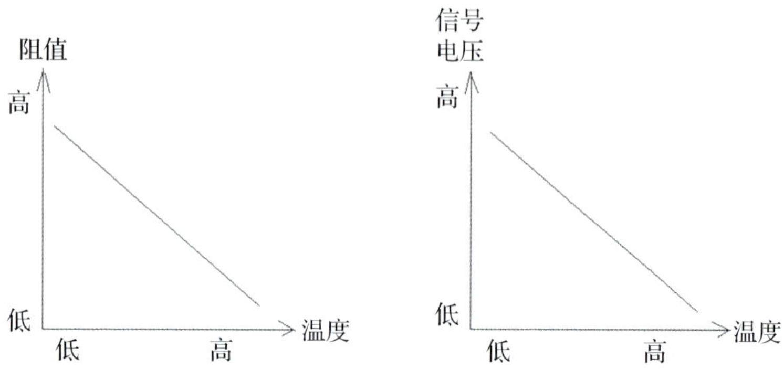

图 4-9

水温传感器的电阻不会出现 0Ω 和开路两种情况。这两种情况出现后，就意味着电路出现短路或断路。为了使维修更方便，电控系统设计了自诊断系统，当出现这两种情况时，将其定义为故障状态，会存储上故障码，分别是水温传感器对地短路或对地开路。一般情况下，我们为了表达方便，将小于 0.5V 的信号电压定义成信号对地短路，高于 4.5V 的信号定义为对地开路，如图 4-10 所示。

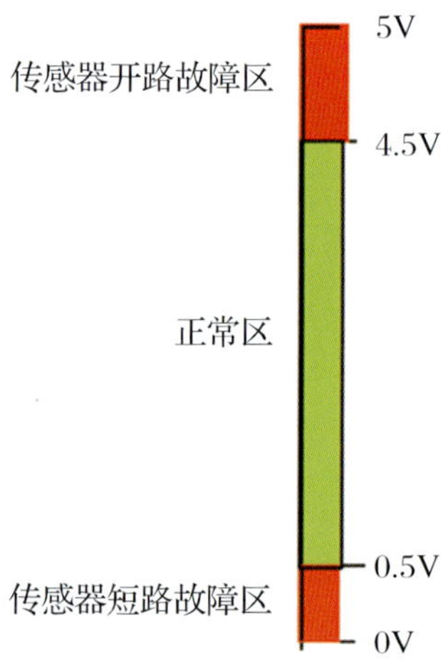

图 4-10

注意：这里所说的 0.5V 和 4.5V 是一个泛指，不同的车型上可能有不同的设计，比如说低于 0.3V 者出现信号短路的故障码，这是有可能的。具体的情况应该去查原厂的维修资料进行确认，我们在这里仅做一个原理性的说明。

由此引申出，当水温传感器或其线路出现开路和短路时，发动机电控系统会存储上相应的故障码，这时的故障一般比较容易被检测到，维修难度较低；而如果发动机水温传感器出现性能上的漂移，比如某车的水温传感器在 80℃时应该为 800Ω，而由于传感器性能漂移变成了 1000Ω，发动机电脑会误认为当前的温度为 60℃，这时就会出现混合气调节上的偏差。此类故障一般较难发现，因为此时的信号电压仍在正常区域范围内，所以不会存储上故障码，这就会给诊断带来困难。

对于这种故障，只有提前意识到，才能做出针对性较强的检测。比如，我们可以用红外线测温仪直接检测水温传感器的实际温度，再用解码器中的数据流的数据进行对比，这样才能发现故障。为了引起重视，我们将此种故障定义为“性能漂移”。

电控发动机水温传感器的作用有 3 个方面：调节混合气；调节点火正时；调节怠速提速。

当水温传感器出现故障时，会有哪些故障现象呢?

（1）启动困难。

正因为水温传感器有以上两个方面的作用，所以当水温传感器出现故障时，会表现为启动困难（因为混合比控制出现偏差，引起燃烧困难），甚至打不着车。

（2）尾气排放超标且油耗升高。

因为混合气调节出现偏差，一定会引起油耗高的问题（只有在正常情况下，混合气调节才会处于最佳状态，此时发动机最省油且启动顺利）。只是有的车主注意到了，会给我们提供这方面的信息，而有些车主不会注意到，仅仅发现启动困难的故障现象。

（3）在某些车型上会表现为怠速偶发性的升高。

因为水温传感器除了调节混合气和点火提前角之外，在所有的车型上，还是怠速调节的重要传感器，冷车状态下为了使燃烧更稳定，要增加怠速转速，所以，当水温传感器损坏后，在某些车型上会有怠速偶发性升高的现象。

如何验证水温传感器是否损坏?

方法 1：用解码器与红外线测温仪配合检测。

方法 2：用万用表与红外线测温仪结合检测水温传感器。

方法 3：用万用表检测信号电压，确定传感器是否出现故障。

方法 4：利用传感器模拟器进行试验。

方法 5：利用示波器检测水温传感器。

以上几种水温传感器的检测方法都是针对发动机电控燃油喷射系统中的水温传感器进行检测的。一般情况下，仪表中水温表所使用的水温传感器与上述检测方法类似。常见车型中，2010 年捷达车仪表的工作原理与其他车型有所不同，其水温传感器上为数字型信号，水温传感器在正常工作时，它上面施加的不是一个模拟电压，用万用表测量，会测量到 1.5V 左右的电压，不能实现准确检测。在此提醒大家一定要用示波器观察，会看到波形（拔下水温传感器，测量线束侧电压），如图 4–11 所示。

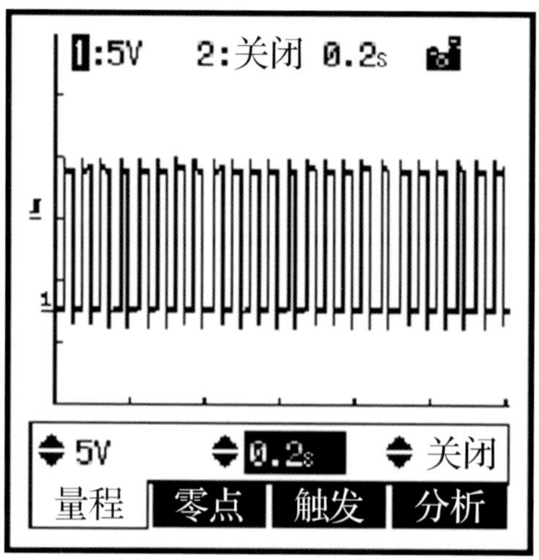

图 4–11

图中波形是拔下线束插头情况下测量到的，当插上水温传感器插头后，此方波电压幅值会降低，频率不变化，占空比也不变化。

下面我们通过案例学习一下。

案例：2012 年新君威偶发性不着车

故障现象：偶发性不着车。

用解码器读取故障码，显示系统正常无故障码。按照常见原因，更换正时系统电磁阀，几天后再次出现不着车故障，赶到现场后车辆又正常着车。如此反复多次，最后一次是在故障出现时发现了问题。当时是发动着车后，用解码器检测发动机数据流，听到仪表上有响声。观察发现水温由 80℃快速下降到了 30℃，因为发动机处于着车状态，其水温不可能会瞬间变化，再结合该车的线路特点，分析认为该车采用网络传输水温信号，由发动机电脑检测水温后分享到总线上，仪表将此信号解码后驱动水温表进行显示。

检查了水温传感器相关线路，没有发现问题，最终确认是水温传感器损坏，更换一新传感器后，故障排除。

总结：该车偶发性启动困难故障是因为水温传感器内部偶发性接触不良引起。

因为传感器接触不良，造成混合气调节出现故障，如果是在启动瞬间出现故障，则表现为启动困难，该车是一个偶发性软故障，在诊断时没有故障码的提示，所以花费了较多的时间进行诊断。

当实际水温为 80℃时，而传感器出现故障时，误报为 30℃，ECU 参考此数据计算出来的喷油脉宽较长，引起混合气过浓，表现为启动困难甚至无法着车。

当水温传感器损坏后，可能表现为混合气过浓，也可能表现为混合气过稀，还有的车会表现为怠速异常升高。具体故障表现因车而异，这是设计原因，还会因水温传感器损坏形式的不同而表现不同形式。

将以上内容总结成一句话，就是水温数据“只能升，不能降；缓慢变，才正常”。

用思维导图对以上内容进行总结，如图 4-12 所示。

▶ 4.5 如何用示波器检测曲轴位置传感器?

曲轴位置传感器从其工作原理上可以分为两类，常见的是磁电式传感器，其次是霍耳式传感器。磁电式传感器输出的波形类似正弦波，霍耳式传感器输

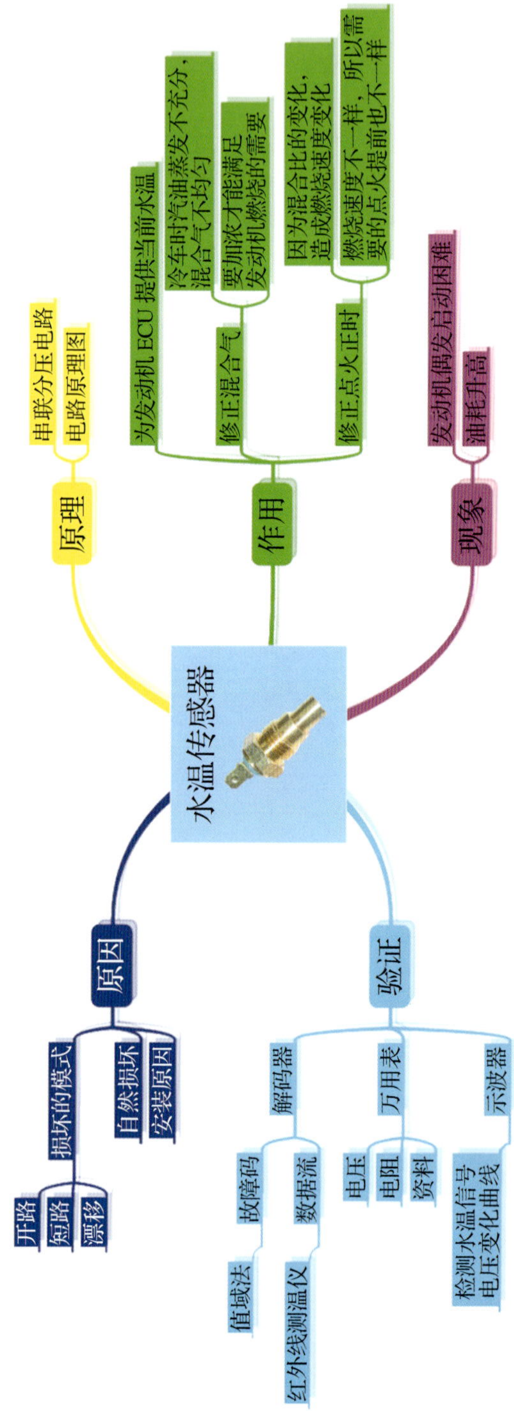
水温传感器
原理
串联分压电路
电路原理图
作用
为发动机 ECU 提供当前水温
修正混合气
冷车时汽油蒸发不充分，混合气不均匀
要加浓才能满足发动机燃烧的需要
修正点火正时
因为混合比的变化，造成燃烧速度变化
燃烧速度不一样，所以需要的点火提前也不一样
现象
发动机偶发启动困难
油耗升高
原因
损坏的模式
开路
短路
漂移
自然损坏
安装原因
验证
解码器
故障码
值域法
数据流
红外线测温仪
万用表
电压
电阻
资料
示波器
检测水温信号电压变化曲线

图 4-12

出的是方波。市场上常见的博世公司和德尔福公司生产的发动机电控系统都是采用磁电式传感器，日立公司采用的是霍耳式传感器。

一般磁电式曲轴位置传感器有 3 根导线，其中一根屏蔽线，剩下两根为传感器内部的线圈，可以先用万用表检测传感器电阻，一般磁电式传感器线圈电阻在 500~1100Ω 之间。把示波器的正负极探针直接接到这两个端子上，就可以看到其输出的信号电压波形了。

在实际检测中可能出现的问题是，示波器的时基调节不合适，示波器的每格电压调节不合适，将导致无法观察到清晰的信号波形。因此，当进入检测界面后，随时调整，以便观察到清晰的波形。

现在的曲轴位置传感器多采用 60–2 的结构，如图 4–13 所示。

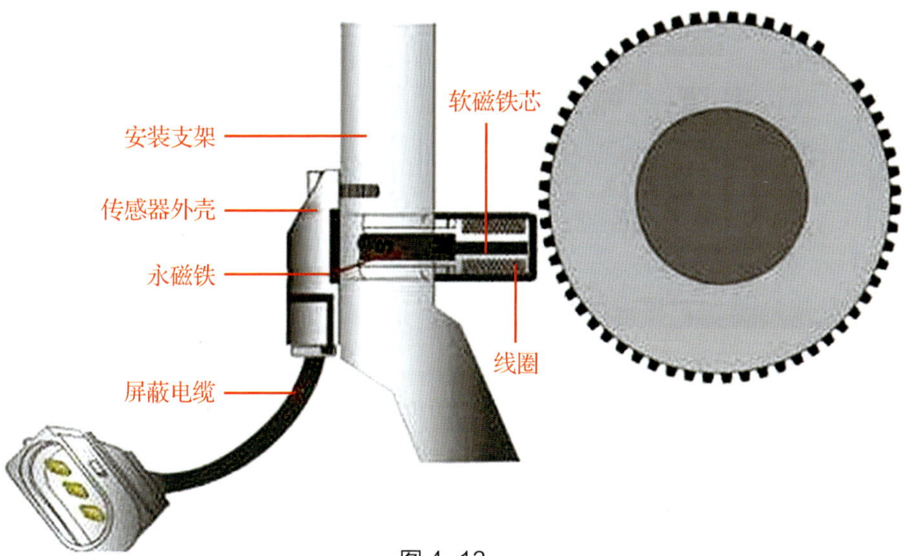

图 4–13

传感器的触发轮上共 60 个齿，为了给曲轴定位，又去掉了 2 个，变成 58 个齿，所以也叫 60–2 型的曲轴位置传感器。也就是说这个齿缺是曲轴上的一个定位信息，通过这个齿缺，可以让发动机电脑确认曲轴的上止点位置。目前很多车采用这样的曲轴位置传感器。因为有了这个齿缺，曲轴位置传感器的信号波形也变成如图 4–14 所示。

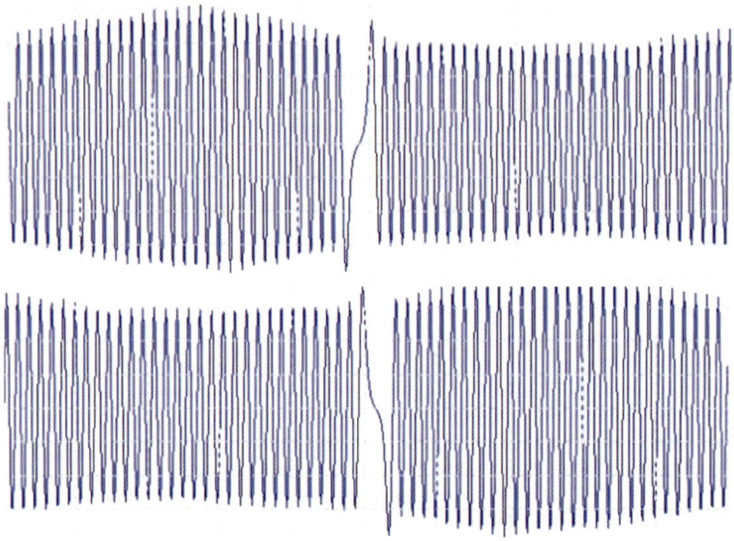

图 4-14

图 4-14 中的两个曲轴传感器波形是对调示波器正负极探针得到的。需要注意的是，示波器的正负极接反后显示出来的波形会上下颠倒。对于发动机电脑来说，这两个波形只有一个是正确的，这个颠倒的信号是不能用来进行正时定位的，就会造成发动机无法着车。

发动机电脑要想正确计算点火时刻，还需要凸轮轴位置传感器与曲轴位置传感器相配合，才能确认上止点位置以及哪一个缸处于做功冲程。所以，当我们遇到发动机不着车时，需要用示波器双踪功能，同时观察曲轴位置传感器和凸轮轴位置传感器的信号波形。

我们利用以下案例来说明具体的用示波器检测曲轴位置传感器的方法。

案例：宝来 1.8 冷车启动困难

故障现象：冷车启动不着车，热车后可以正常启动着车。每天早起只能用拖动的办法才能启动着车，或者需要长时间多次启动，直到蓄电池存储的电能将要消耗完后，才有可能着车。此车在其他修理厂发动机大修后出现上述故障，经过长达半月的维修，也无法排除此故障，最后该修理厂怀疑为发动机电脑损坏。因为更换发动机电脑比较贵，车主也不再信任此修理厂的技术，车主找我们进行诊断、维修。

接上解码器进行检测，发现存储有“发动机转速传感器”故障码，此故障码可以清除，但清除后再次启动，发动机还是不着车，并且该故障码会再次存储上。怀疑是曲轴位置传感器本身有问题，于是换一新曲轴位置传感器后，发动机顺利着车，此时进行检测，也没有上述故障码了。因为此时发动机已经接近正常工作温度，无法重现冷车启动是否正常，所以暂时交车，第二天该车再次出现启动不着现象，拖进我厂进行维修。

接车后，再次用解码器读取故障码，显示还是有“发动机转速传感器”的故障码。看来此车还有其他问题，用示波器测量曲轴位置传感器的输出信号电压波形，得到波形如图 4-15 所示中左图。

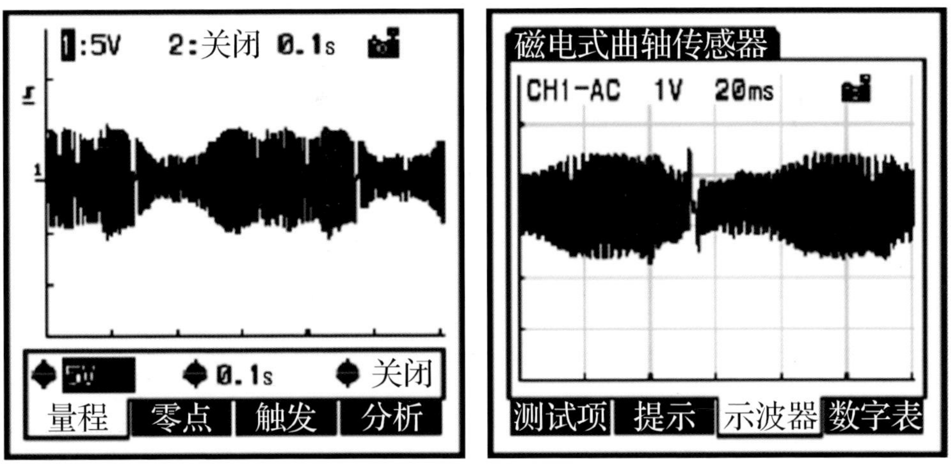

图 4-15

从波形上看，此车的曲轴位置传感器信号电压异常，其波形的电压高低幅度严重不均匀，分析认为，这就是造成启动困难的原因。因为是新曲轴位置传感器，所以不怀疑曲轴位置传感器本身有问题，可能是曲轴位置传感器的触发轮安装有问题。

将车辆举起后，拆下机油底壳，目视检查曲轴位置传感器的触发轮，发现果然是触发轮变形。拆下曲轴后，再从曲轴上拆下触发轮，对其校正后装复，重新用示波器观察启动状态下的曲轴位置传感器的输出波形，变成了如图 4–15 所示中右图波形。从曲轴位置传感器输出电压信号波形上看，虽然还有些不太稳定的幅度变化，但已经明显好转，是不是能够达到发动机电脑识别曲轴位置的需要？试着启动发动机，发动机顺利启动着车，经过多次试验，都能顺利着车，说明曲轴位置传感器的信号电压已经达到要求，发动机电脑可以正确识别，装复以上拆除的机械系统后交车。

经过多天的使用，电话回访，确认该车故障已经成功排除。

▶ 4.6 如何用示波器检测氧传感器？

首先，要从区分氧传感器的形式入手，氧传感器有几种？我所遇到的氧传感器一共有 3 种：二氧化钛型氧传感器；二氧化锆型氧传感器；宽带型氧传感器（5 线或 6 线）。

（1）二氧化钛型氧传感器。

应用的车型较少，粗略知道有这个类型即可，它是一种氧敏电阻型传感器，工作原理与水温传感器类似，它与 ECU 内部的上拉电阻构成。装在排气管内的二氧化钛传感器会根据排气中氧含量产生电阻变化，混合气稀时电阻高（信号电压高），混合气浓时电阻低（信号电压低）。

（2）二氧化锆型氧传感器。

使用更多的是二氧化锆型氧传感器，也就是普通 4 线氧传感器。它是一种氧敏电池型传感器，也就是说它会根据排气中氧的含量输出信号电压，不需要 ECU 给它偏置电路，就能自己输出信号电压，信号电压以 0.45V 为中心，混合气浓时信号电压高，混合气稀时信号电压低。以 0.45V 为中心变化，在 0.1~0.9V 之间变化（实际检测数据流时，最低信号电压可以看到 0 为正常，但不会高于 0.9V，高于 0.9V 为异常）。

（3）宽带型氧传感器。

这种类型的氧传感器大多数为 6 线（有些车型为 5 线，从传感器本身讲是

6线，跟ECU连接的是5线，其中的参考电阻在传感器内部没有输出引线），换句话说，5线和6线氧传感器都是宽带型氧传感器。在大众车上，是信号电压以1.5V为中心变化，高于1.5时为混合气偏稀，低于1.5V时为混合气偏浓。用思维导图把以上内容总结，如图4–16所示。

具体检测方法：

将发动机热车后熄火，打开示波器电源，按菜单找到氧传感器检测项目，连接示波器正负极探针。注意：示波器负极探针一定要接到传感器的信号负极线上，而不能随意在车身或发动机上搭铁，红表笔接到氧传感器信号正极。只有这样，才能得到准确的检测结果。

发动着车后怠速运转，也可以采用加速瞬间测量传感器信号，图4–17是3张氧传感器波形图。

前两个图是正常的氧传感器信号电压波形，它的特点是信号电压在0.1~0.9V之间变化，并且变化的周期是正常的，信号电压的前沿（由低到高的竖线）和后沿是陡峭的，这些都是氧传感器工作正常的表现。最右边的图是一个老化的氧传感器，它的特点是变化速度慢，我们看图片上标注的是每格5s，也就是说氧传感器的波形虽然在正常范围内变化，但是变化的周期太长，并且上升沿和下降沿过于平缓，由此可以判断这是一个老化后损坏的氧传感器。

波形幅度与频率的标准：示波器测量氧传感器的调整方法，0.5~5s，电压200mV。观察示波器的方法一定要结合时间和电压两个方面进行分析。

氧传感器正常工作是有外部条件的，就是要加热到300℃以上才能工作。我们可以利用干扰法判断氧传感器好坏。

在着车状态下，从进气管喷入清洗剂加浓后观察氧传感器信号电压的变化，正常时应该为0.9V信号电压；对于采用空气流量传感器的车型，可以拔下空气流量传感器后方的进气管，使空气不经计量进入发动机，形成混合气稀的故障后，看氧传感器信号电压的变化，这时应该接近0.1V。

利用加速和减速工况来干扰氧传感器，看是否在加速后猛松油门时信号电压变成0.1V。

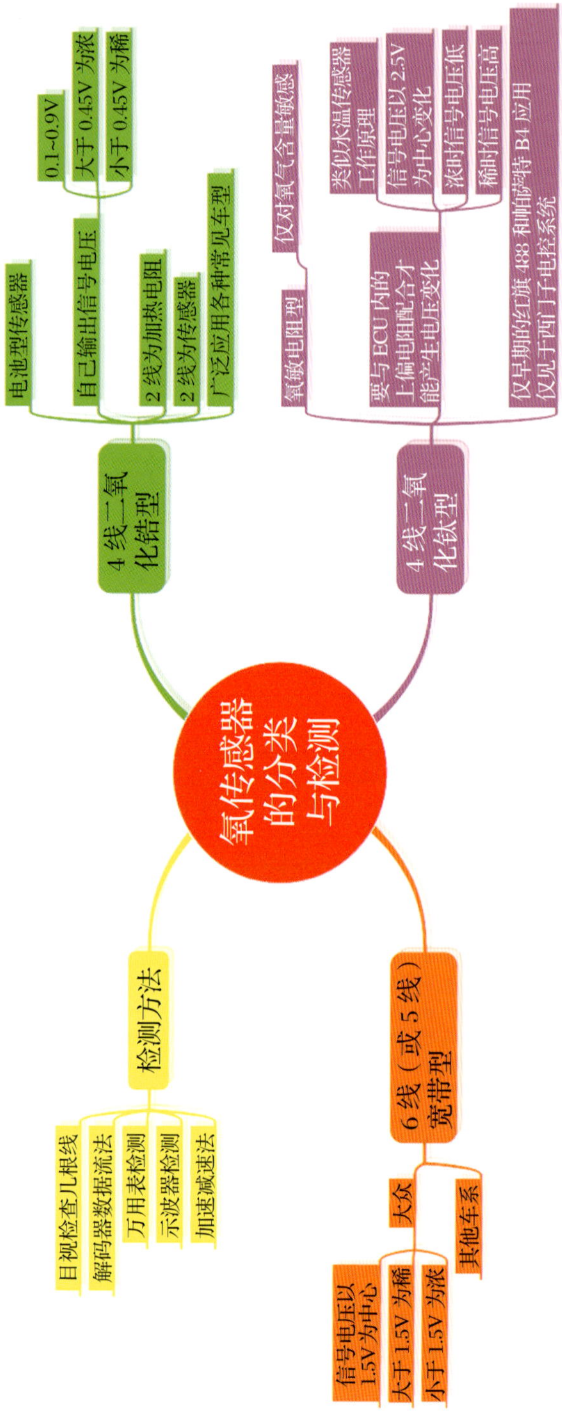
氧传感器的分类与检测
4 线二氧化锆型
电池型传感器
自己输出信号电压
0.1~0.9V
大于 0.45V 为浓
小于 0.45V 为稀
2 线为加热电阻
2 线为传感器
广泛应用各种常见车型
4 线二氧化钛型
氧敏电阻型
仅对氧气含量敏感
要与 ECU 内的上偏电阻配合才能产生电压变化
类似水温传感器工作原理
信号电压以 2.5V 为中心变化
浓时信号电压低
稀时信号电压高
仅早期的红旗 488
B4 应用
仅见于西门子电控系统
6 线（或 5 线）宽带型
大众
信号电压以 1.5V 为中心
大于 1.5V 为稀
小于 1.5V 为浓
其他车系
检测方法
目视检查几根线
解码器数据流法
万用表检测
示波器检测
加速减速法

图 4-16

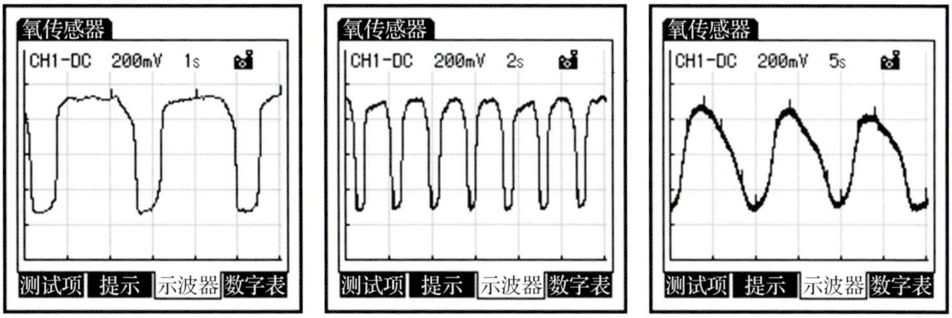

图 4-17

后氧传感器：后氧传感器的作用是与前氧传感器配合分析三元催化器的工作效率。它输出的信号电压不参与混合气调节，仅起三元催化器工作效果监视作用，是针对三元催化器自己的监视传感器。所以，没有必要设计成宽带型氧传感器，在目前能见到的车型上，全部都是普通 4 线二氧化锆型传感器。

前后氧传感器之间的波形对应关系：后氧传感器波形与前氧传感器形状相似，但电压变化幅度小，这是因为经过三元催化器处理后，排气中的氧参与氧化还原反应后，比原来的含量变化小了，前氧与后氧频率相同，但信号电压变化幅度应该明显变小。如果两传感器幅度一样，则说明三元催化没有起作用。

宽带型氧传感器：在实际应用中，对于宽带型氧传感器我们采用更多的是解码器检测了，在检查排除线路故障后，通过解码器观察数据流中氧传感器的信号电压，如果明显异常，远离 1.5V（仅大众车是这个标准，其他车系信号电压有可能不同）。如果配件方便的话，也可以直接换成新传感器进行试验，这样也可以提高工作效率，但要记住遇到疑难问题后，还要借助示波器来排除故障。

▶ 4.7 如何用示波器检测爆震传感器?

汽车发动机电控系统中，爆震传感器是用来检测发动燃烧过程中是否产生爆震的，发动机电脑利用此信号可以将点火时间调整到非常精确的状态，实现精确点火，达到高效燃烧、低排放的控制目标。

常见的爆震传感器实际上是一个压电陶瓷传感器，在电子行业内也叫压电晶体。它的工作原理是受到震动后，会输出交流电压，这是当作传感器使用时。另外这类电子元件有一个特殊的性能，就是给施加电压后，它还能发出声音，当它作为爆震传感器时，主要是利用它受到震动会输出交流信号的功能。

下面的案例可以让我们更加直观地学习到如何利用示波器来检测爆震传感器。

案例：马自达福美莱发动机故障灯亮

车型：马自达福美莱，发动机为进口发动机，电控系统为马自达电控系统。

故障现象：发动机故障灯亮，行车基本正常，除仪表上发动机故障灯点亮之外，无明显异常。

无明显故障如车主讲，此车在几年前曾经出现过此故障，到某修理厂维修后，把爆震传感器的线路维修后，故障排除。最近发动机故障灯再次点亮，用解码器检测，是爆震传感器信号电压过小。

用解码器清除故障码后，发动着车，轻加油门两三次以后，发动机故障灯会再次点亮，再次用解码器读取故障码，显示仍旧是上述故障码。由此确认，该车故障是现在存在的故障。打开发动机盖检查，发现有一个单线插头有维修过的痕迹。沿此插头检查，发现该插头通过导线走到了发动机后下方，将车辆举起后，确认与导线相连接的就是爆震传感器，断开传感器插头后，把示波器正极探针连接传感器插头，示波器黑色夹子接蓄电池负极，用扳手轻轻敲动传感器，可以从示波器上观察到波形，如图 4-18 所示。

由此判断传感器本身正常，没有故障，可能是传感器插头连接问题。重新把传感器一侧的导线外皮剪开，用电烙铁焊接好后，直接跨接到发动机线束一侧，为防止接触不良，没有通过原车的插头。

处理好以后，清除故障码，再发动着车，加油门两次后，发动机故障灯再次点亮，再用解码器读取故障码，仍旧是爆震传感器信号电压低。这就奇怪了，为什么都看到传感器输出波形了，还会报这个故障码？

重新断开刚才连接的线束，再次用示波器观察传感器输出波形，发现刚才看到的波形不见了，变成了一条电压为 0V 的直线。难道是传感器损坏？用万用表检测传感器信号线与搭铁之间的电阻，发现电阻为 0Ω，说明传感器内部出现短路。

我们再次检查刚才焊过的导线，发现爆震传感器的导线为同轴屏蔽线，我们在焊接时没有处理好，造成屏蔽层与中间的信号线短路，如图 4–19 所示。

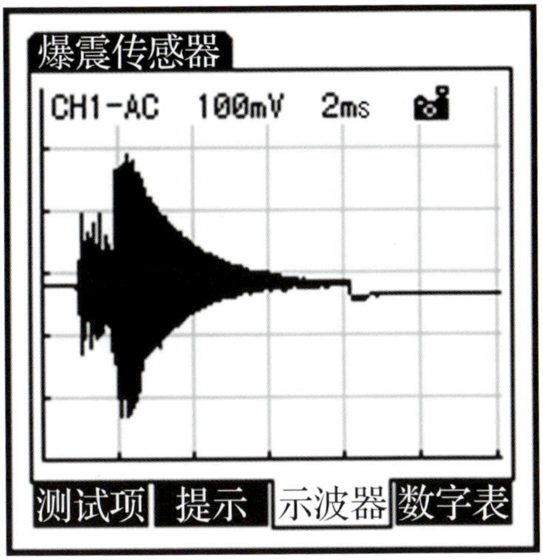

图 4–18

图 4–19

重新处理好后，再将导线恢复连接，清除故障码，着车试验，故障灯不再点亮，到此故障排除。

总结：此车故障是由于爆震传感器线束断路引起。排除此车故障后，又遇到过同款车型类似案例，说明该车型的车行驶里程超 100000km，出现此故障是典型常见故障。

爆震传感器不用外加电源，受到震动就能输出信号电压，可以用示波器方便地检测到。爆震传感器损坏后，在不同的车上有不同的故障表现，新车型往往会出现加速无力、高速受限的故障表现。

▶4.8　如何用示波器检测加速踏板位置传感器?

新型的发动机电控系统越来越多地采用全电子节气门，配合全电子节气门需要有加速踏板位置传感器，通过这个传感器把驾驶员的操作变成电压信号，此电压信号送给发动机电脑后，发动机电脑输出驱动节气门电机工作的信号，最终实现对发动机功率的控制。

此车型的加速踏板位置传感器设计在发动机室，由一根拉索连接到加速踏板处。该传感器内部由两个电位计组成，这两个电位计输出两路信号，这两路信号同时送入发动机电脑。发动机电脑同时监控这两个电压信号，如果这两个电压信号表达的节气门开度一致，则执行命令；如果不一致，则保护性地限制发动机加速。

我们就通过下面的案例来学习一下，如何用示波器检测加速踏板位置传感器。

案例：东风雪铁龙爱丽舍发动机有时加不上油

车型：配置 16 气门 1.6L 发动机和博世 M7 电控系统，发动机电脑型号：0261 207 692 ME7.4.4 96548 354 00。

故障现象：发动机有时加不上油，发动机转速不受加速踏板控制；有时怠速高，高达 1500r/min。在其他修理厂维修多次，都不能排除故障，只是在做了清除故障码和匹配后，有时能暂时缓解故障现象，但时间不长，故障就会重现，于是找到我们厂来维修。

接车后，用解码器读取故障码，显示有如下几个故障码：

0121 电子节气门驱动一致性，节气门位置传感器。

0157 电机驱动的节气门接地，电子节气门 2 信号故障，本地。

0123 电机驱动的节气门对正极短路或断路，节气门 1 信号故障。

0221 加速踏板传感器 1 一致性，1 和 2 信号不一致，踏板传感器故障，本地。

0226 加速踏板 2 一致性。

0122 电机驱动的节气门接地，节气门位置传感器故障。

8339 参阅最新的《维修手册》。

将故障码记录后，再清除故障码。剩下的只有一个故障码“0123 节气门电机对正极短路”，说明此故障为现在存在的故障。根据故障码的内容，结合该车的故障现象进行分析认为，可能是线路故障，使节气门电机相关的线路与电源正极产生短路。

我们拆下节气门体，用万用表检测，两个端子之间阻值为 1.5Ω，并且这两个端子与其他 4 个端子之间电阻为无穷大，确认这两个端子就是节气门电机的引出线。

然后，用示波器观察这两根线的电压，其波形如图 4–20 所示。

从波形上看，极不正常，但为什么会产生这种波形？是不是外围线路真的存在短路。于是，从发动机电脑插头上找到这两根导线，将其切断，直接接上两根临时导线，直接跨接到节气门电机上。在节气门插头上找到电机的两根导线，也进行切断，然后接上我们直接牵来的两根导线，进行试验。发现与原车的导线一样，仍然存在异常波形。到此，不再怀疑是线路故障了。根据上述情况进行分析，认为可能是发动机电脑损坏。为了准确判断故障部位，我们没有马上拆开电脑来进行维修，因为外围的信号是不是正常，还要进一步地排除。比如如果加速踏板位置传感器的信号不正常，则发动机电脑也无法做出正确的怠速调整，于是用示波器检测了加速踏板位置传感器的信号波形，如图 4–21 所示。

该传感器有 4 根线，其中有两个信号相互验证，以提高信号的精准性，它装在发动机室内，由一根拉线连接加速踏板。经过上述检测，信号波形没有毛刺，两个信号电压之间遵循着相差 1 倍的关系。由此判断加速踏板位置传感器工作正常。接下来，检查是不是节气门位置传感器的信号电压有问题，引起上述故障现象。于是，我们把节气门位置传感器的信号也用示波器录了下来，如图 4–22 所示。

经过观察，这两个信号变化规律是反相，即一个信号电压是由小到大，另一个信号电压是由大到小，幅度一样，没有毛刺，时间上同步，证明节气门信号正常（图 4–22 波形是我们打开点火开关不着车状态下，用手扳动节气门阀片的情况下测量到的）。在做了上述两项检测之后，再结合线路检测的结果，认为发动机电脑损坏。于是从车上拆下发动机电脑进行维修。

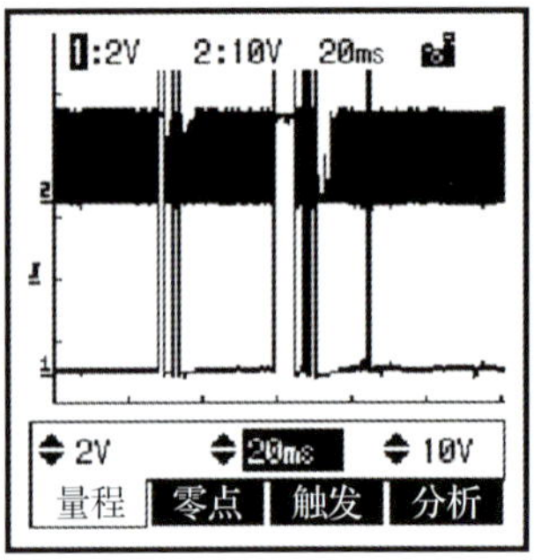

图 4-20

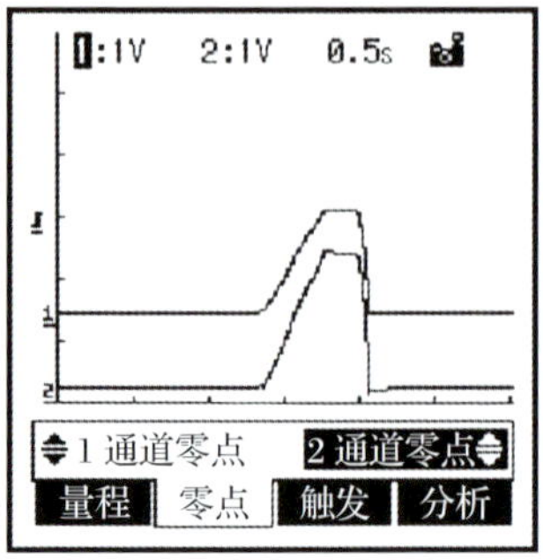

图 4-21

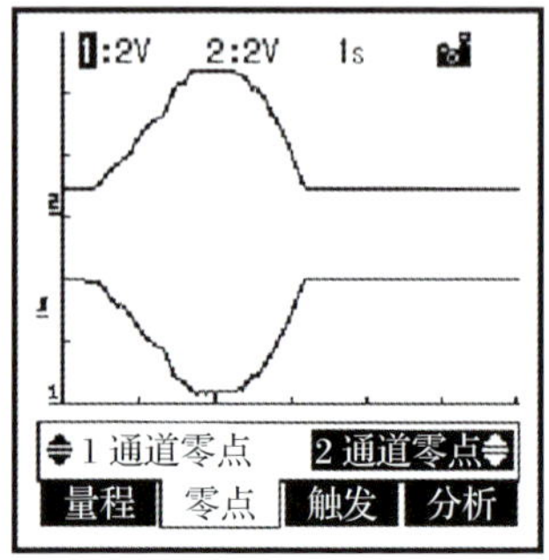

图 4-22

将发动机电脑拆下后，沿端子找到印刷线路板上，有一个型号为 30348 的集成块，它控制着节气门电机的两根导线，实际情况如图 4-23 所示。

图 4-23

经过测量，该集成块供电正常，确认是该集成块损坏，更换后，装车试验。

用解码器清除故障码，再次读取故障码，显示为“系统正常”。再试车，行车正常。回厂后再次用解码器进行读取故障码，显示系统正常。

用示波器测量电机两侧的电压，如图 4-24 所示。

综合以上的情况认为该车故障排除，再经过 1 个月的使用，打电话回访，

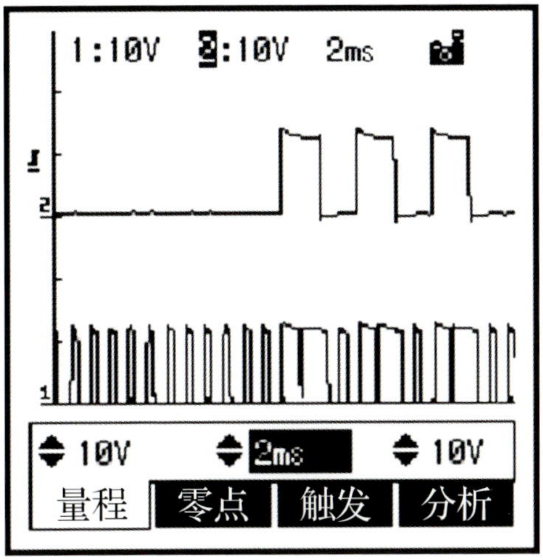

图 4-24

该车一直工作正常，确认故障彻底排除。

总结： 该车故障是因为发动机电脑损坏引起的。造成节气门电机控制异常，引起上述有时加不上油的故障和有时怠速高的故障。

根据电脑控制系统的工作原理，进行相应的排除与定位后，确认是发动机电脑损坏。

4.9 发动机电控系统正时信号三要素

发动机电脑工作时，需要收集机械正时信号，才能判断什么时间该点火了，什么时间该喷油了。点火时间点非常重要，因为一台高速旋转的发动机需要精确的正时位置，才能计算出精准的点火时刻。

在学习汽车电控燃油喷射时，往往把机械正时信号分为 3 种：曲轴转角信号、活塞上止点信号和判缸信号。这 3 个信号分别携带了如图 4-25 所示信息。

从原理上讲，一个发动机电控系统是需要这 3 个传感器才能完成精确的正时计算的。随着技术的进步，越来越多的车采用 60-2 的曲轴位置传感器，外加一个凸轮轴位置传感器（也叫相位传感器），由原来形式上的 3 个传感器变成了 2 个传感器，但其中包含的信息没有减少。在双凸轮轴发动机上大多数还设计 2

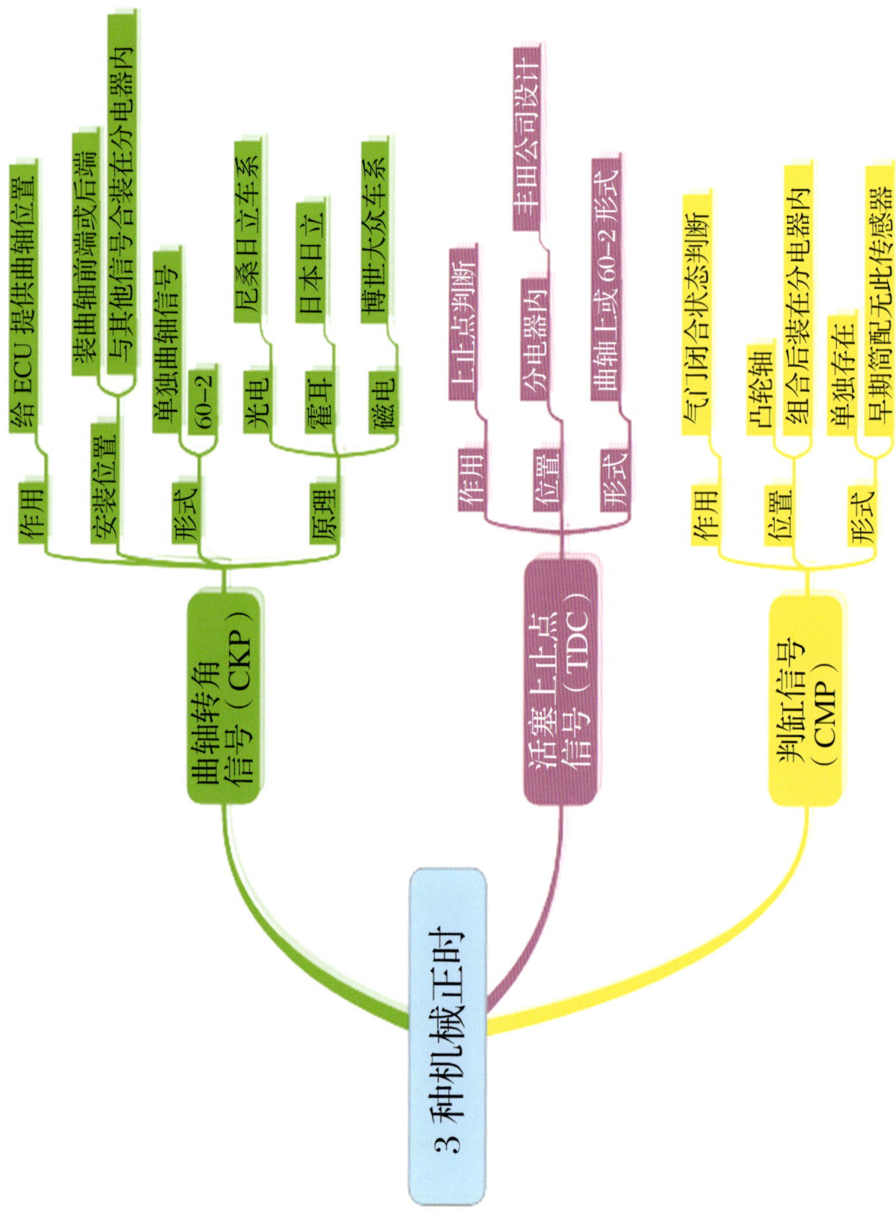
3 种机械正时
曲轴转角信号（CKP）
作用
给 ECU 提供曲轴位置
安装位置
装曲轴前端或后端
与其他信号合装在分电器内
形式
单独曲轴信号
60–2
原理
光电
尼桑日立车系
霍耳
日本日立
磁电
博世大众车系
活塞上止点信号（TDC）
作用
上止点判断
位置
分电器内
丰田公司设计
形式
曲轴上或 60–2 形式
判缸信号（CMP）
作用
气门闭合状态判断
位置
凸轮轴
组合后装在分电器内
形式
单独存在
早期简配无此传感器

图 4–25

个凸轮轴位置传感器，以便更加精准地控制点火与喷油时刻。

从这个意义上计，60–2 曲轴位置信号包含了两个传感器的功能，一个是曲轴转角信号（CKP），另一个是上止点信号（TDC），这是一个从功能上加以组合的传感器。凸轮轴位置传感器的作用是用来判断某缸是否处于压缩状态，是发动机电控系统判断是否做功的传感器，此信号也叫判缸信号（CMP），凸轮轴位置传感器有时也叫作相位传感器。

再次整理一下就清晰了，曲轴位置、活塞位置和气门位置分别对应 CKP、TDC 和 CMP。

原理上讲，需要以上 3 种信息，实际工作中有些车辆设计时出现形式上的变化，第一种变化就是仅有一个凸轮轴位置传感器。早期的桑塔纳新秀只装一个分电器，同样实现了电控燃油喷射，还有我曾经见到过起亚早期的电喷发动机，甚至点火系统采用的还是分电器的设计。但技术发展到今天，点火和喷油已经全部集中在一块电脑实现了电子控制。

机械正时传感器正常工作时，这 3 个信号在时间上保持严格的对应关系。当出现机械故障时，这 3 个信号在时间轴上会错位，发动机电脑识别到这种错位时会启动应急程序或保护性地禁止发动机启动或点亮故障灯报警，不同公司有不同处理策略。

3 种正时信号是工程师们在设计发动机时所依据的基准信号，我们平时维修也可以利用这种思路，进行故障诊断。示波器是检测此类故障的专业设备，它可以把 3 个传感器输出信号在时间轴上重现，方便我们分析问题所在。

下面的案例可以帮我们理解上述原理。

案例：本田 CD5 轿车发动机转速受限

车型：美款本田 CD5 轿车，该车装用自动变速器，发动机型号为 F22B4。

故障现象：发动着车后，将加速踏板踩到底发动机转速无法超过 3000r/min，当转速达到 3000r/min 以上时，再加大油门开度就会出现“自动断油”引起的限速现象。3000r/min 以下时发动机工作基本正常。为了排除此故障，该车在其他修理厂更换了分电器也无效果，送来我厂进行维修。接车后，用解码器读取故障码，显示为“P1362 上止点传感器 TDC 信号丢失”。清除故障码后，再次发动着车读取故障码，该故障码重现，说明此故障是一个现在存在的故障，并且跟发动机转速受限故障直接相关。

初步分析认为，此车的 3 个定位传感器信号（曲轴位置传感器、上止点传感器、判缸传感器）中的某个信号缺失，发动机电脑无法准确判定发动机的曲轴及凸轮轴位置而启用的一种保护性运转模式。检查此车的各个相位传感器的分布结构，跟以往常见的本田车的结构不一样，能够找到的图纸资料也都标明本田的分电器内有 3 个定位传感器，与本车的实际情况不符，无法参考。此车的分电器与线束连接的插头为一个 5 针插头（其他的本田车型都为 6 线）。

拆开分电器盖检查，发现分电器内装有一个点火线圈和点火模块，另加一个判缸传感器的信号触发线圈。用万用表测量该传感器线圈的电阻为 963Ω（发动机正常工作温度下测量得到），与旧分电器内的线圈电阻进行比较，旧的为 805Ω，基本相近。因为线圈的铜线都存在热阻效应，所以也不能确认传感器线圈的好坏。分析分电器的内部结构，并用示波器观察传感器的输出电压波形，得到如图 4–26 所示的信号波形。

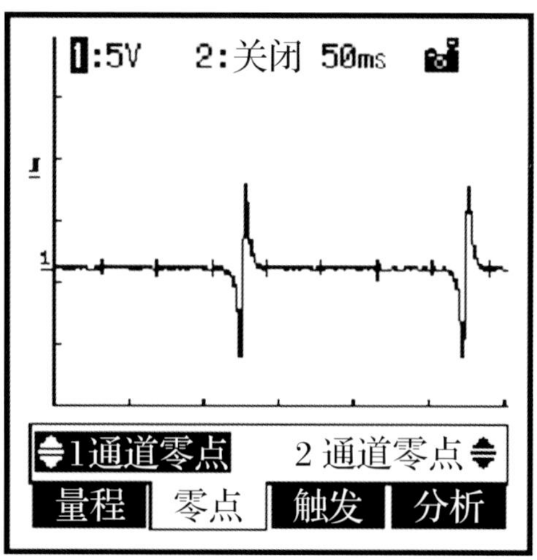

图 4–26

从图中可以看出，信号的幅度及形状都正常。

虽然信号正常，但不知道其是否进入了发动机电脑内部，是不是分电器内的“TDC”信号与发动机电脑之间的连线断路。于是，对此线路进行检查。

在副驾驶侧脚下的地板下面找到了该车的发动机电脑，将发动机电脑拆下。查找手中的资料，找到发动机电脑的引脚功能表，然后再按表中的功能去测量，但发现也没有线与分电器的引脚相对应。

再次用示波器确认哪一根是发动机的 TDC 信号线，然后在电脑插头处测量，在 C4 插针位置上，找到一根与该信号线相通的脚。在此脚上测量，可以测量到电磁脉冲信号。为了把信号追踪到电脑内部，把发动机的电脑板拆开，在印刷铜箔的插针上进行测量，发现电磁脉冲信号已经进入了发动机电脑的内部。

拆下发动机电脑后，用万用表的电阻挡，继续沿着与信号引脚相关的印刷铜箔往前测量，追踪到信号沿着该引脚连接到了一个厚膜集成电路板上。对厚电路板上相关的元件也做了检查，但仍然不能发现有价值的线索，难道是发动机电脑坏了？

因为资料并不是很准确，所以虽然有些提示，对于故障码的解释并不是十分明确，很有可能是 3 个定位信号当中其他的定位传感器出现了问题，所以继续寻找线索。

根据发动机的结构分析可以知道，定位传感器应该安装在飞轮或是曲轴皮带轮的截面附近，经过检查，在曲轴皮带轮的后下方找到了一个 4 线的传感器，并且观察到其中有一根线折断了，其具体位置如图 4–27 所示。

将折断的导线重新接好后，再试车，加速时发动机可以轻松超越 5000r/min，故障排除。

总结：该车故障是因为丢失上止点信号引起，由于对于解码器中信息理解不充分，刚开始诊断时出现方向上的错误。实际上分电器中的信号并不是“TDC”信号，是自己理解有误。在本车中，TDC 传感器安装在曲轴皮带轮附近，分电器中的信号应该是“CMP”信号，即凸轮轴位置信号。

图 4-27

3 种正时信号缺少某一信号时，发动机的工作会受到限制，尽管各个公司的发动机电控系统千变万化，但都可以从原理上进行分析，也只有学会了这种分析方法，才能更好地完成诊断工作。

4.10 如何用示波器检测凸轮轴位置传感器?

凸轮轴位置传感器的作用是与曲轴位置传感器配合，产生正时信号送给发动机电脑，让发动机电脑判断当前的机械正时信息，发动机电脑利用此信息计算出点火时刻和喷油时间。

早期的发动机控制因为设计的原因，缺少凸轮轴信号后，发动机无法着车，新型的发动机在设计中的软件进行了改进。丢失凸轮轴信号后，也可以利用曲轴位置传感器，加上软件智能识别技术，让发动机着车，但一般会伴随有启动困难、发动机抖动等故障现象出现，同时会存储上相应的故障码。

凸轮轴位置传感器一般为霍耳式传感器，霍耳式传感器工作时输出的电压为方波，其峰值为 0~5V 或 0~12V。霍耳式传感器有 3 根导线，其中电源正、负极两根，信号线一根。我们在检测此类传感器时，可以按菜单提示进入检测项目，如图 4-28 所示。

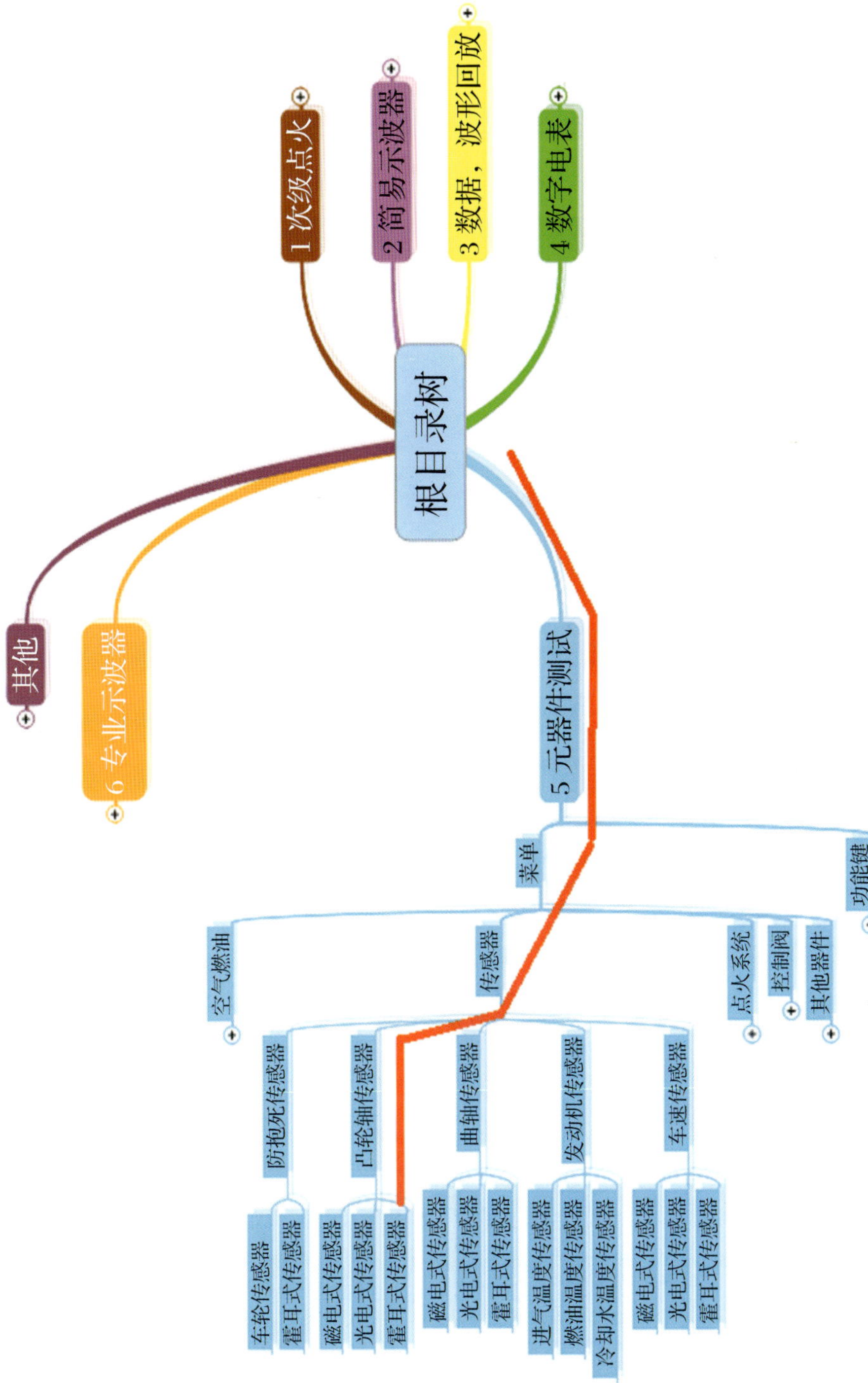
根目录树
1 次级点火
2 简易示波器
3 数据，波形回放
4 数字电表
5 元器件测试
6 专业示波器
其他
菜单
功能键
空气燃油
传感器
点火系统
控制阀
其他器件
防抱死传感器
凸轮轴传感器
曲轴传感器
发动机传感器
车速传感器
车轮传感器
霍耳式传感器
磁电式传感器
光电式传感器
霍耳式传感器
磁电式传感器
光电式传感器
霍耳式传感器
进气温度传感器
燃油温度传感器
冷却水温度传感器
磁电式传感器
光电式传感器
霍耳式传感器

图 4-28

进入菜单项目后，把示波器负极夹子与传感器负极连接，正极探针与传感器信号端连接，启动车辆，正常情况下就已看到方波出现。一辆斯巴鲁 XV 轿车上的凸轮轴位置传感器的波形，如图 4-29 左图所示。

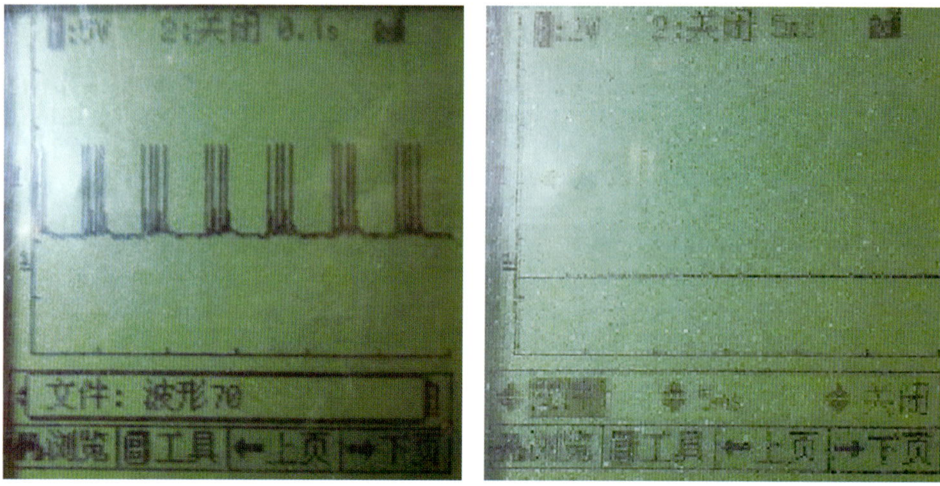

图 4-29

我们利用该车案例，学习一下凸轮轴位置传感器的诊断方法。

案例：2013 年斯巴鲁 XV 发动机故障灯亮

车型：2013 年斯巴鲁 XV，已经行驶 100000km。

故障现象：发动机故障灯亮，车身动态稳定故障灯亮，发动机抖动明显，有时会怠速熄火。

接车后，我们用解码器检测，发现有两个故障码，为第 1 列凸轮轴位置传感器 A 电路故障和第 1 列传感器凸轮轴 B 电路故障。打开发动机盖，可以方便地观察到有左右两个凸轮轴位置传感器，是 3 线传感器，用示波器检测右侧传感器的信号波形，检测左侧凸轮轴位置传感器波形如图 4-29 右图所示，为一条电压是 0V 直线。观察这两个传感器，型号一样，我们对调左右两个传感器后，依然是左侧有波形，右侧没有波形。再拆下传感器观察，当转动曲轴时，右侧的凸轮轴位置安装孔内可以观察到触发盘在转动，而左侧则观察不到触发轮。继续拆检，把进气歧管拆下后，再拆下左侧进气管，转动曲轴时，确认气缸 1 气门不动作，说明左侧凸轮轴不转动；再拆开下时链条盖后，发现左侧正时链条断开。进一步拆解，发现左侧气缸气门被顶弯且凸轮轴瓦烧蚀严重。

此车发动机损坏比较严重，与车主协商后更换发动机后故障排除。

总结：此车结构比较特殊，为 4 缸水平对置发动机，该车故障是因为左侧正时链条断开，导致发动机损坏。

在检测过程中，故障码提示我们为电路故障，因为发动机电脑收不到正常的凸轮轴信号，但实质是机械故障引起。因为链条断开，导致传感器的触发轮不能转动，所以传感器不能输出信号，而传感器本身并没有损坏。

5 用示波器检测执行器

▶ 5.1 用示波器诊断占空比调节怠速阀

占空比是方波信号的一个参数，它指的是驱动执行元件工作的方波，其通电时间与波形周期的比例。为了正确理解占空比的概念，我们简单说明一下关于喷油脉冲的占空比。

假如怠速时的喷油脉冲宽度为 4ms，为了口头计算方便，我们假设某发动机怠速转速为 600r/min，计算出喷油器驱动信号的占空比的过程如下：

首先，计算出每秒钟发动机转速，600r/min=10r/s，相当于 100ms/r；喷油时间为 4ms，这是通电时间，整个周期为 100ms，占空比 =4/100=4%。占空比信号在早期发动机电控系统中，可以在怠速空气电磁阀控制波形中看到。

电控发动机的怠速控制系统以其机械结构分类，可以分为直驱节气门式和旁通气道式两种怠速控制系统，其中旁通气道式怠速控制系统多采用占空比调节的脉冲电磁阀控制进气量，从而控制怠速时的转速，使其稳定在一定范围内。

旁通气道式怠速空气控制电磁阀就是利用占空比可调的脉冲信号来控制进气量，信号的占空比是控制单元经过计算后输出的执行指令，发动机电脑通过输出占空比可调信号，使怠速空气控制阀的开度在 0~100% 之间连续可调。我们在分析此类波形时，重点关注的是通电时间与周期之间的比例，如果占空比越大，说明执行器的开度越接近全开。

我们以下面的案例来说明如何利用测量占空比诊断故障。

案例：2008 年伊兰特怠速转速异常

故障现象：怠速低。

车主反映说，此车在其他修理厂已经清洗了节气门，但没有效果。并且以前在踩加速踏板时，有发卡迹象。调整节气门限位螺丝后，踩加速踏板发卡故障现象消失，但怠速仍旧偏低。

接车后，先用解码器检测，显示有一个怠速低的故障码，这与故障现象相符，接着进行数据流功能，读取数据流中，节气门状态为全关状态，各个传感器数据也没有异常。初步分析认为，此车的节气门清洗不彻底，或是怠速阀内部的脏污没有清理，导致怠速状态下进气量过小，引发怠速低的故障。

重新拆下节气门和怠速阀进行清洗，发现怠速阀内确实没有清洗干净，清洗后装复，发现怠速仍旧明显偏低，才 400r/min。

经过检查是我们的修理工在维修时怠速阀的密封垫损坏，重新做一纸质密封垫，发现新做的密封垫少做了一个空气孔，拆下后将空气孔做出后装复，怠速仍旧偏低，这时的怠速为 650r/min，打开空调时更低。由此说明此车还有未发现的故障原因。

用手摸怠速阀时发现怠速阀烫手，怀疑怠速阀的驱动信号有问题。用示波器检测怠速阀上的信号波形，如图 5-1 所示。

图 5-1 中左图是未开空调时的信号，图 5-1 中右图是打开空调时的信号。可以看到发动机电脑对于怠速阀输出占空比随负荷调节的信号，而实际发动机转速并未变化。

为防止怠速阀本身存在发卡迹象，我们进一步把怠速阀分解，只装上气道控制阀的阀芯，用手控方式驱动怠速电机，这时转速可以达到 2000r/min，说明机械气道方面没有问题，就是怠速阀本身损坏了。

定购新怠速阀后，装车试验，发动机怠速恢复正常。

总结：此车故障是因为怠速电磁阀损坏引起，更换后故障排除。此车的怠速控制系统为旁通气道式，靠一个 3 线电磁阀控制旁通气道的进气量，发动机

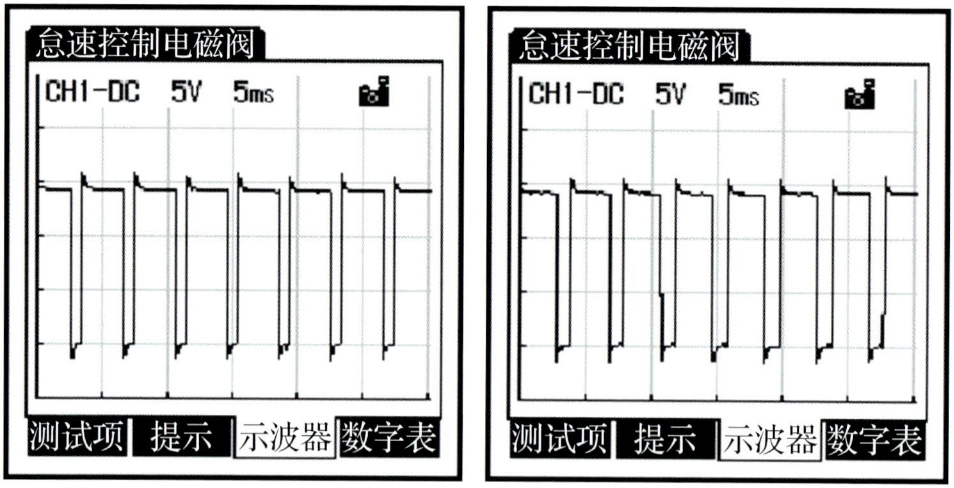

图 5-1

电脑通过进气压力传感器感应进气量，再根据进气量确定喷油量，从而完成混合气的配制与怠速转速的调整。对于此类结构的怠速控制系统，出现故障时，可以按以下流程处理：

（1）确认电控信号是否正常，主要是通过数据流中的节气门位置信号，看是否处于怠速状态，看是否有负荷信号输入，比如空调信号，或其他电气信号输入。确认发动机电控系统没有收到上述控制信号，并且是处于热车怠速状态，发动机电脑才能做出怠速调整。

（2）确认电磁阀工作是否正常（想办法模拟怠速阀的工作，人为控制进气量，看发动机是否响应，如果响应说明机械气道系统正常，否则应该检查机械进气系统，一般可以采用手动控制阀芯或是用其他方式来控制怠速气道的进气量）。

（3）确认电磁阀与发动机电脑之间的导线是否正常。

（4）确认发动机电脑是否输出了正常的控制信号。

5.2 喷油脉宽波形分析

发动机电脑接收传感器的信息，经过计算后输出喷油器驱动脉冲，喷油时间是发动机电脑调整混合气稀浓的执行数据，发动机电脑通过控制喷油脉宽控制喷油量，最终实现混合气的控制。

热车怠速在无负荷的情况下，一台“健康”的发动机，其喷油脉宽是一个确定值。发动机着车后，空气流量数据就如同有生命的生物一样，时刻不断变化。为了分析故障做数据对比，一般我们会抓住热车怠速这个工况进行比较。即使发动机平稳怠速运行，进气量数据仍旧轻微地变化，喷油时间也会轻微的变化。

一般情况下，自然吸气缸外喷射发动机的喷油时间，日系车为 3ms 左右，美系和德系车为 4ms 左右。如图 5-2 所示。

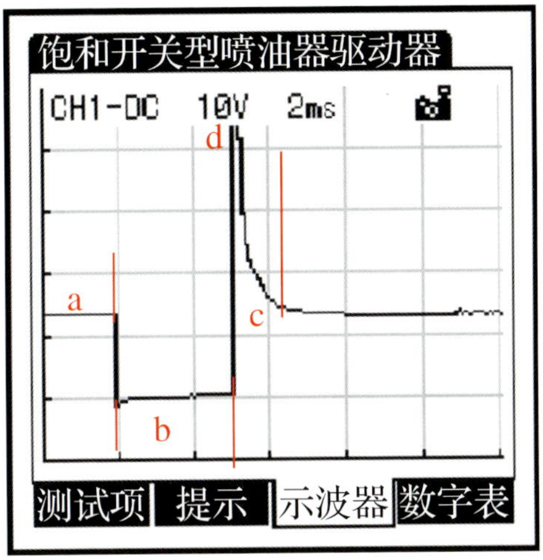

图 5-2

喷油时间指的是 b 段的时间宽度，a 段表示发动机 ECU 中的功率元件尚未导通，此时喷油器处于关闭状态。b 段为喷油器打开时间段，d 点是反向自感高压，这是驱动电路关闭瞬间，磁能释放时所产生的高压，是电感元件特性所引起的。c 段是自感能量释放完后，恢复到 12V 线圈断电后的电压。

喷油脉冲在着车状态下是不断变化的，随着负荷的加大，喷油脉宽会加宽，即使负荷不变化，随着氧传感器的修正作用，喷油脉宽也会轻微地变化。如同人的心电图一样，是一个随时活动的波形，而不是固定的波形。尽管如此，我们要抓住问题的关键，建立一个基本概念。喷油脉宽是发动机混合气调节的最终执行数据，它在正常车辆上是一个相对稳定的数据，利用热车怠速无负荷时的喷油脉宽数据，我们可以判断发动机是否“健康”，故障是否成功排除。

关于喷油脉宽的波形数据分析，在诊断时可以从以下几个方面去应用：

（1）油耗高的车大多数会有喷油时间过长的表现，在维修前可以记录下喷油脉宽数据，维修后进行对比，如果明显变短，说明维修是有效的。

（2）热车怠速无负荷的情况下，如果喷油脉宽过长，说明混合气调节有问题，有可能是汽油压力过低引起。因为汽油压力降低，会使在同样时间内喷油量减少，造成混合气偏稀，氧传感器检测到偏稀时，会送给信号给发动机电脑，发动机电脑必然会增加喷油时间，弥补混合气偏稀的问题。

（3）喷油时间过长或过短，表明混合气调节有故障，但同时表明驱动电路是正常的。如果驱动波形中反向自感高压不够，则表明喷油器线圈存在匝间短路。一般常见喷油器其反向电压为60~70V。

（4）一些新型发动机在出现某缸失火时，可能会保护性地限制喷油器工作，这时重新启动车辆，喷油器暂时会再次工作。也就是说当我们遇到不喷油故障时，一定要注意，是否是软件方面引起的喷油器不工作。否则，可能产生误判。

▶ 5.3　点火线圈驱动形式分类

汽油发动机从发明的那一天起，就需要点火系统来点燃混合气，到现在为止，还是这样工作，但点火系统所提供的点火能量不断增加，点火时刻的精度不断提高。

我进入汽修行业时接触的点火系统是传统式点火系统，那个时候分电器内部的白金触点要每几千千米就需要进行打磨一次，不打磨，发动机工作起来就不稳定。为了解决这个保养周期短的问题，电子点火系统出现了，点火时刻还是由机械控制，点火线圈初级电流的通断改由电子元件控制，利用位置传感器检测活塞位置，再利用功率放大器驱动点火线圈。

当时，主要有两类点火系统：一类是霍耳式传感器，典型应用车型就是桑塔纳轿车；另一类是电磁式点火系统，典型应用是丰田4Y发动机，该发动机广泛应用到多种国产车辆上。

再到20世纪90年代末期，电控燃油喷射发动机出现了，此时有了爆震传感器，由曲轴位置传感器和凸轮轴位置传感器为发动机电脑提供机械位置信号，发动机电脑可以输出精确的点火时刻信号。在发动机运行过程中，爆震传感器参与修正作用，可进一步提高点火时刻的精度。

电子控制系统控制的点火，就有了更多的形式，作为国内维修人员，接触最早的电子系统控制的点火系统，代表车型就是桑塔纳新秀，此车还带有分电器。分电器仅提供位置信号，不再具有点火提前的机械机构，点火提前调节由发动机电脑完成。

随着技术进一步发展，出现的 DIS 点火形式，典型代表车型就是桑塔纳超人，此车点火线圈上有一个功率放大模块，发动机电脑驱动模块，再由模块驱动点火线圈。两个点火线圈分别控制 1 缸、4 缸和 2 缸、3 缸点火。将以上内容整理后，得到思维导图，如图 5–3 所示。

对于点火线圈相关的检测，可以分为点火线圈初级波形检测、次级波形检测、带功率放大器的点火线圈的检测 3 个部分。由于技术的发展，有些车型的点火线圈带有功率放大器，并且与点火线圈集成到一体，这样我们就无法检测点火线圈的初极信号了，遇到此类情况，我们需要检测点火线圈的供电和触发脉冲是否正常。还有些车型取消了单独的高压线，点火线圈与高压线做成一体，这样检测次级波形时，需要用另外一根高压线，将高压信号引出来进行检测。示波器的配件中，有这根专用的高压线，我们可以直接使用。

5.4　点火线圈初级波形分析

点火线圈就是一个脉冲变压器，它将 12V 电压升高到 10000V 左右提供给火花塞，换句话说变压器就是一个换能器，把低压电能换成高压电能。基于这个原理，要想在次级得到足够的点火能量与点火电压，就要在初级输入足够的能量。

点火线圈是一个脉冲变压器，其内部有初级和次级两个点火线圈，在长时间使用后，有可能会出现线圈中漆包线的绝缘层老化击穿现象。如果出现这样的问题，就会造成输入给点火线圈初级的能量无法顺利地转化成次级的高压电能，因为在转化过程中，被线圈内部短路掉了。

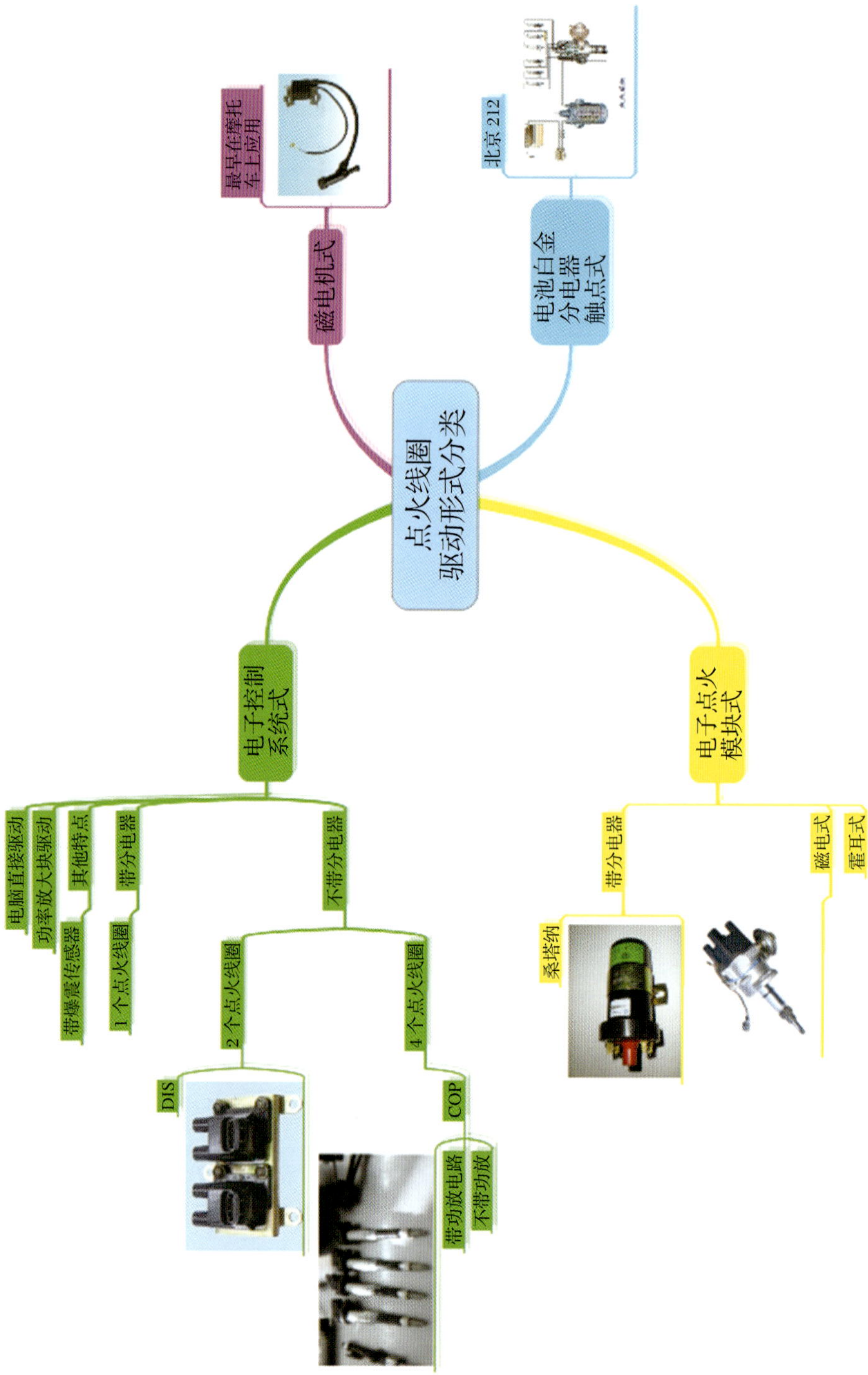
点火线圈
驱动形式分类
磁电机式
最早在摩托
车上应用
电池白金
分电器
触点式
北京 212
电子控制
系统式
电脑直接驱动
功率放大块驱动
其他特点
带爆震传感器
带分电器
1 个点火线圈
不带分电器
2 个点火线圈
DIS
4 个点火线圈
COP
带功放电路
不带功放
电子点火
模块式
带分电器
桑塔纳
磁电式
霍耳式

图 5–3

在实际维修工作中，我们怎样才能发现这样的故障现象呢？还是用以下的案例来讲解。

案例：本田雅阁发动机启动不着车

故障现象：发动机启动不着车。

拔出高压线，拆下火花塞装到高压线上后，启动发动机同时观察高压火，可以从火花塞电极间看到明显的高压火，但发现高压火偏弱，我们怀疑是点火线圈本身故障或是点火线圈的供电有问题。于是用示波器检测点火线圈初级波形，如图 5-4 所示。

从图 5-4 中可以看到什么问题？首先点火线圈的供电正常，在 10V 左右应该可以正常着车。另外点火线圈的闭合角时间足够，按波形估算，应该在 15ms 左右。后面的波形有点窄，可能是因为启动时转速波动较大引起。这说明点火线圈初级控制电路为其提供了足够的输入能量，但有一个问题就是其没有输出高压火的振荡时间段。从波形上看，好像是只能输入能量，没有为火花塞持续提供输出能量，只提供了很短的击穿电压。我们怀疑点火线圈内部存在短路。更换一新点火线圈后，发动机顺利着车，再次检测点火线圈初级波形，如图 5-5 所示。

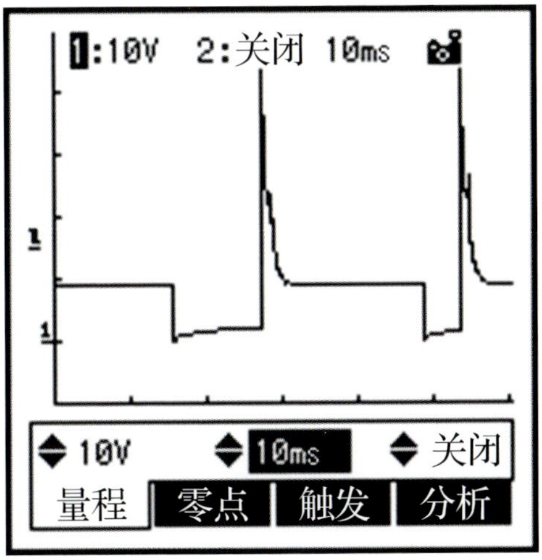

图 5-4

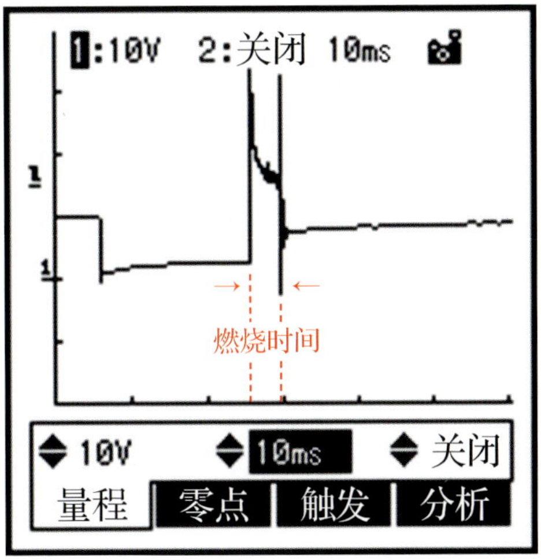

图 5-5

从这个波形上，我们可以看到燃烧线持续较长时间，应该在 4ms 以上，由此推断，输入给点火线圈初级的能量大部分变成了输出的次级点火能量，通过火花塞持续跳火，稳定可靠地点燃了混合气。

总结：该车故障是因为点火线圈内部损坏造成不能着车，但在检查高压火时发现有高压火，但我们仔细观察发现高压火偏弱，利用示波器测量点火线圈初级波形，清晰看到了异常波形，准确发现了故障原因。

本案例中示波器为我们提供了直观的检测结果，可以通过点火初级波形分析，准确判断故障部位，最终高效完成了诊断工作。

▶ 5.5　点火线圈次级波形分析

汽车示波器之所以叫作专用示波器，是因为它为我们提供了专用传感器的检测菜单，在菜单的帮助下，可以轻松测量到各个传感器和执行器的波形，还有另外一个重要的功能就是它可以检测点火次级波形。一般电子维修用的示波器，没有配备汽车点火高压线波形拾取用的感应夹，所以没办法对高压进行分析。

汽车点火次级波形包含了大量的信息，它可以反映出火花塞间隙的大小、点火线圈是否存在漏电甚至混合气稀浓，以及高压线是否断路等。分析点火次级波形可以对发动机的燃烧状态做一些评估，是诊断汽车故障的重要检测手段。

我们先认识几个专业名词：

（1）点火电压：也叫击穿电压，它代表击穿火花塞间隙所需要的电压。

（2）燃烧时间：尖峰过后，维持一段放电时间，在时间轴上持续的这段线是高压电将混合气击穿后，点火线圈内部所储存的能量释放，这个释放过程所持续存在的电压叫燃烧电压，所对应的时间轴长度叫燃烧时间，正常情况下为 1.8~2ms。

（3）燃烧电压：在释放高压电能时，点火线圈作为一个电源，所提供的电压，它与火花塞间隙有关系，图 5-6 中横线“c”的高度，就是燃烧电压。

（4）阻尼振荡：点火线圈储存的电能释放末期，能量消耗基本完结，由于分布电容电感的存在，形成的电磁振荡。

点火次级波形如图 5-6 所示，从 a 点开始，电压下降点表示点火线圈控制

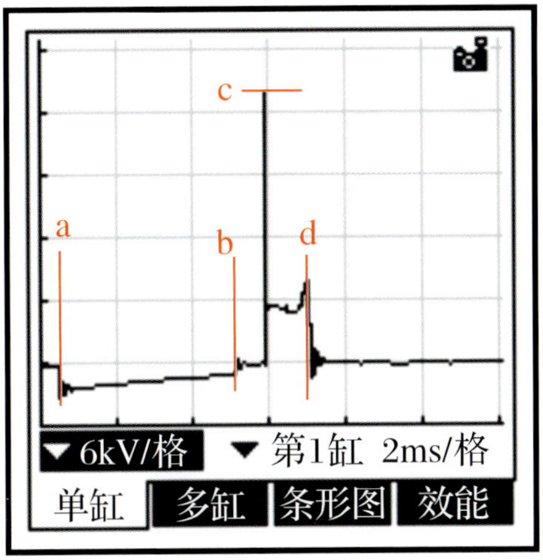

图 5-6

元件导通，直到 b 点为止，电压逐渐上升，b 代表控制单元内部确认电流达到最高，控制电流不再增加，c 点处的尖峰为点火线圈断电瞬间，高压电能击穿混合气所产生的高压，正常时为 8000~10000V，从 c 到 d 为高压电能持续放电时间，也是混合气燃烧持续时间，最后 d 点后的振荡为残余高压电能形成的电磁振荡。

a 点到 b 点之间为点火线圈初级通电时间，此时间一般为 4~10ms，当时间过短时，会引起线圈初级充入的电流无法达到最大值，造成点火能量不足，时间过长会引起点火线圈通电时间长，产生过多的热量，造成点火线圈温度过高而烧坏。如果波形中没有限流阶段的“台阶”波形，意味着控制元件没有限流作用，可能是使用了伪劣配件造成的。

点火电压正常情况下为 8000~10000V，当点火电压过低时，有以下几种可能的原因，如图 5-7 所示。

燃烧时间一般 1.8~2ms，如果燃烧时间过短，意味着混合气过稀或点火线圈所提供的高压电能不足，再或是火花塞间隙过大，提高了燃烧电压，但能持续点火的时间变短，造成点火不稳定。

燃烧电压是高压电能持续泄放时间，正常情况下为 800~1000V。燃烧电压

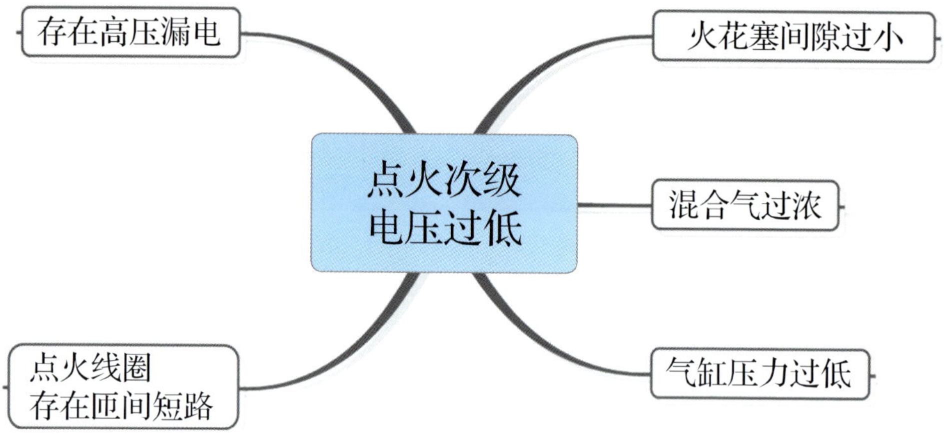

图 5-7

过低可能是混合气过浓或火花塞间隙过小造成的。

电磁振荡一般 3 次振荡为正常，振荡过少，意味着点火线圈所提供的能量不足。

点火线圈次级波形与喷油器波形类似，又有明显区别，就是多了一个燃烧时间和阻尼振荡。这是因为喷油器波形中只有电感释放自感高压的过程，而点火线圈有一个电能释放高压火的过程。

具体的检测方法：

将示波器打开后，按菜单选择次级点火波形，然后连接带感应夹的测试线到高压线上，发动着车后就能看到点火次级电压波形。

注意事项：我们通过次级波形，可以分析发动机火花塞间隙，分析点火线圈驱动方面的故障，还可以判断出燃烧质量的好坏。不同的示波器，检测点火次级波形的方法也有所区别。比如，福禄克 98 汽车示波器，采用两种次级波形拾取探头，一种是电感型探头，另一种是电容型探头。电感型探头在使用时要注意，确保探头的夹子夹到位，才能保证拾取到的信号强度。我们的 MT3500 型示波器只有电容型探头，电容型探头在使用时要注意：

（1）保持探头夹子与高压线紧密接触，并且探头与高压线处于垂直状态。

（2）把探头与导线尽量远离其他缸的高压线，因为电容型探头靠的是拾取器夹子的金属平面与高压线之间的电容来拾取信号，如果靠其他导线太近，则会感应到其他缸的点火波形，使测量产生误差。

MT3500 型示波器不仅仅提供了次级波形检测功能，还提供了另外评估点火性能的方法：效能图和条形图（图 5–8），可以更加方便地检测次级点火波形。

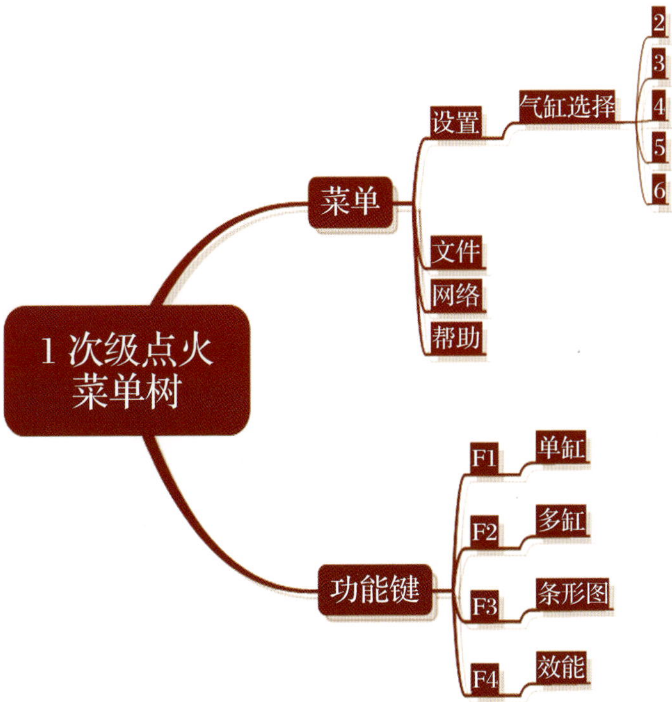

图 5–8

6 示波器检测电子控制单元案例

▶6.1 控制单元内部工作原理

所有的发动机电脑都属于工业单片机，单片机内 CPU 正常工作的 3 个要素：电源、晶振和复位。这 3 个基本要素正常的情况下，发动机电脑的“心跳”就建立了，还需要有大脑，即让发动机电脑工作起来的软件，有软件就要有存放软件的地方，即程序存储器。

还需要有五官，各个传感器就相当于人的感官，有了感觉器官，这些感觉器官收集到的信息通过神经（电路）传递给大脑，即 ECU，进行计算。这些信息进入大脑后，先经过输入电路处理，变成数字信号，数字信号是 CPU 可以读懂的信息，综合多个传感器的信息后，大脑做出运算，将运算结果变成输出信号。

输出信号通过输出端口送出电脑，传递给执行器，比如喷油器、汽油泵以及点火线圈等。有了这些执行器，整个系统就构成了。有了五官还需要有手和脚，即控制单元的执行器，来执行命令，这样才能形成一个完整的控制系统。

发动机电脑还分为输入电路和输出电路两部分，以及数据存储器和程序存储器。另外，还需要通信电路，以方便出现故障时，用解码器进行检测。

图 6–1 是发动机电脑内部工作原理框图。示波器原本就是检测电子电路的专用设备，汽车上的电子元件有些是在电子控制单元以外的，比如各种传感器。控制单元内部是由以上单元电路组成的。如果你有了示波器，也可以对其内部进行简单的维修。示波器在这方面是比万用表更有优势的。但一般情况下，遇到的问题大多是输出功率元件损坏。比如，某缸不喷油、不点火等。曾有一段时间，在

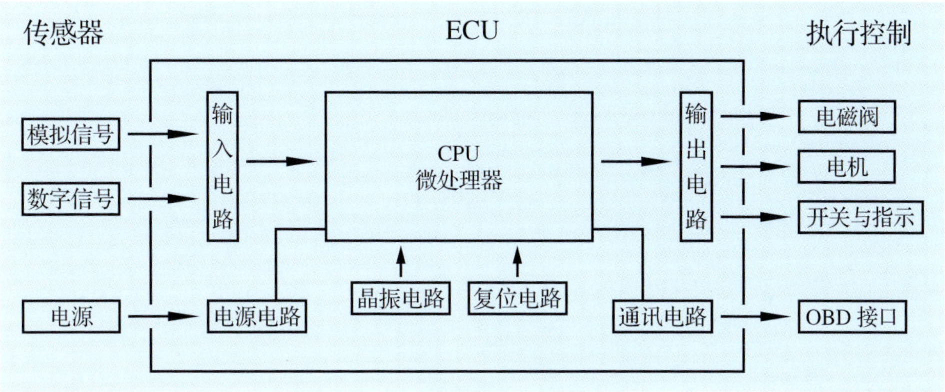

图 6-1

国内兴起了一波针对汽车电脑的维修热潮，随着技术的发展，控制单元的价格不断下降，这就造成了一些控制单元维修起来因为费工费时，人们不再维修，而改用更换新控制单元了。所以关于控制单元的维修，我们建议大家掌握简单维修即可，一般修理厂不必花费太多的人力物力去追求这方面的能力。从技术层面来讲，了解控制单元内部工作原理，有助于提高我们的诊断能力，所以如果你掌握了控制单元内部工作原理，甚至有了维修控制单元的能力，分析起来故障就会从内到外，比一般只懂外部原理的维修人员，多一项技能，可以更好地为客户服务。

在本章中的案例，为大家提供了对控制单元本身的诊断与维修要点，每一个案例都有典型性和代表性，肯定能为你在维修电子控制单元方面有所帮助。

▶ 6.2　电子控制单元的检测要点

电子控制单元其内部一般比较复杂，在设计上它损坏的概率也非常低，一般有一个粗略的数字，它损坏的可能性为 1/1000。当然我们也没有统计过这个数字，只是告诉大家，它不容易损坏，并且在实际工作中，要想判断是不是它损坏了，需要比较高的检测条件，才能确定其是否损坏。一般最常用的还是排除法和替换法，先排除外围故障，再就是换一个新的试一下，这个说起来简单，但真做起来就复杂了。

我们在检测与控制单元有关故障，先从诊断开始，有以下几个要点需要注意：

（1）要先确认是控制单元损坏，才能拆开进行维修，否则尽量把怀疑点设在外围元件上先排除，外围元件都确认无误，并且供电正常，系统仍旧工作异常的情况下，才能怀疑是控制单元损坏。

（2）要确保检测时不能对控制单元造成二次损坏。

采用排除法判断控制单元是否损坏，要做很多检测工作才能完成，但有时还有一些小窍门可以让我们快速判断控制单元损坏了。

方法 1：可以闻一下电脑，是否有电路板烧焦的味道，如果有，我们可以确认是它损坏了。

方法 2：个别烧损严重的电脑，在外壳没有打开的情况下，晃动电脑甚至可以听到内部有小碎屑来回动作的声音，基本上也可以确认是电脑损坏了。

方法 3：某些车型的电脑有通病，比如克鲁兹的发动机电脑在发动机室蓄电池旁边，实践经验表明此车在洗车时较易进水，即使没有直接用水冲洗发动机，当洗车时，可能会有潮气进入电脑，在洗车时突然冷却，造成潮气冷凝成水，进而引起电路板上的元件损坏。

当我们确认电脑内部损坏后，需要对其维修时，还有以下几个注意事项：

（1）常见的规律是功率元件比较容易损坏，在诊断故障时需要重点检查功率元件。

（2）大多数汽车电脑损坏都是人为因素引起，比如电脑进水、线路短路、充电电压过高以及不合理改装等，甚至碰撞造成机械损伤等。所以，有时需要的不仅仅是把损坏的电脑修好，还需要把造成电脑损坏的原因排除。否则电脑会再次损坏。

▶ 6.3　大众速腾发动机不着车

车型：配置 1.6L 发动机、手动变速器。

故障现象：该车在其他修理厂维修，故障现象是发动机缺缸抖动，该修理厂怀疑是发动机电脑损坏，车主拿来发动机电脑让我们检测，是不是有缺缸故障。我们将发动机电脑装到试验台上经过试验，发现发动机电脑的输出信号确实有问题，1 缸、4 缸信号比 2 缸、3 缸信号电压低。车主将电脑拿回到原来的修理厂后，说发动机又出现发动不着的故障，将车拖到我们修理厂来维修。

用解码器检测，有故障码曲轴位置传感器故障，用万用表检测曲轴位置传感器的电阻，正常为 900Ω。再进一步检测曲轴位置传感器与发动机电脑之间的线路，发现曲轴位置传感器插头到发动机电脑之间的线路断路。

沿发动机线束查找，没有发现断路的现象。扩大检测范围，发现此车曾改装成为天然气车辆，在发动机电脑线束插头附近有一个接口，将曲轴位置传感器的信号引入到天然气电脑内部。经过检查，此车在其他修理厂把天然气系统去掉的过程中，把相关于曲轴位置传感器的线路切断了，重新恢复曲轴位置传感器的连接线路后，发动机着车。但新的问题出现了，发动机抖动严重，再进一步检查，发现 1 缸、4 缸无高压火。

从电路结构上看，此车采用的是 DIS 点火系统，1 缸和 4 缸共用一个点火线圈，怀疑 1 缸、4 缸点火线圈有故障，于是更换一新点火线圈总成。发动着车后，发现发动机仍然抖动，仍然是 1 缸、4 缸无高压火。

怀疑点火线圈驱动信号有问题，用示波器观察点火线圈初级驱动信号波形，如图 6-2 所示。

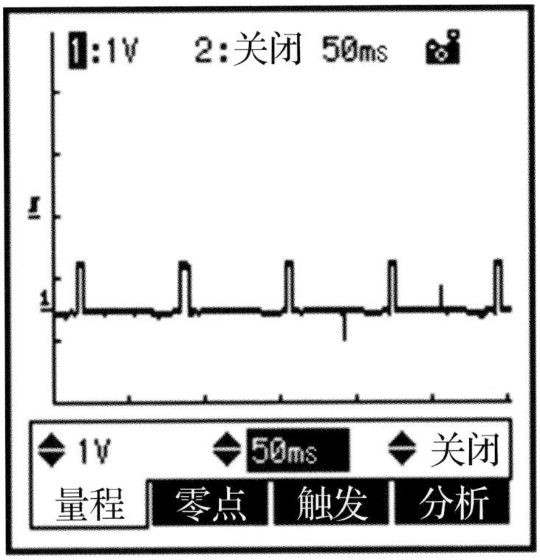

1 缸、4 缸点火线圈驱动

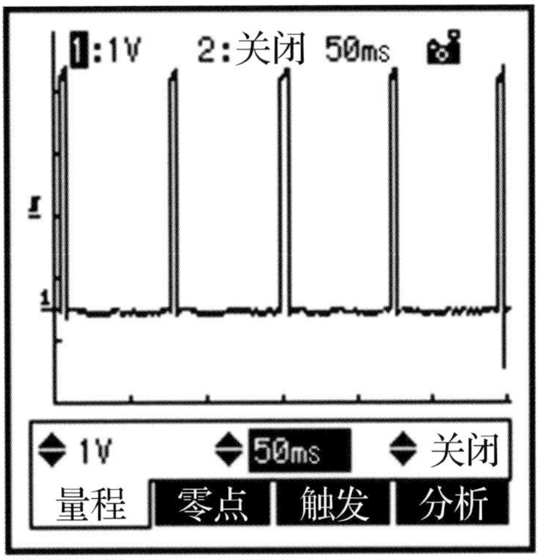

2 缸、3 缸点火线圈驱动

图 6-2

从图 6-2 中可以看到，2 缸、3 缸的信号波形明显比 1 缸、4 缸的波形高出许多，拔下点火线圈插头后，在启动同时检测信号波形一样。1 缸、4 缸的信号波形没有明显变化。再用万用表检测线路，点火线圈到发动机电脑之间线路导通正常，并且没有对正极或负极短路，确认发动机电脑损坏。

此车行驶里程数较多，是下线车，车主不愿再多花钱更换电脑。本着为车主着想、节省费用的原则，决定试着维修此车的发动机电脑。

从前挡风玻璃下面的防火墙后部，找到发动机电脑，从车上拆下。按电路图资料，确认发动机电脑第 57 号脚为 1 缸、4 缸点火线圈驱动信号电压，资料图纸如图 6-3 所示。

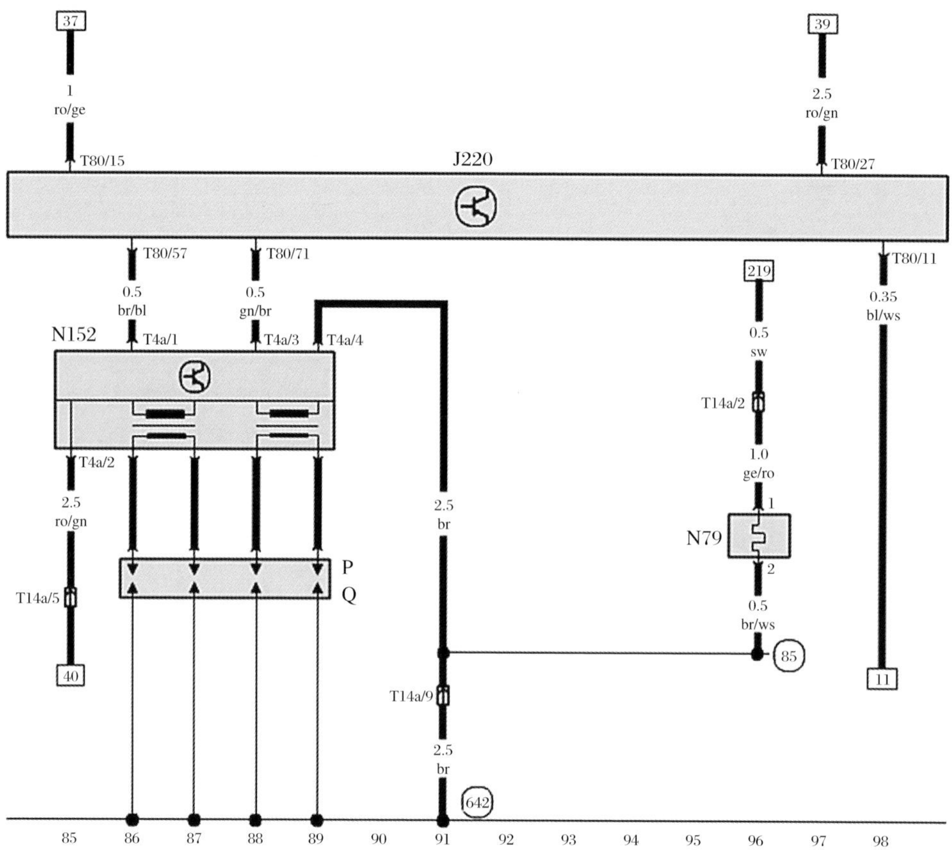

图 6-3

打开电脑盒盖，从 57 号端子，往电路板内部方向测量，沿印刷铜箔万用表测量，与 57 号端子相导通的确是一个 20 脚集成块，该集成块为表面封装，型号为“30637 0804”。该集成块在电路板上的位置如图 6-4 所示。

图 6-4

分析认为，该车点火线圈驱动信号有两个，一个是 1 缸、4 缸点火线圈驱动，另一个是 2 缸、3 缸点火线圈驱动。分析其线路结构是一样的，发动机电脑外部线路故障已经排除，在电脑内部电路板上的结构也是一样的，所以该集成块局部损坏的可能性比较大，可以换一个芯片试一下。

我们手中没有新元件，刚好有一个旧电脑，里面有一个同型号的芯片，用热风枪吹下后，将其更换到该车电脑上。再把发动机电脑装到车上试验，结果发动机顺利着车，且抖动现象消失，经过试车，行车正常，到此故障排除。

总结：此车点火线圈采用的是 DIS 型式，点火线圈内部带功率放大模块，点火线圈的驱动电流由装在线圈内部的模块控制。而该功率模块又受发动机电脑输出的信号控制，发动机电脑输出的信号电压为上拉型信号驱动，高电平有效。该车有两处故障，分别是发动机不着车和着车后缺缸。不着车的故障原因是曲轴位置传感器的信号线断路引起的，缺缸的故障原因是发动机电脑损坏引起的，进行发动机电脑的维修后故障排除。

6.4 捷达发动机电脑维修

发动机电脑型号为 1GD 906 033 SIMES 27.06.03 5WP40073 04。

故障现象：只有 1 缸、4 缸有点火信号，2 缸、3 缸无高压火。经过检查，线路没有故障，点火线圈也是好的。检查发动机电脑时，拆开防雨罩，发现下面的排水孔堵塞，把发动机电脑泡在了水中。再拆开发动机电脑外壳，发现电脑内部进水了。将线路及点火系统的故障都做了排除，可以确诊为发动机电脑因为进水而损坏。接下来就试着对发动机电脑进行维修。

用酒精清理电路板后，再用电吹风烘干，然后装到发动机电脑试验台上试验，发现故障现象没有好转，还是 2 缸、3 缸无点火信号，而 4 个缸的喷油信号正常。查资料得知，发动机电脑的“113”和“112”脚分别是 1 缸、4 缸和 2 缸、3 缸点火信号输出端，用示波器测量“113”脚，也确实没有正常的点火波形输出；而“112”脚有工作正常的 1 缸、4 缸的点火线圈驱动信号波形，如图 6–5 所示。

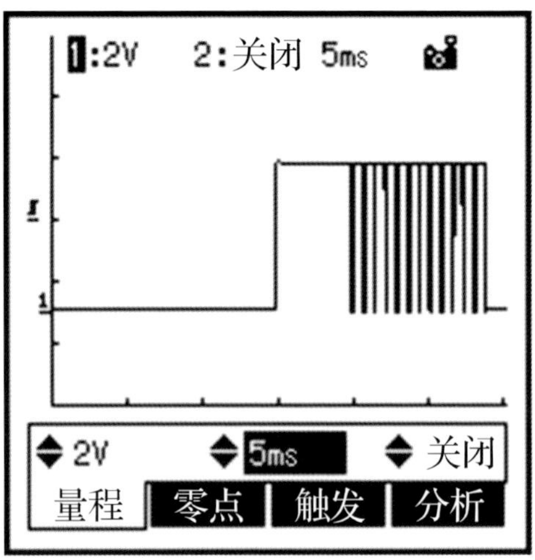

图 6–5

再沿电脑内部的线路板上的印刷铜箔进一步往前查找，发现 1 缸、4 缸和 2 缸、3 缸的点火信号分别来自电路板上的两个三脚电子元件。而这两个三脚电子元件都受控于一个集成块，该三脚电子元件在电路板上的位置如图 6–6 所示。

再检测这两个“三脚电子元件”的输出端信号，确实有一个没有输出，测量两个“三脚电子元件”的输入脚的信号波形，都有正常的波形，其波形

图 6-6

如图 6–7 所示。从输入端信号波形可以判断出，这时两个“三脚电子元件”为场效应管。

将发动机电脑断电后，用万用表的二极管挡测量这两个场效应管，相对于控制极都有 0.7V 左右结电压，但问题是其中的一个场效应管有输入没有输出。所以，还是把这个场效应管拆下来了，准备找一个可以替换的元件。因为此元件为表面封装形式的，所以很难找到型号一样的元件，但手中有控制极性类似的三极管，试着装上后，送电试验。

发现 2 缸、3 缸点火信号和 1 缸、4 缸点火信号都可以正常输出了，用示波器再次测量这个三极管的输入端电压波形，得到如图 6–8 所示的波形，与原来的场效应管的控制波形明显不一样。

分析认为，原车的“三脚电子元件”应该是一个场效应管，换下来的场效应管上标有“J1”的字样，而我换上去的是一个普通的三极管，因为三极管的发射极的“钳位”作用，使波形的幅度下降到了 0.7V 左右，所以会对输入端的波形有一定的影响。在试验台上得出的输出波形没有问题，所以可以装到车上试验一下。

在将发动机电脑装到试验台上的实验中还发现，当发动机转速超过 350r/min

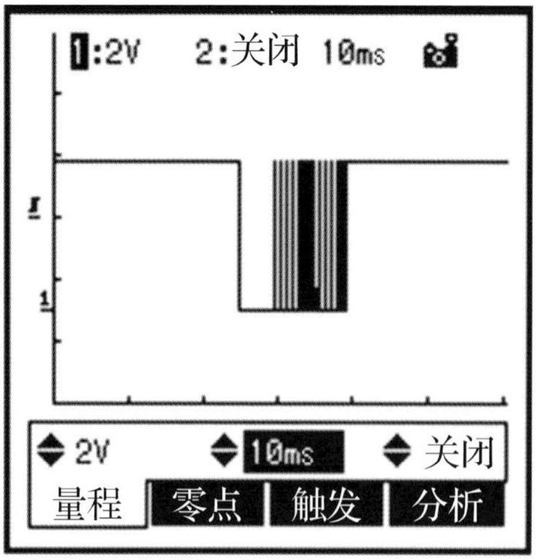

图 6-7

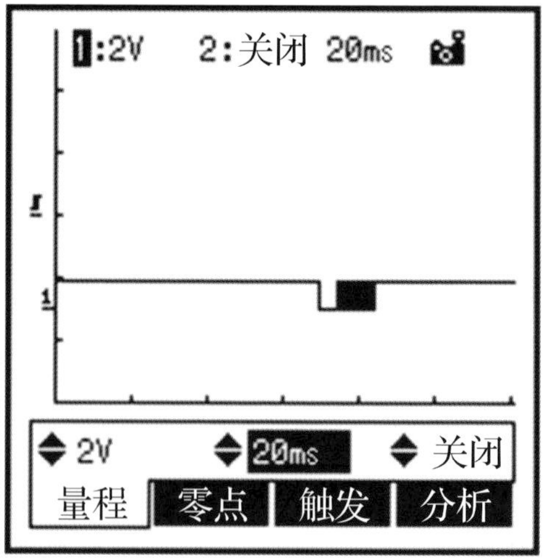

图 6-8

后，会出现发动机电脑既不喷油也不点火的故障现象，分析认为是原车的防盗系统起作用引起的。当断电后，重新送电，然后重新从最低转速起调高发动机转速时，只要不高于 350r/min，发动机电脑就会正常工作。

分析线路板上的元件，经过整理后得到如图 6-9 所示的原理图。

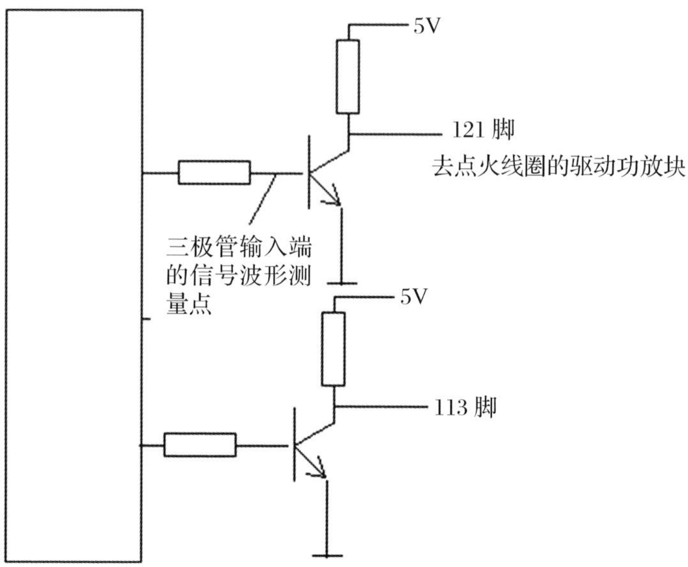

图 6-9

将发动机电脑装到车上试验，发动机顺利着车，并且经过长时间的试车，没有发现异常现象，至此，维修完毕。

6.5 尼桑骐达 ABS 电脑维修

故障现象：ABS 故障灯亮。

用解码器读取故障码，显示为“右后轮电磁阀”。清除故障码后，试车，发现只要一走车，ABS 灯会再次亮起。再读取故障码，还是“右后轮电磁阀”。根据故障现象分析认为可能是右后轮传感器而不是右后轮电磁阀，因为右后轮电磁阀安装在 ABS 电脑内部，一般出现故障的可能性比较小。

将车用举升机支起后，操作解码器进入数据流功能，用手转动右后轮，同时观察右后轮的数据，发现当车速达到 4km/h 左右时，如果车速继续下降，数据流中的数据会从 4km/h 突然降到 0km/h，而其他 3 个车都能精确地显示当前车速，可以从 10km/h、9km/h、8km/h，逐渐降到 1km/h，最后变为 0km/h。检查右后轮，发现右后轮轴承松旷。

怀疑是右后轮轴承松旷引起的 ABS 传感器工作不稳定，所以更换了新的右后轮轴承。但经过试车，发现 ABS 故障灯仍然无法熄灭。

用万用表测量传感器电阻，阻值为无穷大，超过 20kΩ。用示波器观察传感器的输出波形，如图 6-10 所示。

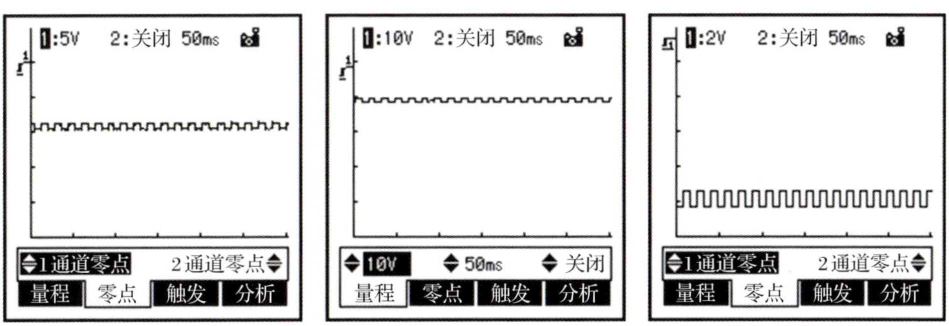

图 6-10

利用示波器观察正常轮上的 ABS 传感器的输出波形，与右后轮传感器波形一致，说明该轮上的 ABS 传感器工作正常。

虽然显示此轮的故障码，但可以从数据流中看到该轮的车速显示正常。难道是我们分析有误，就是 ABS 电脑内部有故障？维修 ABS 电脑不是一件容易的事，但可以先想办法确认是不是右后轮 ABS 传感器确实有故障。为了准确确定故障，打算对调一下两后轮的 ABS 传感器。经过试验，发现其插头不一样，于是，将右后轮与左后轮两传感器的信号通过外接导线，对调后接到对方的插头上，试车，用解码器再次读取故障码，依然显示为右后轮输入电磁阀，看来问题没有在右后轮 ABS 传感器上，极有可能在 ABS 电脑内部。

难道真的是 ABS 电脑内部的电磁阀出现故障了？因为电脑出现故障的概率比较低，是不是还是右后轮有问题，于是把左后与右后轮的轴承互换后进行试车，发现故障码还是“右后轮输入电磁阀”，看来问题真的是在 ABS 电脑内部了。

将 ABS 电脑拆下来后，锯开外壳，电路板的大概外形如图 6-11 所示。在 ABS 外壳上各电磁阀上标有各个车轮的缩写 RR（右后轮）、RL（后左轮）、FR（右前轮）、FL（左前轮），其中 RR 对应就是右后轮的电磁阀，有两个电磁阀，测量其电阻，相对比较右后轮与其他几个轮的电磁阀的电阻，发现确实有一个电磁阀的电阻小于正常的线圈电阻。

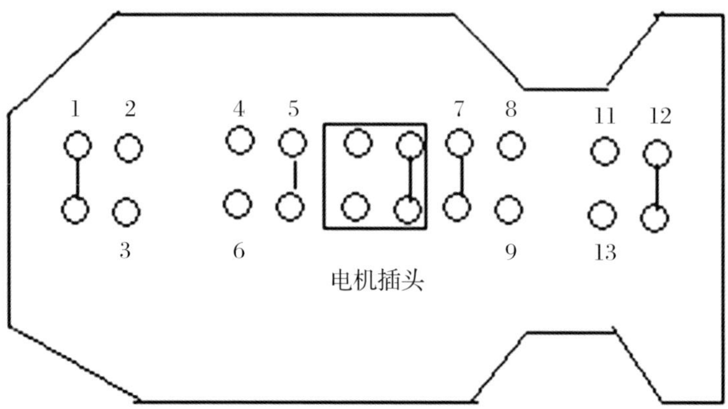

图 6-11

8 个电磁阀在电路板上有 8 对相应的引脚，各脚之间电阻如表 6–1 所示。

表 6–1

引脚	阻值	引脚	阻值
1~2	6.6Ω	7~8	6.6Ω
1~3	3.7Ω	9~10	3.7Ω
4~5	0.2Ω	11~12	6.6Ω
5~6	3.8Ω	12~13	3.8Ω

从表中可以明显看到，4~5 脚之间电阻明显偏小，此脚正好对应的是右轮传感器的输入阀。并且按电阻变化规律可以得出，该车的电磁阀分为两种“3.7Ω”和“6.6Ω”。

将电路板与电磁阀拆开后发现了问题，原来有一个 8 脚集成块烧坏。外观有一焦糊痕迹。故障原因可能是因为该集成块烧坏后，使电磁阀长期通电，最后将该电磁阀也烧坏。

从阻值看有两种类型的电磁阀，一个是 6.6Ω 左右的，一个是 3.7Ω 左右的。

经过计算，该电磁阀线圈共有 500 匝，找来相同直径的漆包线，动手重新绕制了一个线圈，同时定购了一个新的 8 脚集成块。等集成块到货后，重新组装好线路板，将 ABS 电脑装车试验，清除故障码后，显示“系统正常”。此时仪表上的 ABS 故障灯熄灭。试车，ABS 动作正常，到此，故障彻底排除。

▶6.6　尼桑 350Z 不着车

车型：尼桑 350Z，装备 3.5L 发动机、手动变速器，点火系统为 COP 系统。

故障现象：发动机不着车。

该车为二手车，据车主介绍，刚买来时，发动机缺缸，只有 4 个缸在工作，后来维修了一下排气管，在一次高转速轰油门后，发动机不着车。

经过初步检测，发现无高压火。此车为 COP 点火系统，每缸 1 个点火线圈，每个点火线圈上有 3 根线。用万用表和试灯检测，发现在启动时和点火开关打开状态下，有 12V 实电，并且 6 个点火线圈都不跳火。点火线圈损坏的可能性比较小，很有可能是控制系统出现故障，没有给点火线圈送来驱动信号。

接上解码器，读取故障码，显示只有 1 个故障码，炭罐电磁阀线路故障，没有其他的故障码。车身系统和防盗系统也都正常。

根据以往的经验，判断此车的正时出现问题。此车的正时机构为链条式的，拆开发动机前正时罩（拆下油底壳后，有两条向上拧的螺丝固定着前正时罩），核对正时记号，发现确实是正时链条出现错齿。我们用示波器录下波形，如图 6-12 所示。

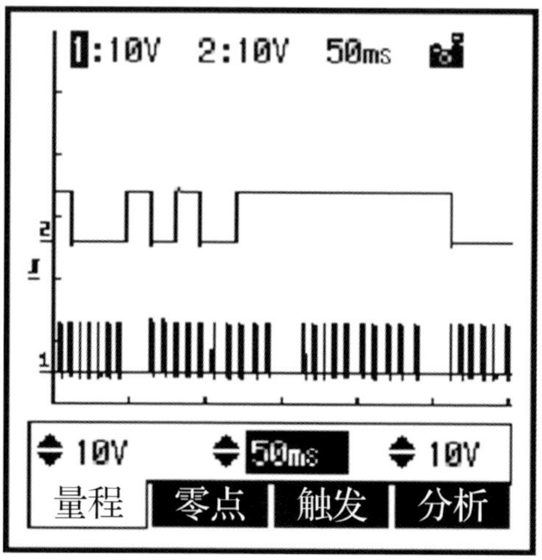

图 6-12

从波形上看，曲轴位置传感器和凸轮位置传感器输出的信号波形都是数字式的波形，所以这两个传感器应该都是霍耳式的。

因为确认了正时已经错位，为了提前判断是否有气门被顶坏，测量了气缸压力，只有一个气缸压力较小为 800kPa，其他各缸均为 1000kPa 以上，估计气门顶坏的可能性不大。用示波器录下来的波形也只是暂时作为原始信息保存下来，没有做过多的分析。

定购了一套新的正时链条。正时链条到货后，开始组装。组装完毕后，再启动试验，结果，发动机仍旧没有高压火。再次检查核实，发现正时链条工作正常，没有错齿。说明此车故障不仅是链条错位引起的，而且还有其他故障。

再次用示波器录下传感器波形进行分析，如图 6–13 所示。

看到图 6–13 的波形，总感觉到有些异常，到底是哪里异常呢？对照原车资料上的波形，发现了问题。凸轮位置传感器的信号波形为高电平有效的信号，其信号宽度应该与曲轴信号最小脉冲宽度有一定的比例，如图 6–14 所示。

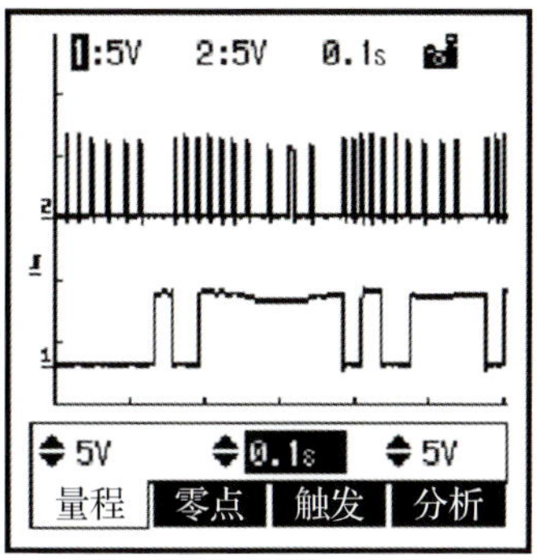

通道 1 为曲轴位置传感器
通道 2 为右侧凸轮轴位置传感器

图 6–13

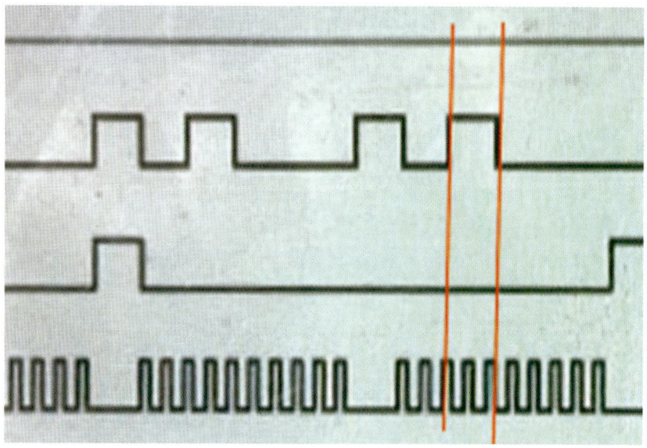

图 6–14

每个凸轮轴的正脉冲宽度对应的应该是 3 个曲轴正脉冲的宽度，我们实测的波形中，右侧凸轮轴的脉冲宽度，有个别符合这个特点，还有两个明显异常的波形，其宽度远远超过了 3 个曲轴脉冲的宽度。由此断定，右侧凸轮轴位置传感器损坏。为了一次性把货定全，同时检测了左侧凸轮轴位置传感器相对曲轴位置传感器的波形，如图 6–15 所示。

从信号波形上看，左侧凸轮位置传感器也损坏了，车主为了省钱，定购了两个旧的凸轮轴位置传感器。到货后，装到车上进行试验，结果仍旧没有高压火，再次用示波器测量波形，如图 6–16 所示。

我们看到了另外一种奇怪的波形，左侧凸轮轴位置传感器输出的信号波形是负极性的，而右侧凸轮轴位置传感器的波形是正极性的，核对零件号，发现零件号不对。

由于配件难找，我们试着把左侧凸轮轴位置传感器的信号进行反相，自制了一块电路板，如图 6–17 所示。

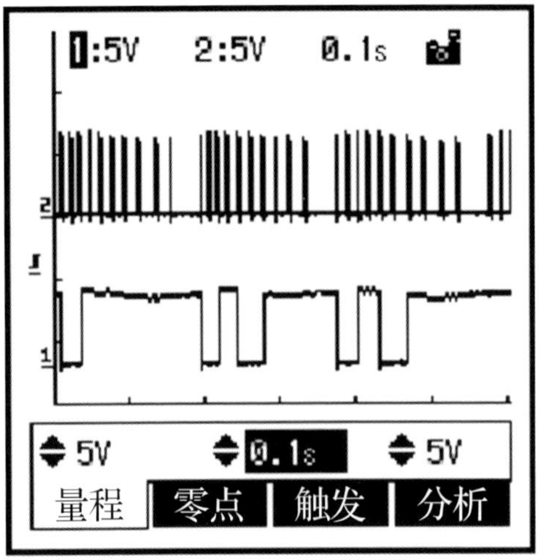

左侧凸轮轴位置传感器（通道 1）
与曲轴位置传感器（通道 2）

图 6-15

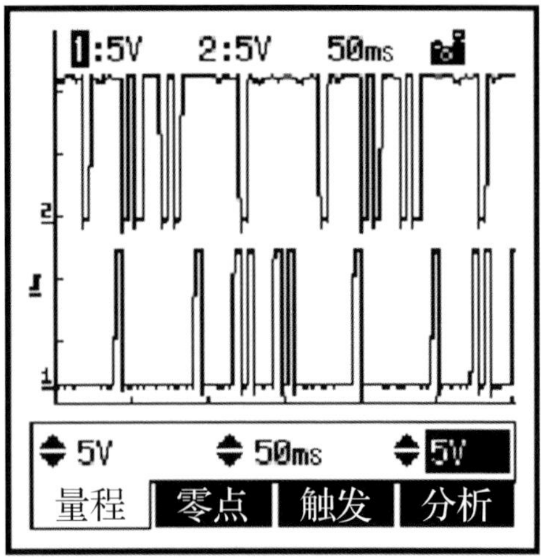

左侧凸轮轴位置传感器（通道 2）
右侧凸轮轴位置传感器（通道 1）

图 6-16

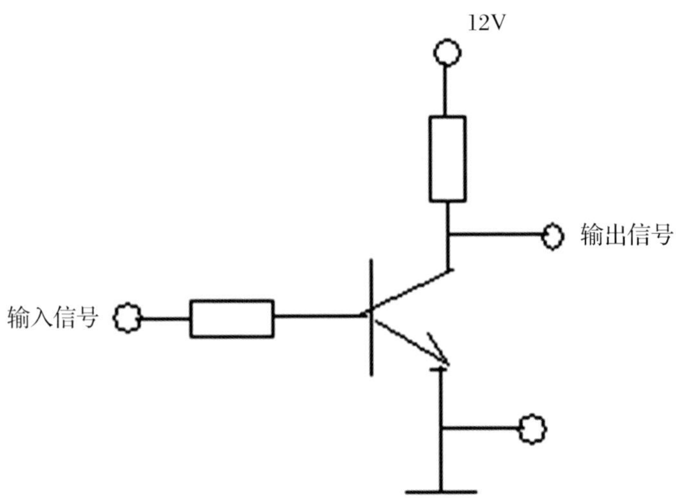

图 6-17

按上述设计的线路图进行元件组装，完毕后，接到车上进行试验，得到波形，如图 6-18 所示。

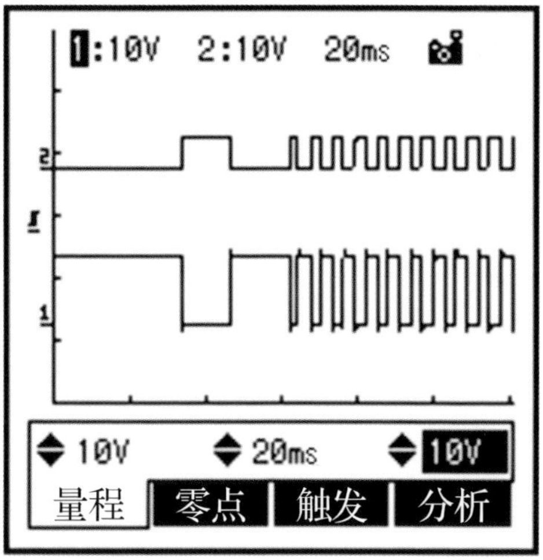

自制电路板，通道 1 为输出波形，通道 2 为传感器给电路板的波形

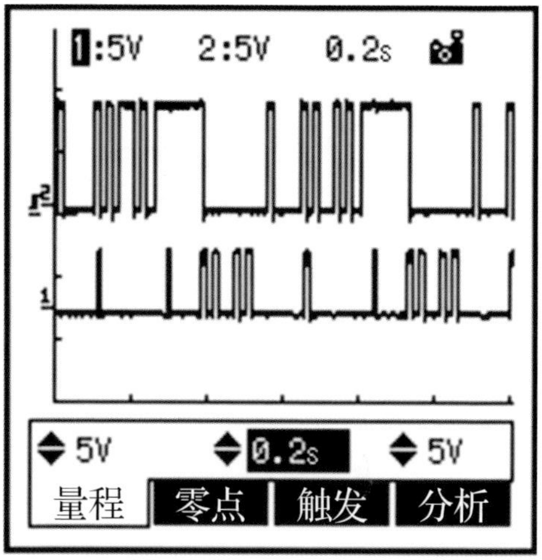

改装电路板后，再次测量左右凸轮轴位置传感器的波形，通道 1 为电路板输出波形，通道 2 为右侧凸轮轴波形

图 6-18

从上述波形上看，通道 1 为左侧的凸轮位置传感器的波形，可以看到，它的极性已经变成了正极性信号，但右侧凸轮轴位置传感器的信号仍然存在较宽的超过 3 个曲轴信号宽度的波形出现，说明右侧凸轮位置传感器还有问题。

我们还发现，从天籁车上采集的波形，其左侧凸轮轴和右侧凸轮轴的信号极性是反相的，这可能是与车型相关。

也就是说，此车的波形，到底是正极性的还是负极性的。我们推断，根据最早测量到的波形，应该是正极性的。

霍耳式传感器的损坏的判定：

新的传感器到货后，我们进行检测，发现传感器信号输出与是否靠近铁磁物质没有对应关系。有时传感器没有靠近铁磁，输出的信号电压为高电压，有时为低电压，新传感器是坏的吗？又觉得不可能。后来，反复试验，发现了一点规律，虽然传感器远离铁磁物质时其输出的信号电压不确定，但其靠近铁磁物质时，一定为低电平，并且只要靠近一次，它的信号电平的翻转性是正常的。后来再进一步分析，认为传感器内部是有集成电路的，它对霍耳元件输出的信号进行放大。当铁磁物质靠近后，霍耳元件输出的信号电压变化，集成电路跟着进行输出；铁磁物质远离后，传感器内部的铁芯有剩磁，依然会使霍耳元件有信号输出。但如果装到位置后，磁场相对有了变化，可能信号极性的翻转就恢复正常了，所以并不影响使用，新传感器没有损坏。

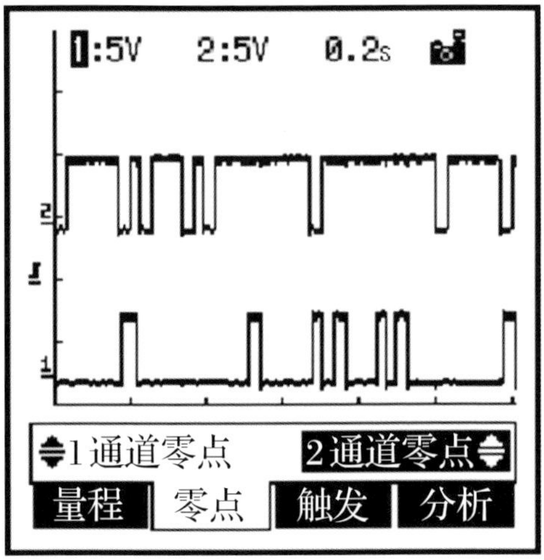

左侧凸轮轴通道 1，右侧凸轮轴通道 2（左侧为新传感器）

图 6–19

图 6–19 中左侧为新凸轮轴位置传感器波形，右侧为旧传感器波形。从图 6–20 看，正时对正关系正常。

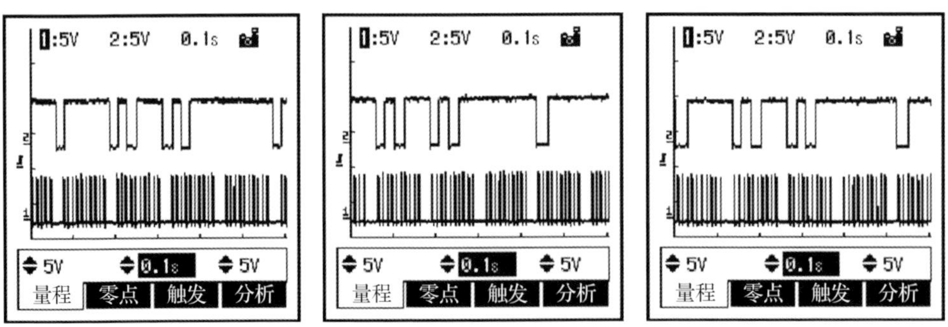

左侧凸轮轴（新）与曲轴位置传感器　　右侧凸轮轴（原车）与曲轴位置传感器　　右侧凸轮轴（原车）与曲轴位置传感器

图 6–20

后来车主找来了一辆同款天籁轿车，我们经过对调点火线圈，发现故障车上有两点火线圈是损坏的，不能跳出高压火。

经过试验，发现这辆可以正常启动的车，当拔下一个凸轮轴位置传感器时，可以勉强着车，但启动时间较长，并且加不上油门。

这辆正常的车上的波形如图 6–21 所示。

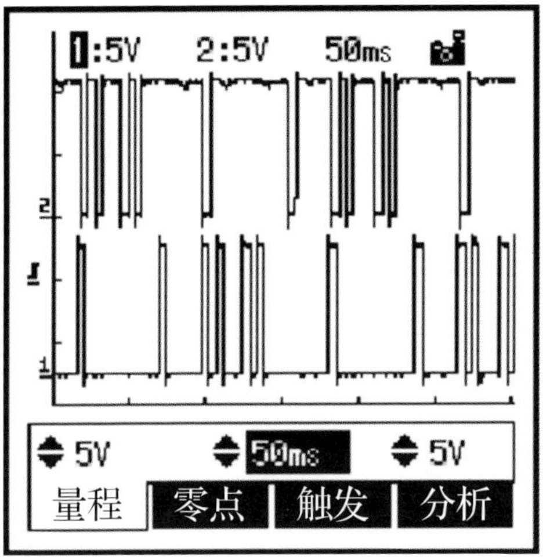

1 通道右侧凸轮轴信号是正极性信号

图 6–21

从波形上再次寻找规律，发现是这样的对正关系：右侧凸轮轴信号为正极性信号，左侧凸轮轴信号为负极性信号，两个凸轮轴的输出信号都是 1、1、2、2 的顺序进行输出，它们之间从时间上是错开的，左侧的第一个 1 出现时对正右侧的第一个 2；右侧的第一个 1 出现时，对正的是左侧的第一个 2。

我们又利用这辆能够发动着车的信号，将其直接牵了 3 个信号线（左、右凸轮轴和曲轴信号）以及信号线的负极，送给故障车上，同时拔下故障车上的 3 个传感器。打开点火开关状态下，启动正常车，因为送来了正常的曲轴与凸轮正时信号，故障车的发动机电脑应该能够驱动点火线圈正常跳火。但实际情况是，插上点火线圈后，点火线圈冒烟了。我们插上的是 4 缸点火线圈插头。经过测量，发现此缸点火线圈插头上的信号有 2.6V 的电压，而其他点火线圈的信号线上，在不启动车辆时，电压为 0。

说明 4 缸点火线圈有错误的驱动信号送来。再进一步到发动机电脑插头处找到 4 缸点火线圈信号线，然后切断此信号线。再用万用表测量，发现来自发动机电脑的一侧仍旧有 2.6V 的电压，则线束方向电压为 0V。由此说明，此车的发动机电脑 4 缸点火线圈的驱动信号线相关的电路损坏。

再试着插上 1 缸点火线圈，启动正常车，仍旧是没有高压火出现，说明发动机电脑确实损坏。

又经过几天的维修，我们拆开发动机电脑更换了该车的控制点火的两个芯片，L9302–AD 992W8 VH 99 610 MYS。

焊上新的芯片后，装车试验，发动机各缸都有高压火，启动顺利着车。但还存在启动时间过长的问题。再进一步检查，确认左侧凸轮轴位置传感器有故障。再次更换一个新的凸轮轴位置传感器后，发动机可以顺利启动着车。

发动机着车后，还有缺缸现象，用解码器读取故障码，显示为 1 缸缺火。进一步检查，确认是发动机电脑内部故障，接着沿电脑插针位置往电脑内部检查，确认我们焊接的芯片，有一个引脚没有焊好，刚好就是这个 1 缸点火线圈的信号线，重新补焊后装车试验，发动机缺缸故障解决。

经过试车，加速性能良好。回厂后再次检测，无故障码，系统正常。到此，此车故障终于彻底排除。

总结：该车故障是因为轰油门时正时链条过松而跳齿，引起发动机无法着车。发动机电脑损坏是因为 3 缸点火线圈损坏，造成电脑内部集成电路损坏，进而引起发动机电脑无高压火。

通过维修此车，确认当 3 个正时传感器中有 1 个凸轮轴位置传感器损坏后，发动机可以着车，但启动时间比较长。

在维修此车的过程中还发现，如果把 2 缸、4 缸的点火线圈插头插反后，会引起发动机控制单元报凸轮轴位置传感器的故障码。而实际上把插头对调正确后，凸轮轴位置传感器的故障码会自动消失。后来在维修天籁时还发现，3

缸点火线圈的信号线断路，引起发动机缺缸，同时也报出凸轮轴位置传感器的故障码。

▶6.7 帕萨特 B5 发动机电脑损坏

车型：2013 年帕萨特 B5，装配 2.0L 发动机。

故障现象：发动机缺缸。据车主讲，该车 3 缸喷油器一直喷油，怀疑是发动机电脑损坏。

该车从其他修理厂转来我厂维修，是将 3 缸和 4 缸的喷油器插头被拔下后“带病”开到我厂进行维修。根据车主反映说，在其他修理厂检查确认 3 缸喷油器一直喷油，怀疑是发动机电脑损坏。

经过我们检测证明确实是 3 缸喷油器负极对地短路，一直处于喷油状态，喷油器无法关断。再进一步检查，发现线路正常，确认是发动机电脑损坏。

从发动机室左后侧的防水盒内找到发动机电脑，将发动机电脑拆下，此发动机电脑型号：06B 906 032（博世号 0261 207 970）。拆开电脑后，沿着第 3 缸喷油器所连接的插脚，在电路板上进行测量，顺藤摸瓜找到控制喷油器的集成块的型号为 30344，这是一块带散热片的多脚集成块。通过万用表进一步确认，3 缸喷油器与该集成块的 1、2、3 脚导通，将这 3 个引脚与电路板挑开后，再装到车上进行试验，发现 3 缸喷油器对地短路现象消失，因为此集成块还负责其他 3 个缸的喷油器控制。而其他 3 个缸的喷油器控制正常，所以不必考虑该集成块的供电情况。由此确认此集成块损坏，该集成块在电脑板的位置如图 6–22 所示。

更换一新的集成块后，再装车试验，发现 3 缸一直喷油的故障现象消失。但以装复发动机电脑启动瞬间，发现 3 缸高压线漏电，并且高压火是因为高压线漏电击到 3 缸喷油器负极线上引起的。在更换一套高压线后，再次发动着车，进行试验，发现发动机依然存在缺缸故障。难道是刚才高压漏电，再次把电脑击穿了？

为了尽快查明原因，先要搞清楚是哪一个缸不工作，观察此车的结构发

图 6-22

现，此车的排气歧管没有安装隔热罩，刚好可以用红外线测温仪检测每一个缸的排气管的温度，来验证是哪一个缸不工作。因为不管是什么原因引起的缺缸，那它的排气温度一定是低的，因为没有正常燃烧。于是，在着车状态下用红外线测温仪测量发动机各缸排气歧管的温度，发现 3 缸依然是比其他缸低，只有 3 缸为 180℃，其他 3 个缸都是 200℃左右，说明发动机缺缸，并且仍旧是 3 缸不工作。

我们用示波器检测 3 缸的喷油器电压波形，如图 6-23 所示。

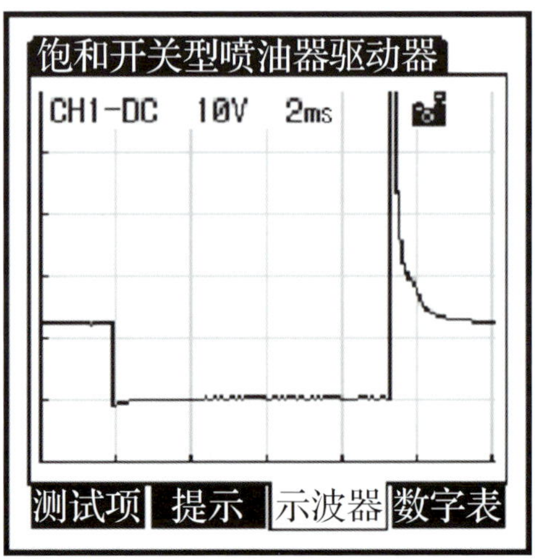

图 6-23

分析喷油器电压波形，认为波形正常，可以认定发动机电脑对于3缸喷油器的控制已经恢复正常，发动机电脑已经修复，现在的3缸不工作可能另有原因。怀疑是不是因为大量汽油进入3缸造成淹缸，拆下火花塞，检测气缸压力正常。再检查火花塞，发现火花塞电极间积炭严重，估计是积炭短路造成火花塞无法跳火而缺缸。更换一新火花塞后，着车试验，发动机工作恢复平稳，故障排除。

经过几天的试用，打电话回访，车主反映说该车工作一直正常，说明此车的故障彻底排除。

总结：该车的故障现象是发动机缺缸，因为发动机电脑损坏，使3缸喷油器负极一直处于低电压，3缸喷油器一直处于打开状态，因为混合气过浓而不工作。

造成发动机电脑损坏的原因是3缸、4缸的高压线漏电，近10000V点火高压正好击到喷油器的负极线上，驱动喷油器的集成块是无法承受如此高的电压冲击而损坏，造成3缸喷油器负极对地短路，一直导通，从而形成上述故障现象。

发动机电脑维修完毕后，发动机仍旧缺缸，并且仍旧是3缸不工作，我们利用结果分析法——用红外线测温仪锁定为3缸不工作，并进一步用示波器检测到正常的喷油器驱动波形，确认发动机电脑修复。最后找到故障原因——火花塞积炭，使点火线圈送来的高压电无法在火花塞电极间形成高压火，3缸因为不点火而不工作，最终更换火花塞排除了故障。

在维修工作中遇到高压漏电是非常危险的故障，因为点火系统的高压对于发动机电控系统来讲，非常容易造成发动机电脑的损坏，而此次维修非常幸运，没有造成太大的损失。但同时给我们提醒了，对于高压线漏电故障一定要重视，以防止故障扩大。并且这次维修也很巧，在安装的过程中，看到了高压线漏电及进行了漏电故障的排除，否则不去处理，直接交车很有可能造成发动机电脑的再次损坏。

▶6.8 桑塔纳新秀发动机电脑屡次损坏

车型：桑塔纳新秀，配置联合电子 M1.5.4 系统。

故障现象：发动机不着车。

经过检查，无高压火。再进一步测量，发现分电器处没有 5V 电压，并且检查线路，没有发现问题。怀疑为发动机电脑损坏。拆下发动机电脑来到试验台上试验，确认为发动机电脑损坏。无高压火输出，但喷油正常。拆开电脑发现里面的集成块（CPU 和点火块）严重烧坏。

经过询问上一次维修的修理工，说是给分电器送 12V 电压引起的，用万用表检查车上的线路，没有其他故障，该电脑的损坏原因是人为损坏。

当新电脑到货后，不敢贸然装车，先在发动机电脑试验台上试验，发动机电脑可以输出正常的喷油及点火信号，证明现在的发动机电脑工作正常。是不是发动机线束有问题，检查发动机线束。经过测量，确认线路不存在短路后，再把发动机电脑装到车上，然后用故障解码器读取故障码，显示“系统正常”；读取数据流，各项数据正常，怀疑发动机电脑是因为发电机的输出电压过高而损坏。为了防止发电机输出电压过高损坏发动机电脑，将发电机的输出火线拆下，然后发动着车。发动机工作正常，用示波器看发电机输出电压波形，结果正常，还是不放心，怀疑是不是有时发电机会偶尔输出过高的电压，造成发动机电脑损坏，所以干脆把发电机调节器换成新的了。

经过几天的使用，该车再次被拖回修理厂来，经过检查，发动机电脑再次损坏，拆开电脑盒盖后发现是点火线圈驱动集成块烧坏，喷油系统工作正常。经过询问车主，反映损坏过程是正常停车后，启动着车，着了约 1min 后，就灭车了，之后再也打不着了。

测量启动时的线路压降，也没有问题，是不是点火线圈上还并联有其他负载，引起损坏。因为此车是改了天然气的，是不是线路存在故障，因为点火线圈驱动块的负载过重而烧坏。经过测量，也没有发现问题。为了放心，直接接上一根临时线，给点火线圈负极到电脑之间，经过几天的试用，发动机电脑再次损坏。

经过上述的检查，发现此车的外围线路都没有问题，难道是配件质量有问题，此时想起正常的点火系统应该有限流控制，是不是因为发动机电脑内部缺少这一功能，而因为电流过大损坏点火集成块？带着这一疑问，用示波器测量了初级点火波形，发现确实有问题，从波形上看，发现该电脑确实没有限流控制功能，点火线圈初级电压波形如图 6–24 所示。

为了确认故障，又找一正常的车来试验，波形如图 6–25 所示，在闭合段中间有一台阶（红色圆圈内的部分），正是限流控制功能形成的波形。

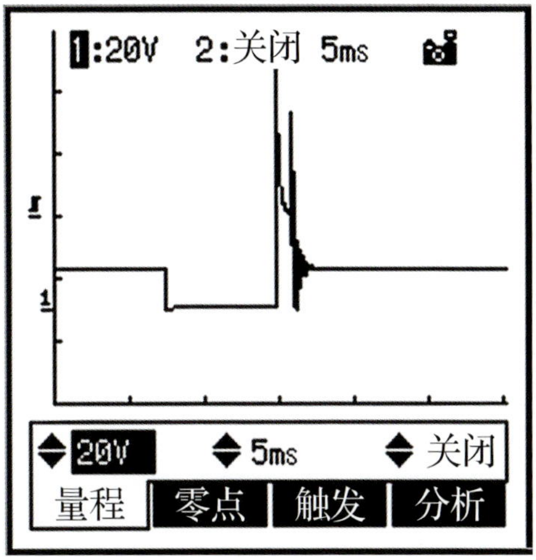

图 6–24

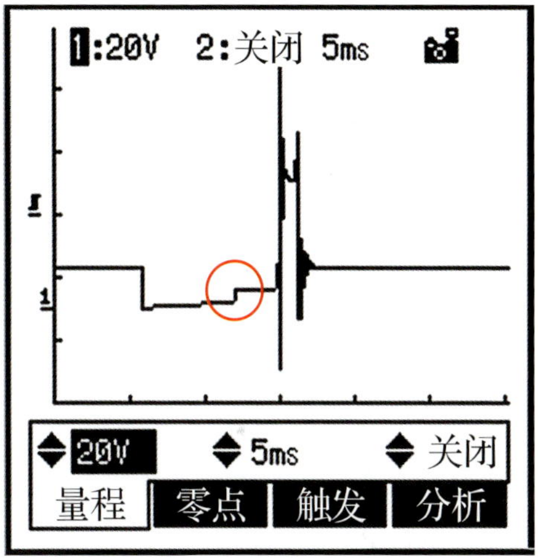

图 6–25

故障的原因找到了，办法也就出来了，既然是因为电流过大引起的，那么更换正厂的发动机电脑自然可以解决问题，或是换用一个老式的带限流电阻的点火线圈，也能解决问题，采用后一种办法，则可以节省费用。于是，将原车的点火线圈换成老式的带限流电阻的点火线圈后，发动机的运行状态也没有明显的问题，经过一个多月的试验，确实是不再损坏发动机电脑了。

通过维修此车，总结出以下几点关于发动机电脑损坏的原因：

（1）人为损坏，维修人员检测方法不得当。

（2）电源电压过高，又可分为发电机调节器损坏，或是电源系统的线路在着车状态下突然断开。

（3）线路外部短路，造成发动机电脑损坏。

（4）电脑内部存在质量缺陷，造成损坏。

根据上述原因，可以找出相应的更换发动机电脑的注意事项：

（1）确认蓄电池正负极连接正确，确认蓄电池线连接可靠才能。

（2）要排除线路故障，确认各种执行器不存在短路，5V 线不存在短路。

（3）为了防止发电机输出电压过高，可以把发电机输出火线从发电机上拆下来。

（4）先测量数据流，确认正常后再进一步发动着车。目的是确认着车前发动机电脑工作正常，防止电脑在启动瞬间损坏，而造成误判。

着车后如果系统正常，再逐步恢复线路，建议最后是把发电机调节器换掉，防止间歇性充电电压过高引起电脑再次损坏。

▶ 6.9 长安悦翔 V7 发动机缺缸且冒蓝烟

车型：2015 年长安悦翔 V7，已经行驶 44000km，发动机排量 1.6L，发动机功率 82kW，电控系统为博世系统。

故障现象：该车涉水后仪表上亮起多个故障灯，将驾驶室内地板毡垫揭开晾干后，发动着车，只剩下发动机故障灯点亮。将车发动着后发动机抖动明显，用手摸排气管排出气流，有节奏吹手，确认发动机出现缺缸故障，并且排气管冒蓝烟。

用解码器检测，读取故障码，显示为“2 缸喷油器对地短路”。

将喷油器插头拔下，测量喷油器插头为 12.5Ω，其他各缸喷油器电阻也是 12.5Ω。用万用表测量 2 缸喷油器插头负极对地电阻为 41Ω 左右，其他缸喷油器负极对地电阻为几千欧。将发动机电脑插头拔下后，再次测量 2 缸喷油器负极对地电阻，变成无穷大。分析以上测量结果，我们怀疑发动机电脑内部故障。

我们再用万用表检测 2 缸喷油器负极与发动机电脑插头之间的连接关系，发现 2 缸喷油器负极与发动机电脑小插头的第 67 号端子导通。将发动机电脑拔下后，再用万用表测量其 67 号端子对外壳之间的电阻为 40Ω，其他各缸喷油器负极对地电阻均为几兆欧，由此判断发动机电脑内部出现故障。

我们将发动机电脑外壳拆开，从 67 号端子沿印刷铜箔走向进行检测，发现其进入电脑后，连接到了一个集成块 20 号脚上。此集成块型号为 0D068，为表面封装并且带散热片，共有 36 个引脚。从外形分析，估计为喷油器控制芯片。再次确认，此集成块的 20 号脚对电脑外壳之间电阻为 41.5Ω。观察此集成块，外观有轻微生锈痕迹，可能是发动机电脑涉水后，外部脏水进入电脑内，形成短路后造成集成块损坏。

实际情况如图 6-26 所示。

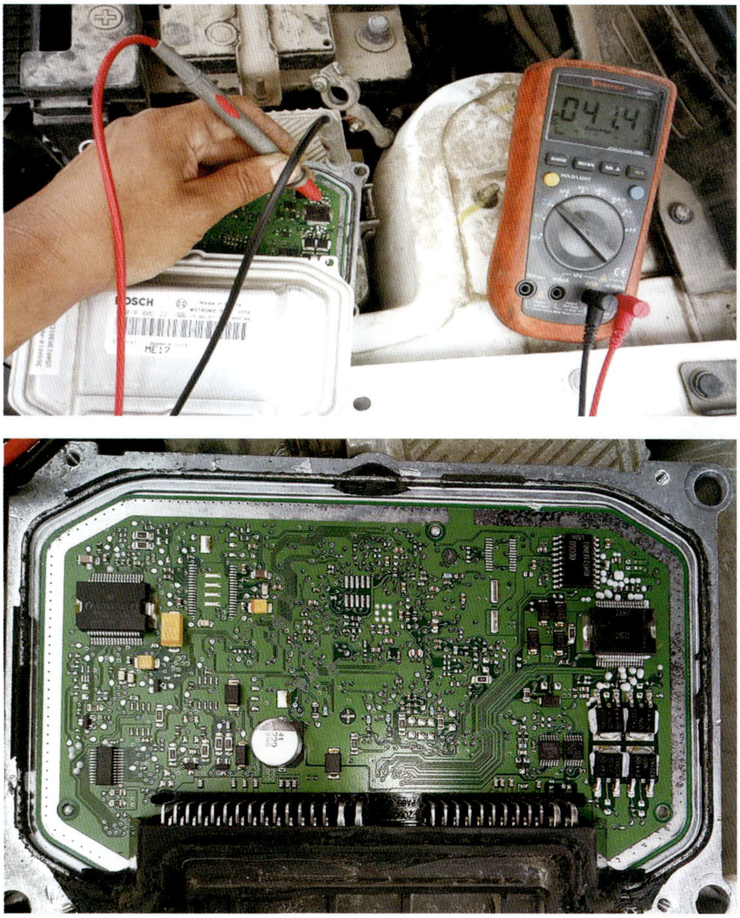

图 6-26

定购新元件，到货后更换此集成块，再将电脑外壳重新密封后，装车试验，发动机工作稳定，但仍然冒蓝烟。检查机油油位，发现机油液面明显高于最高限值，抽出一小部分机油放到一次性纸杯中观察，有明显汽油味。分析认为，此故障是这样形成的：因为喷油器无法关闭，过多的汽油喷入气缸内部，造成混合气过浓而出现无法燃烧。引起缺缸同时，汽油沿活塞环间隙流进机油中，造成机油中混合有过多汽油，而汽油稀释的机油变稀，沿活塞环和气门油封间隙进入发动机燃烧室参与燃烧，形成蓝烟后排出。

跟车主沟通后，更换新机油，重新发动着车，冒蓝烟故障逐渐消失，到此故障彻底排除。

总结：此车故障是因为涉水引起，发动机电脑内部因涉水损坏，造成2缸喷油器负极对地短路，形成2缸常喷油，最终形成缺缸和混合气过浓故障。因为过多的汽油进入发动机机油内，稀释了机油，造成机油通过活塞环进入燃烧室，机油燃烧后变成蓝烟排出，形成上述故障现象。将发动机电脑维修好后，再更换掉机油，重新发动着车，冒蓝烟故障消失，故障彻底排除。在诊断过程中，我们根据故障码的提示，沿2缸喷油器负极控制线路进行检测，排除线路故障后，将故障范围缩小到电脑内部。再通过拆开电脑外壳后，继续检测电脑内部连接关系，最终锁定为集成电路“0D068”损坏，更换集成块后，故障排除。

6.10 别克君越前氧传感器加热电路故障

车型：别克君越，该车已经行驶150000km。

故障现象：发动机故障灯亮，用解码器读取故障码，显示为第一列前氧传感器加热电路故障。清除故障码后，发动机着车一段时间后发动机故障灯会再次点亮，并且上述故障码会重新出现。

用万用表检测氧传感器加热电阻为10Ω左右，在正常范围内，再检测氧传感器加热线上的电压均为12V，没有正常情况下的负极控制脉冲出现。再检测氧传感器加热线与发动机电脑之间的导线，电阻为0Ω，并且发动机电脑插头各个端子正常，没有接触不良的问题存在。由以上检测确认，该车故障是因为发动机电脑内部关于氧传感器加热控制的电路损坏引起。

我们沿氧传感器加热的电脑端子进行测量，找到其内部是一个功率场效应管直接控制加热电阻，试着更换一新的场效应管后，装车试验，发现故障现象仍旧存在。将发动机电脑拆下后，再进一步测量，对照第二列前氧传感器的加热控制场效应管进行检测，发现第一列前氧加热驱动场效应管的控制极电阻变值，正常的加热电阻为 1kΩ 左右，而损坏的加热电阻为 200kΩ。更换一个新的电阻后，故障排除。

故障虽然排除了，但在维修过程中有以下问题值得思考：

为什么要对氧传感器进行加热？氧传感器是发动机电控系统中一个重要的反馈传感器，也正因为有了它，发动机对混合气的控制才实现了精确的动态控制，氧传感器反馈控制是发动机电控技术上的一个重大进步。但是，氧传感器在工作时需要一个外部条件，就是需要在 300℃以上才能正常工作。早期的氧传感器是没有加热器的，它利用排气的温度来工作，那个年代的氧传感器只有 1 根导线。后来随着技术的不断完善，为了让氧传感器尽快工作起来输出信号，就有了氧传感器加热器，这样一般情况下，有加热电阻的氧传感器可以在发动机着车 1min 后达到 300℃，实现混合气的闭环调节。

氧传感器可以看作是一个氧敏传感器，排气中有过多氧气时，它会输出 0.1V 左右的信号电压，当排气中没有氧气时，会输出 0.9V 左右的电压。

没有氧气意味着混合气偏浓，有过多氧气意味着混合气偏稀，发动机电脑利用此信号进行混合气的闭环调节。

氧传感器加热器是一个 PTC 型的热敏电阻，它随着温度的上升，阻值会增加，一般情况下其阻值在 4~40Ω 之间。

7　示波器应用实战 19 例

案例 1：奔驰 GL450 大灯近光不能正常点亮

车型：2008 年奔驰 GL450，164 底盘，发动机型号 273。

VIN：4JGBF71E77AXXXXXX。

故障现象：在不着车状态下，打开大灯后，大灯近光（氙气灯）正常点亮；发动着车几秒后，开大灯近光，近光灯出现快速闪烁，时间稍长，就会熄灭。

用奔驰专用检测仪进入系统进行检测，有近光灯线路故障的故障码。根据故障码分析，可能是线路故障，打开专用资料 WIS，调出相关电路图，电路图显示该车近光灯受前 SAM 控制。再根据资料显示，该车的前 SAM 装在副驾驶座下面。拆下右前座椅，再拆下空调风道管后，找出前 SAM。根据电路图指导，检测相关线路，从 SAM 到大灯之间的线路导通正常。

此时，根据以往的经验，我们怀疑是氙气灯镇流器或是氙气灯泡损坏，订购配件后更换试验，结果故障现象仍旧存在。

为了隔离故障，我们直接把大灯拆下后，用外接蓄电池供电，发现近光氙气灯工作稳定。将大灯装到车上，试验，故障重新出现。当故障出现时，我们用示波器观察近光灯供电的电压波形，如图 7–1 所示。

从电压波形上看，SAM 提供的供电异常，并且我们还发现，刚开始发动着车时，发电机输出电压低时，波形正常；电压接近 13V 时，开始出现杂波。是不是氙气灯内部出现故障，当电压升高后，就不能正常工作呢？找来普通的氙气灯镇流器，上面写有“输入电压 9~16V”的字样，也就是说，普通氙气灯镇

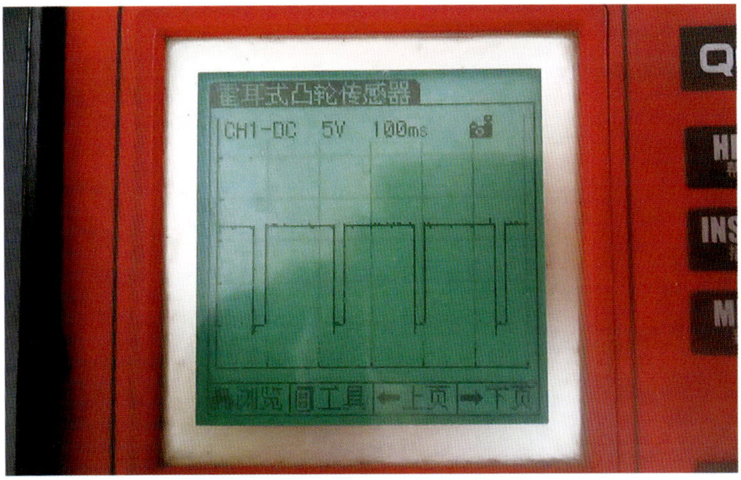

图 7-1

流器可以在 9~16V 的基础上正常输出氙气灯泡所需要的高压。

事情真的是这样吗？如果我们脱离原车再做一个试验是否能验证这个想法呢？

我们用智能充电机，给车上蓄电池充电，充电状态下打开大灯开关，当电压超过 13V 时，打开近光灯，近光灯出现同样的故障现象，开始快速闪烁。这说明该故障与电压过高有直接关系，但到此还不能分离开故障，到底是 SAM 的问题，还是氙气灯镇流器的问题。

我们试着找来几个大功率电阻，串联进氙气灯的电源正极上，着车后试验，发现当随着串联进入的电阻增加时，氙气灯所消耗的电流开始增加，造成电阻过热。再试着改用二极管降压，结果仍旧出现氙气灯不能正常启动的问题。看来我们的思路有问题，目前还是需要找到隔离故障点的方法。

于是，我们想了另外一个方法，把原车大灯拆下，换用一个 20W 试灯进行试验，发现打开大灯近光时，试灯可以正常点亮。根据这一现象，我们想利用原车的近光挡控制电源，用它来控制一个继电器，然后再用继电器触点控制氙气灯。根据这个想法，改好线路后，接通试验，结果当发动着车后，发现继电器线圈开始出现快速吸合断开，氙气灯仍旧不能正常工作。

试着给继电器线圈两端并联一个试灯，结果线圈不再跳动，这时用示波器观察线圈上的电压波形，发现虽然有脉冲波形，但脉冲波形已经变小了，更多的是直流成分。所以继电器线圈不再跳动，触点可以稳定吸合，这时氙气灯也可以正常点亮了。到此，我们确认 SAM 内部故障造成此车的故障现象。

与车主沟通后，车主同意改线后，我们对原车线路进行改动，经过几天试用，该车工作稳定，故障现象排除。

总结：此车故障现象是因为前 SAM 引起，它内部出现故障，当其输入电压超 13V 就会输出不正常的脉冲供电，造成氙气灯镇流器无法正常工作。

通过此次维修，我们对氙气灯也有新的认识，它是一个恒功率的元件，当电压低时，电流增加；当电压高时，电流减小。这个过程是自动控制的，并且此车的氙气灯镇流器可以耐受 13~14V 的输入电压。

案例 2：沃尔沃 S80 后门电动玻璃不工作

车型：沃尔沃 S80，已经行驶 150000km。

故障现象：按下驾驶员侧电动玻璃开关处的儿童锁按钮后，仪表显示“儿童锁故障，请维修”，同时左右两后门电动玻璃均不工作。与车主沟通得知，该车之前发生过蓄电池亏电故障，后来出现右后门电动玻璃及中控门锁不工作故障。

经过检查有如下故障码：

PDM：B1A9887，解释为 LIN 总线电路 1 总线信号 / 信息故障，信息缺失。

DDM：B118E00，解释是左前车窗一般故障信息，无子类型信息。

DDM：B1A9887，解释为 LIN 总线电路 1 总线信号 / 信息故障，信息缺失。

查阅该车维修手册，显示涉及车门的通信网络拓扑图，如图 7–2 所示。

有 6 个模块，如表 7–1 所示。

其中，驾驶员侧车门模块和乘客侧车门模块分别组成两个 LIN 控制网。其中，以左侧 LIN 主控模块，左后车门模块和左侧摄像机模块为子模块组成一个 LIN 网；以乘客侧车门模块为主控模块，右后车门模块和右侧摄像机模块为子模

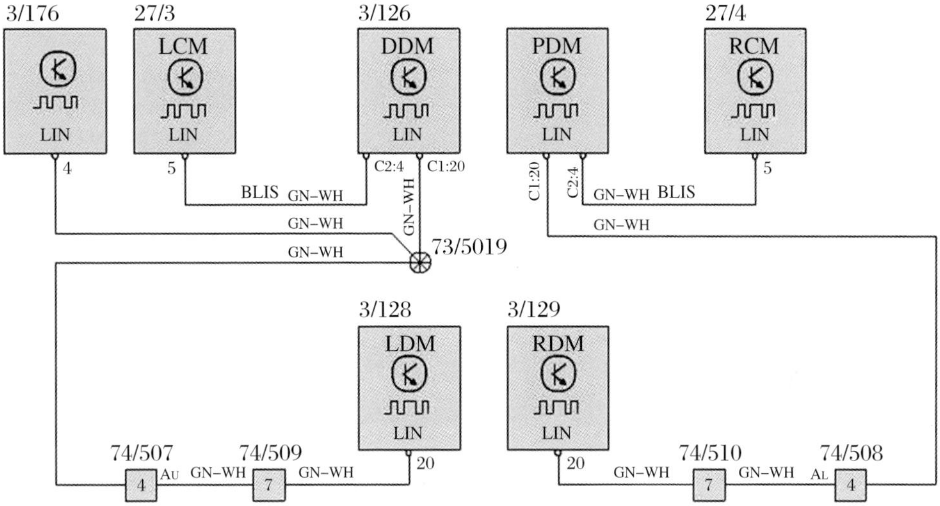

图 7-2

表 7-1

缩写	中文名称	缩写	中文名称
DDM	驾驶员侧车门模块	LCM	左侧摄像机模块
PDM	乘客侧车门模块	RCM	右侧摄像机模块
LDM	左后车门模块	RDM	右后车门模块

块组成一个 LIN 网。驾驶员侧车门模块与乘客侧车门模块采用 CAN 方式通信，当在驾驶员侧车门的电动玻璃开关操作左后门玻璃升降时，是通过驾驶员侧车门模块发出信号，经过它本身为主的 LIN 通信线传递给左后车门模块，完成控制。当从驾驶员车窗开关控制右后门电动车窗时，是由右前驾驶员侧车门模块产生 CAN 信号，通过 CAN 通信线送给乘客侧车门模块，再由乘客侧车门模块产生 LIN 信号，送给右后车门模块，由右后车门模块输出电动玻璃电机驱动信号，完成命令执行。门锁电机的信号传递流程与上述路径一样。此车两个后门电动玻璃和电动门锁均不工作，要涉及的就是以上的几个相关模块。我们分析可能是通信线路出现故障，并且左前门铰链是重点怀疑对像，理由是此处的弯折次数最多，产生断路的可能性比较大。但经过检查，没有发现有断线，于是

分别拆下左后和右后车门内衬，进行检查。

用万用表检测从左前到左后门的 LIN 线，导通正常，再用示波器检测，发现在左后门线束插头背面可以测量到 LIN 波形，实际情况如图 7-3 所示。

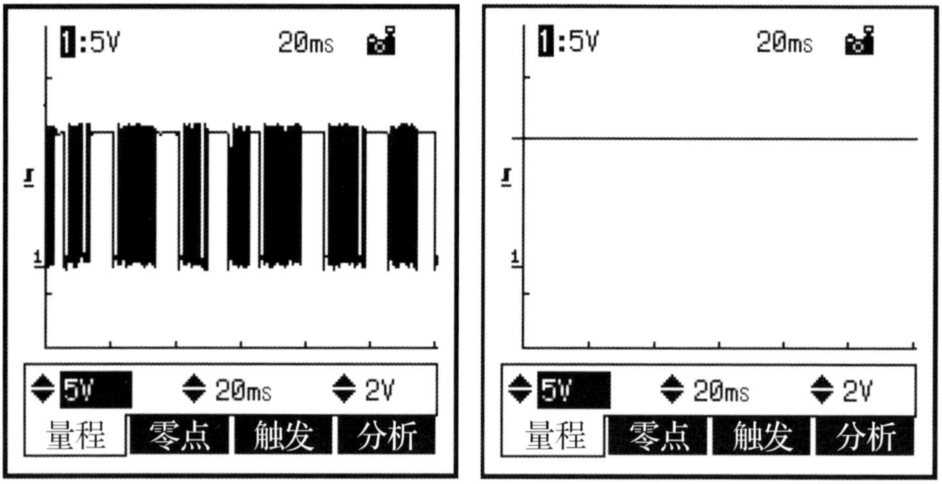

从线束插头测到波形　　从电路板背面测到波形

图 7-3

拔下左后车门模块插头，将其外壳拆开（模块的外壳用铆钉铆接在车门上，但塑料外壳可以拆开），取出电路板，在电路板背面插针处测量，却测量不到波形。由此确认，线束插头与模块插针之间存在接触不良，无法有效传递 LIN 信号。

将线束侧插头处理后，再装复模块，发现电路板上也可以测量到正常的 LIN 波形了。用解码器清除故障码，系统恢复正常。

操作左前门开关，左后门电动玻璃恢复正常。按上述方法用示波器检测右后车门模块，故障表现一样，也做同样处理后，右后车门电动玻璃也恢复正常，这时再打开左前门电动玻璃开关上的儿童锁开关时，仪表显示儿童锁打开，同时两后门的电动门锁下落上锁。这时只能从外门把手打开车门，内扣手不起作用，关闭儿童锁开关时，则仪表显示儿童锁关闭，同时门锁按钮弹起，内外门把手恢复正常，儿童锁功能恢复正常。到此，故障排除。

总结：此车故障是由于左后和右后车门模块插头接触不良引起的，致使 LIN 信号不能有效传递，出现左后和右后车门电动玻璃及中控门锁不能工作的故障现象。

示波器可以显示通信线上的电压波形，可以让我们清晰看到电压的轨迹，此车故障原因是 LIN 信号只差最后一步，没有走进电路板内部，没有传递 LIN 信息，形成上述网络故障。拆开电路板进行测量，是验证信号走完最后一步的好方法。没有经验完不成以上检测，没有示波器也不能明确故障，只靠猜想，对故障的理解往往会有局限性。

案例 3：保时捷卡宴散热风扇转动异常

车型：2009 年保时捷卡宴，已经行驶 170000km。

故障现象：打开点火开关后，散热风扇继续转动几分钟。正常情况下没有这种现象。

用解码器检测，发动机系统内存有 1 个故障码，散热风扇 2 驱动控制器故障。

打开发动机盖，检查发现此车共有两个散热风扇，左侧风扇直径较小，关点火开关后，此风扇会继续转动几分钟，而当时发动机温度并不高。右侧风扇直径较大，关点火开关后，此风扇不转动。为了确认是风扇 1，还是风扇 2，我们把两个风扇插头同时拔下，再用解码器检测，发现多了一个散热风扇 1 的故障码（图 7–4），我们确认左侧为风扇 1，右侧为风扇 2。

从外观上看，两个风扇都有一个 4 线插头，通过 4 线插头后，再通过一个控制模块，由模块驱动风扇工作。用示波器检测风扇插头上的 4 根导线，两粗线应该为电源线正负极，两细线应该是控制信号线。将发动机着车后，用示波器检测 4 根导线上的电压及波形，红色粗线为 12V 电源，棕色粗线为负极，说明供电正常；细红线为信号，此线上有脉冲方波。细棕线为信号负极，实测量结果电压为 0V。

根据以上检测结果判断，风扇控制器损坏。与车主沟通后，定购新风扇（风扇与模块为一体化结构）。

新风扇到货后，装车试验，打开空调时，右侧风扇转动正常。用解码器清除

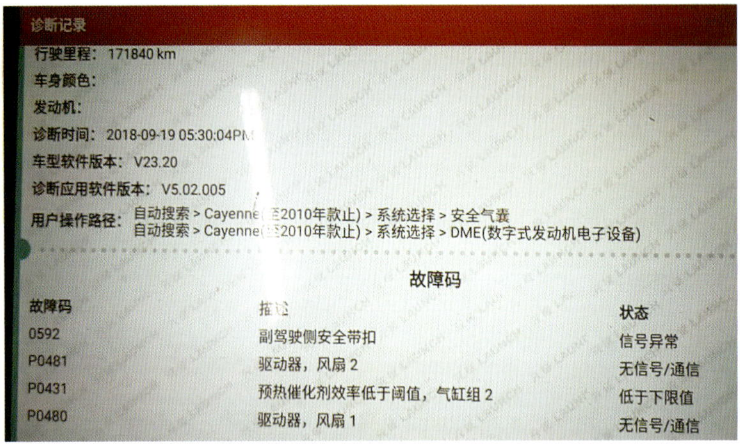

图 7-4

故障码后，试车，回厂后再次读取发动机系统故障码，显示系统正常，故障排除。

总结：此车故障是因为散热风扇损坏引起，更换散热风扇后，故障排除。在诊断过程中，我们利用解码器读取故障码，缩小故障范围，再利用制造故障码的方法，确认两个风扇哪个是 1，哪个是 2，然后利用示波器检测电源及控制信号线，判断确认为散热风扇损坏。

案例 4：捷达发动机怠速时轻微抖动

故障现象：捷达发动机（2 阀）怠速时轻微抖动，可以从排气管中感觉到不均匀排气，热车后基本正常。

用解码器检测，无故障码。此车的故障现象在排气管处用手感觉非常明显，因为没有故障码，所以维修起来不知道怎样下手。根据以往的经验，先是按照平时的维修经验，清洗节气门，并且用内窥镜检查了气门积炭，发现有轻微积炭，于是，跟车主沟通进行免拆的积炭清洗，但清洗完毕后，发动机的工作状态没有改变，仍旧存在上述故障现象。

接着，将喷油器拆下，用超声波清洗后，装复，着车试验，故障现象仍旧没有改变。实在没有其他方法的情况下，决定还是对燃烧室积炭进行清洗。这次是将缸盖拆下来，分解后进行彻底清洗。清洗完毕后，装复试验，结果故障现象仍没有改变。

看来问题有点复杂，到底是什么原因造成的故障呢？

我们用示波器观察各缸的点火次级波形，如图 7-5~ 图 7-8 所示，发现 1 缸

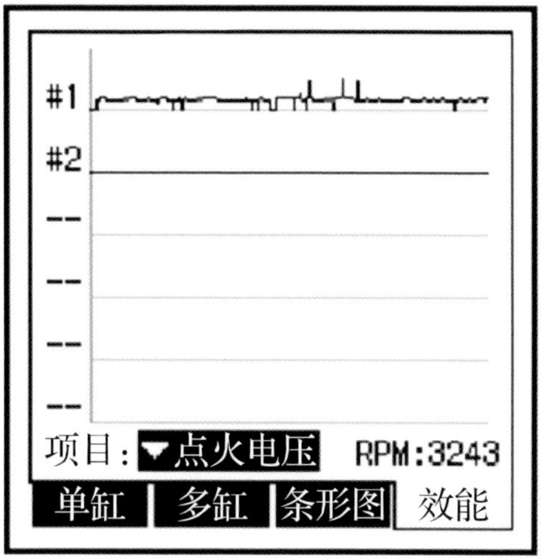

1 缸

图 7-5

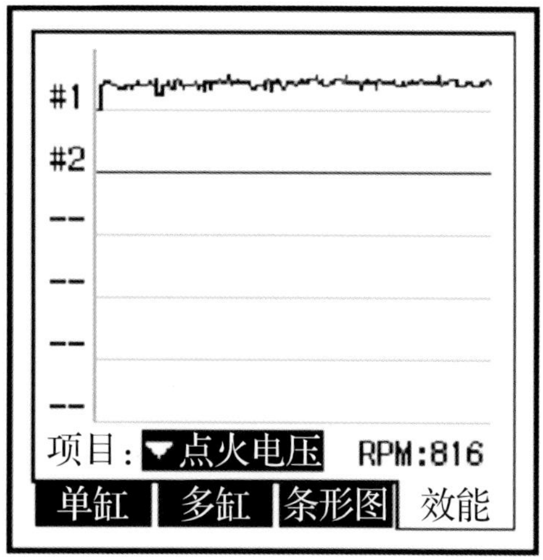

2 缸

图 7-6

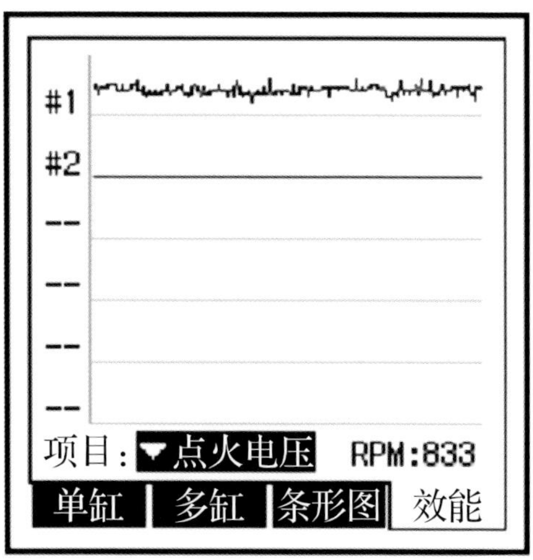

3 缸

图 7-7

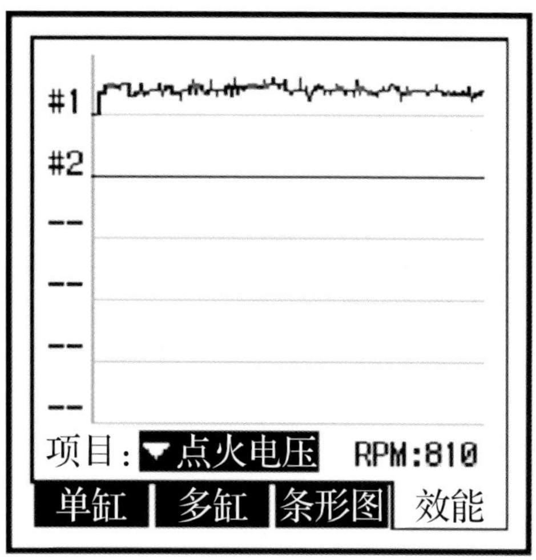

4 缸

图 7-8

的点火次级波形与其他各缸相比，有所区别。从波形上看，1 缸的点火次级波形，比其他各缸的毛刺要少，还有下面显示的转速也不正常，其他各缸显示的转速为实际转速，怠速状态为 800r/min 左右，而 1 缸显示的是 3243r/min。

通过调换火花塞的方式，发现故障波形不随着火花塞的调换而改动，仍旧是 1 缸的波形异常。反复观察此车的故障现象，认为是偶发性的点火不良，或者是喷油器雾化不良引起。抱着试试看的想法，同时更换 4 个新火花塞后，着车试验，故障现象排除。

总结：利用示波器的点火效能检测，这是第一次使用，以前没有用过，检测出了故障。并且更换新火花塞后，故障排除。火花塞是点火系统最终执行的一个元件，有时它本身故障难以准确检测出来，采用替换法也是一种可行的操作。

案例 5：大众途观发动机故障灯亮

车型：大众途观，2011 年生产，已经行驶 80000km，发动机型号 2.0TSI。

故障现象：发动机冷车启动困难，发动机故障灯亮。

用解码器读取故障码，显示为“12425”，解释是燃油泵设备电子信号线电气故障，静态。清除故障码后，发动着车，故障码会再次出现。说明这是一个目前存在的故障。

我们在后座下面燃油泵左侧的车身铁皮下面找到燃油泵控制模块，拆卸该模块需要把排气管后节和燃油箱拆下，才能取下该模块。将模块取出后，发现此模块有一个 5 线插头，从线路走向上分析，线路图如图 7–9 所示。可以看出，燃油泵控制模块 5 根导线的作用分别是正极 12V，负极，占空比控制信号和 2 根直接到燃油泵输出控制线。首先用万用表检测正负极电源正常，再用示波器测量信号线上的电压，如图 7–10 所示。

信号线上的电压，着车前为 3.8V，着车后为 4.3V，但始终是一条直线，没有正常的方波信号出现。

从以往的学习中知道，燃油泵控制单元的作用是在发动机电脑的控制下工

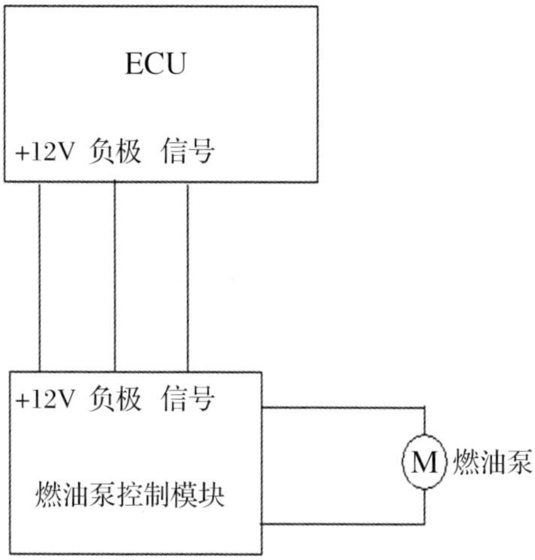

图 7-9

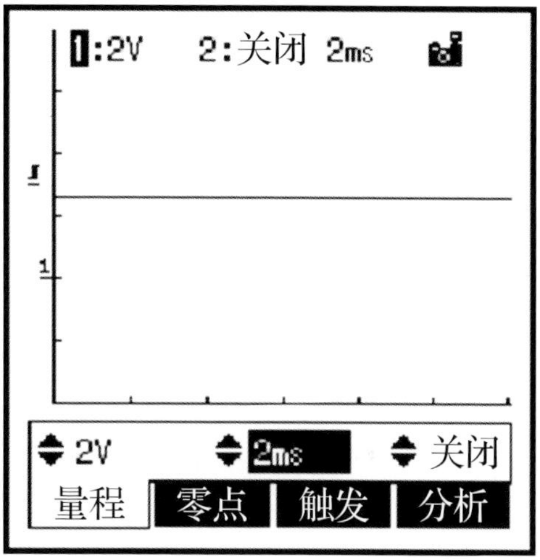

图 7-10

作的。发动机电脑输出占空比可调的信号，根据供油系统的需要，利用占空比可调的信号驱动燃油泵的转速，为系统提供 600kPa 左右的燃油压力，高压泵在此压力的基础上，为高压油轨提供 13000kPa 左右的高压压力。而此车实际测量的信号线上没有正常的信号波形，说明是一个故障状态，故障码与故障现象相对应，估计排除了故障之后，故障码也就可以清除了。

没有正常的信号波形出现，有可能是燃油泵控制模块损坏，也有可能是发动机电脑损坏，还有可能是相关的线路出现故障。于是，我们先对燃油泵控制模块到发动机电脑之间的信号线进行检测，发现发动机电脑插头处的信号端存在接触不良现象。经过处理后，再用示波器检测，有了占空比可调的方波出现，如图 7-11 所示。

用解码器清除故障码，还是显示无法清除，并且当发动机熄火后，燃油泵也不停转，直到几十秒主继电器延时断电后，从燃油泵控制模块上测量 12V 电源电压消失后，燃油泵才会停止转动。我们试着把发动机电脑与燃油泵控制模块之间的信号线切断，在开点火开关的状态下，燃油泵仍旧在转动，也就是说燃油泵不受发动机电脑控制，怀疑燃油泵控制模块损坏，该模块的外观如图 7-12 所示。

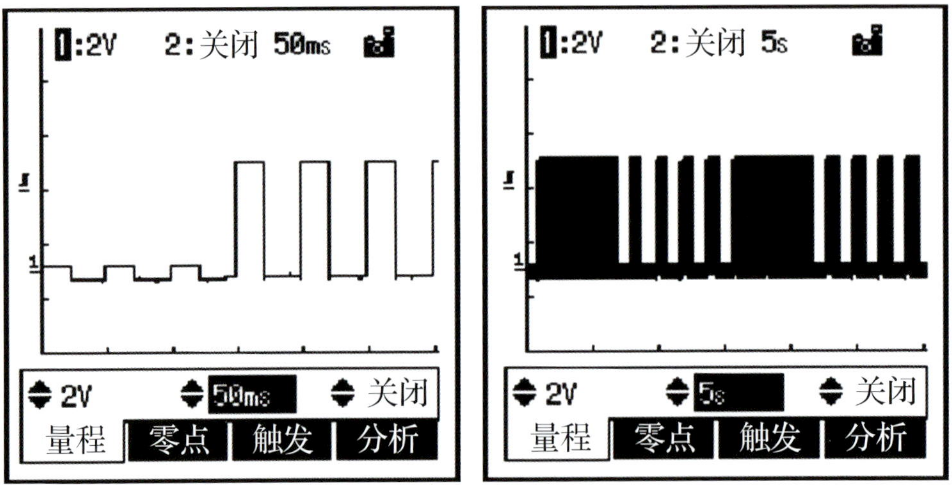

怠速状态时波形　　2000r/min 时波形

图 7-11

图 7-12

用解码器观察数据流，高压压力在怠速时为 4000kPa，加油门提高转速时可以达到 13000kPa，说明高压系统基本正常。从燃油压力数据上看没有问题，说明燃油泵本身工作正常。试着清除故障码后，再次读取故障码，上述故障码会再次出现，由此确定燃油泵控制模块有故障。

该车控制模块的零件号为“5N0906093C”，定购一新的燃油泵控制模块后，装车试验。车辆恢复正常，再次测量正常的波形，如图 7–13 所示。

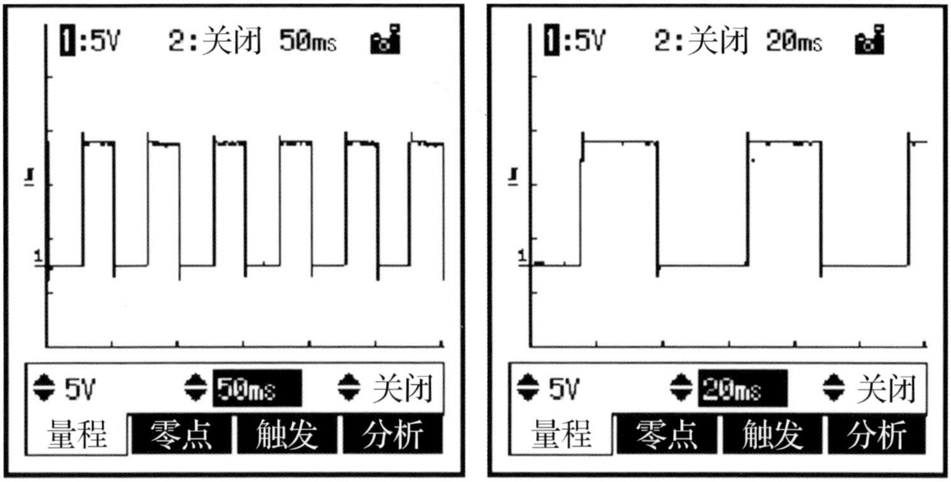

2000r/min 时波形　　怠速状态时波形

图 7–13

再用解码器清除故障码，显示“系统正常”。启动着车，故障码不再出现，故障排除。

总结：此车故障是冷车启动困难且发动机故障灯亮，这是因为燃油控制模块损坏，造成发动机对于燃油泵的控制失常，引起偶发性的启动困难，并且在发动机电脑内存上故障码。故障点有两个：一是燃油泵控制单元损坏；二是发动机电脑插头的燃油泵控制信号插针接触不良，并且很有可能是因为接触不良，造成燃油泵控制模块损坏，最终形成上述故障现象。

发动机电脑通过燃油泵控制模块控制燃油泵的转速，其目标是保证低压压力正常的情况下，尽量减小燃油泵的磨损与电流消耗。燃油泵控制模块损坏后，就会造成燃油泵处于失控状态，更换控制模块，并且修复接触不良故障后，故障排除。

燃油泵控制模块的信号脚的信号为下拉有效型，上拉电阻在模块内部，ECU 在正常工作时输出的是下拉信号，当此线断路后，可以测量到从控制模块输出 3.8V 左右的电压。

案例 6：华晨中华发动机故障灯亮和抖动

车型：华晨中华，装用三菱 4G64 发动机，电控系统是三菱系统。

故障现象：车主反映说，此车车速在 80km/h 左右，会出现抖动。并且行车 50km 时，发动机故障灯会点亮，短距离行驶时发动机故障灯不亮。

我们用解码器读取故障码，显示系统正常。再经过试车，发现确实如车主所述，刚开始几千米时没有故障现象，而行驶 10km 后，车辆开始冲击，类似点火系统工作不良的感觉，但不随着加速瞬间出现，只是匀速行驶时出现。再继续试车，发现发动机故障灯亮了，这时用解码器读取故障码为氧传感器故障。

进入解码器的数据流功能，观察发现前氧传感器信号电压始终是 0V 不变化。猛轰油门时，可以看到氧传感器的信号电压变到 0.3V，然后又降到 0V，始终不能形成正常的混合气调节时的变化规律。

回到厂后，我们在着车状态下，从进气管喷入化油器清洗剂，发现氧传感器信号电压还是为 0V，并且加热电压正常，加热电阻也正常，确认为氧传感器损坏。

更换一新的氧传感器后，从数据流中看到氧传感器无论是在怠速还是在 2000r/min 时，都能在 0.1~0.9V 之间变化了。用示波器观察，其输出信号波形如图 7–14 所示。

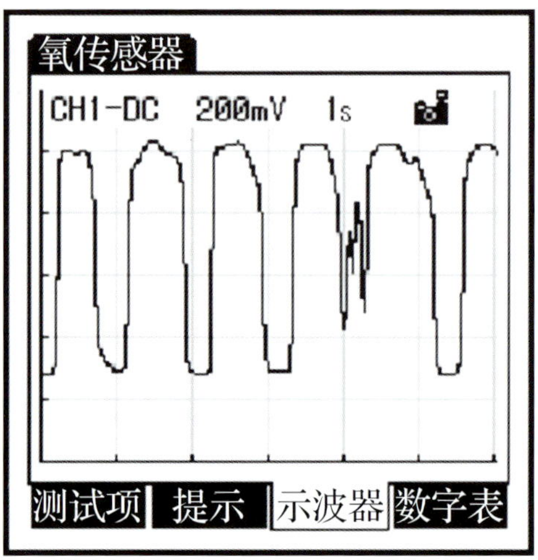

图 7–14

从图 7-14 中可以看出，氧传感器的输出电压为 0.1~0.8V 之间，符合正常的标准，频率也在 0.8Hz 以上，也符合标准，氧传感器工作恢复正常。

试车，刚开始 1km 内时，仍有闯车的感觉，但随着行车时间的延长，闯车现象越来越轻，后来就正常了，并且发动机故障灯也不再点亮了，故障排除。

总结：此车故障是因为氧传感器损坏，造成混合气调节不正确，引起燃烧不良，进而影响行车。按照试车感觉应该是点火系统存在缺陷，而实际不是。因为排除故障，经验是有用的，但诊断不能仅依靠经验，更要注意仪器的测试结果。

首先利用解码器读取故障码，以缩小检测的范围，此车故障虽然简单，但有了示波器的测量，使故障诊断过程准确、清晰，让我们的工作做起来有信心，更有效率。

在维修完毕后试车过程中，故障现象没有马上消失，估计是因为旧的氧传感器损坏后，造成发动机电脑内部学习值的变化引起的。随着行车距离的延长，氧传感器正常工作后，对自适应学习值重新修正，最终使发动机对混合气的控制恢复正常。

案例 7：大众波罗劲取电动玻璃不工作

车型：大众波罗劲取，已经行驶 76000km。

故障现象：除左前门电动玻璃工作正常外，其他 3 个车门的电动玻璃均不工作。无论是通过左前门开关控制还是通过各个门上的开关控制，均不起作用。据车主介绍，前一天发现右前门电动玻璃曾出现过失效，但后来又自己恢复正常，第二天，则出现上述故障现象。

首先确认不是因为操作引起的故障，检查左前门电动玻璃开关上的玻璃锁开关，反复操作，其他 3 个车门仍旧不能工作。

接上解码器，进入“舒适系统”，读取故障码，显示“系统正常，无故障码”。看来是无法通过故障码的提示为故障诊断起到作用。根据常见的故障，怀疑是左前门门轴处的线束因弯折次数过多而出现折断，拆开门轴处的橡胶护套，检查未发现断线，各导线正常。

记得以前遇到过因为蓄电池断电造成各门电动玻璃开关工作不正常的情况，重新给舒适控制单元编码后，故障排除。经过查阅资料，得知，此车的舒适控制单元编码应该是 00289，而实测此车的控制单元型号为 6Q0 959 433 F。

是不是控制单元编码错误引起，试着给控制单元编码，将控制单元编码更改成 00289 后，故障现象仍旧存在，看来不是控制单元编码的问题。

用万用表测量左前门电动玻璃控制器各脚电压如表 7-2 所示。

表 7-2

T8a				
脚号	线色	不插插头 线束侧电压（V）	在插上插头后 线束侧电压（V）	功能
1	棕		0	负极搭铁
2	红黄		12.1	电源
3	紫白	0	10.6	LIN 通信线
4	空位			
5	蓝白		11.36	
6	细棕		0	负极
7	细红黄		11.22	
8	蓝黄		11.40	
T6cj				
1	红白		11.22	
2	黑		11.22	
3	绿		11.22	
4	红蓝		11.22	
5	紫灰		11.28	玻璃锁，锁上开关时为 0V，不锁时为 11.28V
6	空位			

通过表中各脚电压基本正常，分析认为可能是 LIN 通信线出现故障。接着我们又用示波器检测 LIN 信号线上的波形，如图 7-15 所示。

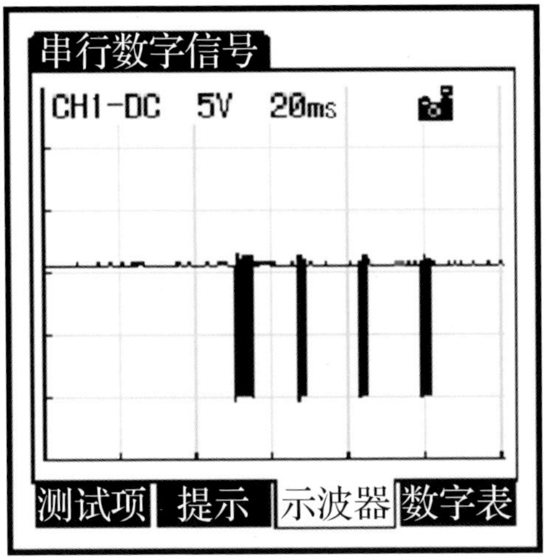

图 7-15

可以看到，LIN 线上有正常的信号波形，因为 LIN 通信线是双向的，有可能是左前门电动玻璃控制模块发出的，也有可能是其他 3 个车门发出的。为了进一步确定故障，我们将左前门控制模块的插头拔下后，测量线束侧插头上紫白线上的波形，结果是一条电压为 0V 的直线，说明我们刚才测量到的 LIN 信号是由左前门控制模块发出的，而不是其他 3 个车门电动玻璃控制模块发出的。并且根据以往的经验知道，此 LIN 线正常情况下应该是插不插插头都能看到波形。也就是说，此测量结果说明来自其他 3 个车门的 LIN 信号，没有送到左前门电动玻璃控制模块上，可能是线路存在故障。因为插上左前门电动玻璃控制模块后，可以从该模块内部送出 11.6V 左右的电压，说明该模块基本正常。

在此，我们对此车的电动玻璃的工作方式进行简要的梳理。此车的电动玻璃是 LIN 通信线控制方式，正常情况下左前门控制其他 3 个车门信号是通过控制 LIN 线送给各个门的控制模块，由各门控制模块对指令解码后执行。其他 3 个车门的动作信号，由各车门上的电动玻璃开关产生信号后，选送给各个车门的控制模块，然后再由各车门的控制模块通过 LIN 线向左前门电动玻璃控制单元发出申请，条件允许时，由左前门发出允许指令后，再由 LIN 线送给各车门控制模块执行。

LIN 通信线的工作特点是只有 1 根信号线，它上面传递的信号是双向的。

依据上面的原理分析，确认是 3 个车门模块的 LIN 线与左前门电动玻璃控制模块之间产生了断路。再结合电路图进行分析，最有可能的就是左前门铰接处的插头。于是，对其进行了拆检，拆下左侧 A 柱内的护板，将门轴线束插头拔下后，发现插头有进水痕迹，如图 7–16 所示。

图 7–16

用专用的清洗剂清理后，再涂上导电液，插上插头后，送电试验，各门电动玻璃仍旧不工作。进一步拆检，发现车体侧的线束插头对应紫白线上的插针已经被锈蚀得断掉了，如图 7–17 所示。

图 7–17

通过观察发现，在插头的多个插针中只有此插针（紫白线连接的 LIN 信号）断掉，其他各插针正常。于是决定接一临时的跨线。经过试验，接线后，各个门电动玻璃开关均可以正常工作。

将插头以及维修过的线束重新按拆下时接相反的顺序装复后，试车，故障排除。

总结：此车电动玻璃不工作故障是由于左前门轴处的插头进水后生锈，最终将插针腐蚀断针引起，此车由于 LIN 线断路，从左前门无法送出 LIN 信号给各个车门，所以各车门电动窗不受左前门开关控制。而各个车门模块产生的请求信号也无法经过 LIN 送给左前门，所以各个车门上的开关也不能执行电动玻璃工作指令。当我们修复断线后，LIN 通信线恢复正常，各车门不动作的故障现象相应排除。

控制单元编码不是故障原因，维修完毕后，经过试验，发现按遥控开关门时，只有左前门门锁打开，按两次开门键，其他 3 个车门才能打开。将控制单元编码恢复成原来的控制单元编码 00019 后，按一次遥控开门键，4 个车门全开，到此维修全部完毕。

案例 8：帕萨特 B5 启动困难且着车后发动机缺缸

车型：配置 1.8T 发动机，该车已经行驶 130000km。

故障现象：启动困难且着车后发动机缺缸。

接车后，确认故障确实如上所述。经过初步检查，发现气门室盖垫漏油，使火花塞孔内有不少机油，怀疑是因为机油的长期浸泡，使点火线圈绝缘损坏，引起漏电。但在更换气门室盖垫后，发动着车，发动机抖动，有缺缸现象。进一步检查，确认为 2 缸不工作。于是，更换 2 缸点火线圈及火花塞，发动机缺缸现象并没有好转。拆下火花塞来观察，发现 2 缸的火花塞明显偏黑，怀疑是 2 缸喷油器存在漏油，使该缸混合气过浓，而不工作。于是，对调 1 缸、2 缸的喷油器，着车后试验，发现仍是 2 缸不工作，可以从解码器的数据流第 15 组中看到明显的 2 缸断火记录。难道是机械压缩系统出现了问题，测量 2 缸气缸压力，与其他各缸相比，均正常。

用解码器读取故障码，显示有很多故障码。清除故障码后，再次读取故障码，显示只剩下 16726 凸轮轴位置传感器信号太小和 2 缸断火这两个故障码。综合以上的测量结果分析，认为此车问题比较复杂，因为在点火、喷油以及机械压缩方面都找不到明显的问题，所以想换种思路。用尾气分析仪测量一下该车的燃烧情况，实际测量结果如表 7–3 所示。

表 7–3

HC	4014	CO	0.27
NO	704	CO_2	11.18
λ	0.820		

从尾气成分上看，因为 HC 严重超标，并且 λ 值小于 1，表明发动机混合气过浓，但为什么会形成这么浓的混合气，目前还不清楚。再次用解码器的数据流功能（第 15 组）观察失火记录，其中 2 缸（第 2 区）已经达到 500 次左右，而其他各缸断火记录都在正常范围内，均为 0 次。上述检测结果说明是 2 缸不工作。

在着车状态下，试着清除故障码，这时缺缸现象好转。发动机工作平稳，排气管排出的气体也不再有缺缸的冲击感了，但关于凸轮轴的故障码，还是无法清除。再次使用尾气分析仪测量尾气，此时的尾气成分如表 7–4 所示。

表 7–4

HC	43	CO	0.0
NO	223	CO_2	16.46
λ	1.000		

表 7–4 中的数据 HC 恢复到正常水平，λ 值也在正常范围（0.97~1.03）内，通过目前发动机的尾气成分，可以判定此时发动机燃烧已经恢复正常。由此可以推论出——该车故障是因为不明原因的混合气过浓引起，而不是因为硬件损坏引起。因为如果是哪个元件损坏，不可能在清除故障码后恢复正常。一定是一个不稳定的故障原因，造成混合气过浓，再引起上述的故障现象。

再次读取故障码，显示有“2 缸点火线圈对正极短路”的故障码，怀疑 2 缸点火线圈的线路有故障。检查2缸点火线圈线束插头孔内的端子，有些变形，进行整理。再进一步检查点火线圈线束插头背面上的密封胶套，发现4根导线有3根出现绝缘破损。经过处理后，用示波器测量波形，也在正常范围内，如图7-18所示。

对调点火线圈后，波形也没有变化。但为什么始终是2缸不工作呢？将火花塞插到点火线圈上，启动着车后，发现2缸的火花塞可以跳火。经过再次试验，只要清除故障码，发动机的工作状态就会变得平稳，发动机的排放也就恢复了正常。

把思路重新修改了一下，决定不再针对缺缸问题进行处理。转去寻找凸轮轴位置传感器的故障码，用万用表测量凸轮轴位置传感器的3线插头上的电压为1脚5V、2脚0.7V、3脚0V。用示波器观察信号脚上的电压波形，如图7-19所示。

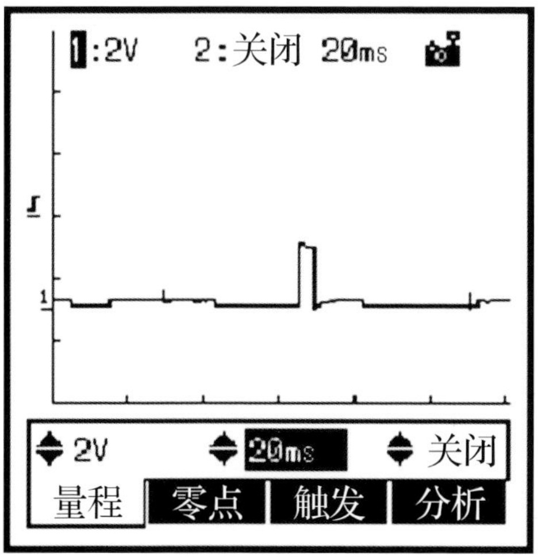

图7-18

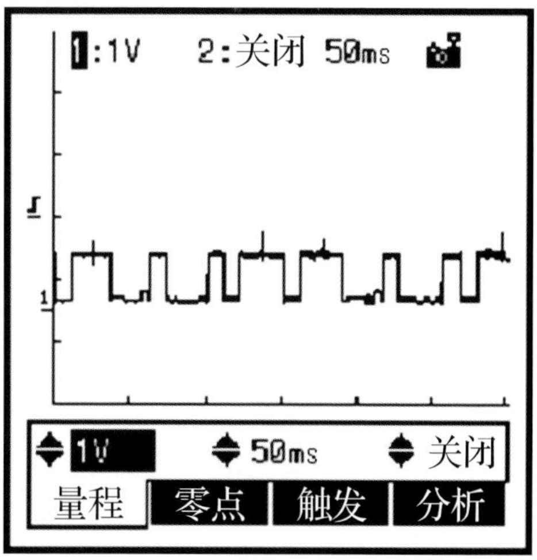

图7-19

波形的幅度也明显变低，虽然有波形，但幅度不够，怀疑是发动机电脑发生故障，或是线路出现问题。

查阅图纸得知，凸轮轴位置传感器的3个引脚分别为电源、信号和负极，其正常电压应该为5V、12V和0V，与实际测量结果（5V、0.7V和0V）相比较，发现信号脚电压偏低，怀疑与此相线相关的电路有故障。于是再次查阅图纸，得知凸轮轴位置传感器信号脚（2 脚）与发动机电脑的 86 脚相通，把发动机电脑拆下后拔下电脑插头，测量凸轮轴位置传感器线束插头的 2 号脚与发动机电脑线束插头的 86 脚之间的导通情况，导通正常，电阻为 0Ω，并且对地也没有短路。

这时观察到电脑插头上有些脏物，怀疑是下雨时进入的雨水，如图 7–20、图 7–21 所示。

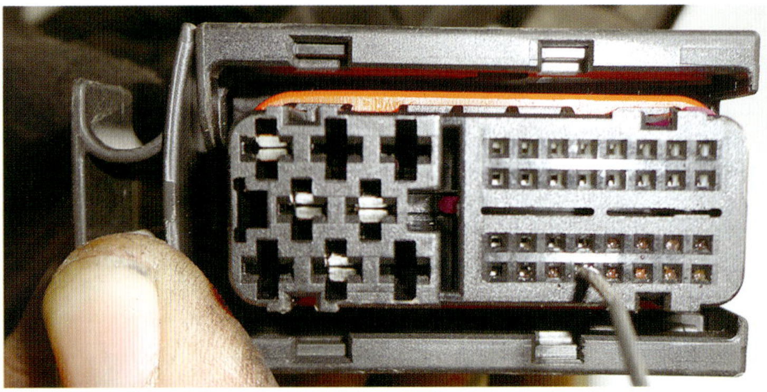

图 7–20

图 7–21

仔细观察发现，污物并不是水，而是油迹。反复观察插头的外表面以及线束，包括发动机电脑外面的保险丝盒外罩，都没有发现有水或者是油迹，外表干干净净，那插头中的油污是从何而来呢？

这时想起曾在杂志上看到过类似的案例，因为线束内导线的毛细管作用，使线束的一头进入防冻液后，防冻液沿着导线内部的细铜丝通过毛细管效应流到了电脑插头处，形成短路。该车的故障原因也属于此类故障，并不是从插头外面漏进的油污，而是油污顺着导线的内部，渗透到电脑插头上，最终造成短路，形成上述故障现象。

仔细把油污清理干净后，再装车试验，这时测量凸轮轴位置传感器线束插头的 2 号脚电压，变成了 11.30V，已经恢复正常。启动发动机，顺利启动着车。再清除故障码，上述两个故障码全部清除。经过试车，发动机动力恢复正常，不再有缺缸的感觉。回厂后再次测量，无故障码，系统正常。最后，再次测量尾气，如表 7–5 所示。

表 7–5

HC	48	CO	0.08
NO	26	CO_2	15.85
λ	1.000		
HC	38	CO	0.38
NO	327	CO_2	15.55
λ	0.990		

从数据上看，发动机的燃烧情况也恢复正常，启动困难和发动机缺缸故障现象排除，经过试车，行车正常。为了防止线束内的油污再次被吸上来，除了把气门室盖垫更换后，清理油漏，再让客户经过 10 天左右的行驶，然后回厂复检，这次复检发现电脑插头内干净，没有再次出现油漏。说明故障已经彻底排除。

总结：该车故障是因为电脑插头被脏污短路引起，使凸轮轴位置传感器的信号不能正常送到发动机电脑内，形成启动困难故障。

对于 2 缸不工作的原因可能是因为 2 缸的点火线圈插头导线绝缘破损，引起短路。发动机电脑在检测到短路后，一方面存储上相应的故障码，另一方面切断了对于该缸点火线圈的触发信号，使之无法输出高压火。因为短路部位时断时续，造成我们在观察该缸火花塞是否跳火时，误判为火花塞跳火工作正常。在清除故障时，因为当时短路暂时恢复正常，发动机电脑恢复对 2 缸点火线圈的正常控制，于是 2 缸的火花塞开始跳火，2 缸开始正常工作，这时发动机工作状态变得平稳了。

观察被脏污污染的发动机电脑插头，从 82 脚到 86 脚，明显有油污存在，除 86 脚为凸轮轴位置传感器信号脚外，其他几个引脚分别为 83、84 节气门位置传感器信号和 82 曲轴位置传感器信号，造成混合比失调，启动困难。

当所有故障排除后，发动机工作正常，试着拔下凸轮轴位置传感器插头，再启动发动机，发现虽然有着车迹象，但是无法着车。说明虽然凸轮轴位置传感器的信号偏低，但还能起到传递发动机正时信号的作用。

该车在之前确实因为气门室盖垫漏油，更换过气门室盖垫，可能是因为这个原因造成的上述现象。所以在此也提醒广大同行们注意这一故障原因，并且尽量避免因为气门室盖漏油的现象出现。

因为最终处理的只是电脑线束插头处的油污，而线束内部的油污无法彻底清除，但漏油的根源——气门室垫已经更换。所以，出于对维修质量的负责，与车主约好，过几天回厂，再次检查是否有新的油污出现，可以再次进行清理，估计经过几次清理后，问题可以彻底解决。

在维修此车过程中用到了示波器、万用表、气缸压力表、解码器以及尾气分析仪，各种仪器交叉运用，其中尾气分析仪虽然不能一下子确认故障部位，但可以帮我们缩小故障范围，从发动机燃烧状态的好坏判定发动机燃烧状态，起到了快速、准确诊断疑难故障的作用。

案例 9：道奇酷博雨刷和喷水电机工作异常

车型：2008 年道奇酷博，发动机排量 2.0L。

故障现象：该车在行驶时雨刷电机总是不规则工作，而实际上驾驶员并没有操作雨刷开关。

接车后确认了故障，发动着车后在原地不走车，雨刷就无规律工作，不但如此，偶尔喷水电机还会工作。

确认故障后，感觉到故障比较复杂，一方面我们维修此类车型比较少，另一方面因为故障没有规律，并且资料也较少，可能比较难修。我们要先找到一个思路，根据上述现象，可能是存在电磁干扰。于是，检测蓄电池电压，发现当雨刷无规律工作时，蓄电池电压轻微下降。

怀疑蓄电池内阻过大，无法吸收电磁杂波，于是，并联一块备用蓄电池后试验，结果故障现象仍旧存在，排除了蓄电池引起故障的可能性。

按照干扰的故障排除思路，接着确认是不是点火系统出现问题或是发电机引起干扰。我们进行了另外一个试验，将点火开关打开，不着车的情况下，看是不是雨刷还会自己动作。结果，经过试验，雨刷仍旧会自己工作，只是动作的频率稍低了一点，看来并不是干扰引起雨刷误动作，应该另有原因。

接上解码器，从车身电脑的数据流中观察是否收到了雨刷开关的信号。经过试验，发现在车身电脑的数据流中观察到了雨刷开关动作的数据，并且还看到了喷水开关动作的数据。

诊断工作到此，有点出人意料，看来问题应该在以下 3 个方面：车身电脑本身、相关线路以及雨刷开关。于是，拆开组合开关罩，进行检查，发现该车的雨刷开关的结构是这样的，如图 7–22 所示。

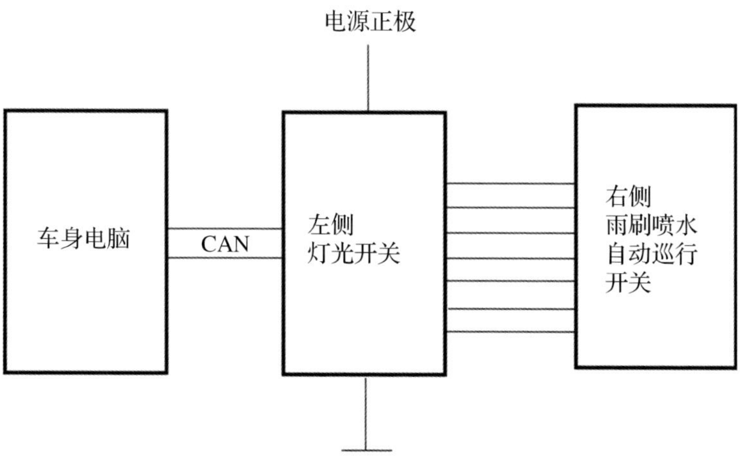

图 7–22

从左侧开关到右侧开关的信号线，如图 7–23 所示。从图中可看到，该车的组合开关分为两部分，左侧为大灯开关，右侧为雨刷开关和自动巡行两部分。并且右侧的开关从属于左侧，电源先到左侧开关，在左侧开关内部有电路板，而右侧开关相对简单，是通过 7 根信号线与左侧产生关系。按结构分析，有可能是从左侧到右侧的 7 根信号线与插头存在接触不良。

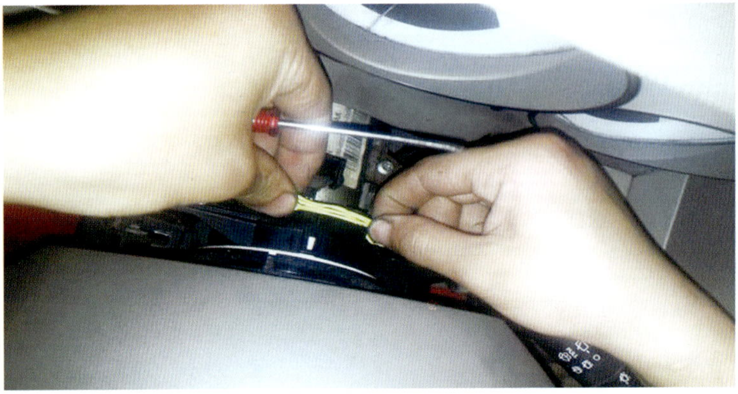

图 7–23

我们试着调整这 7 根信号的端子，希望能够排除故障，但经过试验，故障现像仍旧存在。于是，用万用表检测 7 根导线的各脚电压，经过检测，发现这 7 根电压数据如表 7–6 所示。

表 7–6

脚号	1	2	3	4	5	6	7
OFF	1.6mV	4.9V	2.3mV	2.4mV	3.6V	2.1mV	4.8V
间歇	1.6mV	2.3mV	2.5mV	2.5mV	3.5V	2.3mV	4.8V
高速	2.5mV	4.9V	4.9V	4.9V	3.6V	1.5mV	4.8V
喷水	1.6mV	2.3mV	2.3mV	2.3mV	2.5V	2.2mV	2.5V
拔下插头后灯光开关方向	1.5mV	4.9V	4.9V	4.9V	4.9V	4.9V	4.9V

对表格中各脚电压与开关挡位关系进行分析，可以看到，喷水电机的信号线为 7 号脚，用示波器观察此脚的电压波形，发现有些异常，如图 7–24 所示。

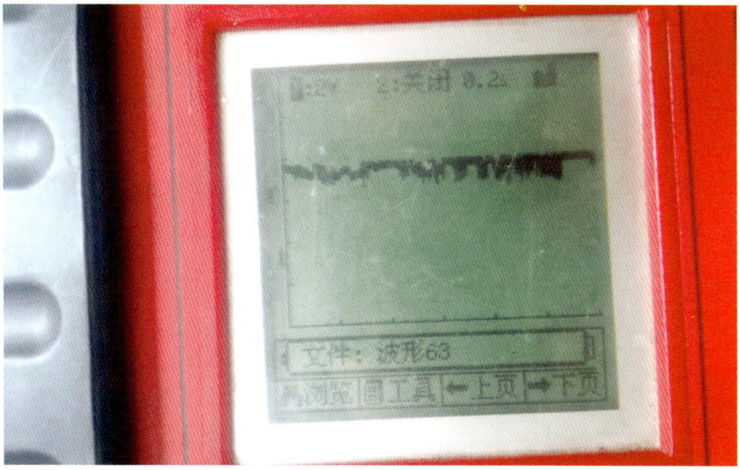

图 7-24

正常操作时，7 号脚的信号电压降到 2.5V 时，喷水电机工作。示波器观察到的信号电压说明，当信号电压漂移到接近此电压时，车身电脑误认为是喷水开关工作，而输出信号驱动喷水电机工作，形成了此故障。

断开 7 根信号线，单独检测 1 号脚（负极）与 7 号脚之间的电阻，实测电阻为 10kΩ 左右，不操作时，电阻为无穷大，每一次操作电阻阻值稳定，可以排除喷水开关本身形成故障的可能。从电压波动上看，问题来自于上拉电阻，即大灯开关内部。于是，跟车主沟通后定购一新开关（图 7-25）。

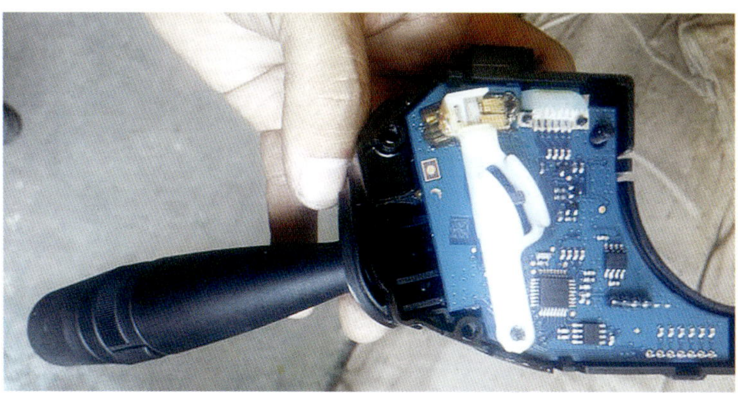

图 7-25

新开关到货后装车试验，雨刷电机与喷水电机误动作现象消失，故障排除。

总结：此车故障是因为大灯开关内部电子元件损坏引起，因为电子元件不稳定，产生了错误的信号电压，经过处理后的信息经过 CAN 传递给车身电脑后，产生雨刷和喷水误动作的故障。

该车控制原理是当前常见的利用 CAN 传递信号模式，在这种模式下，当车身电脑检测到开关信号异常时，会启动保护模式。比如该车，在拔下从左侧开关到右侧开关的信号线时，系统检测到雨刷开关出现故障，就会启动雨刷工作，防止真正在雨天时影响行车安全，这在传统的电路中是无法实现的。

诊断此车故障得到的启发就是，利用解码器的数据流功能，来观察执行器工作时到底是不是收到了开关送来的信号，站到电子控制单元的角度来分析故障，如果收到了信号（不管我们是否开动了开关，只关注是否收到了信号），说明执行元件工作是受控制单元驱动的，问题在开关信号输入端。如果没有收到开关信号，那说明问题在输出端。在划分输出和输入端问题时，都要包括控制单元本身，因为故障状态时，不能按常规思维考虑，分析问题时尽量合理地扩大怀疑范围，还要有效排除一部分元件，才能保证诊断的准确性与效率性。

比如本例中，因为在数据流中看到了雨刷开关送来的信号，所以分析认为雨刷电机运转是受车身电脑控制的。而雨刷电机本身没有问题，问题可能是在车身电脑内部、相关线路或是雨刷开关本身。这样排除了一部分，我们再通过万用表或示波器进行进一步的排查，最终才找到了故障点。

诊断现代车辆故障的要点是，既要考虑硬件，还要考虑软件，经过分析后动手检测，再通过检测结果判断故障方向。

案例 10：速腾制动助力系统失效

车型：配置 1.4T 发动机，行驶里程 21000km。

故障现象：仪表上的制动故障灯点亮。

我们用解码器读取故障码，显示有 1 个故障码 03366，解释是“真空压力传感器不可靠信号，间歇式”。

根据故障码的提示，打开发动机盖，在制动助力管上有 1 个压力传感器，压力传感器插头经过一条线束，通向 ABS 液压泵总成。检查该传感器插头，没有发现问题，拔下 ABS 电脑插头来，也没有发现问题。

于是，进行试车，清除故障码后，试车 7km 时，仪表上蜂鸣器响起，同时制动故障灯点亮。液晶屏上显示“制动助力系统失效”。回厂后，再用解码器检测，上述故障码重新出现。

该车结构比较新，以前车上没有这个压力传感器，所以也没有任何可以借鉴的经验，只能一点一点地检查。根据此车的结构，怀疑是真空压力传感器或真空管出现故障，直接定购了压力传感器及真空管，但更换完后，试车，故障重新出现。

用解码器进入制动系统，读取数据流，在第 5 组中可以读取一个单位为 Bar 的压力值，在不踩制动踏板时，该值为 0.1；踩下制动踏板时，该值可以达到 40。随着增加制动踏板踩下的力度，该数据会升高。这个数据是真空压力的数据吗？经过分析，我们认为该数据是制动油压，而不是真空助力系统的压力，对于该故障没有参考价值。

我们在摸不着头绪的时候，请教了专修此车的专业人员，答复是线束或插头的问题。他们的做法是把该线束两端的端子挑出来，再用锡焊上就可以排除故障。因为没有自己的思路，只有先按照上面的方法试一下。经过试验，结果没有成功，故障现象再次出现。在挑出端子的时候，遇到了一些困难，此车插头内部的端子设计比较特殊，要用合适的钢针仔细操作才能完成。再次询问相关的专业人员，说还有一个方法就是把这个线束绞成麻花状，跟 CAN 通信线一样，这样可以提高抗干扰效果。我们也怀疑是干扰形成的，于是直接找来三芯的屏蔽线，进行改接后，再次试车，结果同样是行驶了 7km 左右，故障灯再次点亮，仍旧是“03366”故障码。

经过以上的处理仍然不能排除故障，我们换了个角度思考问题。如果是压力传感器的信号出现问题，那电脑在发现问题时一定是通过信号电压异常来识别的，才会出现这个故障码，我们不应该局限于纯电路故障，是不是存在机械问题。如果接上示波器，则应该在出现故障时能测量到信号电压的异常。

即便是干扰，也可以用示波器检测到，我们不用再反复进行试验。当没有诊断过程，只有经验，可能无法排除此车故障。想到这里，决定接上示波器去试车，想搞明白出现故障是一个什么样的信号电压变化过程。有了这个想法后，我们很快连接好示波器，出去路试前，先测量了一下着车前后压力传感器上的电压信号变化规律，如图 7–26 所示。

图 7–26 中，a 点到 b 点之间为打开点火开关前，压力传感器未得到电源时的一段时间；b 点到 c 点之间为打开点火开关，压力传感器得到电源后，输出的信号电压的过程；c 到 d 点之间为着车前，没有真空压力时的信号电压；d 点到 e 点之间为着车后，真空压力逐渐上升；e 点到 f 点之间为轰了一下油门，因为节气门打开，进气管压力下降，引起的进气压力传感器信号电压下降，之后又恢复到怠速状态，此时真空压力继续上升，信号电压也继续上升。也就是说，压力传感器输出的信号电压与真空度之间的关系是，真空度越高，信号电压越高；真空度越小，信号电压越低。

在怠速车辆静止状态情况下，踩下制动踏板后，真空压力传感器的波形如图 7–27 所示。

从图 7–27 中可以看出，踩下制动踏板后，压力值也保持在 3.5V 以上。然后我们接上示波器后，进行路试，在路试过程中，将压力传感器的信号电压记录下来，如图 7–28 所示。

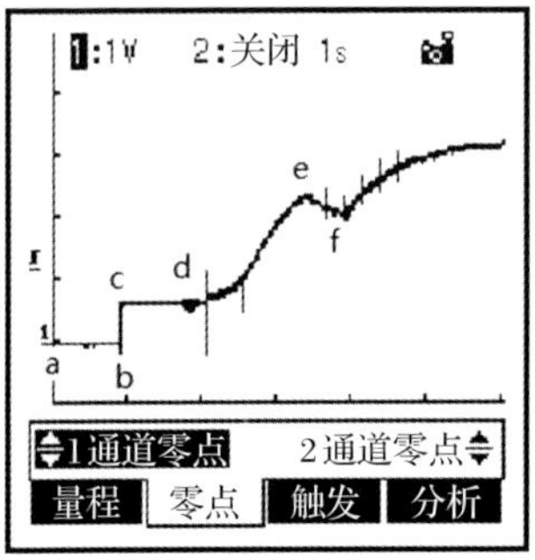

图 7–26

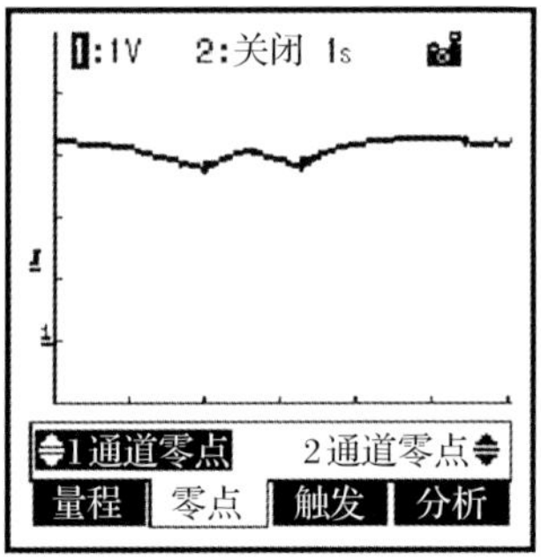

图 7–27

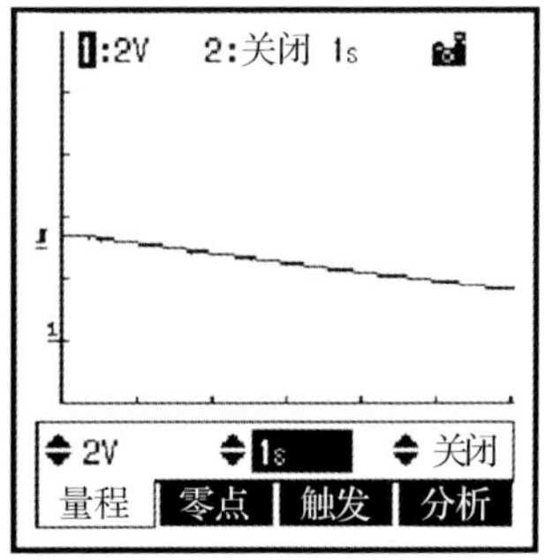

图 7–28

我们看到了这个信号，分析认为，只要我们不断在加大油门开度，行驶过程中发现信号电压会越来越低，看到最后，接近 1.0V 电压。也就是说，电压值表明此时的真空度非常低，而且并没有其他干扰波形出现，应该就是真空度过低，导致故障码的产生。为了防止制动出现故障，ABS 系统通过仪表指示灯与显示屏向驾驶员报告故障。

有可能是真正的压力低，也有可能是电路故障。最主要的是现在有了一个方向，不是干扰或是接触不良引起的。回厂后，先检查了一下真空助力泵，我们用手动真空枪给助力泵提供真空，但建立不起真空来，说明系统存在漏气，我们再接上软管后，给真空助力泵用嘴吹气，结果听到了漏气声，由此确认，此车的真空助力泵漏气。

定购一新的助力泵，到货后开始维修工作，先是确认新的助力泵是不漏气的，用真空枪可以建立真空，用嘴吹气也不漏气，再确认零件号是一致的。在拆下旧的助力泵后，发现了问题，旧助力泵的外观已经变形，如图 7-29 所示。

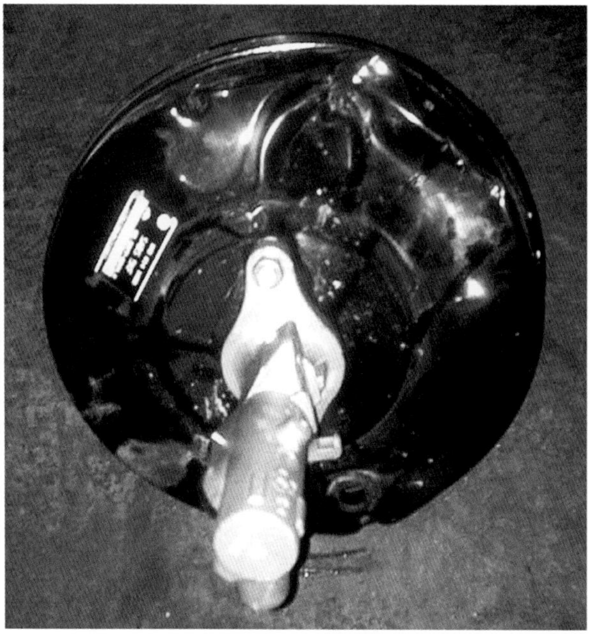

图 7-29

因为在车上安装状态下，助力泵的外部有一层毡质保护层，在不拆开的情况下看不到损坏的部分，而拆下来后，才发现真空助力泵外观上的损坏。

装上新的刹车助力泵总成后，清除故障码，试车 15km 后，制动助力系统失效故障灯没有再次点亮。并且车主反映说，制动踏板比原来轻了许多，也就是说制动踏板因为原来的真空助力不够，造成制动踏板偏硬，我们在试车时并未发现，可能是当时把注意力集中到了电子控制系统上的原因。

半个月后，我们打电话回访，故障灯没有再点亮，制动效果也正常，确认此车彻底修好。

总结：此车故障是因为刹车助力泵外观变形，导致内部真空漏气。因为助力泵漏气，所以从发动机进气管传来的真空度偏低，在怠速状态下免强可以达到要求。真空压力传感器的输出信号电压在正常范围内不报警。而行驶一段时间后，由于节气门打开，进气管内的真空度变低，当真空管内的真空度低到一定程度时，ABS 电脑确认出现故障，存储故障码的同时经过仪表发出故障警告。

案例 11：伊兰特偶发性熄火

故障现象：在高速行车时发动机熄火。

一个车主打来电话，说是高速上行车时，发动机突然熄火。车主怀疑是燃油泵的问题，我们半年前为车主更换过燃油泵。跟我们的维修工沟通后，怀疑是燃油泵插头存在接触不良，电话中指导车主把燃油泵插头重新拔插后，发动机可以再次着车。但行驶几千米后，又出现熄火故障。

车辆被拖到另外一家修理厂后，这家修理厂怀疑是燃油泵继电器的问题，将燃油泵继电器与雾灯继电器（这两个继电器是一样的封装形式）对调后，发动机再次着车，但时间不长，就又不着了。并且这次开雾灯也不着，认为是燃油泵继电器损坏，而燃油泵继电器的损坏也怀疑是燃油泵内部故障引起的。

我们派救援车赶到后，发现燃油泵插头没有插上，就插上插头试验，结果当时发动机又着车了，就开回到我们厂接着进行维修。

接手车后，首先想到的是，如果真的是车主所说的那样，换一个继电器后就能着车，而油泵继电器使用时间不长就又不着了，那就有可能是燃油泵消耗的电流过大。如果经过检测，真的是这样，也就确诊了，如果检测电流不大，那继电器再次损坏就另有原因。

于是用钳形万用表进行电流检测，我们知道燃油泵正常的工作电流为3~5A，从后座上拆下燃油泵的护罩，再用钳形电流表检测燃油泵工作电流为4.9A。这时很有底气地说，燃油泵没有故障，不着车不是由于燃油泵引起的。

接上解码器检测，有曲轴位置传感器的故障码。接下来的问题就好处理了，此车的曲轴位置传感器是磁电式的，根据以往的经验，应该是曲轴位置传感器内部出现断路，并且是随着发动机工作温度上升，才会出现的不稳定断路。

我们更换一新的曲轴位置传感器后，交车，实测曲轴位置传感器的电阻为1kΩ 左右。

我们的修理工接手此车后，还做了一问诊，就是车主反映说，当不着车时，启动瞬间仪表上的转速表也不走，由此现象也能说明此车故障一定是曲轴位置传感器引起的，而不是燃油泵损坏引起的。

在诊断的过程中，我们也用示波器测量了传感器的输出波形，如图 7–30 所示。

从波形的幅度与频率上看，属于正常。实际上，此例测量波形应该是正常

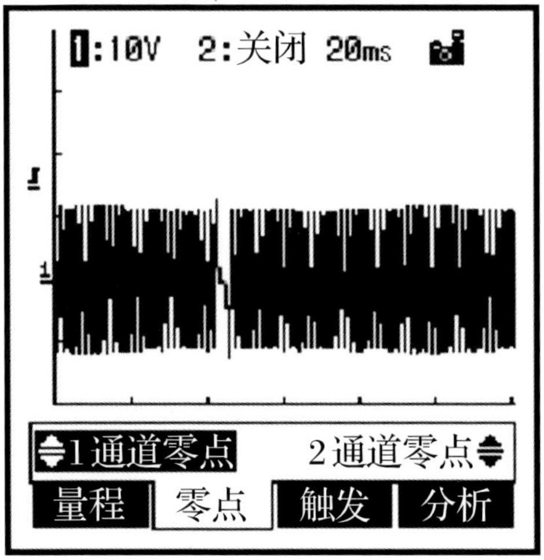

图 7–30

的，只有出现故障时，曲轴位置传感器的波形才会出现异常。

此案例只是一个因为曲轴位置传感器引发的热车熄火的软故障。当我们不能找到有效的分析方法时，往往会误入歧途，造成所谓的疑难故障。车主拔插燃油泵插头使发动机再次着车以及上一个修理工更换继电器后着车，都是因为熄火后随着时间的延长，曲轴位置传感器温度下降后，再次恢复工作而着车，并不是处理某一个部位产生的效果，所以以后在遇到偶发性软故障时要注意不被类似的原因误导。燃油泵继电器与雾灯继电器对调后，雾灯不着的原因是操作不正确，正确操作后雾灯正常点亮。

以上是通过一个案例引起的关于诊断思路的思考，怎样确立正确的诊断思路。此车经过几天的试用，没有再次出现不着车的故障，最终确认此车故障就是因为曲轴位置传感器引起。

案例 12：长安 CX75 偶发性不走车

车型：长安 CX75，配置 1.8T 发动机、自动变速器。

故障现象：据车主反映，此车出现偶发性怠速熄火现象。熄火后，重新启动发动机，发动机可以着车，但仪表显示没有转速，并且挂挡时，有强烈冲击，车辆无法行驶，最近故障出现频率越来越频繁，以前几天出现一次，现在是一天出现多次。

接车后，发动着车观察，一切正常，用解码器扫描全车控制系统，有故障码，如表 7–7 所示。

表 7–7

系统名称	故障码	解释
车身电脑（BCM）	U0140	历史故障，前雨刷间歇电阻故障
	U0230	电子转向柱锁网络节点丢失
	U01314	PN 信号线故障
	U1319	射频模块数据线长时间未消跳变
电子转向柱锁（ESCL）	U1203	车速信号 VSO 信号丢失

注：此表格不完整，还有其他系统的故障码。

故障码说明发动机电脑无法与解码器通信。分析可能是此车存在网络通信故障，造成发动机电脑无法将转速信号送到CAN网络总线上，导致变速器无法正常工作。

因为时间关系，没有再进一步维修，经过几天使用后，故障现象越来越频繁，车主决定对此故障进行维修。并且在试车过程中，故障现象重新出现，当时的故障现象有5个特点：

（1）怠速偶发性熄火。

（2）熄火后再次启动发动机，发动机启动困难。

（3）多次启动后勉强着车且仪表上的发动机转速表不走。

（4）挂挡后车辆不走车。

（5）有时则会出现挂挡后有强列冲击。

我们分析认为，可能发动机电脑插头接触不良，未将发动机转速信号送到CAN总线上，所以导致变速器电脑无法正常换挡，有时无法行驶。检查发动机电脑插头，没有明显异常，但给其喷上专用导电液后，重新插好插头。为了防止检测设备原因，误诊发动机电脑不通信问题，我们换用其他品牌解码器，进入发动机系统读取故障码，显示系统正常。

进入发动机系统后，再读取发动机数据流，当故障出现时，发动机转速数据流显示正常为698r/min，蓄电池电压14.0V显示正常。

通过以上检测，我们重新分析故障，怀疑是不是发动机本身故障造成的，检查了发动机电脑插头，发现各个插头接触良好，没有明显异常。通过换不同解码器，验证了发动机电脑不通信故障是一个假故障，真正的原因是解码器本身软件版本不够引起的。

此车到底是因为网络故障引起，还是发动机本身的问题，在进行第二次检测后，我们分析认为，应该先从发动机控制系统本身开始检测。

此车点火系统为COP形式，每缸1个点火线圈。按以往的经验，如果没有曲轴位置信号应该无法着车，但对于新型的设计，则可能会出现启动困难的故障现象。我们拆下空气滤清器外壳及相连接的软管后，用示波器检查曲轴位置传感器波形，当发动机自己熄火后，再次启动时发现曲轴位置传感器没有输出正常的波形，而是一条直线。用万用表检测传感器电阻为无穷大，处于断路状态。但车辆放置一段时间后，发动机则可以顺利启动着车，此时的信号波形也恢复正常。更换一个新的曲轴位置传感器后，长时间试验，故障现象没有再次出现，故障排除。

维修完毕后，再次用最先使用的解码器进行检查，发现可以正常检测发动机控制系统，难道是我记错了。回忆整个维修过程，在维修过程中，我们检测完车辆后，先检查一下发动机电脑插头，在检测发动机电脑插头时，给其喷上了 WD40 导电液。这样在维修过程中，无意的处理把接触不良问题解决了。

因为，发动机曲轴位置传感器损坏，可能导致发动机不着车，但不会引起仪表上的发动机转速表不走，并且当时是发动机处于着车状态。

关于 ABS 故障码，到最后检测时仍旧存在，可能与此车故障不相关，暂时交车后，让车主再使用几天试试。

总结：此车的故障点有 3 个：一个是电子节温器故障，另一个是曲轴位置传感器故障，还有一个是发动机电脑插头接触不良。其中电子节温器故障不影响着车，剩下的两个故障会影响到发动机是否着车，以及着车后是否可以正常行驶。

在第二次检测时，发动机电脑和安全气囊及 ABS 同时恢复工作。有可能是终端电阻在发动机电脑内部，因为发动机电脑插头接触不良，造成整个动力网工作不稳定。

此车故障是一个偶发性软故障，我们排除起来有一定困难，并且因为解码器软件的原因，给诊断带来了一点问题，好在换用不同型号的解码器，问题最终回到了正确的方向上，并且排除了故障。

案例 13：捷达偶发性启动困难

车型：捷达（两阀），装配西门子电喷系统，发动机电脑型号 6A906033FT SIMOS74 1.6L 2V 00HS0819，控制单元编码 00001。

故障现象：偶发性启动困难，有时发动机启动不着，一般冷车时故障现象出现更为频繁，早晨启动时要七八次才能着车，如果顺利的话也要启动两三次才能着车。即使勉强着车，也存在启动过程所需要的时间明显偏长，要连续打启动机 4~5s 的时间才能启动着；有时启动着车后，还存在发动机抖动，加不起油的故障现象。

用解码器读取故障码，有 3 个故障码："16706"，解释为偶发性的发动机转速传感器 G28 无信号；"16555"，偶发性的燃油调整补偿，第 1 列太稀；"16556" 混合气太浓。总是出现发动机转速信号故障码。为了排除此故障，车主曾经更换过多次曲轴位置传感器及曲轴转速信号触发轮，都不能排除故障。

此车为出租车，改装天然气后，发现此车不能加装点火提前角装置。而其他车都可以正常改装点火提前角装置。

接手此车后，首先读取故障码，确实有车主所说的曲轴位置传感器的故障码，我们也试着启动了一下，偶尔出现启动时间过长。清除故障码后，试着启动了两次，曲轴位置传感器的故障码再次出现。

用示波器测量启动时的曲轴位置传感器的输出信号电压波形，发现曲轴位置传感器的信号电压幅度有点低，其输出波形如图 7–31 所示。

故障分析：结合故障码及示波器测量到的曲轴位置传感器的波形分析，认

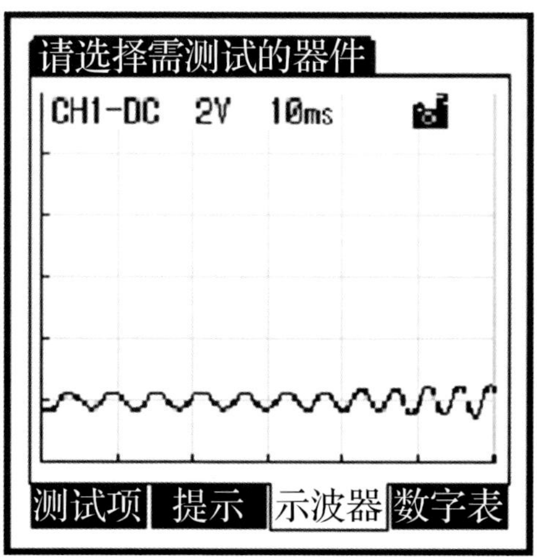

图 7–31

为此车的曲轴位置传感器的输出信号电压波形幅度过低，造成发动机电脑无法判定曲轴位置，当然就无法输出正常的点火正时信号，形成了启动困难故障。经过试验，发现此车拔下曲轴位置传感器插头，只利用凸轮轴位置传感器，发动机就能着车。而插上插头后，反而有时就着不了车，估计是该车的软件功能，只利用凸轮轴就能判断出点火正时信号，但如果加上曲轴信号，就能更为精确地判定正时信号。当曲轴位置传感器的信号幅度不够时，就会产生错误地触发，造成错误的点火正时信号，所以无法着车。综合以上分析认为，此车有可能在某些时间是只利用凸轮轴位置传感器来工作，这种状态下会启动着车；这时是利用曲轴位置传感器的输出信号和凸轮轴位置传感器的输出信号一起工作，此时就不易发动着车，并且这时会出现加速无力故障现象。

此车多次更换过曲轴位置传感器及触发轮，是什么原因使传感器的输出波形仍旧这样低呢？怀疑是曲轴位置传感器与触发轮的安装间隙过大所致。于是拆下曲轴位置传感器，因为该传感器的安装位置难以下手，更不能直接观察测量传感器的安装平面到触发轮之间的间隙，只能用铁丝粗略探了一下传感器安装平面到触发轮之间的间隙。结果，明显大于 1mm，实际间隙 3mm 左右，看来应该是间隙过大引起的该故障。于是，拆下油底壳，进行进一步的检查确认。

拆下油底壳后，目视检查，发现该传感器的安装明显异常，其实际情况的示意图如图 7–32 所示。首先是曲轴位置传感器的探头没有正对着触发轮的窗口，而是冲着触发轮的右侧边缘，还有传感器跟触发轮的间隙有些偏大，为 3mm 左右。因为此车刚刚更换的新触发轮，经过外观检查也没有发现明显变形，估计曲轴位

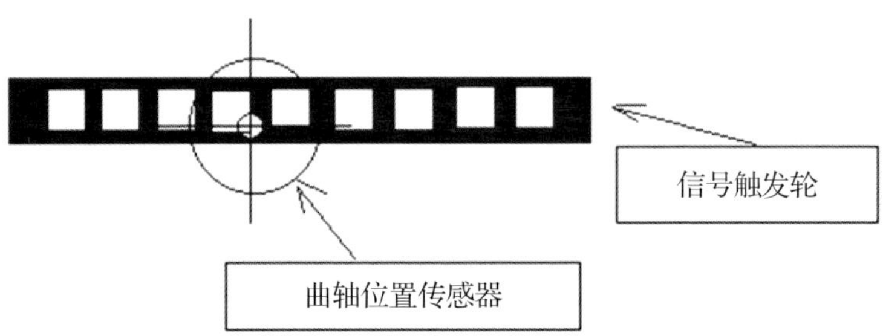

图 7–32

置传感器和触发轮不能对正的原因是更换一个副厂的缸体。因为该缸体的加工精度不够，造成曲轴位置传感器与触发轮之间的相对位置错位，造成曲轴位置传感器不能正确拾取曲轴位置信号，形成此车的启动困难故障。

要想彻底排除此故障，最好的办法是重新换一正厂的缸体，但本着节约时间和资金的原则，试着把曲轴位置传感器的限位台阶用锉进行修改，使其传感器的探头尽量靠近曲轴位置传感器的触发轮。

在改装过程中，当测量曲轴位置传感器的波形时，发现时有时无，估计原车上装用曲轴位置传感器内部线圈存在匝间短路，于是又重新用一新传感器进行改装。经过试验，当曲轴位置传感器与触发轮的间隙缩小到 0.5mm 左右时，启动困难现象消失，装复机械部件后交车。

3 天后打电话回访，车主回复启动困难故障没有再次发生，确认该车故障彻底排除。

案例 14：海马福美来偶发性缺缸

车型：配置 1.6L 发动机，点火形式为 DIS 形式，已经行驶 240000km。

故障现象：发动机抖动严重，从排气管出口可以感觉到有节奏地吹手，直观确认是发动机缺缸。

用解码器读取故障码，显示为多缸失火，是哪一个气缸失火，没有明确的故障码。

此车点火线圈为 3 线式点火线圈，也就是带功率放大模块的点火线圈。3 根导线的作用分别是 2 根电源线，1 个信号线。1 缸、4 缸共用 1 个点火线圈，2 缸、3 缸共用 1 个点火线圈。

我们用示波器观察次级点火波形，发现 1 缸、4 缸没有正常的次级波形，而 2 缸、3 缸有正常的点火波形，实际情况如图 7–33 所示。

进一步检测点火线圈的输入信号，发现 1 缸、4 缸点火线圈有方波信号，2 缸、3 缸点火线圈也有方波信号，不过这两个信号在幅度上有明显的区别，1 缸、4 缸波形高，2 缸、3 缸波形低，实际情况如图 7–33 所示。

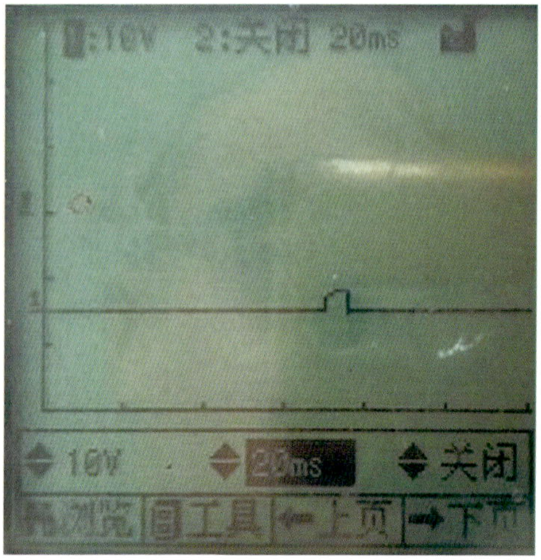

正常点火波形

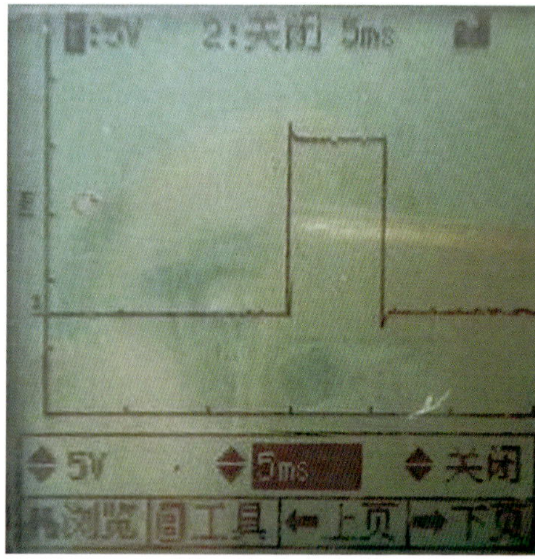

拔下点火线圈后波形

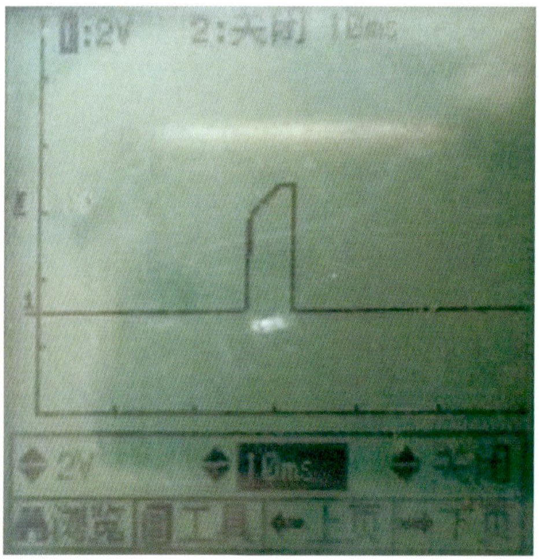

新换上点火线圈波形

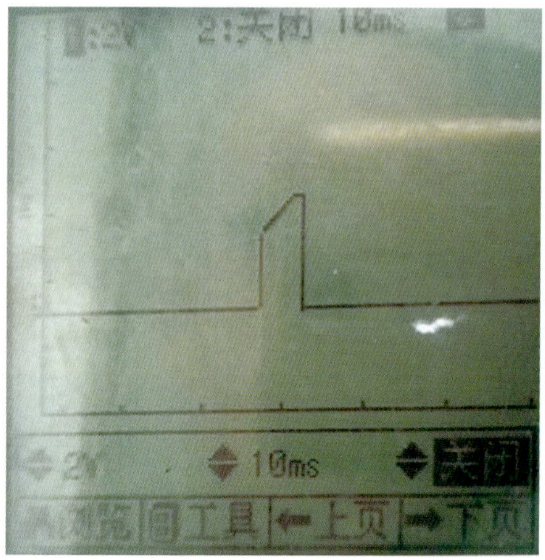

原车点火线圈波形

图 7-33

再用示波器检测两个点火线圈的供电，正极和负极供电正常，由此判断 1 缸、4 缸点火线圈损坏。

更换点火线圈后，发动着车，发动机运转平稳，再次用示波器检测波形，发现一个奇怪的现象，1 缸、4 缸点火线圈的驱动信号固定在屏幕中间，而 2 缸、3 缸点火线圈在屏幕上不断移动。这是为什么呢？

仔细观察发现，1 缸、4 缸点火线圈的方波幅度稍高，而 2 缸、3 缸点火线圈驱动信号幅度稍低，触发电压刚好在临界值，我们把触发电平向下调整后，2 缸、3 缸的波形也可以固定在屏幕中间了。

总结：该车故障是因为点火线圈损坏，导致发动机缺缸，在测量时发现故障点火线圈的波形幅度偏高，正常的点火线圈驱动波形偏低。

信号幅度偏高的原因可能是线圈内部出现断路，此车线圈内部带功率放大电路，线圈端驱动模块是下拉电路，发动机电脑端是上拉电路，如果下拉电路断路，由此，波形幅度自然会升高。

通过此车的维修，我们学习到信号波形分析的重要性，不一定有信号且幅度大的工作就一定正常，而是第一要有信号波形，第二信号波形的幅度是有一个正常范围的，它是发动机电脑与点火线圈驱动模块共同作用的结果。有正常波形输入，没有正常波形输出，就极有可能是点火线圈损坏。因为我们还要排除高压线漏电和火花塞漏电的可能，以及一些其他可能影响点火次级波形的因素。

案例 15：雪佛兰乐驰发动机抖动

车型：雪佛兰乐驰，2010 年生产，已经行驶 100000km，发动机排量 1.0L。

故障现象：发动机怠速时明显抖动，用手摸排气管排气气流，有明显的不均匀排气现象，加油门到 3000r/min 左右时，发动机工作恢复正常状态，低于 1500r/min 时，开始有明显抖动。用解码器检测，读取故障码，显示系统正常无故障码，观察数据流，也没有发现明显异常。此车在其他修理厂维修多次，进行了进气道积炭清洗，没有能排除故障。

因为没有故障码的提示，只能根据故障现象结合维修经验进行检查。根据上述故障现象，我们怀疑混合气调节有问题，我们再次用解码器读取数据流，观察长期燃油修正为 16%，短期修正为 0。根据以上两个数据分析认为，此车的混合气调节确实有问题，需要 ECU 给出较大的加浓量，才能保证发动机的运转。于是，我们用汽油压力表检测了汽油压力，发现汽油压力为 380kPa，观察 0.5h 以上，没有明显下降，确认汽油压力没有问题。

再用解码器读取节气门位置传感器的数据，发现在怠速状态下，有 10% 的开度，分析认为，可能是怠速位置数据异常，引起 ECU 不能正确识别怠速状态，进而引起混合气调节故障。调节节气门限位螺丝后，使节气门位置传感器的信号电压为 0.35V，这样节气门开度也变成 0，再次着车试验，结果发动机抖动故障仍旧存在。

用示波器检测氧传感器的波形，如图 7–34 所示。

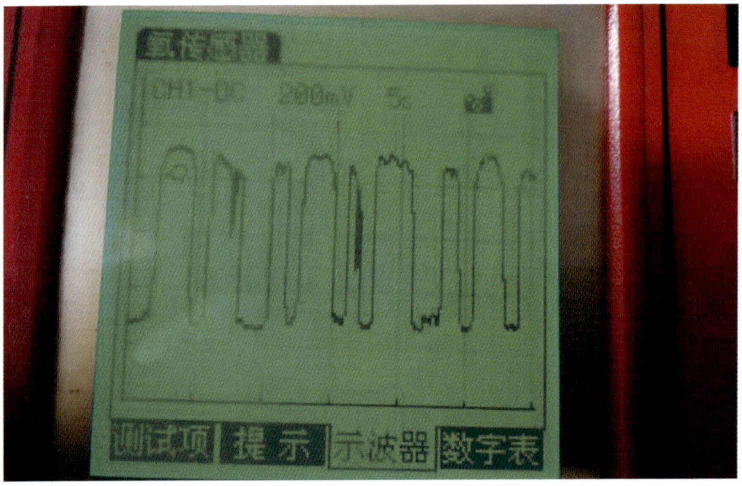

图 7–34

从波形上可以看到，发动机转速波动时，氧传感器的波形也出现周期上的错乱。根据以上检测结果，我们怀疑此车的混合气调节有问题。因为混合气调节异常，引起发动机燃烧不良，进而引起发动机怠速抖动。

凭直观感觉，怀疑是喷油器雾化不良引起的。因为高速时进气气流速度较快，使雾化不良缓解。于是拆下喷油器来进行清洗，装复后，再次发动着车试验，结果故障现象仍旧存在。既然清洗喷油器不能解决问题，我们从混合气调节入手，在怠速着车状态下，试着给进气管喷入化油器清洗剂，模拟混合气加浓，加浓后发动机仍旧有明显抖动。为了排除故障，我们直接更换 4 个新喷油器试验，故障现象没有改变。

经过以上的维修和检查，我们开始怀疑诊断方向出现错误，当前故障应该不是喷油雾化不良引起的。于是，把目光转向点火系统，拆下高压线检测，电阻为 1.5~5kΩ，在正常范围内。拆下火花塞检查，测量中心电极的电阻，有一个火花塞为 2MΩ，明显偏大。再检查另一个火花塞时发现一个奇怪的现象，火花塞的外形如图 7–35 所示。

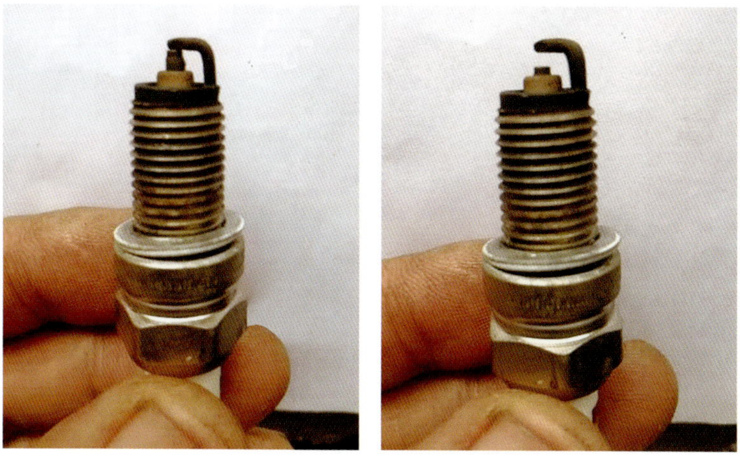

图 7–35

从图中可以看到，中心电极与旁电极直接接触上了，这不是奇怪的，奇怪的是旁电极并没有向下弯曲并保持 90° 的角度，怎么可能与中心电极接上呢？

拿起这个火花塞反复晃动，发现中心电极已经松动，与陶瓷绝缘体之间可以随意串动，也就是说在发动机着车状态下，中心电极的电极间隙是不断随着发动机振动而变化的，这样就必然导致燃烧不良，从而引起发动机抖动的故障现象。

重新更换 4 个新火花塞后，再着车试验，发动机工作恢复正常，怠速情况下平稳运行，加速有力，试车后再次用解码器观察数据流中的长期燃油修正数据，也变成 3% 了，再次用示波器观察氧传感器工作波形，如图 7–36 所示。

氧传感器信号电压波形恢复到正常状态，每个波形之间在时间上是较为均匀的，到此故障排除。

总结：该车故障是因为火化塞损坏引起，但这种损坏形式在我多年的修车中从未遇到过，应该是配件质量问题。

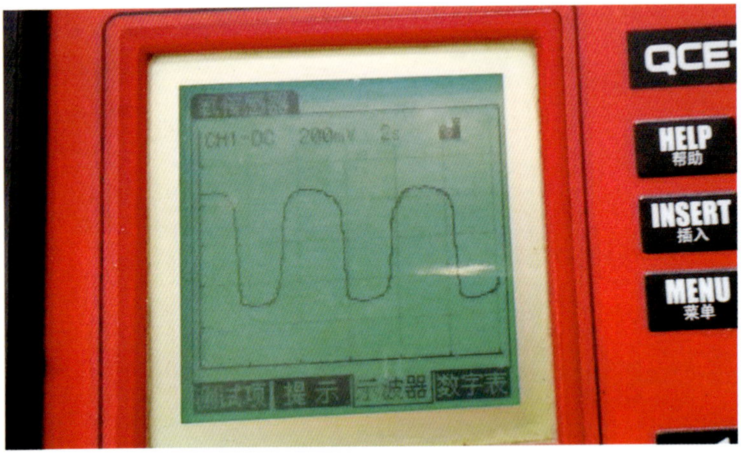

图 7-36

长期燃油修正数据出现较大偏移的原因是因为火花塞中心电极松动，引起高压电火花间歇性短路，导致不做功。未经燃烧的混合气直接排到排气管后，其中的氧气被氧传感器检测到，氧传感器输出小于 0.45V 的电压，该信号只说明有氧气较多出现，不等于混合气稀，把错误的混合气过稀的信号送给了 ECU，于是 ECU 不断循环加浓，最终导致 16% 的数据出现。

刚开始时我们怀疑混合气调节有问题，这是错误的诊断方向，最后在检查火花塞时发现故障点，才回到正确的思路上来。通过本案例要吸取的教训是，点火系统故障也会引起燃油修正方面的数据变化，氧传感器只对氧气敏感，缺火故障会导致 ECU 误判为混合气稀。

案例 16：索纳塔换挡异常

车型：2009 年 11 份生产的索纳塔，装用自动变速器。

故障现象：变速器无法正常换挡，在行车时有时 4 挡突然降下，刚开始时，是热车出现故障现象，冷车基本正常。

用解码器进入变速器系统，读取故障码，显示为 P1630，解释为 CAN-BUS 关闭；P1631，解释为 CAN-TIME 输出 ECU。发动机系统故障码：P0700 变速器控制系统故障，P0600 串行通信链路故障。清除故障码后，再次读取故障码，变速器内的 P1631 会再次出现。进入数据流功能，观察发现，节气门的开度始终为 0 不变化，而且，发动机转速始终为 3000r/min。

怀疑是发动机电脑和变速器电脑 CAN 数据传递出现故障，变速器电脑无法利用来自发动机的数据进行换挡控制，形成上述故障。为了验证这一想法，拔下变速器电脑后，在变速器电脑插头线束侧 CAN 引脚位置用示波器观察波形，如图 7–37 所示。

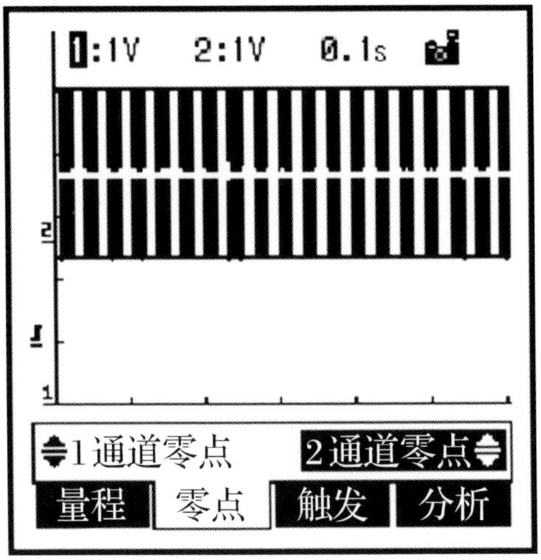

图 7–37

既然有正常的数据波形，说明发动机电脑是正常的，可能问题发生在变速器电脑内部。为了谨慎起见，将两块电脑拔下后，用万用表测量了发动机电脑插头处的 CAN 端子（线束侧）与变速器电脑 CAN 端子（线束侧）的导通性，结果导通正常且不对地或对正极短路。根据以上的检测结果，分析认为，既然可以从 CAN 线上看到波形，说明两块电脑都是好的。

再从驾驶员脚踏板右上方找到发动机电脑，拆下后检查，发现发动机电脑的电路板上有一块凹下去的坑。此车为二手车，可能以前出过事故，估计问题是发动机电脑引起，因为外观上有明显的问题。于是定购一块发动机电脑，装到车上后，试车，故障现象仍旧不能排除。用解码器检测，仍旧是原来的故障码。

难道是变速器电脑坏了，因为不就是两块电脑通信吗？不是发动机电脑就是变速器电脑损块。于是再定购一块变速器电脑，没有想到的是装上去后，仍旧是故障依旧。

再次分析 P1631 故障码，到底是什么含义。查阅资料，从图纸上看，还有 ABS 电脑也在 CAN 线上接着，是不是我们看到的波形是由 ABS 电脑产生。

将 ABS 电脑插头拔下后，再分别拔下发动机电脑插头，仅插上变速器电脑插头，然后从发动机电脑插头的线束侧用示波器检测 CAN 的信号波形，如图 7–38、图 7–39 所示。然后拔下变速器电脑插头，插上发动机电脑插头，从变速器电脑插头线束侧，测量 CAN 线上的波形，如图 7–40、图 7–41 所示。从图中可以看出，没有测量到正常的由发动机 6 号脚输出的 CAN 波形，这时再检测此信号线对地不短路，并且从两块电脑插头处测量电阻，导通正常。到此，确认了故障原因是发动机电脑未输出 CAN 信号。

重新在发动机电脑插头的线束侧（背面）用示波器检测，结果仍旧没有波形出现。把发动机电脑盒盖打开，从电路上对应插针的位置焊出两条导线，在后接导线上观察到了正常 CAN 波形，而从电脑插头的线束侧测量不到，很明显问题是发动机电脑插头接触不良。对其进行处理后，装复电脑进行试车，一切恢复正常。用解码器读取故障码，也显示系统正常，观察数据流，显示怠速状态下节气门开度为 12.55%，踩下加速踏板，此数据随节气门开度增加而增加，并且发动机转速也不再是始终 3000r/min，而与实际转速一致了。

为了验证故障到底是不是因为电脑插头接触不良引起的。把两块旧电脑重新装复，再试车，也恢复正常，确认，此车故障就是因为电脑插头接触不良引起的。

总结：刚开始误判的原因可能与没有拔下 ABS 电脑插头有关。因为 ABS 电脑插头也时时往 CAN 线上传递着 CAN 波形，造成我们误认为是 ECU 传送到 CAN 线上的波形。对于这一问题，到最后才想清楚。我们再查图纸，也发现 2009 年的车，应该是 ABS 电脑信号也在 CAN 上传输，但没有最终用示波器验证这一问题。以后遇到此类问题，也可以采取切断 ECU 电脑插头处的

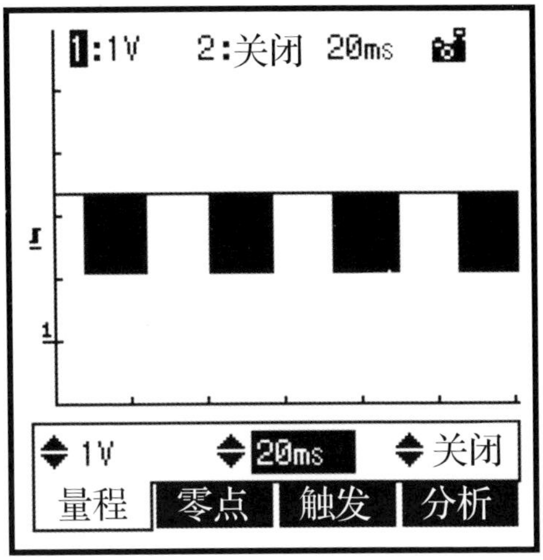

发动机电脑 6 号脚线束侧，变速器电脑 4 号脚

图 7-38

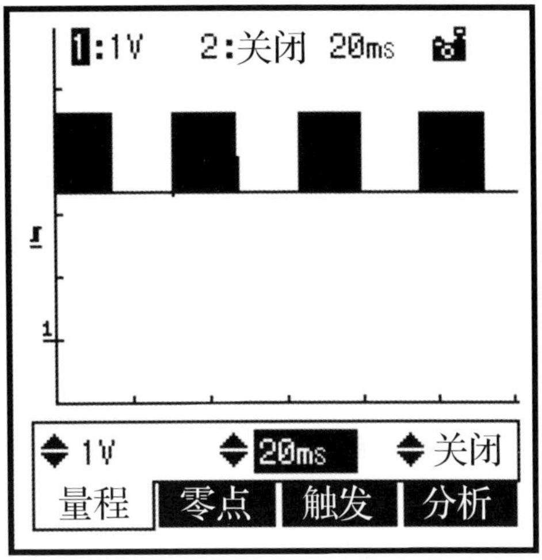

发动机电脑 7 号脚线束侧，变速器电脑 3 号脚

图 7-39

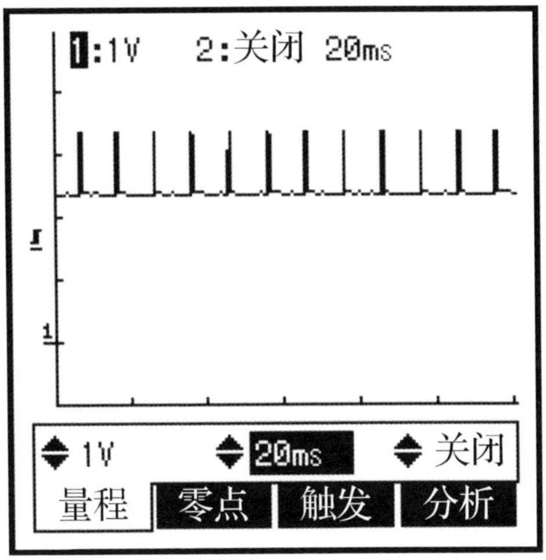

变速器电脑 3 号脚线束侧，发动机电脑 7 号脚

图 7-40

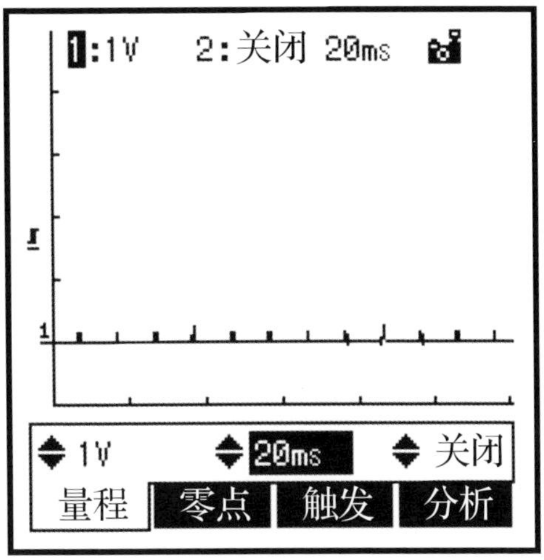

变速器电脑 4 号脚线束侧，发动机电脑 6 号脚

图 7-41

CAN 导线的方法，为断定是不是电脑插头接触不良。问题的思路窄了，就容易出现误判。

因为此车型为自动变速器的配置，在我们当地比较少见，配件方面及技术方面都不熟悉，造成此车的误诊。

CAN 的波形是从每一块参与 CAN 的电脑内部发出的，当有通信存在时，波形的宽度会变化，但幅度不会变化。为确诊故障，必要时可以切断该电脑与 CAN 的连接，以区分是否从电脑往外输出的信号。

案例 17：威志发动机故障灯偶尔点亮

车型：配置 8A 发动机、日本电装电控燃油喷射系统。

故障现象：据车主反映，此车发动机故障灯偶尔点亮，同时会出现低速行车不稳现象。接车后，经过试车，发现确实如车主所述。当挂低挡时，不加油门状态下，车速轻微蹿动，如果加大油门时行驶正常。

用解码器读取故障码，有 P2136 故障码（节气门 / 加速踏板传感器相关性错误），再用解码器读取数据流，发现在故障出现时，数据流中的节气门开度会自动增加和减少，这时也会出现车速的轻微蹿动。因为是间歇性软故障，当我们检测时，有时一切正常，有时故障会出现。决定用排除法，先从简单的原因查起，因为看到了节气门开度的变化，怀疑是节气门插头接触不良或节气门本身有故障，相对节气门插头比较便宜且可靠性也相对较低，所以先更换节气门插头，然后经过几天的试用，故障重现，可以排除节气门插头的因素。

再次分析 P2136 故障码，对于此故障码，解码器的解释有些模糊，有的解码器解释是加速踏板位置传感器的问题，有的解释是节气门的问题。所以，也有可能是加速踏板位置传感器信号出现问题，发动机电脑为了响应加速踏板位置传感器的信号做出了主动调整节气门开度的指令。

我们怀疑是线路搭铁存在故障，接着检查车上的搭铁线，发现有点小问题——在左前减震器上方的搭铁线的固定点上，发现喷漆涂层没有清理干净，存在搭铁不良，对于此处进行清理后暂时交车，又经过几天的试用，故障再次重现。

此车故障如果是线路方面的原因，按理就能看到输入信号方面的问题。于是，我们用示波器观察节气门位置传感器的输出信号，在着车时和熄火时两种状态下分别测量，得到波形，如图 7-42、图 7-43 所示。

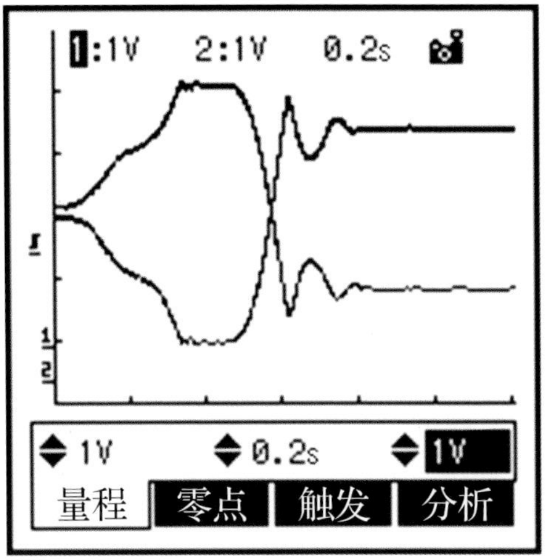

图 7-42

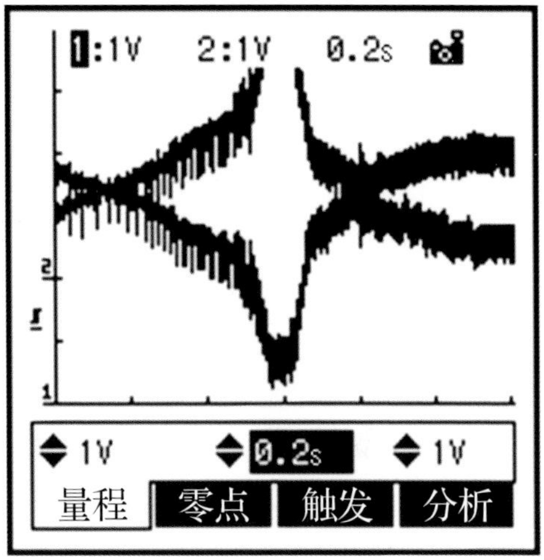

图 7-43

从波形上看，图 7-42 是在熄火状态下测量到的节气门的两个信号，图 7-43 是在着车状态下节气门的两个信号。此车的节气门内部有两个位置传感器，这两个位置传感器输出的信号是两个相反方向变化的信号，是一种冗余设计，目的是为了增加信号的可靠性。因为节气门位置传感器的信号是重要的输入信号，一旦出现偏差，有可能会引发发动机转速失控，会涉及行车安全，所以在设计时为了增加可靠性，系统采用两个位置信号，这两个信号相互对比，只有在正常的变化规律下，发动机电脑才做出相应的输出控制，系统检测到两个信号所表达的信息不一致时，就会保护性地退出正常工作模式，进行保护模式，限制发动机输出功率。

从不着车和着车两种状态下的信号波形上看，这种交叉的变化规律是正常的，但着车后，信号波形上附加了许多毛刺，这些毛刺意味着着车后有干扰信号出现，如图 7-44、图 7-45 所示。

着车后有干扰信号出现，但干扰来自哪里我们不知道。根据经验知道一般情况下汽车电子干扰分为以下几个干扰源：

（1）电感性负载工作时引起的干扰。

（2）电源引起的干扰。

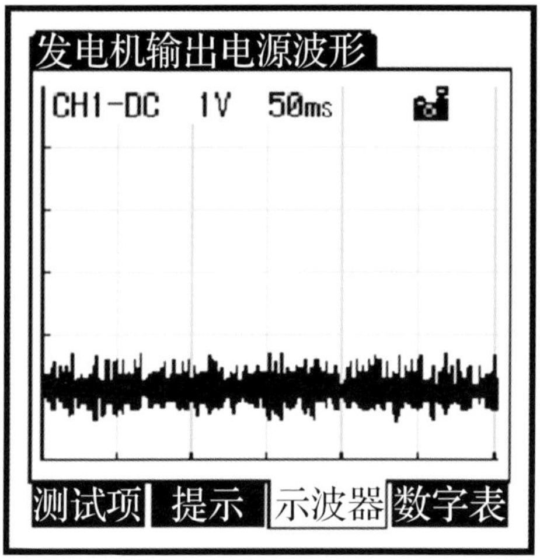

维修前发电机输出端波形

图 7-44

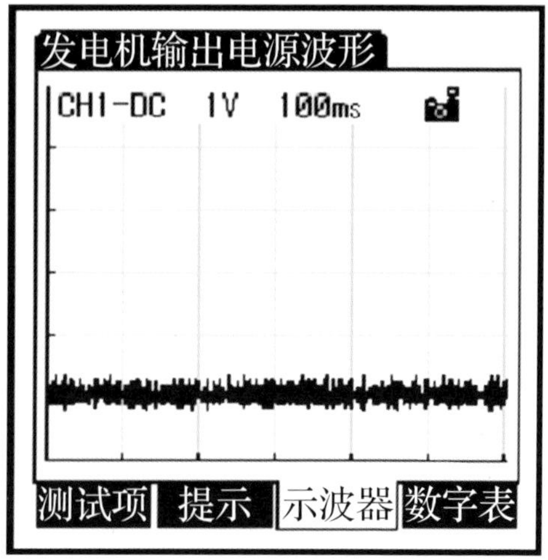

从发电机正极到蓄电池正极加装一粗导线后波形

图 7-45

（3）点火系统引起的干扰。

在遇到故障时，如果我们怀疑是干扰可以从以上 3 个方面进行分析，从示波器的波形上可以把幅度与频率结合起来进行分析。

我们可以结合发动机的转速，看是否与点火频率相关，经过分析确认与发动机转速相关。根据以上总结，结合实际测量的信号波形，认为此车是发电机引起的干扰。我们从蓄电池正极到发电机正极之间，重新加装一条较粗导线后，再测量着车前后的节气门位置传感器信号波形，如图 7–46、图 7–47 所示。着车前后两个节气门位置传感器输出的信号波形，可以看出以前的杂波消失了。经过多天使用，故障没有再次出现，到此故障排除。

总结：此车故障是因为发电机的火线电阻太大，造成发电机给蓄电池充电时，对发动机电子控制系统形成了电子干扰，引起此故障。

加装导线后，降低了发电机到蓄电池之间的电阻，因为蓄电池吸收杂波更加彻底，发动机电子控制系统稳定工作，所以不再出现故障。此车的负极搭铁线接触不良也是故障点之一。

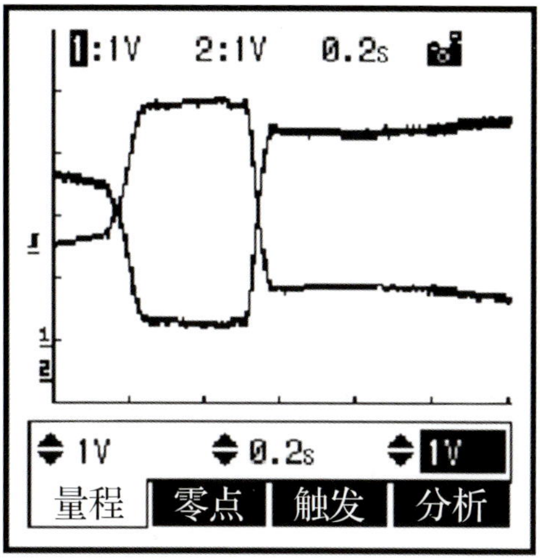

着车状态下急加速波形

图 7-46

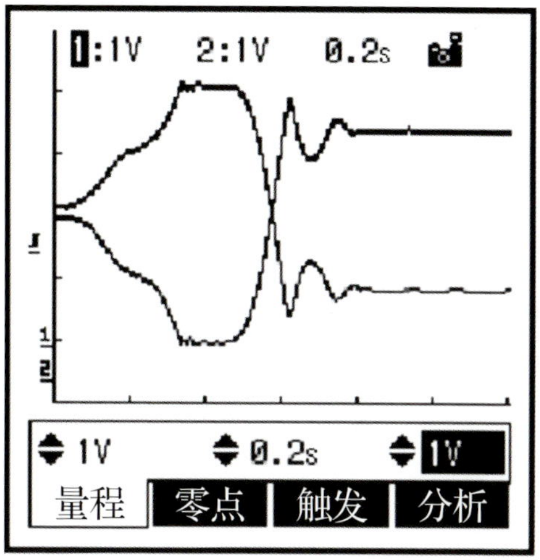

熄火状态下用手扳动节气门后的波形

图 7-47

案例 18：奇瑞 A518 小灯工作异常

故障现象：打开小灯后，小灯有时自己会闪烁。

此车带有车身电脑，用解码器进入车身系统，读取故障码，显示系统正常。再读取数据流，显示小灯信号有时激活，有时不激活，但实际上没有操作小灯开关（开关一直处于打开状态）。

因为没有电路图，只能一步一步检查，当小灯闪烁时，可以听到车身电脑内部的继电器动作的声音。拆下车身电脑，打开外壳后，发现里面有 8 个微型继电器。当继电器动作时，用听诊器确认是其中一个继电器在动作。同时还可以在发动机室内听到继电器动作的声音，发动机室内保险丝盒上也有一个小型塑封继电器，跟着小灯的闪烁频率在动作。

继电器动作，说明继电器线圈得到电源不断吸合断开，才能出现响声，从电路板上找该继电器的线圈引脚，沿此引脚向前测量，找到是一个芯片（2003）控制着继电器，再找到此集成电路的输入端，测量集成电路输入端信号，发现输入信号电压也是随小灯亮灭的变化电压。也就是说，集成电路的输入端也接收到了信号，才驱动微型继电器动作的。再往前走还是另一块逻辑集成电路，然后通向 CPU。

集成电路板上微型继电器线圈的引脚上电压波形如图 7–48 所示。

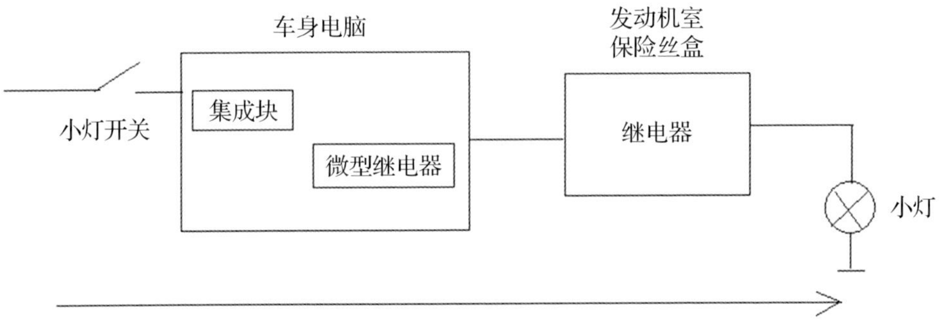

图 7–48

经过以上初步检查，找出此车小灯控制的相关线路图结构。

到底是哪一环节出现了问题，需要用设备定位。读取数据流，当打开小灯后，数据流中小灯控制显示为激活，出现故障时，在激活和不激活之间来回变化。由此分析，可能是小灯开关给车身电脑输入的信号出现了问题。

从小灯开关处进行检测，发现开关处为一个脉冲信号，当不开开关时，此信号为脉冲波；打开开关后，信号电压变成 0 V 的一条直线，波形如图 7–49 所示。

此时车身电脑的内部继电器工作，小灯点亮，当出现故障时，此信号有变化，如图 7–50 所示。

这种变化说明可能小灯开关内部触点出现接触不良，产生了错误信号，此信号造成小灯误动作。我们拆下小灯开关后，检测在小灯打开后触点间的电阻为 10.3 Ω，如图 7–51 所示。

仔细观察发现，触点表面发黑，可能是氧化后出现接触不良，用砂纸打磨触点后，重新装复试验，小灯误动作的现象不再出现，故障排除。

总结：此车故障是因为小灯开关接触不良引起的，刚开始时怀疑开关接触不

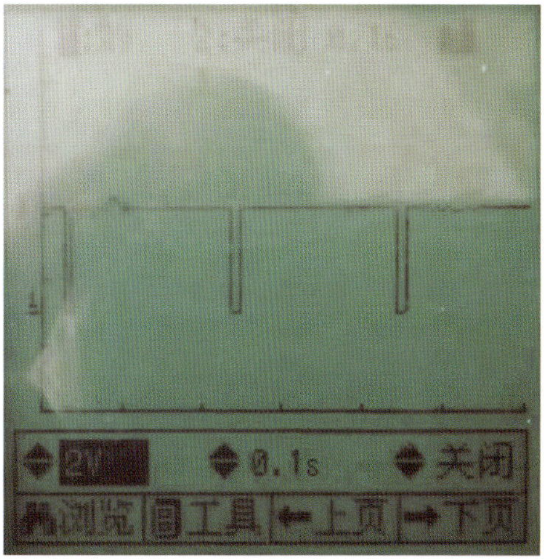

图 7-49

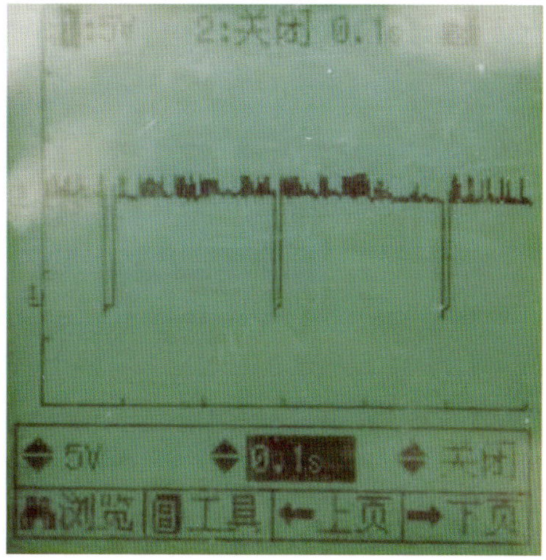

图 7-50

图 7-51

良的原因是，打开小灯后，反复打开关闭小灯，没有出现故障现象，而是在打开小灯几分钟后，才出现现象，怀疑是车身电脑内部的电子元件工作不稳定引起的。

因为没有找到线路图，在检测过程中，我们用示波器一步一步检查，直观到了出现故障时的波形，可以沿此波形一路向上，直到找到故障点。用示波器追踪故障是一个直观方便的检测方法，在诊断偶发性故障时，效率比较高，也比较准确。

基本确定故障后，我们用万用表检测触点电阻，最终确认故障，正常情况下触点闭合后电阻应小于 0.5Ω。

案例 19：2008 年 QQ6 发动机故障灯亮且加不上油

车型：SQR7110S216，发动机型号为 SQR472F，电控系统为玛瑞利，点火系统为 DIS 系统，配装的是全电子控制节气门，没有节气门拉线，发动机电脑型号 MM61601C。

故障现象：发动机故障灯亮且加油无反应。

此车因为涉水，在其他修理厂进行维修，因为此故障，更换一块新的发动机电脑和一个新节气门后，仍不能排除故障，转到我们修理厂维修。接手后，发现全车的线束几乎全部动过，发动机室内的发动机插头全部是剪断后接到一起的。仪表台也拆下了，现场的情况十分杂乱，几乎让人头痛欲炸，如图 7–52 所示。

用解码器读取故障码，显示有两个故障码：一个是“P0121”，解释是节气

图 7–52

门信号 1 故障；另一个是“P0340”，解释凸轮轴位置传感器电路故障。本着先易后难的原则，用万用表测量传感器的 5V 供电，正常。再用示波器测量凸轮轴位置传感器的波形，为一条电压为 0V 的直线。检查凸轮轴位置传感器触发轮，转动正常，确认为传感器损坏。更换一新传感器后，再用示波器检测波形，有了正常的信号波形。这时再用解码器清除故障码，故障码“P0340”可以清除掉，只剩下“P0121”。试着加油，加不上油的故障现象没有改变。接着用万用表检测节气门上的两个信号线，与发动机电脑之间的连接关系正常，进一步把发动机电脑打开，测量到两个电子节气门位置信号电压都送到了发动机电脑内部相关的端子的电路板上，可以确认信号线路正常。并且，该车在送来的时候就已经更换了一块新电脑，现在也在车上，我们更换这块新电脑，故障现象跟原车电脑一样，并且也有故障码“P0121”。借用奇瑞专用解码器，对节气门进行匹配，故障现象没有改变。

既然发动机电脑中的关于节气门信号电压 1 的故障码无法清除掉，是不是说明节气门信号 1 的电压确实超出正常范围呢？

让我们的同事用万用表测量节气门信号 1 和 2 的电压，如表 7–8 所示（用万用表在发动机电脑插头处测量，万用表负极接在电脑的负极端子上）。

表 7–8

状态	新节气门		旧节气门	
	全闭	全开	全闭	全开
信号 1	0.78V	4.22V	0.80V	4.27V
信号 2	3.69V	0.28V	3.65V	0.19V

结合表中的数据，分析认为，节气门和发动机电脑都已经更换成了新的且故障现象一致、故障码一致，说明这两个配件损坏的可能性比较小，很有可能是线路问题引起的，节气门信号 1 的数据可能有问题。

虽然我们手中没有标准数据，但凭以前的经验感觉电压偏高。直观感觉如果这个信号电压能降低的话，就可能会排除故障。将车发动着，仔细观察发现，在怠速状态下，节气门打开一个小的缝隙，通过表 7–8 的测量也发现，节气门信号 1 的电压是随着节气门开度增加而增加的，如果反方向让节气门阀片往小的开度方向转动，则有可能会清除故障码，虽然不一定排除故障，但可以使故障范围缩小。经过试验，用手逆向扳动节气门阀片的同时，试着用解码器清除故障码，发现仍旧无法清除故障码。

我们再在节气门插头处用万用表测量节气门的两个信号电压，在怠速状态下为信号 1 的电压是 1.3V，这一结果跟表 7–8 中的测量结果相差 0.38V，这是为什么呢？与同事核对后发现，当万用表负表笔在蓄电池负极测量到的电压是 1.3V，而当把万用表负表笔移到发动机电脑的负极上时，发现为 0.78V。再进一步测量发动机电脑的负极线对蓄电池负极的电压为 0.4V，是不是这 0.4V 的电压影响到输入发动机电脑的信号电压，让发动机电脑存上故障码呢？

于是，试着将发动机电脑的负极用一根导线直接接到车身搭铁，这时可以清除关于节气门的故障码，并且在不着车的状态下，踩下加速踏板时，节气门阀片开始在电机的带动下转动。说明节气门电机开始正常动作了，发动着车后，加不上油的故障现象消失，发动机可以轻松加速，到此故障排除。

故障排除后，我们在发动机室，将万用表负表笔接到蓄电池负极上，测量节气门上 6 根线的电压，如表 7–9 所示。

表 7–9

脚号	线色	怠速	全开	功能
1	蓝黑	0.90V	4.76V	节气门信号 1
2	橙	4.97V	4.97V	5V 参考电源
3	蓝黑			电机 1
4	灰黑	4.08V	0.22V	节气门信号 2
5	黄黑			电机 2
6	白黑	0V	0V	负极

表 7–9 中的数据，可以用作以后维修时的参考。为了收集更多的信息，我们还将维修前后节气门信号在示波器上的波形记录下来，如图 7–53、图 7–54 所示。

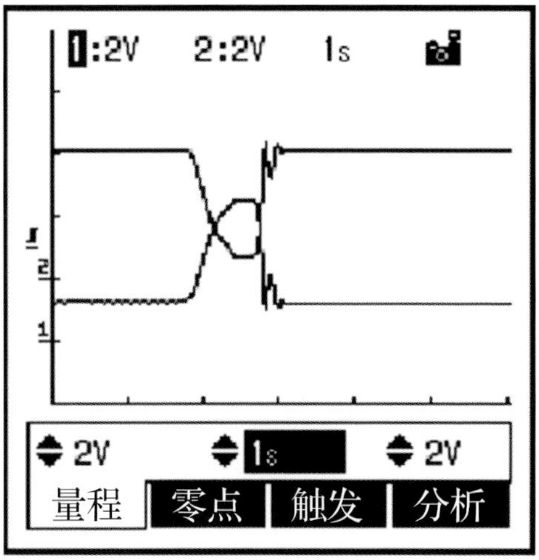

维修前开点火开关不着车

图 7-53

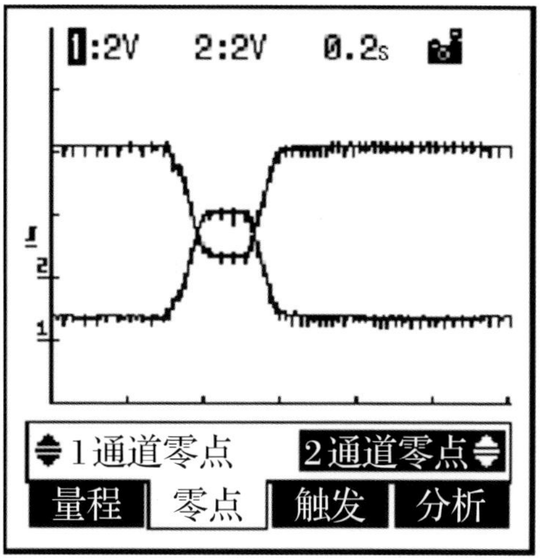

维修后着车怠速状态

图 7-54

从示波器的波形上也可以看出，在维修前，节气门信号 1 的电压在怠速位置时超过了 1V，而维修后，节气门信号 1 的电压为 0.9V 左右。证明维修前确实存在节气门信号 1 电压过高的故障。图 7-53 中信号线上的毛刺是点火系统的干扰，不影响发动机正常工作。

总结：此车故障是因为节气门位置传感器信号 1 的线路出现故障，引起加不上油的故障。事后分析此车的故障现象，我们得出这样的结论，为了充分利用传感器输出的信号电压的范围，所以一般情况下，节气门的信号电压在怠速时应该在 1V 以内，这样才能充分利用整个 0.5~4.5V 之间可以利用的信号取值范围。此车在之前是 1.3V，由此判断该信号电压偏高，这是我们找到问题突破点的重要思路。在此基础上，我们的收获是遇到疑难故障，当没有标准数据可以参考时，凭着我们多年的积累，利用上述原理分析，再结合实践经验，这些都起到了非常重要的作用。同时更加难得的是站到设计者的高度去分析问题，与设计者对话，因为故障码本身就指向此处。一旦找到问题着手点后，解决起来就比较简单了。

在排除此车故障时，确实费了不少周折。因为没有标准数据可以参考，并且在此之前的修理厂已经更换了新电脑和节气门，仍旧不能正常工作，最主要的是全车线路都经过维修，涉及范围比较广，所以排除故障有一定难度。

此车两个节气门位置信号的变化规律是交叉型的，当节气门从小到大增加开度时，信号 1 电压由 0.90V 增加到 4.76V；信号 2 的电压则由 4.08V 降到 0.22V，这两信号电压保持精确值，以相互验证。只有保持精密的对应关系，发动机电脑才认为节气门信号开度是可信的，一旦出现不遵循上述规律时，则发动机电脑判定节气门信号出现错误，为了避免“惊车”，对节气门开度进行保护性限速，防止出现事故。

8 网络通信类故障

▶8.1 网络故障的基础知识

汽车从20世纪90年代开始，出现了电子控制系统。我所遇到的车型中，最先出现的电子元件是用于发电机中的大功率整流二极管，接着出现的电子设备是收音机，后来出现发电机中的电子调节器，再后来出现电子点火模块。最早的电子控制系统是电控燃油喷射系统。到现在市场上的新车型中，我们可以说是没有一套机械系统不受电子控制的，制动有ABS系统，方向助力也有全电子控制不带液压的助力系统，甚至发展到最后，电动汽车的出现，发动机都可以被电机替代，电子控制系统的发展越来越广泛。

早期的车辆，可能配备电控发动机系统、ABS系统或自动变速器和安全气囊系统，几块电脑相对简单。但随着汽车技术的发展，越来越多的控制系统装到车上，就形成了较为复杂的汽车网络。

汽车电子控制单元出现后，就带来了通信问题，最原始的通信方式是采用指示灯闪烁来与维修人员进行互动，根据指示灯闪烁的规律换成故障码，再根据故障码查表后得知故障说明。随着电子控制系统的复杂化，这种方法很快就被新技术淘汰，变成了用专用设备读取故障码，并且设备内部带有解释故障码的软件，接上解码器后，可以直接通过其显示屏，显示出故障码及其具体含义。

从解码器出现时，就出现了解码器与车辆通信的问题，其实就是两台电脑之间信息传递的问题，它要遵循一定规律，就是通信协议。从维修层面上讲，我们遇到解码器无法与车载电脑通信问题，就要考虑4个方面的问题：①车辆控制模块本身内部故障。②通信线路故障。③检测设备本身故障。④软件协议不一致故障。

早期的车辆控制单元数量比较少，以奥迪车为例，在 2002 年以前，使用 K 线通信，在 2002 年出现了双 K 线，即因为控制单元数量的增多，多个控制单元共用一条通信线造成与解码器之间通信缓慢的问题，其具体的变化如图 8–1 所示。

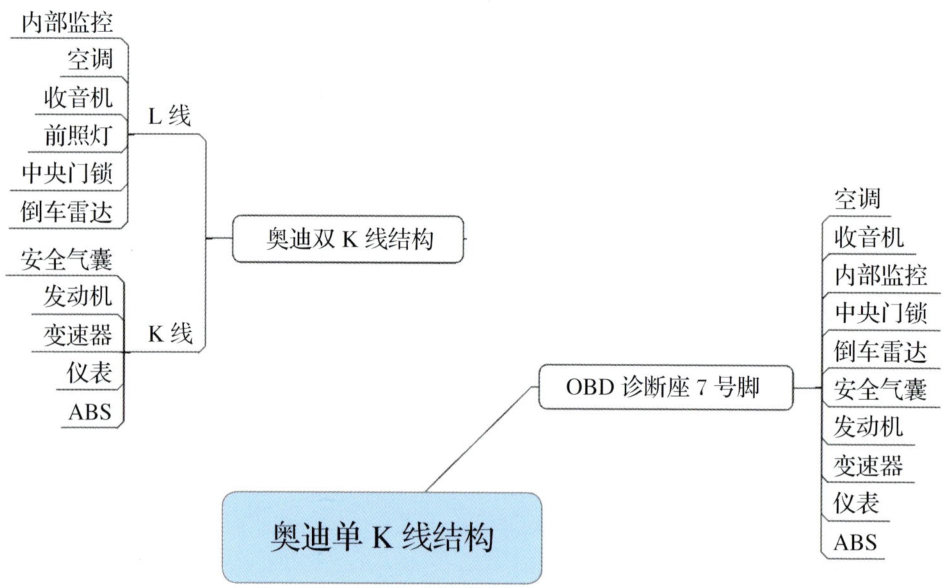

图 8–1

汽车电子控制技术进一步发展，控制单元不断增多，双 K 线还是存在通信速度过慢的问题，就出现 CAN 通信系统，每一个控制单元都通过双绞线与外部进行通信，这时就出现汽车网络。一般来讲，汽车网络可以分为 3 个系统，动力网、舒适网和娱乐网。这是大众奥迪车系所采用的名称，虽然不同车系使用不同的称呼，但含义是类似的。其中，动力网负责发动机动力控制与输出，舒适网负责车内空间的舒适性，比如空调及灯光、中央门锁系统等，娱乐网指的是音响与视频播放系统。不同的网络，CAN 工作的频率不一样，并且网络的组成也因车而异，描述网络中各个电脑通信连接关系的图叫网络拓扑图。关于网络拓扑图，我们将在以后的章节中具体讲解。

当汽车网络出现故障时，我们可以直接用示波器观察通信线上的波形，正常情况下可以观察到数字方波。与汽车其他电子电路波形不同的是，通信网络的波形是由两个或多个控制单元相互通信所产生的。

下面我们还是通过案例学习一下 K 线不通信故障。

案例：2008 年波罗与解码器无法通信

车型：2008 年波罗两厢轿车，配置 CDEA 发动机。

故障现象：该车来我们厂维修，仪表上的安全气囊灯和 ABS 灯点亮。接上解码器后检测，发现解码器无法与车载电脑通信。遥控门锁工作正常，电动玻璃工作正常，可以正常着车。

用万用表检测诊断座上各脚电压，结果如表 8–1 所示。

表 8–1

脚号	功能	电压（V）	脚号	功能	电压（V）
4	信号地	0	7	K 线	0
5	车身地	0	16	常电	0

很明显，诊断插座的供电电压不正常且 K 线通信信号电压也不正常。查阅电路图后，发现 16 脚常电是通过 S29 保险供电，经过检查，发现 S29 烧断，更换新保险后，16 脚供电恢复正常，但解码器仍旧无法与车辆通信。进一步查阅线路图，发现该车 K 线上还有多个控制单元，现在不通信的问题，应该从以下几个方面着手：

（1）车辆线路故障，导致 K 线对地短路。

（2）某个控制单元内部故障，将 K 线对地短路。

涉及的控制单元有：发动机电脑、ABS 电脑、仪表、收音机等。

根据以往的经验，收音机出现故障的概率比较高，并且我们看到该车收音机是经过改装的收音机，拆下收音机后，拔下收音机插头，再次用示波器检测诊断，电压上升到了 11V。用解码器与车辆通信，解码器可以与车辆正常通信，在通过同时用示波器观察 K 线电压波形，实际波形如图 8–2 所示，到此故障排除。

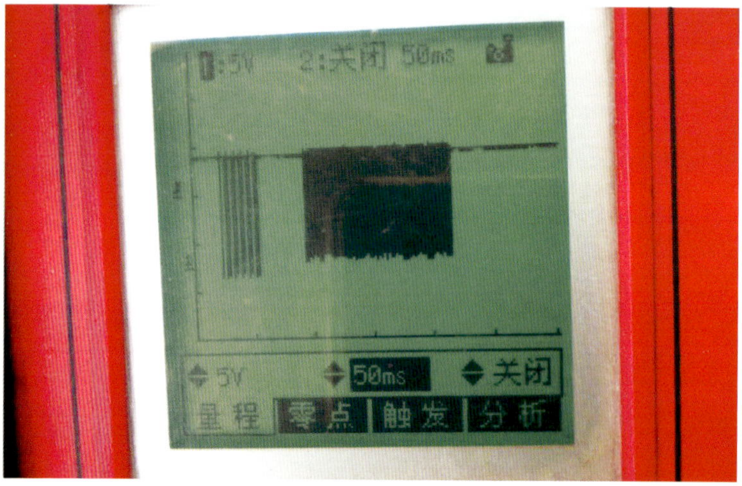

图 8–2

总结：此车故障是因为收音机内部的 K 线对地短路造成的，因为多个控制单元都采用一条 K 线通信，该线对地短路，造成所有控制单元无法通信。

测量的关键是 K 线电压，正常情况下是 11.4V，故障时为 0V。断开蓄电池后，测量 K 线对地电阻为 40kΩ，断开收音机后变成 80kΩ。

诊断此类车型不通信故障，可以把每一个挂在 K 线上的控制单元的 K 线分离开，单独牵一根导线，然后与解码器通信。通常情况下，会解决问题，根据以往排除的此类故障，都是因为 K 线对正极或对负极短路造成的，比如有的是 ABS 电脑内部故障造成的，有的是安全气囊的电脑内部故障引起的，还有的是收音机故障引起的。

诊断座上的 16 脚为 OBD 诊断座供电端，没有此电源解码器也不会进行检测，但可以外接一个电源，要注意外接电源时负极与车身负极相连接，才能让信号形成回路。

诊断此类故障的有效方法是：①测量电压，K 线电压正常为 11.4V。②用临时跨线方法分开 K 线单独通信试验，有这两个步骤，基本就能找到故障原因。因为不可能出现车上多个电脑同时损坏的问题。

▶8.2 LIN 通信线的特点与故障处理

汽车网络通信中除了 CAN 的通信方式外，还有另外一种低成本通信方式——LIN 系统。它的英文是“Local Interconnect Network”，LIN 总线基于 UART/SCI（通用异步收发器 / 串行接口）的串行通信协议，主要用于智能传感器和执行器的串行通信。

LIN 特点是用作主从控制系统，一个主控系统可以带最多 16 个子系统，并且子系统只具备与主系统通信的功能，各个子系统之间无法通信，也不能与 LIN 网络之外的系统模块进行通信。

LIN 一般应用于车门控制系统，比如福特蒙迪欧致胜和克鲁兹的车门电动玻璃控制系统就采用 LIN 控制。

下面我们用案例来学习一下，这样的控制系统出现故障时，如何有效地进行诊断。

案例：2010 年科鲁兹左前门电动玻璃不工作

车型：2010 年科鲁兹，配置手动挡变速器，行驶 60000km。

故障现象：左前门电动玻璃不工作，但拔插电动玻璃插头后，电机会恢复工作一段时间，但时间稍长，故障现象会重新出现。

车主提供信息说，该车的左前门电动玻璃开关和电机都已经更换过，但故障现象没有排除。但只要拔下电动玻璃开关，再插上后，左前门可以短暂工作几分钟。我们经过试验，发现确实如车主所述，拔下电机插头后，再插上，左前门电动玻璃恢复正常，但工作了 5min 后，就又不工作了。

经过检查确认，我们发现只有左前门电动玻璃不工作，其他 3 个车门电动玻璃工作正常。我们用解码器读取故障码，显示有如下故障码“U1534：00”，解释是 LIN 通信线故障。

此车电动玻璃控制线路原理如图 8-3 所示。

从图中可以看到，此车的电动玻璃工作原理如下：

当按下左前门电动玻璃开关时，由开关产生一个信号，由左前门开关的 LIN

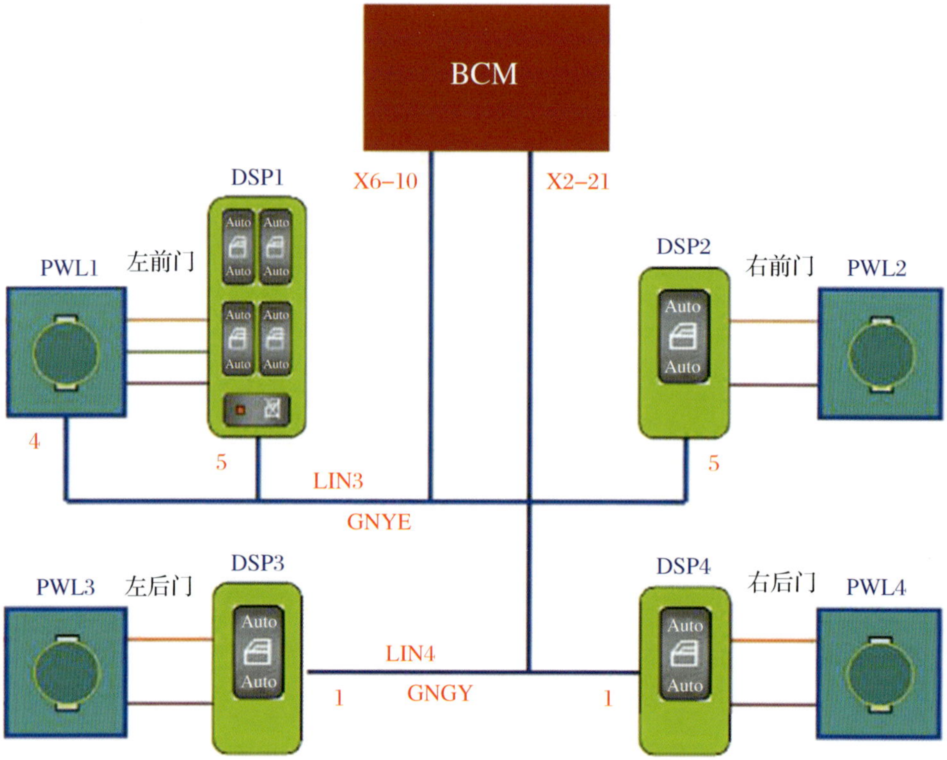

图 8–3

线送出到车身电脑，车身电脑允许后，再通过 LIN3 线送给左前门电机。电机模块经过处理后驱动玻璃升降。按下左前门上的右前门玻璃开关时，信号通过左前门开关 LIN3 线发出，送到车身电脑，再通过车身电脑 LIN4 发送信号给右前门开关，通过右前门开关后，驱动右前门升降电机工作。

分析这个故障码的含义，就是车身电脑发现 LIN 线上有通信故障。该怎样进一步诊断此故障呢？我们用解码器执行元件测试，发现除左前门外，其他 3 个车门可以正常升降，并且观察数据流，从数据流中也可以看到其他 3 个车门的开关动作数据，左前门开关操作时，数据没有变化。用示波器观察左前门 LIN 通信线的波形如图 8–4 所示。

从波形上看，没有明显异常，在操作左前门开关控制左前门电机时，左前

图 8-4

门开关是否输出了正常的信号，无法从波形上看到。波形分析仅能让我们判断此处的 LIN 线是否对正极或对负极短路，以及它是否在传递过程中断路。我们只能结合线路图，进行逻辑排除。

拆开左前门电机观察，发现里面是一块电路板，通过插头控制电机，从电路板上集成块的型号看，这是一个 PIC 单片机控制的电路。我们还观察到有两个电容，是不是这两个电容就是复位电容，每次插上插头，相当于给电路板做了一次复位，刚复位时工作正常，因为电容漏电，造成电路工作不正常，于是再次更换一个新的左前门玻璃电机。并用解码器读取清除故障码，再读取故障码，仍旧显示有 U1534 故障码。经过几次试验，左前门电动玻璃又不工作了，我们试着更换左前门电动玻璃开关，故障现象仍旧不能排除。

根据故障码分析，这个故障码可能涉及 3 个元件，左前门电机、左前门玻璃开关以及右前门玻璃开关，如果往复杂方向分析，还有可能是车身电脑本身故障或是线路有故障，但如何确认故障点成了问题。请教 4S 店的朋友，他告诉我们更为详细的故障码含义解释，如表 8-2 所示。

表 8-2

U1534:00	K9 车身模块 LIN 总线 3 与装置 4（M74D 驾驶员侧车窗电机）失去通信

根据提示，我们还是怀疑左前门电机有故障，但没有充分理由确认。于是再次请教专业师傅，指导我们进行如下实验：分别拔下左前门开关和右前门开关，读取故障码，经实验多了两个故障码，分别是 U1538（左前门电动玻璃开关）和 U153A（右前门电动玻璃开关）。经过以上实验，根据故障的变化，判断车身电脑是正常的，因为它可以准确识别故障元件。为了进一步确认故障，我们在专家的建议下，将原车上连接这 3 个元件的 LIN 线剪断，重新牵一根临时实验线，然后再次读取故障码，仍旧显示 U1534 这个故障码。由此证实，该车故障就是因为左前门玻璃电机引起，牵线的目的是排除线路故障和干扰问题。

经过以上的实验，最终确认，故障点仍旧在左前门玻璃电机上。再次更换一个左前门电机后，装车试验，U1534 故障码不再出现。经过几天试用，电动玻璃工作一直正常，故障排除。

总结：该车故障是因为左前门升降器电机引起，刚开始时，解码器只提供 LIN 线故障，无法精确确定故障部位。该车的 LIN 线的结构特点是左前门玻璃开关、右前门玻璃开关和左前门电机共用一根 LIN 线。

通过这次维修，我们学会如何诊断此类故障。首先要有精确的故障码解释，然后可以通过断开插头的方法制造故障码，来验证 LIN 线路以及车身电脑本身是否有问题。如果通过试验车身电脑本身和线路没有问题，那么故障范围就会大大缩小，故障排除起来就比较方便了。除了采取断开以上 3 个元件插头的方法，我们还可以断开原车的 LIN 线，直接牵一根临时线，来代替原车的 LIN 线，目的是排除线路方面的干扰或者线路连接错误的问题，在此车上应用这个方法也非常方便。

在诊断这类总线引起的故障时，可以用示波器观察通信线上的波形，如果波形异常，比如出现 0V 或与电源电压接近的直线时，说明存在短路。如果有正常的波形存在，说明子模块与主控模块之间的通信线连接正常。但具体信息的含义，理论上可以通过波形进行分析，我们维修人员一般采用排除法更方便，因为我们不是设计人员，无法解释具体的 LIN 数据含义。

▶ 8.3 车辆通信系统发展史与不通信故障检测要点

要想学习汽车网络故障，首先从解码器的发展过程来看，其次从汽车电控系统通信的发展过程来看，从这两个方面基本上可以实现对网络故障相关知识的纵向梳理。

关于汽车网络的发展史我们整理了一下，如图 8–5 所示。

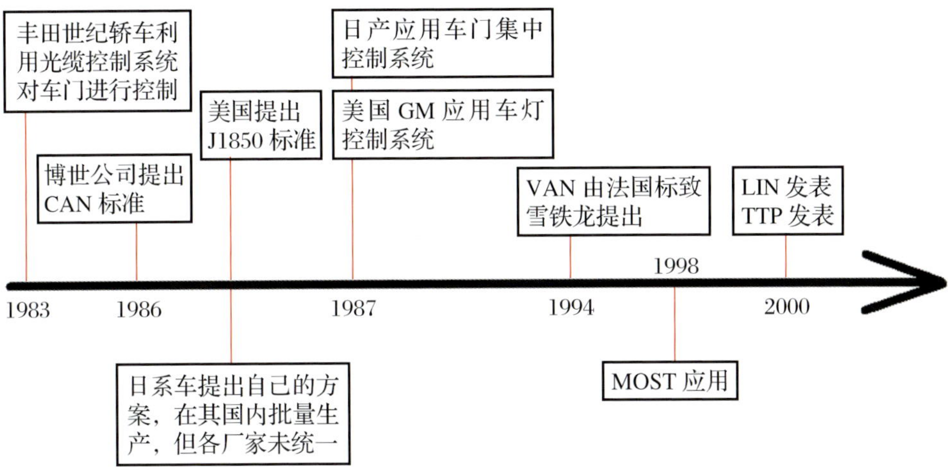

图 8–5

不同车系采用不同协议标准进行通信，图 8–5 表明了汽车网络通信的发展史，从硬件上讲，不同的协议通信速度不一样，我们用示波器可以看到通信波形。我们用示波器检测 CAN 波形时，要使用双踪功能，同时观察两条 CAN 通信线上的电压波形，这两个电压波形的变阶规律正好相反，CAN H 为高电平，CAN L 为低电平，这两个信号线的电压是快速变化的数字脉冲方波信号。我们用示波器观察时，主要观察其幅值变化是否在正常范围内，两条通信线的波形是否严格保持电平相反的规律，只有符合这两点的信号，才是正常的信号波形。

相对于负极，为 2.5V 左右，用万用表测量时一般 H 端为 2.6V，L 端为 2.3V。CAN 通信波形是两个或两个以上电脑共同发出的，单独一个控制单元也能发送出电压波形，所以我们使用示波器看到波形，也不意味着某个控制单元工作正常。

那么，遇到不能通信故障时，该怎样进行诊断呢？经验告诉我——只能结合解码器、示波器的检测结果，从逻辑上推理。对于不通信故障，只有以下 4 个可能：

（1）模块本身供电不正常。

（2）通信线路故障。

（3）解码器本身硬件或软件问题。

（4）控制单元损坏。

我们以下面一辆 2016 年马自达 3 昂克赛拉故障为例，学习一下不通信故障的诊断思路。

案例：2016 年马自达 3 昂克赛拉进水后的维修

车型：2016 年 11 月生产的马自达 3 昂克赛拉，发动机排量 1.5L、86kW，自动挡变速器，车辆 VIN 为 LVRHDAAL9GNXXXXXX。

故障现象：该车涉水后更换多个控制模块，最终用专用检测仪 IDS 进行扫描时，解码器显示 SSU 没有安装，但实际上 SSU 供电正常，可以打开点火开关。

该车涉水后拖来我们修理厂维修，经过检查，先后发现电动方向助力模块（EPS）、仪表、前车身电脑（F-BCM）、后车身电脑（R-BCM）、安全气囊（RCM）和自动启停模块（SSU）损坏，这些模块内部进水严重，电路板已经锈蚀且无法修复，只能更换新配件。

更换完上述配件后，用专用检测仪 IDS 进行检测，结果如图 8-6 所示。

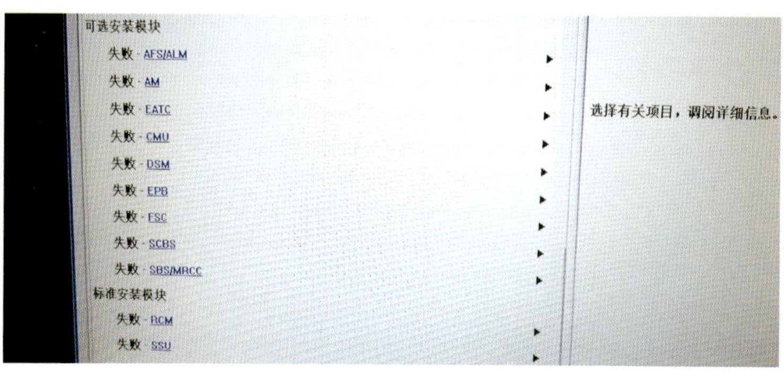

图 8-6

检测结果表明，此车安装共有 7 个控制模块，标准配置的安全气囊（RCM）和自动启停模块（SSU）无法识别。

我们怀疑是通信线路出现故障，于是对此车网络通信线路进行了检测。对照电路图分析，发现从 OBD 诊断座到 SSU 之间，有一个中间过渡插头。拆下仪表后，在其后部隐蔽的仪表台左侧角落处找到该插头，经检查，确认其进水后生锈，经过处理，插头连接恢复正常，确认从 OBD 诊断座到 SSU 之间通信线恢复正常。用专用 IDS 进行检测，发现仍旧只能扫描到 7 个模块，故障现象没有变化。在用解码器检测时，用示波器观察 SSU 通信引脚上的波形，如图 8-7 所示。

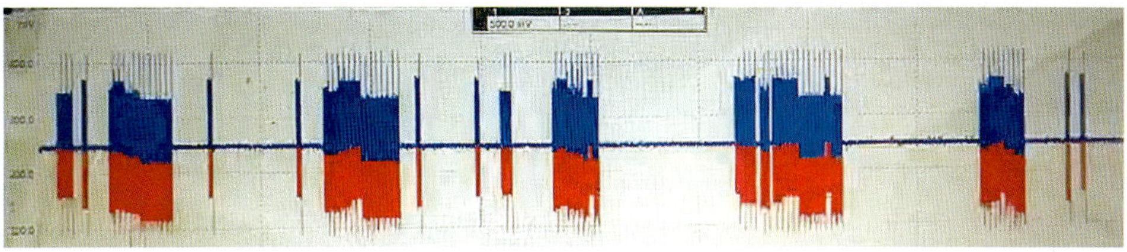

图 8-7

从波形上看，通信信号正常，无法确认故障原因。反复阅读电路图，整理出该车的通信网络拓扑图如图 8-8 所示。

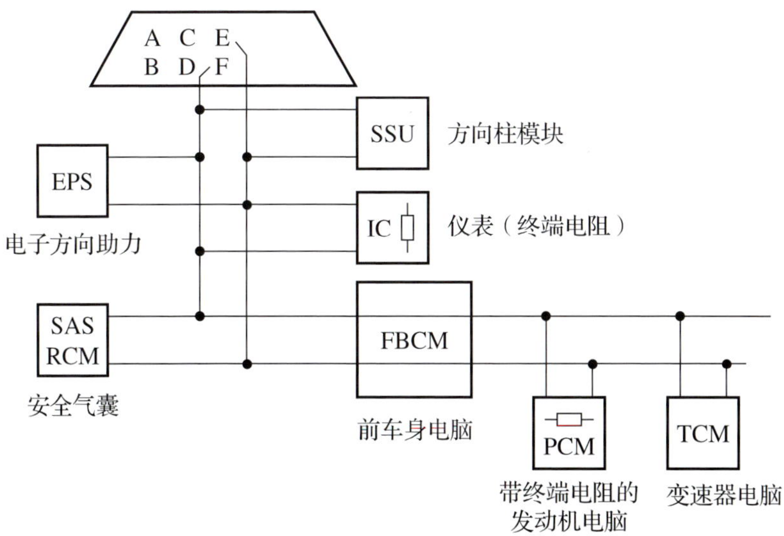

图 8-8

图 8-8 表明此车的网络结构的大致工作原理如下：

此车的网络中，两个终端电阻分别装在仪表和发动机控制单元中，用万用表确认这两个模块的通信线连接良好。去掉蓄电池线，测量诊断座的“E”脚和“F”脚之间的电阻为 60Ω，拔掉发动机电脑或仪表电脑之一变成 120Ω。

上述检测可以确认从诊断座到发动机电脑，到仪表的通信线路连接良好，并且因为其他 7 个模块可以检测到，而 RCM 和 PCM 检测不到，从道理上讲不通。难道这两个模块也损坏了。

我们用综合解码器道通 906 进行检测，可以检测到包括这两个模块在内的 9 个模块。为了准确验证故障，我们用另外综合解码器元征 431 进行检测，也可以扫描到 9 个模块，并且可以进入模块进行读故障码、读数据流以及清除故障码的操作。

摆在面前的问题是如何区分以下几种可能：① SSU 和 RCM 同时损坏。②专用解码器有问题。③综合解码器有问题。④车上通信线路有问题。

静下心来进行分析，该车的线路故障我们通过检测，可以确认已经排除。如果综合解码器不是通过与专用解码器同一个导线进行检测，可能会出现上述问题。实际上 SSU 到现在为止，已经更换了 3 个，当然前面两个是旧的，最后一个是新的，重要的是这 3 个 SSU 更换上去后，故障现象没有改变。SSU 和 RCM 同时损坏的概率更低，可以暂时排除这个可能。

一个模块无法通信，只有 4 个可能：①没有供电。②通信线路故障。③模块损坏。④软件故障。是不是我们的专检（车主自己从网上买的设备）版本不够，无法检测新车型。

综合以上分析，我们认为要验证一下手中的专检是否有问题。找到一辆 2017 年生产的一汽马自达 CX4（在此之前，我们排除过 CX4 的大灯线路故障，当时换了该车的前车身电脑，与昂克赛拉的前车身电脑插头类似），把 IDS 接到这辆车上后，进行全车扫描，结果也显示 SSU 和 RCM 没有安装，而此车是一辆各方面工作都正常的车。

有了这个结果，我们确认就是设备原因，重新更换一台专检后，再次进行

SSI 的编程，故障顺利排除。

总结：该车故障点有多个，通信线路确实有问题，但排除完这两个原因后，就是专用解码器的版本不够，造成了困扰。巧合的是在排除线路故障前后，检测结果没有变化，这个巧合把我们难住了，最后问题解决是靠多个朋友的指导，才完成故障排除。

通过维修该车，我们了解到此车的网络结构，用终端电阻法确认网络故障是一种高效的检测方法。整车上分为 3 个网络，也类似于动力网、舒适网和娱乐网 3 种。从 OBD 插头开始，到前车身电脑，CAN 通信线经过前车身电脑内部后直接从另两端子连接到发动机电脑的 CAN 通信端。

该车系电路图上，插头端子的命名顺序是以字母加数字的方式进行的，并且此车的线路图也很有特色，每一页原理图后面配有元件位置与线束走向，这种方式很科学，方便维修人员进行查找。

Mazda IDS 112.07 版本的解码器，是无法做 2016 年以后新车型的 SSU 匹配的。该设备的左上角有 3 个图标，分别是 1 个插头、1 个小汽车和 1 个工具箱，重新检测一辆新车，要按如图 8-9 所示选择即可。

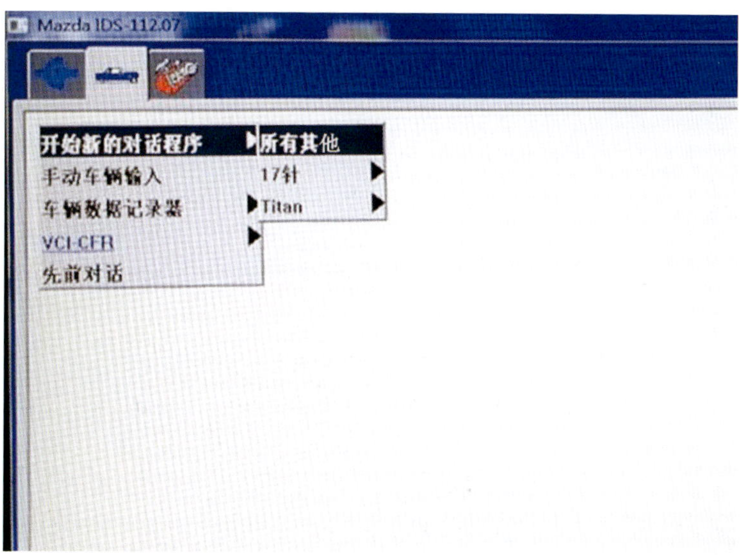

图 8-9

8.4　网络拓扑图的学习

3 种不同的常见网络结构：

（1）并联式。

（2）串联式。

（3）1 对多星形。

随着汽车技术的发展，出现了汽车自诊断系统，随着每一辆车上所安装的控制单元数量的增加，出现了汽车网络。网络通信故障是众多汽车故障中常见的故障，并且排除网络故障有一定难度，也需要相当多的经验，更需要对整车的网络拓扑结构熟练掌握才行。

一辆轿车，其控制系统是分为几个网络组成的，一般可以分为动力网、舒适网和娱乐网 3 个部分，不同车型的网络结构不一样，但原理上相似。

汽车网络中，各个电脑之间的通信线的连接关系跟思维导图相似，以下是几种车型的网络拓扑图，如图 8–10、图 8–11 所示。

从图中，我们可以看到，奔驰车网络系统采用的是用字母缩写的方式来给控制单元命名。要想熟悉掌握这些控制单元名称与功能，还是要下点功夫去背一下。

大众和奥迪车采用数字地址和字母缩写双重方法来命名控制单元，网络拓扑图如图 8–12 所示。

别克雪佛兰车采用的是串联型网络连接方式，别克雪佛兰车系的网络拓扑图如图 8–13 所示。

别克雪佛兰车系统的网络拓扑连接特点是 CAN 通信线依次“穿过”各个控制单元，当某个控制单元插头接触不良时，可能会引起多个控制单元不能通信、不能工作。也正因为这个特点，当某个模块插头接触不良，或者没有插上时，会影响到整个网络的工作，这可能是设计工程师独有考虑。在本书后面的章节中，有关于别克雪佛兰车系故障的案例。

据我自己的理解，对于一辆大众车，无论是高配还是低配，其基本的网络结构是一样的，只是高配车在低配车的基础上，增加了相应功能的模块。换句

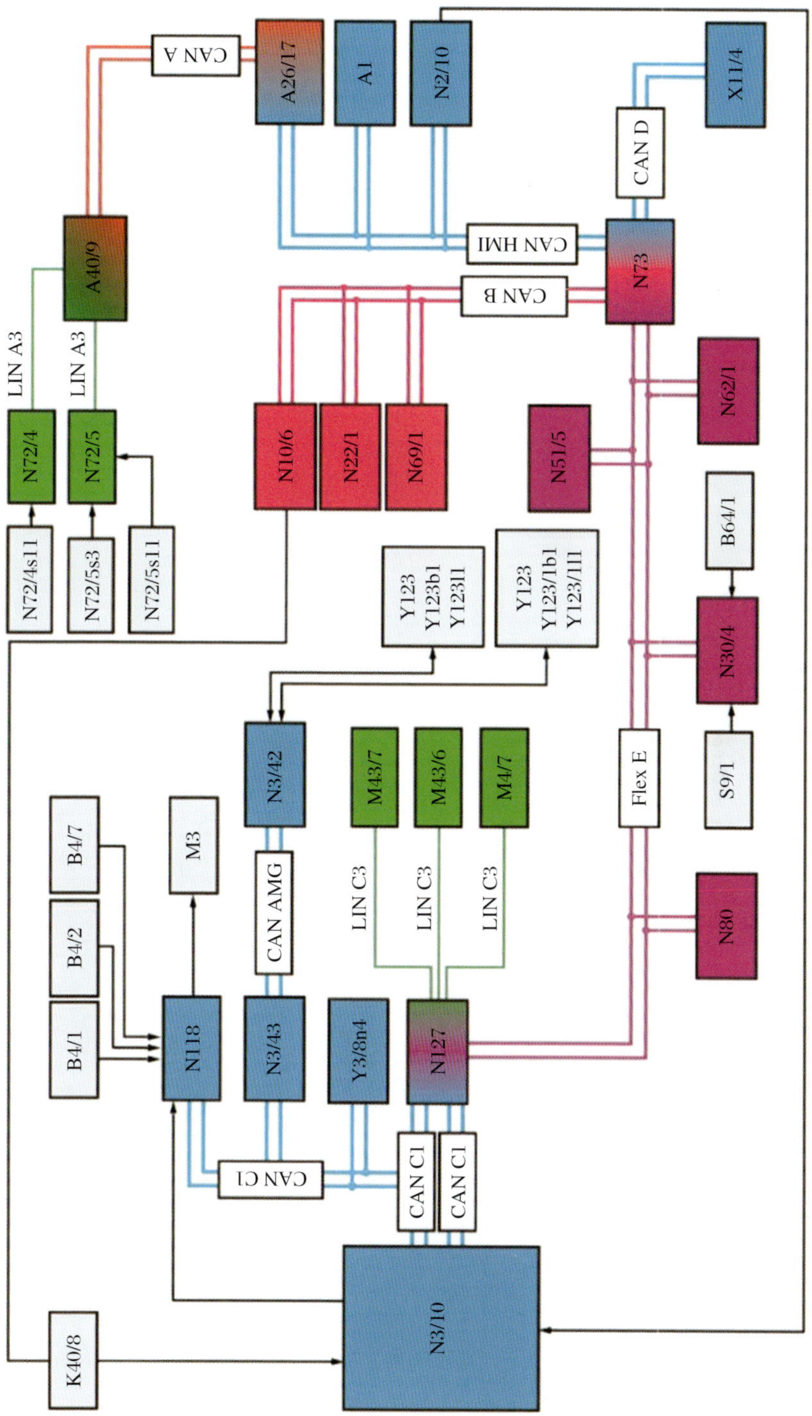
CAN A
A26/17
A1
N2/10
X11/4
CAN D
A40/9
CAN HMI
CAN B
N73
LIN A3
LIN A3
N72/4
N72/5
N10/6
N22/1
N69/1
N51/5
N62/1
N72/4s11
N72/5s3
N72/5s11
Y123
Y123b1
Y123l1
Y123
Y123/1b1
Y123/1l1
B64/1
N30/4
N3/42
M43/7
M43/6
M4/7
Flex E
S9/1
B4/7
M3
CAN AMG
LIN C3
LIN C3
LIN C3
B4/2
N80
B4/1
N118
N3/43
Y3/8n4
N127
CAN C1
CAN C1
CAN C1
N3/10
K40/8

图 8-10

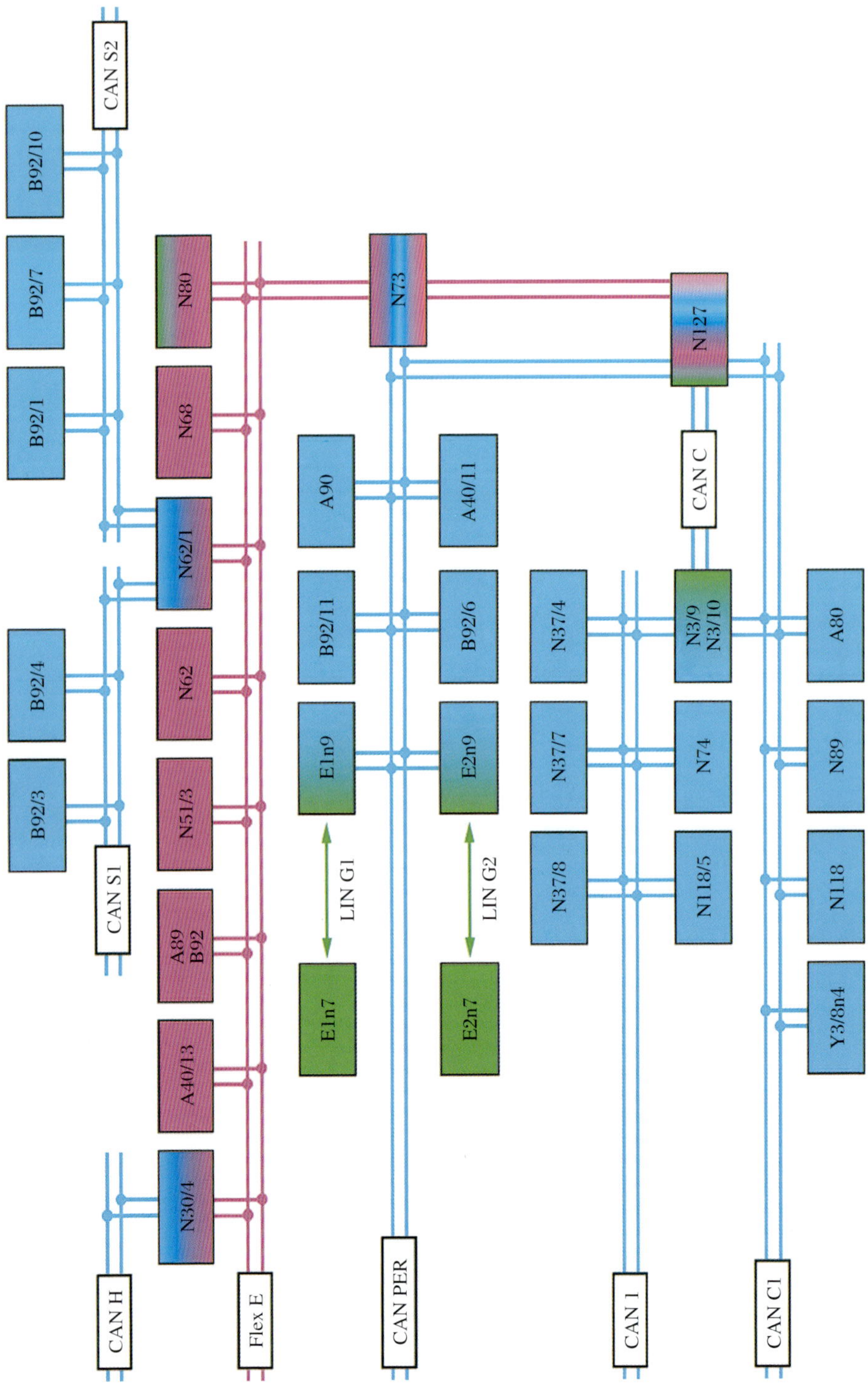
CAN S2
B92/10
B92/7
B92/1
B92/4
B92/3
CAN S1
CAN H
N80
N68
N62/1
N62
N51/3
A89
B92
A40/13
N30/4
Flex E
N73
A90
A40/11
B92/11
B92/6
E1n9
E2n9
LIN G1
LIN G2
E1n7
E2n7
CAN PER
N127
CAN C
N37/4
N37/7
N37/8
N3/9
N3/10
N74
N118/5
CAN 1
A80
N89
N118
Y3/8n4
CAN C1

图 8-11

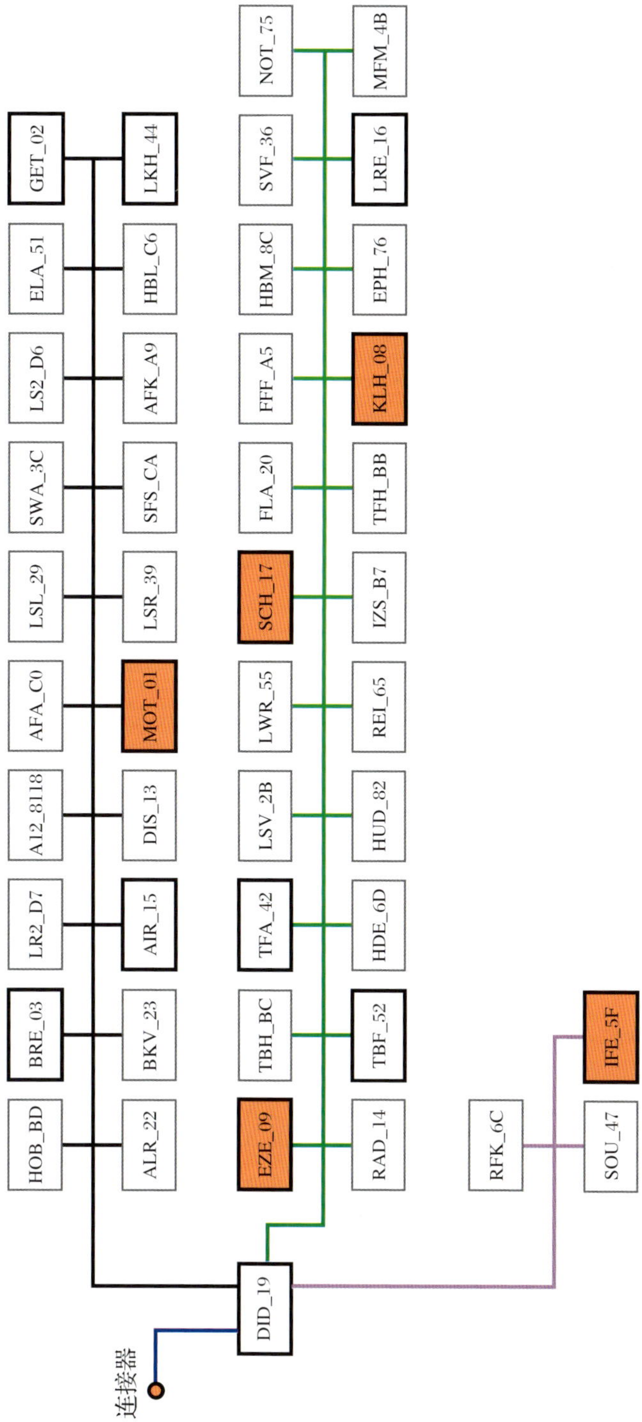
连接器
DID_19
HOB_BD
BRE_03
LR2_D7
A12_8118
AFA_C0
LSL_29
SWA_3C
LS2_D6
ELA_51
GET_02
ALR_22
BKV_23
AIR_15
DIS_13
MOT_01
LSR_39
SFS_CA
AFK_A9
HBL_C6
LKH_44
EZE_09
TBH_BC
TFA_42
LSV_2B
LWR_55
SCH_17
FLA_20
FFF_A5
HBM_8C
SVF_36
NOT_75
RAD_14
TBF_52
HDE_6D
HUD_82
REI_65
IZS_B7
TFH_BB
KLH_08
EPH_76
LRE_16
MFM_4B
RFK_6C
SOU_47
IFE_5F

图 8-12

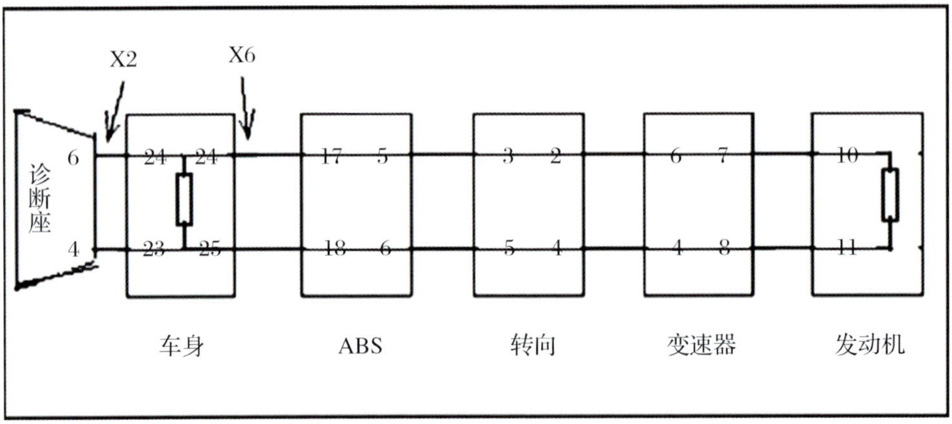

图 8-13

话说就是顶端高配车在设计完成后，装上了网络拓扑图中所有的控制单元，而低配车只是选装了部分控制单元。低配车和高配车的网络结构是一样的，只是电脑数量有所差别。

在本单元以后的章节中，有相应不同车系网络故障案例，由于篇幅限制，我们只选取了几例有代表性的案例，更多的关于网络方面的故障，在《用思维导图学汽车解码器的使用》一书中有更详细的讲解。

8.5 OBD 信号监听器

OBD 信号监听器是一个专门用于检测网络故障的小设备，它方便实用，其外形如图 8-14 所示。

如果你是一名经常维修汽车电路故障的技师，相信你会遇到这样问题，几乎所有车型的 OBD 接口，都处于一个比较难以接近的位置，如果是插解码器插头，还算方便，但如果用万用表检测 OBD 诊断座上各个端子的电压，或是测量终端电阻，则操作起来非常费力。

在实际工作中，我们需要将头钻进驾驶室左前护板的下面，身体处于倾斜状态且重心偏离人身，诊断座的端子之间又非常接近。更难受的是，有的车进行检测时需要倒栽着头部，才能观察到诊断座的实际情况，往往我们身体进入后，挡

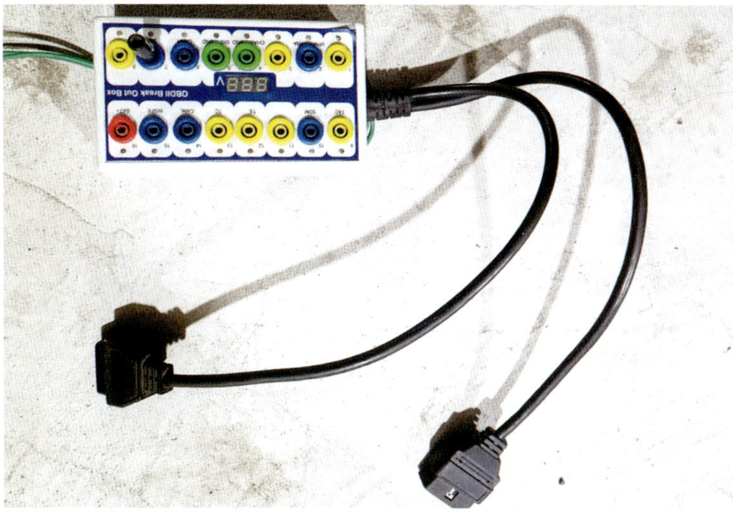

图 8-14

住了外面的光线，还需要一个照明，这时就更增加了检测的难度。总而言之，对OBD 插口进行检测，是一项因车内空间限制，有一定难度的检测，而一般检测OBD 诊断座的故障，也比较复杂。因此，如何提高诊断效率，就是一个问题。

有了上面的工作经历，你看到这个 OBD 监听器时，就能感到它是多么方便实用了，其内部结构如图 8-15、图 8-16 所示。

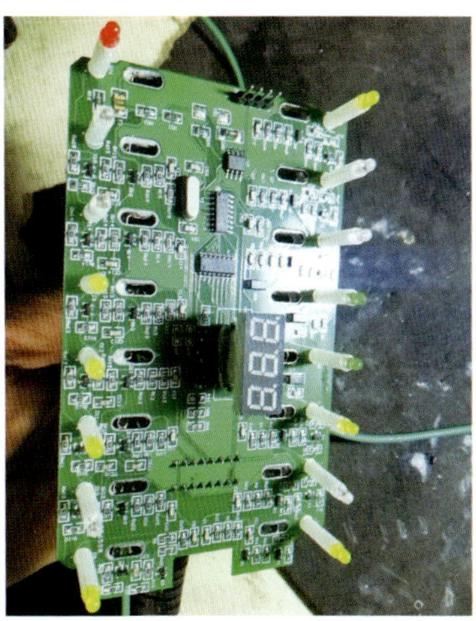

图 8-15

图 8-16

该设备的正面是由一片单片机组成的数字电压表，用来显示当前的蓄电池电压，另外还有多个电子元件，来完成各个引脚 LED 指示灯的控制。背面是一片由开关稳压集成电路 LM2576 组成的电源电路，为单片机提供电源，单片机在此电源的支持下，完成对 LED 数码管的控制，可以在测量故障时，实时显示当前的供电电压，非常方便。

原理上讲，这个设备并不复杂，是一个“三通”型的插座。为了使用起来更加方便，设计者还为我们增加了一个小型的电压表，外加各个引脚状态显示发光二极管指示灯，可以直观看到诊断座各脚状态，并且如果用万用表进行检测的话，也不用钻到车辆内部了。因为有延长线，可以实现方便的检测，降低了操作难度，如果想用示波器测量通信线上的波形，可以方便地进行连接，而以往，没有这个小设备时，工作起来是非常费劲的。同时，还有另外一个优点，插上诊断座后，我们还可以连接诊断电脑，在我们用示波器进行检测的同时，并不影响解码器对车辆的检测。所以有这一设备，再配合示波器检测，我们可以方便地记录解码器与示波器检测过程中，信号波形的变化规律。2016 年上海大众朗逸读取发动机系统数据流时 CAN 波形，如图 8–17、图 8–18 所示。

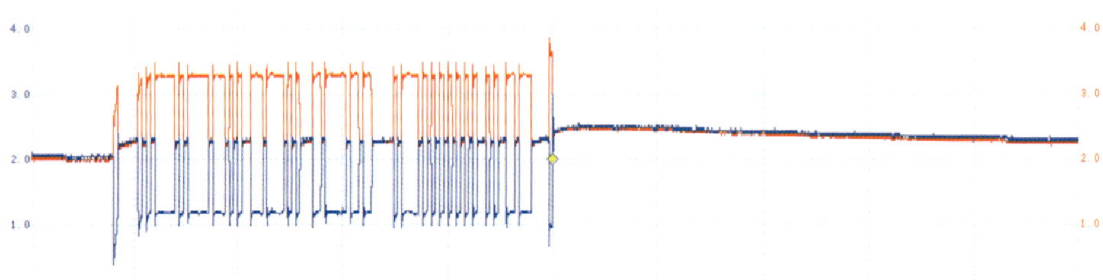

图 8–17

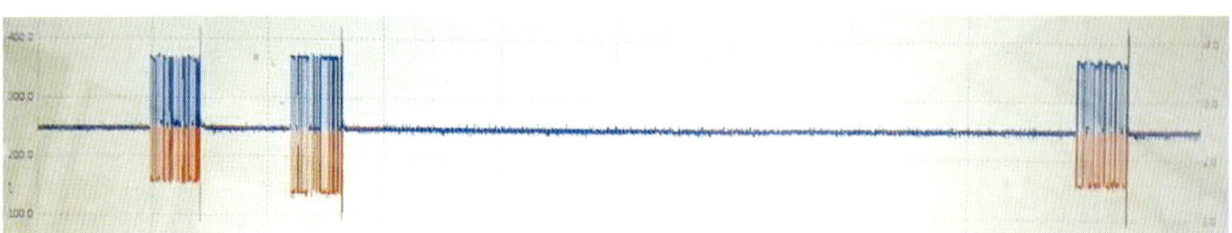

图 8–18

所以说，这是我们非常喜欢的一个小设备，用起来方便，还可以提高工作效率。

后来，我还给这个设备做了一个小小的改进，打开设备的外壳后，给其电源 16 号端子与 4 号端子分别接出来两条导线，再给导线接上电源夹后，用它来作换蓄电池时的备用电源接入端。当给车辆换蓄电池时，先关掉点火开关，再用改装的电源夹在驾驶室内接上一带电的蓄电池，然后断开原车蓄电池极柱夹子。换完蓄电池后，连接好蓄电池极柱，再拆掉我的设备，这样可以保证在更换蓄电池期间，车辆不断电，省去设备参数重设的麻烦。

如果你感觉这个设备不错的话，也可以买一个，这对我们检测网络故障是绝对有帮助的。

8.6 雪佛兰车系网络故障特点

雪佛兰车系，其网络设计有一个特点，就是有几个模块是串联在网络中的，当其内部出现故障或是插头接触不良时，CAN 网络会出现信号无法传递现象，导致不能启动。2018 年别克 GL8 维修手册中关于 CAN 通信如图 8-19~ 图 8-21 所示。

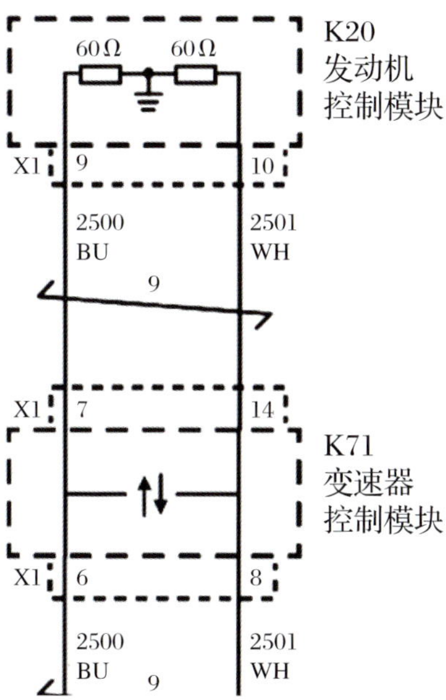

图 8-19

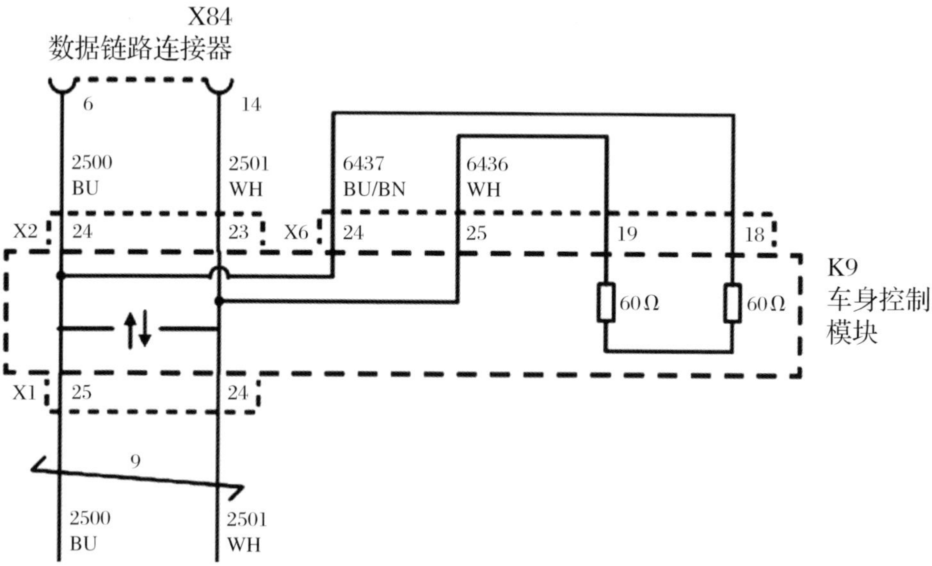
X84
数据链路连接器
6
14
2500
BU
2501
WH
6437
BU/BN
6436
WH
X2
24
23
X6
24
25
19
18
K9
车身控制
模块
60Ω
60Ω
X1
25
24
9
2500
BU
2501
WH

图 8-20

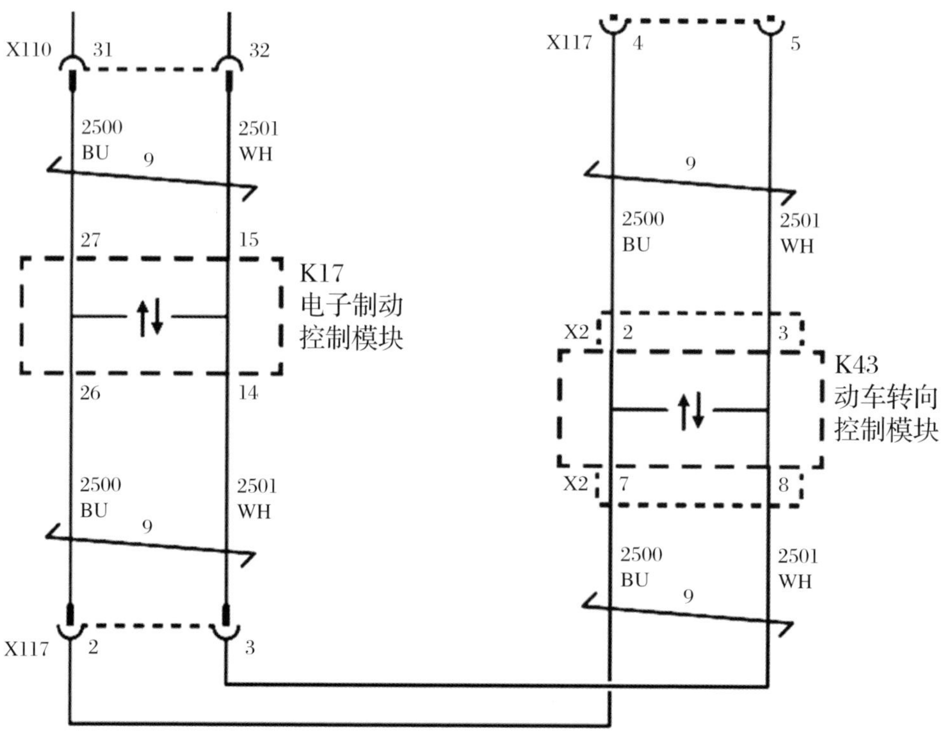
X110
31
32
2500
BU
9
2501
WH
27
15
K17
电子制动
控制模块
26
14
2500
BU
9
2501
WH
X117
2
3
X117
4
5
9
2500
BU
2501
WH
X2
2
3
K43
动车转向
控制模块
X2
7
8
2500
BU
9
2501
WH

图 8-21

图中表达的信息比较多，但对于整车控制单元间的结构反而看起来比较费劲，其实经过整理，只从连接关系上考虑，其原理图如图 8-22 所示。

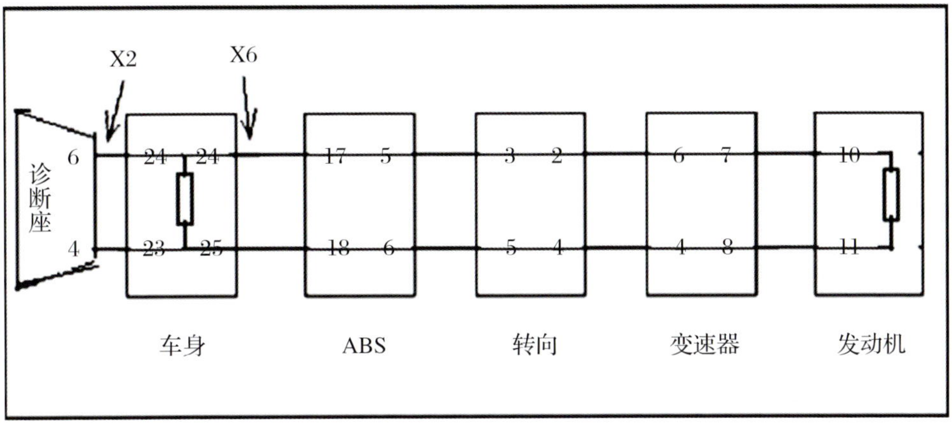

图 8-22

单纯从连接关系上看，各个控制单元是“串联”在整个系统中的，如果从最左侧的车身电脑到最右侧的发动机电脑，中间某个控制单元没插插头，或是内部损坏，整个网络将处于瘫痪状态，车辆无法启动，从断点后的控制单元还无法与解码器通信。

在别克车系中，遇到个别控制单元无法通信时，可以参考图 8-22 进行诊断。下面我们还是用案例学习一下别克雪佛兰车系的 CAN 系统。该车案例是我参加河北省职工技能大赛时遇到的一个案例，故障是考官临时设置的故障，就是这么一个简单故障，把我难住了，在比赛现场没有能排除故障。最后我们的比赛成绩还不错，因为是团体赛，我们小组其他成员成绩很好，团体成绩我们获得了河北省第 4 名，在此还要感谢我的队友。

那么，到底是一个什么样的故障把我难住了呢？下面我们用案例学习一下。

案例：2017 年雪佛兰科沃兹通信故障

故障现象：车辆无法启动，发动机电脑不通信，变速器电脑不通信，ABS 电脑不通信；打开大灯远光时，喇叭响一下。

我一个故障也没有排除，只在检查保险丝和继电器上花费了太多的时间。因为没有解决与发动机电脑通信故障，所以后面的加速踏板传感器插头脱落也未能发现。赛后总结时，我们才知道真正的故障点有 4 个：ABS 电脑插头被拔下，加速踏板传感器被拔下，右侧大灯搭铁线被松开螺丝，启动继电器线圈被切断。

总结：此车不能启动故障是因为 ABS 电脑插头松动，造成解码器无法与发动机电脑通信，因为发动机电脑与车身电脑之间也是利用这条 CAN 线通信，防盗造成发动机无通信且无法着车。如果换个思路，检测到了这 3 个电脑不通信，先检查一下电脑插头，极有可能会轻易排除故障。说实话，上面那张网络拓扑图是在比赛前一年就整理出来了，但未能在比赛现场用上，因为思路不够灵活，导致比赛失败，很可惜，但在此处写出来，分享给大家。希望能让更多的读者朋友们在平时的工作中受益。

8.7 终端电阻的概念及应用

终端电阻作用是为了消除在通信电缆中的信号反射。在通信过程中，有两种原因导致信号反射，阻抗不连续和阻抗不匹配。阻抗不连续的情况下，信号在传输线末端突然遇到电缆的阻抗很小甚至没有，信号在这个地方就会引起反射，这种信号反射的原理与光从一种媒介进入另一种媒介引起反射是相似的。消除这种反射的方法，是在电缆的末端跨接一个与电缆的特性阻抗同样大小的终端电阻，使电缆的阻抗连续。

为了提高网络节点的拓扑能力，CAN 总线两端需要接有 120Ω 抑制反射的终端电阻（图 8–23），它对匹配总线阻抗起着非常重要的作用，如果忽略此电阻，会使数字通信的抗干扰性和可靠性大大降低，甚至无法通信。

以上是网上的解释，我们汽车 CAN 通信中，可以采用三步法，分析通信故障。以下是三步法检测终端电阻：

拆下蓄电池线从诊断座 6 号脚和 14 号脚检测电阻，应该在 60Ω，如果不是 60Ω，是 120Ω，则说明有一块带终端电阻的模块断路。如果是 60Ω，说明两块带终端电阻模块连接良好，如果阻值大于 120Ω 或断路，说明 CAN 通信线存

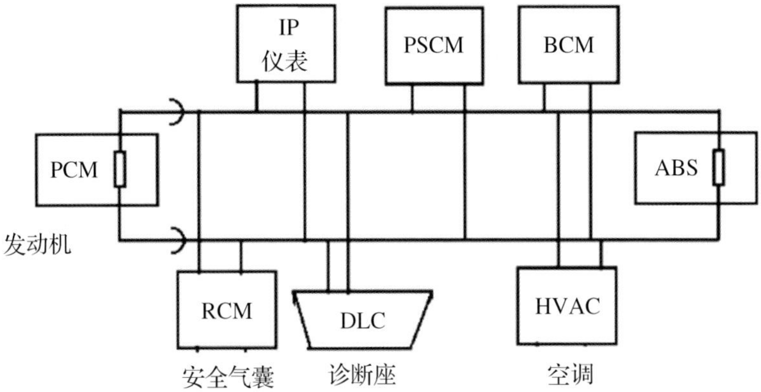

图 8-23

在过大电阻或断路。

在本例中，我们检测到发动机模块不能通信，从诊断座处测量终端电阻为120Ω，说明 PCM 或 ABS 之一存在断路，但是哪一块电脑没有连接好，应该是发动机模块，理由是因为发动机模块不能通信，这是推理。

下一步，拆下发动机电脑，再次检测诊断座处电阻，仍旧为 120Ω，说明我们的推理是正确的，也就是说发动机电脑通信脚与线束之间断路。

然后我们将发动机电脑拆下后，再从发动机电脑线束侧插头处检测电阻，发现也是 120Ω，说明 CAN 线已经连接到了电脑插头处。

将发动机模块拆下，用万用表检测模块本身两个 CAN 引脚，电阻为 120Ω，说明发动机电脑内部终端电阻正常，故障锁定在发动机电脑线束插头与发动机电脑插针之间接触不良。诊断完成后，维修就比较容易了。将以上内容用思维导图总结如图 8-24 所示。

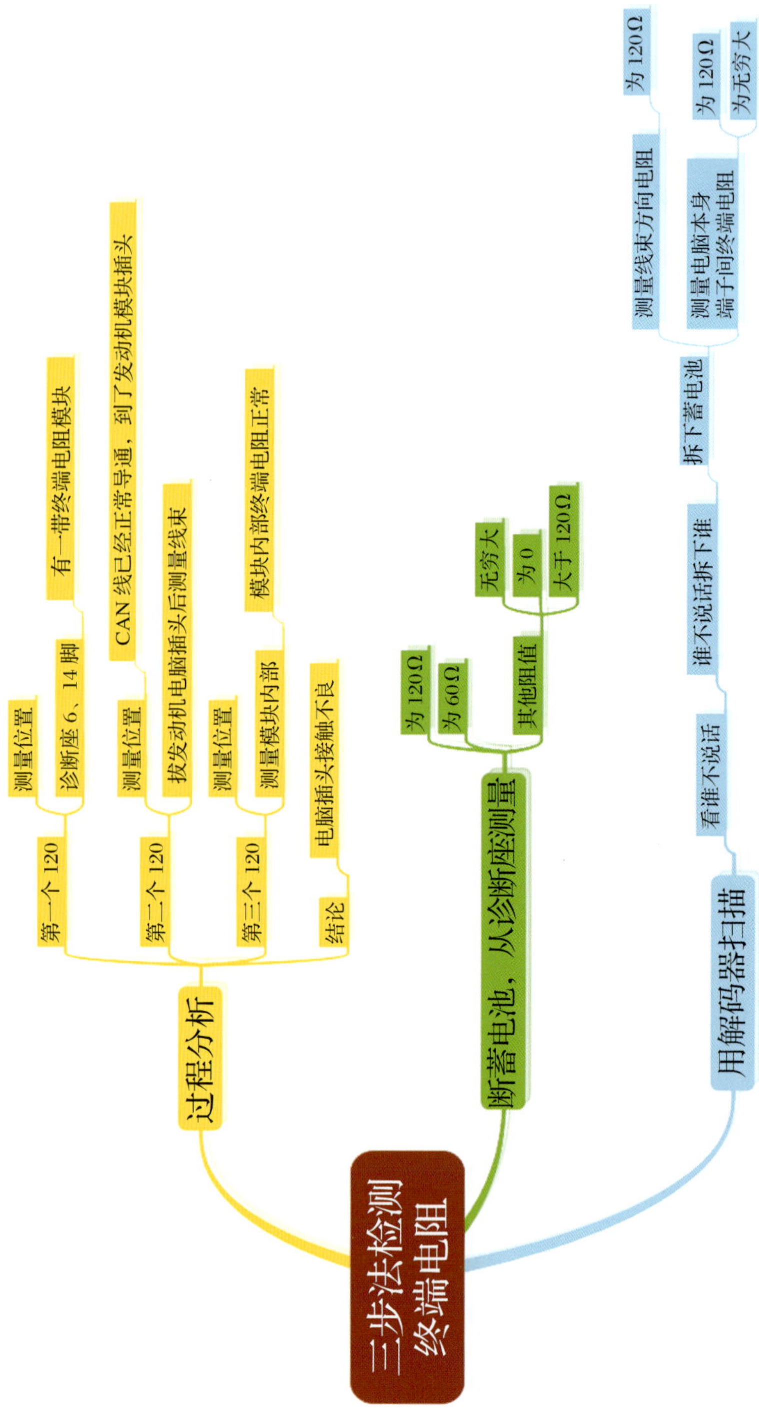
三步法检测终端电阻
过程分析
第一个 120
测量位置
诊断座 6、14 脚
有一带终端电阻模块
第二个 120
测量位置
拔发动机电脑插头后测量线束
CAN 线已经正常导通，到了发动机模块插头
第三个 120
测量位置
测量模块内部
模块内部终端电阻正常
结论
电脑插头接触不良
断蓄电池，从诊断座测量
为 120Ω
为 60Ω
其他阻值
无穷大
为 0
大于 120Ω
用解码器扫描
看谁不说话
谁不说话拆下谁
拆下蓄电池
测量线束方向电阻
为 120Ω
测量电脑本身端子间终端电阻
为 120Ω
为无穷大

图 8-24

▶8.8 2012 年马自达 6 左前门电动玻璃开关无法控制其他门

故障现象：左前门电动玻璃开关无法控制其他 3 个门的电动玻璃。但其他 3 个门可以控制各自门上的电动玻璃。左前门电动玻璃开关只能控制左前门的电动玻璃。车主说是在改装一套警报器后出现了该故障，查阅线路图，没有发现跟该车型相符的资料，只能自己分析原车的线路来完成维修工作。

拆开左前门的电动玻璃开关，凭以往经验判断，这是一块单片机控制的电路板。初步分析认为，此车的左前门电动玻璃开关与其他 3 个门是采用数据通信的方式来传递控制信号的，即由左前门电动玻璃开关产生数据信号，通过一根导线完成电动玻璃升或降的信号传递。左前门电动玻璃开关总成的插头中引脚排列位置如图 8–25 所示。

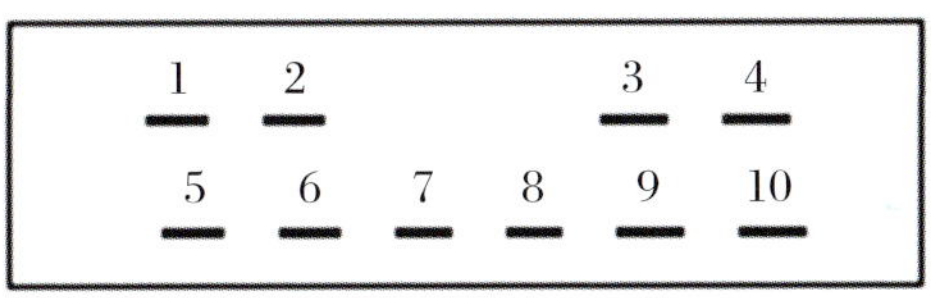

图 8–25

左后门电动玻璃开关内部的印刷线路板上印有英文缩写的字符，分析其功能并测量上面的电压，如表 8–3 所示。

表 8–3

号	缩写	功能	线色	电压	号	缩写	功能	线色	电压
1	PCUT		细红	9.9 V	6	B	电源正极	红黄	12V
2	SEN1	传感器 1	黄	0	7	SEN2	传感器 2	紫	4.8V
3	SE		浅绿黑	0	8	GND	搭铁	黑	0
4	SB		绿黄	7.9 V	9	PMU	上升	红	0
5	PMD	下降	红	0	10	BUS	数据线	浅绿红	9.9V

经过检查，发现该车的每个车门上的电动玻璃升降器电机上也有一块线路板控制电机的运行，线路较为复杂，电动玻璃电机的线路板上有 6 根导线，其中两为电机，为红线与绿线。用试灯试验时，可以看到按下左后门开关时，该

两线可以驱动灯泡点亮，同时能听到左后门电动玻璃开关内部有继电器吸合的声音，剩下的线应该是电动玻璃升降架位置传感器相关的线。

分析此车的线路，认为左前门对于左后门电动玻璃升降器的控制是通过 7 脚的黄线传递数据通信信号的，此信号线直接与左后门电机上的线路板相通，测量此线上只有一个 7V 左右的电压，当按下左前门控制左后门的电动玻璃控制开关时，左前门电动玻璃开关产生升或降的数据信号，其波形如图 8–26 所示。当左前门电动玻璃开关总成上的后门玻璃锁止按钮锁上时，后门电动玻璃开关上的指示灯熄灭。同时，该黄色数据信号线上的电压变成 0V，此时后门的电动玻璃开关失去对电动玻璃的控制作用。

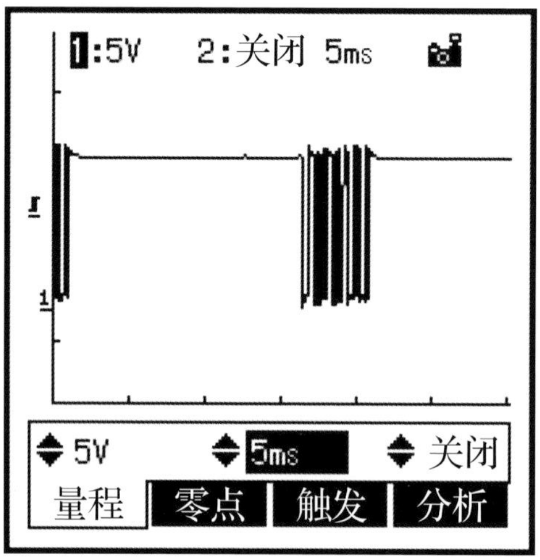

图 8–26

其他都是传感器。用手按动各门上的开关时，发现每一个门上的开关都是两阶段的开关，轻按时有一个位置，重按时又一个位置，上升或下降都是这样。虽然右前、右后和左后的电动玻璃开关可以控制各自的电动玻璃，但发现这个重按的“点动”功能（重按一下松开手时，玻璃会运行到顶或底的功能）没有，手一松，玻璃就停止动作，没有一键升窗功能。怀疑是需要学习设定，就像捷达车的电动玻璃一样。

把左后门的电动玻璃开关按下，直到电动玻璃到达最下面，等 2s 后松手；把左后门电动玻璃开关扳起，直到升到最上端，等 2s 后松手，这时，再试验左前门电动玻璃对左后门的控制功能，已经恢复正常了。并且左后门电动玻璃开关的“点动”功能也已经恢复正常，说明上述方法就是该车电动玻璃的自学习程序，接着把其他两个门都做类似的学习，全部恢复正常。

总结：该车故障可能是因为在安装警报器时，拆蓄电池时断电，引起电动玻璃中的设置数据改变，需要重新设置后，就能恢复正常。该车故障的排除，是借鉴了捷达车的操作经验。

除左前门外，其余 3 个车门的电动玻璃开关，是不能互换的。为了防止混淆，在设计生产时，将各个车门开关内部塑料做成不同颜色，左后门为白色、右前门为黑色、右后门为棕色，这 3 个开关内部集成电路中有软件编码，当非主门的电动玻璃开关动作时，左前主控门开关可以通过编码识别到哪一个开关产生的动作，并且决定是否允许其工作；当左前主控门开关动作时，会发送带编码的信息，由各个从动门的控制单元进行识别，并响应左前门主控开关的控制。

我们在维修时要注意以上的原理知识，可以利用上述原理进行元件的互换，以确诊故障部位。具体操作如下：

（1）如果把右前门开关装到左后门，则按下主控门侧电动玻璃开关上的左后按键，则左后门玻璃会动作。因为主控门的控制单元发送到数据线上的信号被右前门开关接收到后，执行动作，实际上该开关被安装在了左后门。

（2）各个车门的数据通信线采用 LIN 结构，是“挂”在同一条线上的，当主控门发出指令时，具体是哪一个车门响应，其余 3 个车门都接收到信号，然后经过解码，只有与编码信息一致的电动玻璃开关，才执行命令，驱动该车门电机动作。

（3）市面上有不能编程的开关，只能装在哪个车门上，不受左前门开关控制，这样的开关是学习设定不上的，不能受控于主控门，只能执行本车门玻璃电机动作的功能。

（4）除左前门外，其余 3 个车门在排除故障时，是可以互换位置的，但从左前主控门执行时要注意一下，是不是该主控单元认定的功能被执行了。

（5）今天又遇到一个案例，左前主控开关无法控制右前和右后，左后正常。按技术人员指导，更换两个新开关后，仍旧无法正常工作。

指导我们说，左前门和右后门电机可以互换，左后门和右前门电机可以互换，其原因是因为机械安装位置不同造成的。经过替换，确认电机损坏。

（6）玻璃升降器电机也有可能因为损坏，造成上述故障的。

8.9　2017 年福睿斯倾翻后不着车

车型：2017 年福睿斯，发动机排量 1.5L。

故障现象：该车因为翻车事故，进行钣喷作业后，拧点火开关，启动机不工作，用解码器进行检测，发现无法通信。

检查发动机室保险丝盒，发现有 3 个保险丝烧断，更换新保险丝，启动机仍旧不工作。用解码器检测，发现有部分控制单元可以通信，读取这几个控制单元故障码，均有一个共同的故障码 U0401，解释是由 ECM/PCM 获得数据无效。

实际结果如图 8–27、图 8–28 所示。

图 8–27

图 8–28

对发动机室内进行外观检查，发现该车发动机电脑装在左侧大灯下面，在发动机电脑附近，有一个多针的插头，该插头是线束之间连接的过渡插头。将此插头拔开，发现里面有很多水迹，用压缩空气将此插头吹干装复，试着启动车辆，启动机仍旧没有反应。

参阅该车的线路图（图 8–29、图 8–30），分析此车线路图，发现此车启动

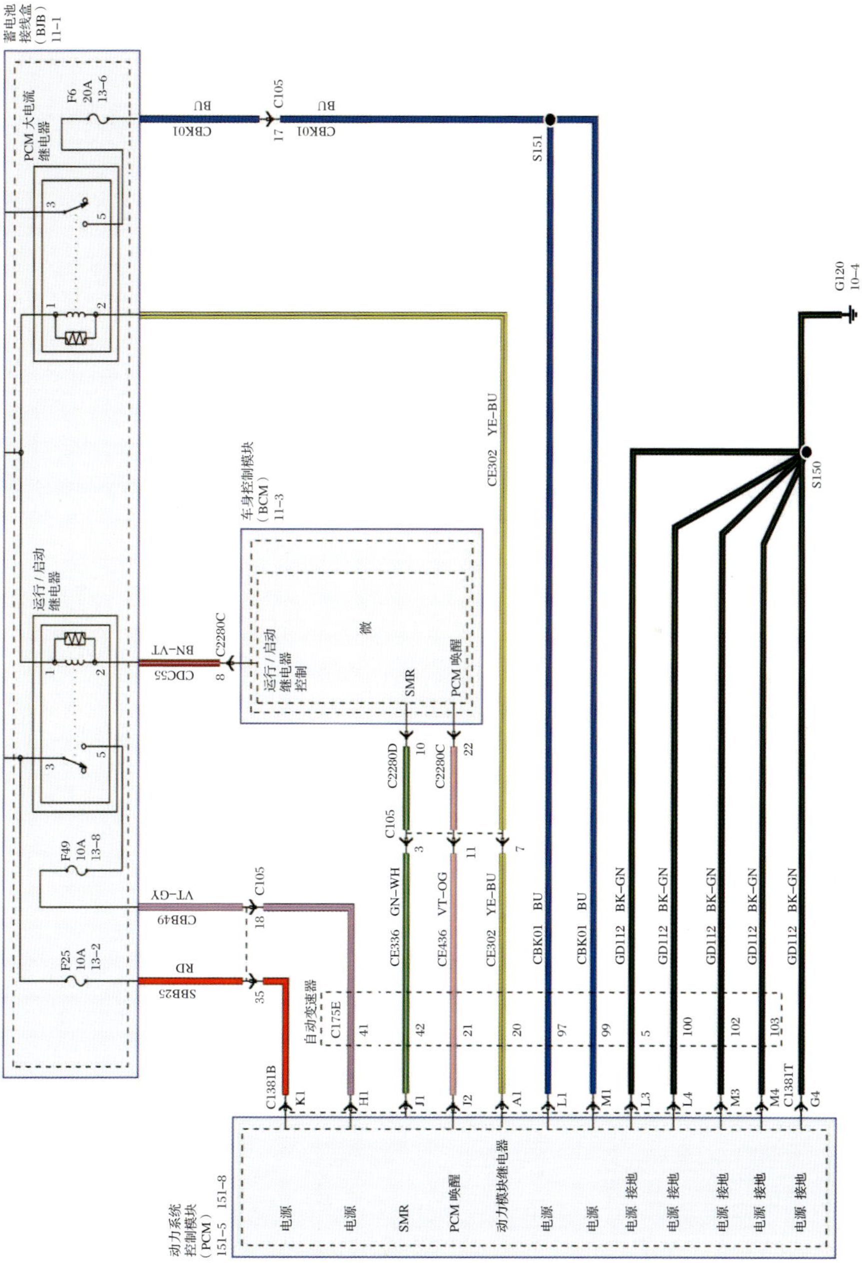

蓄电池接线盒（BJB）11-1
PCM 大电流继电器
F6 20A 13-6
常电源
运行/启动继电器
F49 10A 13-8
F25 10A 13-2
CBK01 BU
C105
S151
CE302 YE-BU
车身控制模块（BCM）11-3
运行/启动继电器控制
微
SMR
PCM 唤醒
BN-VT
CDC55
C2280C
C2280D
VT-GY
CBB49
RD
SBB25
CE336 GN-WH
CE436 VT-OG
GD112 BK-GN
G120 10-4
S150
自动变速器 C175E
C1381B
C1381T
动力系统控制模块（PCM）151-5 151-8
电源
接地
动力模块继电器

图 8-29

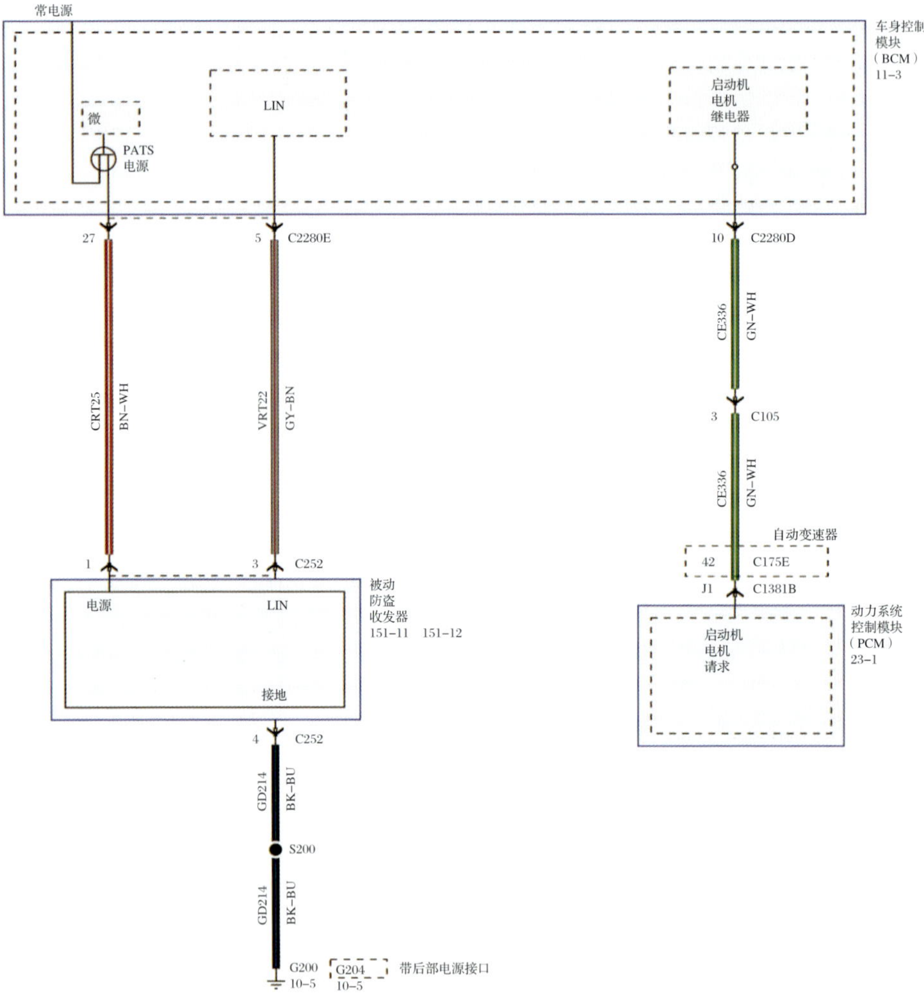

图 8-30

机由启动机继电器控制，该继电器由发动机电脑控制。通过以上对电路图的分析，我们认为有两种可能造成此故障，其一是发动机电脑与车身电脑之间存在通信故障，导致启动机不工作；其二是发动机电脑本身供电没有到位，导致发动机电脑与车身电脑不通信，形成启动机不工作故障。

用万用表检测发动机电脑供电情况，各个关键引脚供电电压如表 8-4 所示。

拆下蓄电池线，用万用表检测 OBD 诊断座上 6 脚和 14 脚之间终端电阻的阻值，为 59Ω。以上检测说明，发动机供电正常，CAN 通信线路正常，这时我

表 8-4

脚号	功能	电压	线色
K1	常电	13.1V	红黑
H1	启动机继电器触点电源	0	紫蓝
J1	SMR	0	绿
J2	PCM WU	0	橙紫
A1	主继电器线圈控制	13.1V	黄
L1	主继电器触点返回	0.89V	蓝
M1	主继电器触点返回	0.89V	蓝
L3/L4/M3/M4	负极	0	黑绿

们再次试着用解码器扫描全车系统，发现发动机控制单元可以正常通信。读取数据也正常，试着拧点火开关启动，发现启动机仍旧不工作。

拔下发动机室内保险丝盒上继电器，该继电器为启动机控制继电器，直接从蓄电池正极牵一根导线，给启动机控制线供电，这时启动机带动发动机工作一下后，发动机出现卡滞现象，怀疑发动机还存在机械故障。

拆开火花塞检查，当转动曲轴时，火花塞孔喷出许多机油，为什么会有这么多机油喷出呢？经过分析认为，因为此车是倾翻车辆，当发动机倒置后，发动机油底壳的机油沿缸体油路进入气门室盖，再由气门室盖通过 PCV 阀进入进气管，启动时机油通过进气管进入燃烧室。于是，拆下进气道，将进气管内机油排干净后，再短接启动机启动车辆，发现发动机转动正常，但不着车，观察高压线，没有高压火输出。

再次用解码器进行扫描，发现发动机控制单元再次不能进行通信。

用万用表和示波器检测发动机电脑供电情况，发现供电和通信正常，此时怀疑发动机电脑内部损坏。

更换一块新发动机电脑，再用专用设备进行编程后，启动车辆，发动机顺利着车。

总结：该车故障有两个方面引起：一方面是机械故障，机油进入燃烧室；

另一方面是因为发动机电脑损坏引起，更换发动机电脑时需要用专用设备进行编程后，才能与原车匹配，发动机才能着车。

发动机电脑有 3 个插头，引脚排列规律如下：将发动机电脑水平放置，正对电脑时，从左往右依次是 ABCDEF……，从下往上依次是 12345……，每个引脚名称按横坐标的字母加纵坐标的数字命名，例如：A1、A2、A3、A4、B1、B2……

防盗信息和供电正常时，发动机电脑通过 CAN 通信线通知车身电脑，车身电脑控制启动继电器工作，发动机正常着车。

该车在编程完成后，再次出现启动机不工作现象，此时用解码器与车辆通信，发现发动机电脑仍旧不能通信。当故障出现时，断开蓄电池线，用万用表检测诊断座 6 脚与 14 脚之间的终端电阻阻值，为 121Ω。将发动机电脑拆下后，用万用表检测（共 3 个插头，中间插头）G2 和 H2 之间电阻为 121Ω，并且从发动机电脑插头线束处测量，电阻也为 121Ω。由此证明，该车的发动机电脑与其线束插头之间存在接触不良故障，经过处理线束插头后，故障彻底排除。

对于倾翻车辆，发动机燃烧室内进入机油后，不能直接启动，否则与发动机进水一样，会造成连杆顶弯等机械事故。

此车的全车网络系统比较简单，仅由 7 块电脑组成，分别是发动机电脑（PCM）、仪表（IP）、防抱系电脑（ABS）、车身电脑（BCM）、安全气囊（RCM）、空调（HVAC）、电动转向助力（PSCM），如图 8-31 所示。

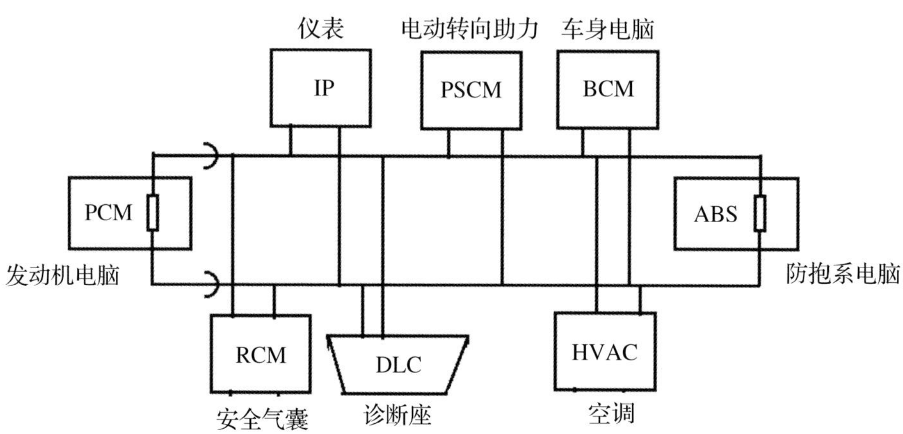

图 8-31

此车当发动机电脑不通信时，表现为拧点火开关启动时，启动机不工作，用解码器读取故障码，显示为发动机模块无通信。

▶ 8.10 汽车电控系统网络故障总结

网络故障相对于其他故障，还是比较复杂的，要想排除网络故障，必须掌握网络的基本知识，还要有网络拓扑图。在网络拓扑图的指导下，结合系统工作原理才能使用逻辑分析法，来确定诊断步骤，然后才能利用检测设备进行分析。

网络故障的表现特点如熊荣华老师所说："风马牛不相及，群死群伤。"也就是说，从故障现象上是某个控制模块的问题，但最后真正的原因，可能来自其他模块。如果是通信线出现故障，可能就表现在多个故障灯同时点亮，多个控制模块同时无法正常工作。

还是用案例来说明比较直观，容易理解。一辆奥迪 A6L 出现偶发性水温表不走故障，故障发生没有规律，有时 10 来天出现一次，并且有一个特点，只要清除全车故障码后，水温表就能恢复正常。当故障出现时，用解码器读取发动机系统的水温数据流，与实际温度一致，并且发动机系统中没有故障码。

接到此车后，根据故障现象，结合此车的网络拓扑图进行分析，认为此车的仪表是通过 CAN 读取的发动机控制系统送到 CAN 网上的数据，并且两个模块（仪表和发动机）不在同一网络中，一个是动力网，另一个舒适网，它们两个信息交换是要靠网关来进行的，也就是网关电脑起着交换信息的作用。是发动机控制模块没有把信息送到网上，还是仪表接收的信息有误，或是网关中进行信息转化时出现了问题?

因为涉及的问题比较复杂，最主要的是没有检测思路，我们想不起来怎样下手，用什么样的设备进行检测，因为系统中没有与水温传感器相关的故障码可以参考。最后，从网上搜索到一个类似的案例，案例中提到，更换网关后故障排除，并且可以从网关数据流中看到有仪表通信异常的故障码。

根据案例的提示，我们对该车的网关进行了检测，确认网关中的数据与案例中一样，更换网关电脑后，故障排除。

该案例说明，从现象上说是水温表不走，但实际上是水温信息在传递过程中丢失了；从表面上看，明显特点就是“风马牛不相及”，实质上是因为网络的原因造成的。这类因为信息传递过程发生丢失，是典型的网络故障的特点！

网络故障属于比较复杂的故障，要想排除网络故障，就需要对整个车辆的网络结构进行全面了解，才能排除网络故障。由于我们是综合修理厂，遇到的车型比较杂，对于每个车型的了解不够深，所以遇到网络故障时往往不知如何下手，只要有机会，就要努力学习。

写到这里，忽然想把本书中有关网络故障的案例进行一下总结，还是利用思维导图（图 8–32）比较方便，这种方法可以让我们的读者朋友对该书中的内容进行有效的总结，建立横向联系，更好地学到案例中的诊断思想。

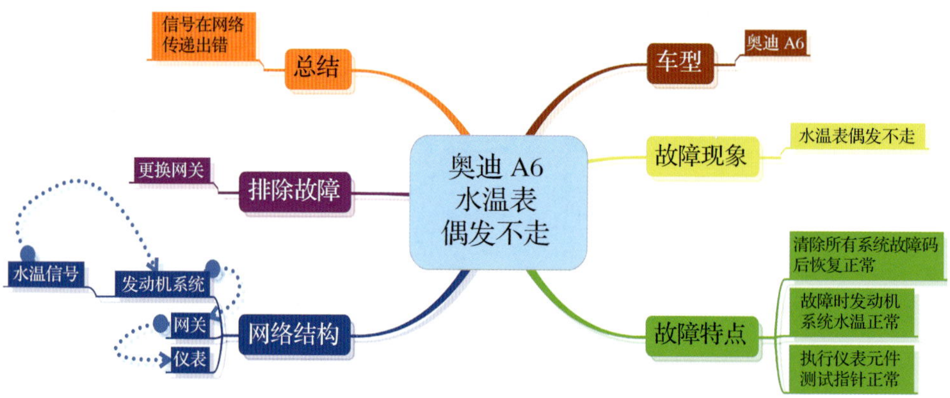

图 8–32

9 示波器的拓展应用

▶9.1 通过进气压力波形诊断发动机缺缸故障

在平时维修中经常遇到发动机缺缸故障，为了方便维修，新型的大众车在设计时，从数据流中增加了缺火记录功能。但也有些老车型不具备这个功能，怎样判断是哪一个气缸不工作，如果是 4 缸车，缺缸故障比较容易判断，而如果是 6 缸车，有一个缸不工作时，诊断起来有一定的难度。在多年使用示波器诊断故障过程中，发现利用监测进气压力信号波形判断是哪一缸不工作的方法非常实用。

下面我们就通过案例进行讲解。

案例：2007 年别克陆尊发动机行车时动力不足

车型：2007 年别克陆尊，发动机排量 3.0L。

故障现象：发动机行车时动力不足，怠速状态下有明显抖动。

读取故障码，显示有一个发动机多缸失火的故障码，用解码器进入数据流中，选择缺火数据子菜单后，进入数据流功能。数据显示没有明显的单缸缺火数据的增长，不能确定是哪个气缸引起失火。

采用短路断火法，同时接上示波器观察进气压力传感器的波形，分别依次给 6 个气缸切断点火，得到如图 9-1 所示的波形。

我们发现无论断哪一个气缸，进气压力传感器的波形都会明显变化，波形前半部分是不断火时的信号波形，有向下毛刺的部分是断火瞬间的波形，再往后看向下毛刺消失部分是恢复点火后，真空度上升后，怠速转速重新进行调整

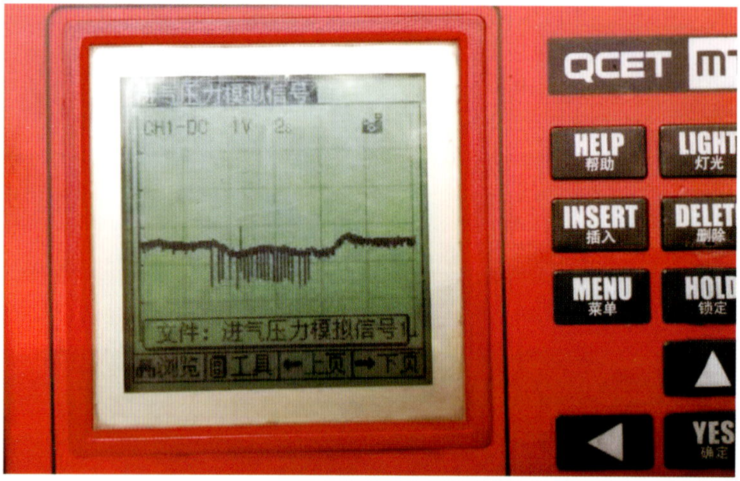

图 9-1

后的波形。

由此判断此车的发动机缺缸现象是随机出现的，不是固定的某一个缸连续缺火。此类问题一般都是混合气调节不良引起的燃烧不良，于是我们开始检查进气系统是否漏气。

通过检查，发现气门室盖与进气软管连接的硬塑料管被人为改装，通到一个塑料瓶子里面了，实际情况如图 9-2 所示。

跟车主沟通后得知，为了防止气门室盖内的机油蒸气通过此管进入进气管，

图 9-2

造成机油污染空气滤清器，车主自行做了这个改装。我们分析认为，由于气门室盖机油蒸气被引出，会影响到空气流量传感器所测量到的进气量，气门室盖中的废气也与进气量有关，所以经过此改装后会对混合气调节造成影响。

重新改回气门室盖的废气管后，发动机怠速抖动现象缓解，我们试车时，再读取发动机失火数据后，发现3缸有明显的失火记录数据。随着行车过程中的抖动，只有3缸失火记录明显增加。回到修理厂，将车辆举起，拆下3缸火花塞，发现有明显的漏电痕迹。

再次与车主沟通，了解到此车刚换火花塞和高压线时间不长，估计是更换火花塞时，没有注意卫生，把一些油污粘到火花塞上，造成火花塞漏电，导致行车时发动机缺缸。

更换新高压线和火花塞后，试车，发动机怠速运转平稳，行车时动力恢复正常，故障排除。

总结：此车故障共有两个原因，一是改装的气门室盖废气管改变的空气进入发动机的通道，导致混合气调节出现偏差，引起混合气调节紊乱，进而出现燃烧不良现象，表现为怠速时发动机抖动明显且排气不均匀。

修理了上述混合气调节故障后，再进一步试车时，发现3缸失火记录增加，最终导致行车时动力不足，我们再经过拆检，找到了另一个故障点。

由于混合气调节不良，引起发动机电脑无法准确判断是哪一个气缸失火。而我们排除完混合气调节故障后，发动机燃烧恢复正常，这时原车上的缺火记录功能才能正常工作，为下一步诊断打下基础。在解码器数据流的引导下，排除3缸失火故障就比较容易了。

进气压力传感器的信号电压波形可以反映发动机燃烧状态的变化，6缸发动机偶发性缺火一般较难判断，在示波器帮助下，可以使各缸做功状态得到明确的判断结果。

▶ 9.2 用示波器判断发动机机械正时是否错位

发动机控制系统是以曲轴和凸轮轴位置信号为参考，然后进行点火时刻的计算，如果正时皮带或正时链条出现机械错位，曲轴和凸轮轴传感器的信号在时间轴的相对位置也会错位。发动机电脑识别到这种错位信息后，就无法输出正确的点火信号，也为了保护发动机避免出现机械干涉，就不会再输出点火信号。

真正遇到这类问题，发动机就无法着车。反过来讲，发动机不着车故障并不仅仅是上述一个原因引起的，所以，实践工作中有时会遇到此类的疑难故障。

我们以下面一个北斗星的案例来说明这个问题。

案例：北斗星发动机不着车

车型：该车装用 K14B 发动机，电控系统为日本日立系统。每缸一个独立的点火线圈，带功率放大功能的点火模块与点火线圈为一体式的结构，机械方面采用的是正时链条，在曲轴上安装有曲轴位置传感器，在凸轮轴上安装有凸轮轴位置传感器。

故障现象：据车主讲，该车在车管所检车时，高转速轰油门后发动机熄火，再也不着车了。经过其他修理厂检修，找不到故障原因，送来我们厂维修。

经过检查，启动发动机时发现只有 1 缸有高压火，其他 3 个缸都没有高压火，对调点火线圈，仍旧是只有 1 缸有高压火。

用解码器检测发现发动机电控系统中，没有故障码。再进一步检查，发现只有 1 缸有高压火，而各缸喷油正常。

将发动机电脑拆下来，进行试验台试验，发动机电脑正常，各缸高压火输出正常。因为没有故障码，所以诊断起来没有方向，但是根据上述的故障现象，怀疑是正时出现故障。

此车的结构是每缸 1 个点火线圈的形式，发动机电脑接收到正确的曲轴位置和凸轮轴位置信号后，并且两信号要保持正确的相位关系，才能准确地判定 1 缸位置，输出正常点火和喷油指令，发动机才能着车。但我们手中没有关于此车的正确的 2 个信号之间的相位波形图。将实际的信号波形测量后，如图 9–3 所示。

大概方向定下来之后，将发动机从车上拆下进行检查，没有发现问题。因

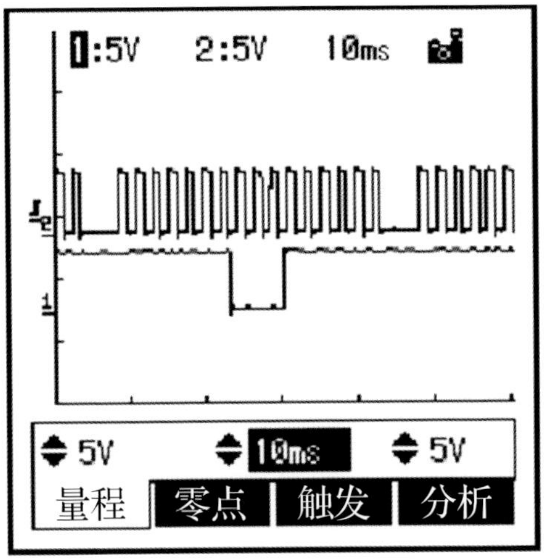

曲轴信号齿缺出现后再过 6 个上齿顶后，出现 1 缸凸轮轴齿缺信号

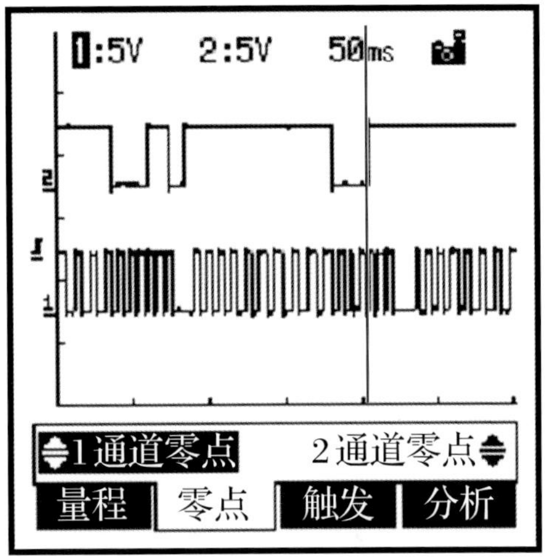

维修前是在齿缺出现 3 个齿后，出现的凸轮轴 1 缸信号齿缺

图 9-3

为从结构上看，发动机曲轴位置传感器和凸轮轴位置传感器在其轴上安装均十分地牢靠，不可以移位。并且，正时链条也不松，在确认机械正常后，再一次把发动机装到车上。

装复后，再次启动试验，故障没有改变，仍旧是只有 1 缸有高压火，其他 3 个气缸没有高压火。

这时，刚好有一辆同型号的车来我厂维修，将此故障车上的发动机电脑装到那辆正常的车上，进行试验，发现可以启动着车，只是启动的时间稍长。由此，再次确认发动机电脑确实没有损坏，问题可能在发动机上或是线束上，或是传感器上。

简单可行的就是更换传感器试一下，因为我们之前遇到过桑塔纳 BSA 发动机曲轴位置传感器间隙过大，造成的发动机热车不着车的故障现象。但更换新的传感器后，故障现象没有改变，仍旧不能着车。

后来，经过我们的技术人员仔细观察，发现凸轮轴位置传感器的触发轮在轴向上有些移位。

因为凸轮轴位置传感器与触发轮之间并没有垂直安装，倾斜一定的角度，所以如果凸轮轴位置传感器的触发轮往曲轴皮带轮方向移动后，会造成传感器与触发轮之间的距离加大，可能会引起传感器的灵敏度不够，而产生错误的波形，引起无法着车，这是轴向位移引起的后果。

另外，如果能轴向移动，那么圆周方向上的转动也是有可能的，所以我们非常怀疑该车故障是由凸轮轴位置传感器触发轮产生移位引起的。

于是，定购了一根新凸轮轴，新旧凸轮轴比较了一下，确实存在上述问题，触发轮不仅在轴向上有位移，并且在圆周上转过了一定的角度。

为了确认此故障原因，我们试着将旧的凸轮轴位置传感器的触发轮用锤子敲击，使触发轮逆着发动机正常工作时的旋转方向转动了一个角度，经过多次试验，发动机可以着车了，到此，确认故障原因与我们推断的一致。

于是，再次将发动机从车上拆下来，更换新的凸轮轴后，顺利着车。

在发动机着车后，我们将正常的信号波形记录下来，如图 9–4 所示。

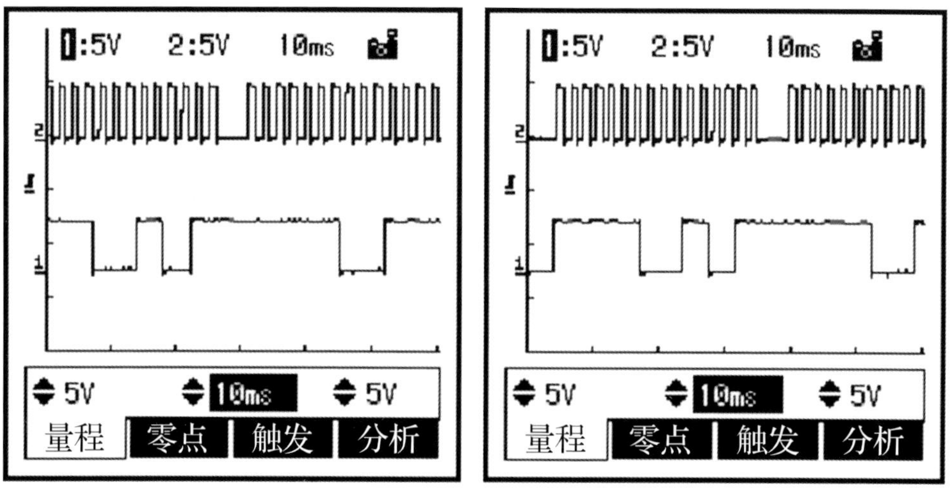

图 9–4

总结：此车的故障原因是凸轮轴位置传感器触发轮与凸轮轴之间位移，造成发动机电脑无法识别 1 缸上死点，而出现的上述故障。在更换凸轮轴总成后故障排除。

在诊断上，因为没有故障码的提示，在没有一手资料的情况下，难以下手。在此车的故障诊断过程中，我们积累了一项宝贵的经验，尤其上述的波形，可以帮我们轻松锁定故障原因，很快地确认故障，提高维修过程中的诊断效率。

▶9.3 用示波器诊断节温器是否正常

发动机散热器的作用是散热，着车后水泵将冷却液送到散热器内，在刚着车时，水温逐渐升高，在设计好的车上，系统所装用冷却液数量以及整个发动机所散热量，是一个相对固定的数据。当随着车辆的使用，水箱的外表会逐渐积蓄杂质，引起水箱散热不良。而当故障出现时又往往会造成行驶中开锅故障，这样的现象对发动机本身是有相当大的危害的。

作为技术人员，我们是否能有更好的方法，先诊断后维修，先诊断后保养呢？实际上，已经有人在做这方面的考虑，进行水温传感器升温曲线的检测，提前预先判断散热系统是否已经出现散热的隐患。因为对于我们地区，冬天到春天，是温度逐渐上升的，本来冬天空气温度较低，发动机散热负荷不大。而随着气温的上升，就使得散热负荷增加，水箱的散热能力不足问题，也随着天气变暖凸显起来，严重时就会产生“开锅”现象。

如果真的检测水温传感器的升温曲线，在实践操作中存在这样的问题，一是耗时较长，往往车主和修理工都不愿意去做这事，另一方面随着气温变化，这个曲线也会变化。还有一点，如果真的要检测温升曲线，我们平时接车时，发动机已经处于热车状态，先要将发动机降到比较低的温度，才能进行升温曲线的检测。实际经验表明，将一台热发动机降到 30℃的室温，在我们地区夏天时，需要几个小时的时间，所以实际上，测量温升曲线是一个难以落地的操作。尽管听起来这种方法非常科学。经过思考，我认为以下这种方法是简单可行的方法。

如图 9–5 所示为一辆东南菱悦 V3 的水温传感器信号电压变化曲线，当时室外温度约为 10℃。

示波器具有测量快速变化信号的能力，同时还具有测量信号变化规律的能力，我们用的示波器，时基可选成每格 10s，这样整个屏幕就能显示 1min 内信

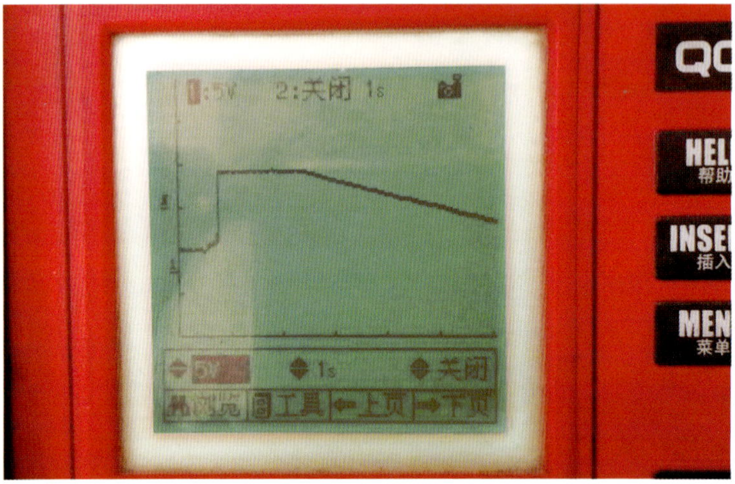

图 9-5

号变化的曲线。这时我们的操作可以通过示波器的自动计时功能得到连续的监测结果。

比如，我们仅仅检测发动机温度从 70℃开始 1min 内的温升速度曲线，这时即使是热车，也不致于等太长的时间，让发动机降温。发动机温度从 90℃降到 70℃，可能需要 20min 左右。然后，再启动着车，检测升温曲线。相对来说是快捷多了，方便多了。

如果温升曲线表明，在同样的时间内，某车的温度上升时间明显变快，那就可以断定该车散热出现了明显的故障。

9.4 传感器模拟器与信号发生器

如图 9-6 所示是一台传感器模拟器，同时它也是一台信号发生器。

该设备为 ADS 牌汽车传感器模拟器，型号为 ADS990，它主要有两种功能：一是模拟各个传感器，给汽车控制单元送上一个“假”信号，替代性的试验控制单元是否可以正确响应，以判断故障所在；另一种功能就是产生电子信号，与示波器配合进行故障诊断和教学模拟。

示波器正常使用时需要到现场进行检测，有时为了教学，需要脱离维修现

图 9-6

场，让示波器去检测信号电压，信号发生器就是可以主动产生电子信号的一种设备，它可以主动输出电压信号，方便我们教学，以及方便我们去给某个控制单元送上信号电压，然后我们观察控制单元是否输出了正常的控制信号。

这台设备是一台汽车专用信号发生器，也是一种传感器模拟器，它可以产生直流交流电压信号，还能模拟电阻型传感器，产生一个变化的电阻，在车上模拟各种温度传感器的变化。

实际使用方法如下：

（1）电阻的模拟。该传感器模拟器电阻挡，最小可模拟 100Ω 电阻，最大可模拟 20kΩ 的电阻，可代替车上的大多数温度传感器，模拟温度信号。

（2）直流电压信号。该挡可以输出 0.1~5.0V 之间的信号电压，信号精度以 0.1V 为一挡，每升高一挡电压上升 0.1V。

（3）氧传感器模拟。该挡可以输出 0.1~1.0V 之间的不断变化信号电压，变化频率每秒 1 次，波形为正弦波，如图 9–7 所示。

（4）凸轮轴方波信号发生。该挡可以模拟霍耳式凸轮轴信号波形（图 9–8），用于配合发动机电脑，进行试验，以替代性试验，是否是原车凸轮轴位置传感器出现故障。

（5）曲轴信号发生器。该挡可以产生 60–2 曲轴方波信号（图 9–9），用于替代发动机曲轴信号，试验发动机电脑是否能正常识别此信号，是否可以输出点火信号。

（6）正弦波信号。正弦波模拟信号频率为 1~300Hz，幅值为 0~5V 变化，如图 9–10 所示。

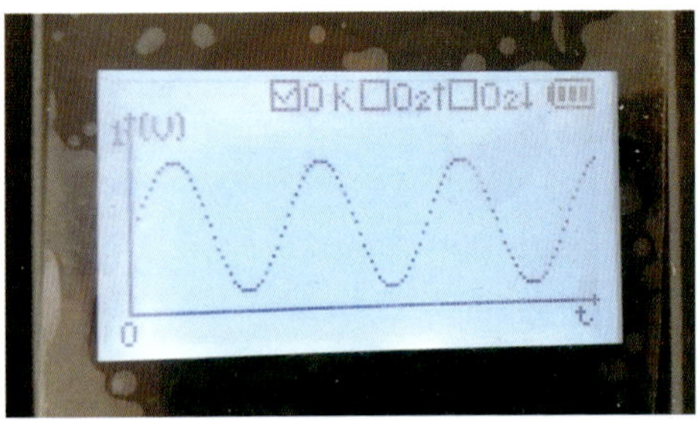

图 9–7

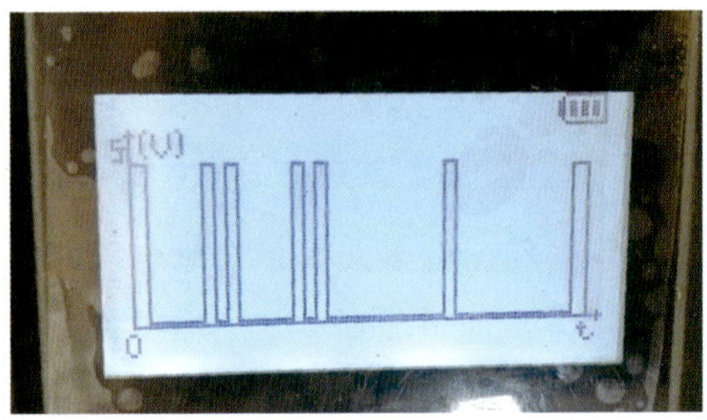

图 9–8

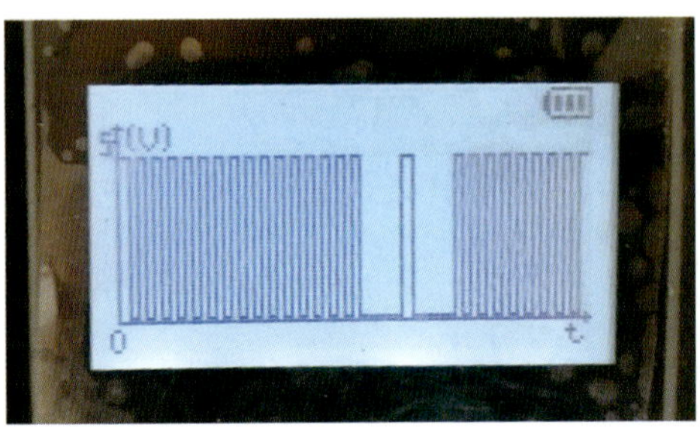

图 9–9

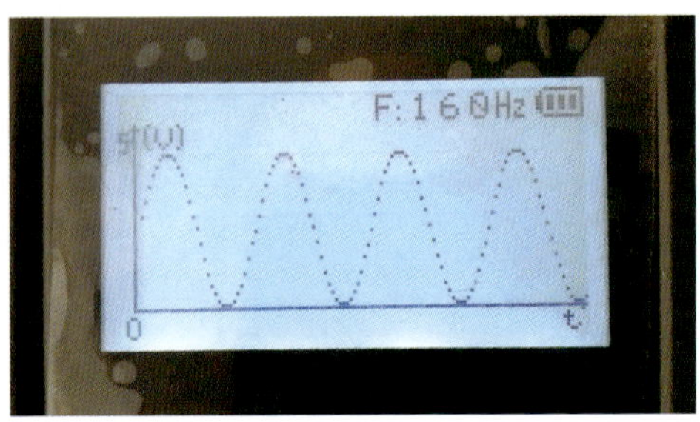

图 9–10

（7）方波信号。该挡可以产生方波信号，峰值为 0~5V，变化频率为 1~1000Hz。

操作说明：

（1）仪器面板上共有 4 个按键，左侧回车标志的为电源开关，右侧对钩键为确认键，向上和向下的箭头可以选择不同功能。

（2）该传感器模拟器从设备顶端有两个 3mm 输出端子插孔，红色为正极，黑色为负极，从这两个端子输出模拟信号，当在电阻挡时，整个设备内部可以等效为一个可变电阻。

（3）该设备采用两节 7 号干电池供电，外壳带有橡胶护套，可防止跌落损坏。我们经常用此设备排除疑难故障，用起来十分方便。

9.5 如何“看”到噪音在哪个位置?

在多年使用示波器的过程中，我们只是按它的特点，用示波器来检测电信号，比较复杂的可能会涉及检测机械正时信号，这时可能会用到双通道。再复杂的如果研究 4 线步进电机的驱动波形，可能会用到 4 通道。汽车示波器帮我们看到了电信号，是汽车电子电路维修人员的眼睛的延伸，但它的功能不仅仅限于代替我们的眼睛去“看”，还可以代替我们的耳朵去“听”。

机械噪音是一种声波，通过声音传感器可以将机械噪音可视化，让我们看到声音，将看和听结合，就能把我们的感觉器官进一步地加强，所以，完全可以让我们普通人拥有“千里眼”和“顺风耳”。

通过参加北京安莱汽车研究院阚有波老师组织的全国汽车诊断师大赛，遇到云南昆明的维修技师马志勇，他在多年的维修实践中，成长为一名卓越的、有创新思维的行业高手。他给我们展示了示波器的一个新用途，他用示波器听诊汽车噪音的案例非常经典。

某车底盘出现偶发性噪音，每天可能只会出现一次，他用示波器配合自制声音探头，固定到底盘上。当声音出现时，探头拾取到了声音，多个探头中声波幅度最大的探头离噪音源最近，用这种方法找到了故障原因是一颗螺丝松动。

还有沧州的徐勇老师，他是一名老修理工，既懂汽车维修，还有很强的动手能力，并且对于音频处理还有很深的造诣，他发明了底盘异响记录仪，如图 9–11 所示就是该异响记录仪的外观照片。

该异响记录仪有 4 个探头，可以同时收集 4 个点的噪音，并且可以用遥控器控制记录仪工作。记录下来的声音文件，可以在电脑上重新播放，对于遇到

图 9-11

底盘噪音故障，检修起来比较方便。该仪器最大的优势在于，我们平时出现底盘故障时，只能在行车状态下利用人耳来听诊，人坐在驾驶室内，噪音被隔离，无法靠近噪音源，如果在行车时把头伸出窗外，你会发现风吹到耳朵里会形成更大的噪音，反而无法精确分辨噪音的方位。所以以上的实践工作告诉我们，利用人耳进行底盘噪音诊断，很难精确定位。由于以上原因，我们实际工作中都是先利用听诊大致确认故障点，再将车辆举升起来进行排除。这样工作起来效率低，诊断的准确性也难以保证，最主要还是对人的经验依赖性比较高，往往难以达到客户满意。

该记录仪在徐老师不断地改进下，还增加了立体振动传感器，该设备不断完善，会越来越好用。

以上两位老师，把示波器的应用做了一个拓展，让示波器不仅仅检测电子电路的故障，还可以用来听诊噪音故障。这种拓展是一种值得借鉴的创新。

我们可以先根据噪音的不同部分做大致分割，比如发动机噪音，只出现在着车后，如果车主反映噪音大，可以进行试车，试车过程中将发动机熄火（注意安全）。如果熄火后，噪音消失，证明噪音来自发动机；如果不消失，证明来自行车机构。

汽车维修中，常见的行车噪音一般有这样几个分类（图 9–12）。

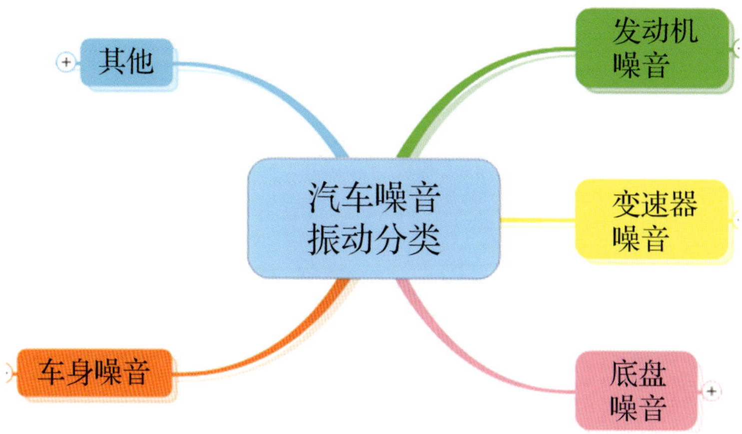

图 9–12

发动机噪音，轮胎胎噪音，轮胎轴承、变速器轴承和齿轮噪音，底盘噪音。关于汽车噪音，我相信作为汽车维修人员的你，一定也经常遇到。如果我们可以有更好的检测设备，就能提高诊断效率和诊断的准确性，提高平时维修工作的效率。

下面我们学习一下利用该底盘噪音计测量宝马车噪音的案例。

案例：用异响听诊器诊断宝马 730Li 底盘异响

车型：宝马 730Li，生产日期 2007 年，已经行驶 330000km。

故障现象：车主反映，此车在行车过程中，发现前方有异响。

我们实际试车，发现确实如车主所述，在经过颠簸路段时，右前轮方向上有轻微异响，将车辆举起后进行检查，没有发现松旷的元件。

于是，我们决定用异响诊断仪进行诊断，具体方法如下：

（1）将异响诊断仪的 4 个探头固定在我们认为最有可能产生异响的位置。

（2）连接好 4 个通道与控制盒之间的导线，固定好控制盒及导线，防止试车时产生干涉。

（3）着车后去颠簸路面试车，用遥控器打开控制模块记录功能。

（4）在试车过程中，如果异响出现，我们按下喇叭做一个时间上的标记，这时异响记录同样会记录下喇叭工作的声音，以便我们在电脑上重放噪音记录时参考。

（5）试车完毕后回厂，用遥控关闭记录仪，并取下记录仪拿到电脑上进行分析。

实际操作中，1 通道传感器固定在发动机油底壳上，2 通道传感器固定在右侧三角臂上，3 通道传感器固定在右侧减震器下部，4 通道传感器固定在右侧横拉杆球头上，如图 9–13 所示。

图 9–13

回厂后，我们取下记录仪，并且用读卡器读出声音波形，实际波形如图 9–14 所示。

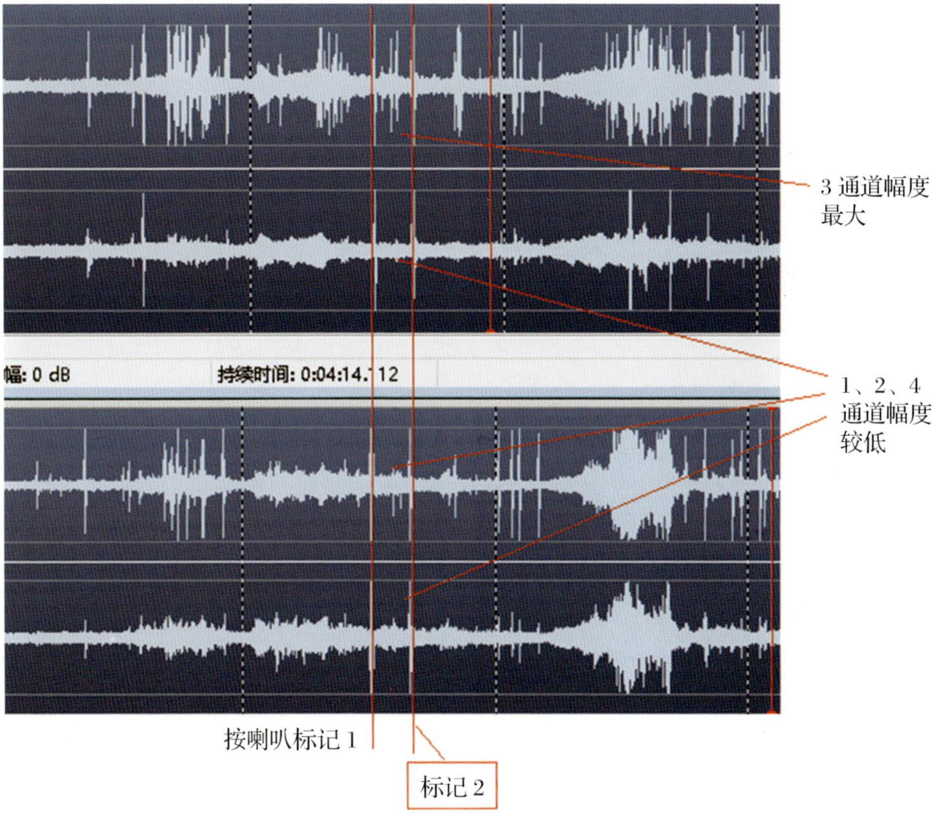

图 9–14

从波形上看，1、2 通道的声音波形中，与噪音相关的成分幅度明显较低，而 3、4 通道中，与噪音相关的幅度明显偏大，3、4 通道相比，3 通道的声音波形的幅度更大。由此推断，噪音可能来自右前减震器。

与车主沟通后确认，右前减震器 3 个月前在其他修理厂更换过，我们进行拆检发现，右前减震器顶部的螺丝未拧紧，试着松下该螺丝，发现其内部的螺纹已经滑牙，直接更换一新减震器后试车，故障排除。

总结：此车故障是因为右前减震器安装时螺母滑牙，导致减震器与车身之间固定松动。在行车过程中，受力时产生异响，更换减震器后故障排除。

排除汽车异响是技术人员比较头痛的问题，这要求维修人员经验丰富，还要用排除法一步一步接近故障点。平时试车，只能听到一个大致的方位，我们靠举起车辆后进行松旷检查，来寻找精确的故障点，因为车辆举起后与行车的真实情况有所差别，所以形成误诊的概率较大。形象比喻诊断异响，就如同在声音的海洋中捞针，因为行车过程中，所有车辆都会产生异响，到底哪一种异响是车主想排除的，是故障性质的，我们有时真的很难确定。

异响诊断仪有这样几个方面的优势，在行车过程中，声音传感器固定在我们认为产生异响可能性较大的位置，同时可以布置 4 个不同位置，记录下的声音波形可以拿到电脑上分析，也可以在电脑上重新播放，反复分析对比，就如同公安局破案用视频分析的方法一样，有些复杂故障通过反复分析对比，才能确认故障原因。异响诊断仪将声音记录后，可以用专用软件进行波形幅度的对比，进行频率特性对比，可以发现许多我们以前想象不到的故障原因。比如，它可以发现喷油器脏污后，声音波形上的变化，因为人耳的分辨能力有限，这样的异响靠人耳很难察觉，而异响听诊器则可轻易发现。随着我们的使用越来越熟练，我们还会发现很多关于噪音的未知世界。

9.6　超声波探头的检测与思考

倒车雷达在车上广泛应用，关于倒车雷达的常见故障一般为探头损坏，目前常用的检测探头的方法有两种，一种是简易手摸方法，另外一种是替换法。

简易法就是着车挂倒挡状态下，手摸探头表面，大多数车辆探头正常工作时，手感轻微震动，尤其是德系车比较明显，而有的车型则不太明显，手感法不是十分精准。一般综合修理厂很难配备多种车型的探头，所以在遇到个别探头损坏时，往往无从下手，导致客户不满意。

超声波雷达探头是一种压电陶瓷元件，给它施加高频电压，就能发射超声波，当超声波遇到障碍物时，反射回来后，压电陶瓷片还能接收这种能量，把超声波变成电脉冲，控制系统计算发射超声波到接收到脉冲之间的时差，利用声波在空气中传播的速度公式，计算出车辆与障碍物的距离。

为了解决实际工作中遇到的难题，想用示波器对超声波探头工作的好坏进行测量。既然压电陶瓷片具有接收超声波的能力，我们就利用一个通用型的（用于给车辆加装倒车雷达探头）对正原车超声波探头，当着车挂挡时，将接收探头正对原车探头，然后用示波器观察我们改装用探头上的波形，距离在 20cm 左右时，测量的波形如图 9-15 所示。

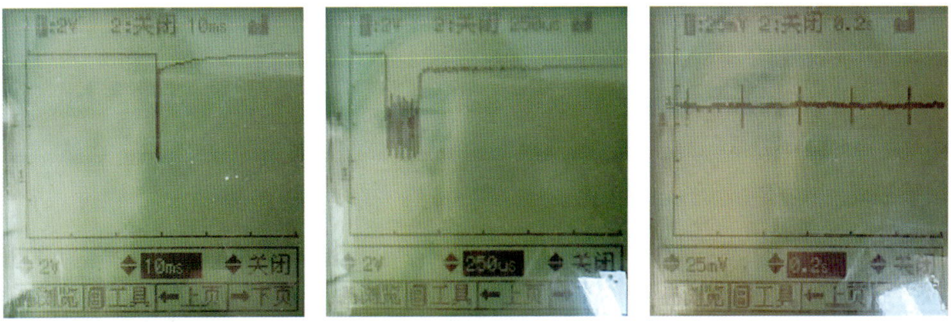

2V 10ms 驱动波形　　2V 250μs 驱动波形　　用另外一个探头接收到波形

图 9-15

按图中接收到的波形，每个波形之间用时为 0.24s，即发射的信号间隔频率为每秒 5 次多。从每次发射的信号中，勉强可以看出，约为 10 个脉冲。每次发射持续 175μs，信号发射期间的频率为 57.14kHz，这与理论上（查阅相关资料得出）的 40kHz 相接近。

通过上述波形，也可以明显看到，接收到的波形幅度是非常低的，为 50mV 左右，这不是原发射探头接收到的，估计原探头与此信号的幅度接近，所以在接收时一定要有放大器，才能正常进行两个波形的比较。

改用软件示波器后，可以更清晰地观察到的波形如图 9-16、图 9-17 所示。

实际维修中，我们还发现，如果拔下 4 个探头中的一个，那么系统会检测到故障，从而整个系统退出工作，这说明系统有自动检测的功能，可能与 ABS 系统类似。在工作前，系统对 4 个探头的电阻进行检测，检测的方法是给探头施加由电阻分压后的电压，如果经过探头后，分压值在正常范围内，则整个系

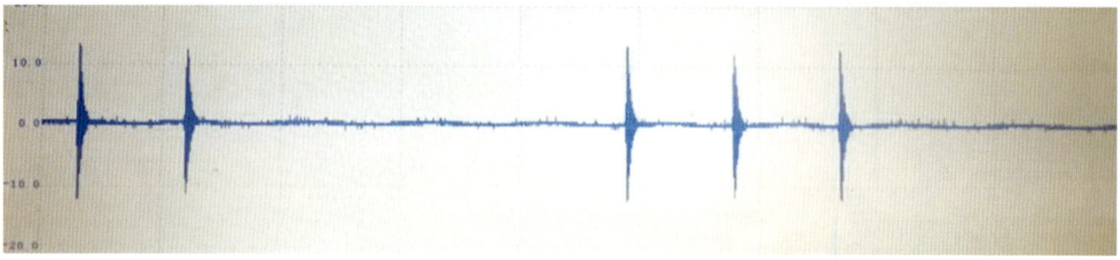

图 9-16

图 9-17

统工作；如果不在正常范围内，即判断系统有故障，则整个系统退出工作，以保证系统不会产生误判，从而保证系统工作时的安全性和可靠性。

10 总结

▶10.1 示波器测量时的接线方法

在传感器的测量中，我们把示波器的负极选择不同的参考点，可能会得到不同的测量结果。在电控燃油喷射系统中，大多数传感器都有自己的信号负极线，对于有负极线的传感器，连接示波器的第一选择是把示波器负极夹子与传感器信号负极相连接，这样才能得到正确的测量结果。如果我们把示波器的负极没有连接到传感器负极上，可能会得到错误的测量结果。

传感器其输出的信号电压精度在 0.01V，换句话说发动机电脑会响应传感器 0.01V 的信号电压变化，我们检测传感器信号电压时希望与发动机电脑真正收到的信号电压一致，这样才有参考价值，在汽车上不同的负极点的电平是不一样的。基于以上原因，错误的负极参考点会让我们的测量产生误差。也正因为这个原因，汽车设计工程师在设计时，每一个传感器都有专门的负极线与 ECU 相连接，这样才能保证 ECU 所接收到的传感器信号电压的精准。

如果测量执行器，通常是电磁阀性质的，一般电磁阀的正极直接与电源正极相连接，负极受 ECU 的控制，所以我们通常是采用观察负极波形的方法来诊断故障。常见执行器工作波形的检测，用示波器正极测试端接执行器负极，示波器负极测试端接蓄电池负极，将以上内容经过总结如图 10–1 所示。

加热型氧传感器的测量要点如下：

在国内采用博世公司电喷技术的车辆占有很大市场，该系统采用的氧传感器其接线上遵循以下规则，如图 10–2 所示。

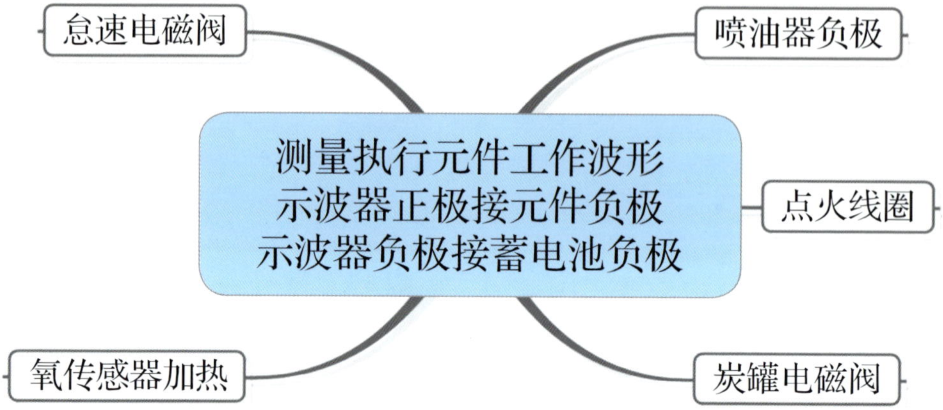

图 10-1

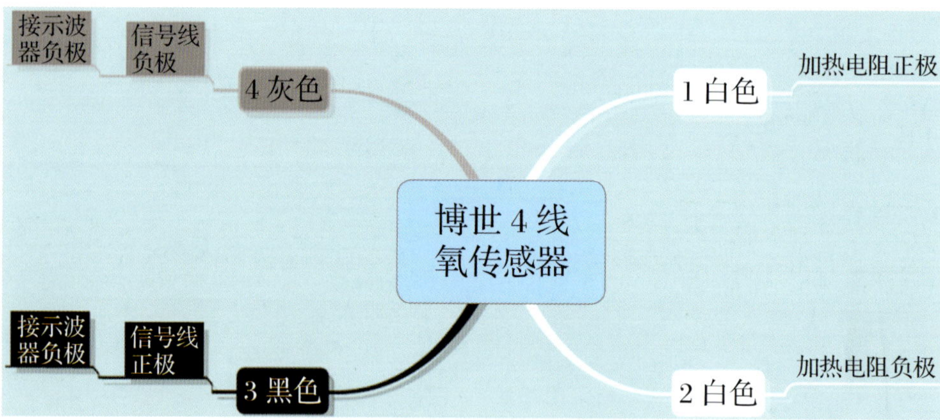

图 10-2

两个白色线为加热电阻，其与传感器外壳不相通，在用示波器测量加热电路故障时，示波器的正极接加热线的负极，示波器的负极与蓄电池负极连接即可，这样才能看到脉冲加热信号，如果用示波器的正极连接到加热电阻的正极时，只能看到一条 12V 的水平线。

黑色为氧传感器信号正极，实际测量时连接示波器的正极；灰色线为氧传感器信号负极，测量时连接示波器的负极。也就是说，测量氧传感器信号电压时，示波器的正极与负极线都要接到传感器的信号线两端，才能得到正确的测量结果。

3 线曲轴位置传感器的检测方法：曲轴位置传感器有两种，一种是磁电式传感器，另一种是霍耳式传感器。先从磁电式传感器说起，磁电式传感器也有 3 根导线，我们可以先用万用表测量 3 根导线中的任意 2 根，电阻值在 1000Ω 左右的就是磁电传感器内部的线圈，测量磁电式曲轴位置传感器时，要把示波器的两个测量探针分别接到传感器线圈端，就能观察到曲轴位置传感器的波形；另一种是霍耳式曲轴位置传感器，先把示波器的负极探针接到蓄电池负极，再在着车状态下，把正极探针接到剩下的任意一个端子上，如果是一条直线，则所测量到的是传感器的电源线；如果有方波出现，当前所接的就是传感器的信号输出端。

图 10–3 分别为磁电式曲轴位置传感器和霍耳式曲轴位置传感器的波形，这两个波形都是 60–2 的形式的传感器。

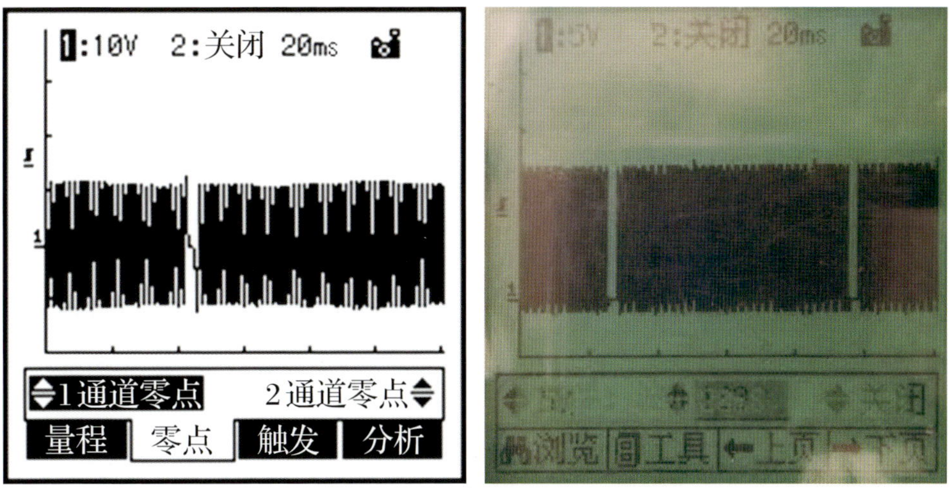

图 10–3

测量两线的磁电式 ABS 传感器时，要把示波器的两个正负极测试针直接与传感器的两个端子相连接，不用区分正负极，错误的操作方法是把示波器的负极接搭铁，正极接传感器的某个端子。

视频讲解示波器测量时的接线方法：

（1）一根线爆震传感器接线方法：示波器负极探针接搭铁，正极接信号输出端子，它的信号电压应该是图 10–3 的样子。

（2）ABS 传感器的接线方法：磁电式 ABS 车速传感器输出的是交流信号，示波器的正负极探针分别接传感器的两个端子，不用区分正负极。

（3）霍耳式传感器接线方法：霍耳式传感器输出的是直流方波信号，示波器的正极探针接信号端，负极探针接传感器负极。

（4）测量喷油器波形的接线方法：示波器的正极探针接喷油器的负极，示波器的负极探针接蓄电池负极。

（5）测量节气门位置信号的接线方法：先找出传感器的负极（开点火开关状态下，电压为 0V 的引脚为负极），接上示波器负极探针到传感器负极线上，再用正极探针去测量其他引脚电压，随加速减速变化的为节气门信号电压脚。

（6）进气压力传感器的接线方法：测量 4 根导线上的电压，始终为 5V 的为电源电压，始终电压为 0V 的为负极，随着发动机加减速快速响应的为进气压力信号，大约 1V 左右不快速变化的是进气温度信号。

（7）专业示波器中峰值捕捉，电子测量等操作见视频内容。

▶ 10.2 示波器的分类与技术参数

示波器的分类：

从示波器内部电路工作原理分类，可以分为模拟示波器和数字示波器。模拟示波器处理信号的电路是老式的模拟电路，数字示波器采用数字电路处理信号，显示器一般也是液晶显示器。数字示波器可以方便地对信号进行冻结与存储，相对于模拟示波器因为这些功能，使技术人员更方便地分析电路问题。按示波器采用显示元件，可分为以下几种：

（1）荧光管（也叫 CRT 阴极射线管）示波器。其特点是利用阴极射线管作为显示元件的示波器，早期专门用于电子电路的检修。这种类型的示波器比较笨重，不适合用于汽车方面的检测。

（2）便携式汽车专用液晶示波器。一般该类型示波器，内部采用数字电路处理信号，它还在带有波形冻结功能，可以让测量时的重要波形存储下来，方便日后分析。典型的品牌有“福禄克 98”、本书中的“MT3500”等示波器。

（3）软件示波器。这是一款新型的示波器，它利用笔记本电脑的显示屏显示波形，利用专门的电路处理信号电压后，通过电脑通信接口送到电脑内部。这类示波器往往有强大的分析运算功能，可以处理很多复杂的信号。这种形式的示波器，也有汽车专用示波器，典型的品牌有“PICO”，该品牌是英国制造的一款高端示波器。

以上 3 种是以显示元件进行分类的，除此之外，我们还可以分为电子检修人员专用示波器和汽车专用示波器。专用汽车示波器是一种适合检测汽车的专用示波器。它的检测菜单中带有各种汽车传感器和执行器的快捷菜单，可以让非电子专业的维修人员，方便操作，并且可以保护示波器被误操作而损坏。

MT3500 数字示波器技术参数如下：

（1）2~6 通道可选择。

（2）每格时间最小可以调整到 125 μs。

（3）存储容量 32Mb。

PICO 数字示波器的技术参数如下：

（1）2 通道或 4 通道。

（2）采样率 400Mbit。

（3）缓存器：250MS。

（4）带宽：20MHz。

（5）分辨率：12 位。

数字示波器中的技术参数是什么含义呢?

存储深度 Mpts：示波器每次采集、处理和显示波形所包含的点数，类似于相机的像素。比如 32Mpts 的示波器，每一次采集波形，可以显示 32000000 个点所构成的波形。

带宽：给示波器输入一个正弦波，保持幅度不变，连续增加信号频率，随频率增加其显示的幅度会降低，当降低到实际幅值的 70.7% 时，当前频率就是示波器的带宽。

采样率：只有足够高的采样率才能保证显示的波形不失真，一般采样率至少是被测信号频率 5 倍以上。

最大输入电压：示波器一般不能直接测量超过 100V 的高压，如果需要测量则采用感应测量或电阻分压后测量。表 10–1 是 PICO 输入电压的数据。

表 10–1

全量程测量范围	过压保护（DC+AC 峰值）		
	输入通道	数字输入通道	信号发生器输出
± 20V	± 100V	± 50V	± 20V

10.3 示波器使用中的常见问题

（1）在示波器使用中常见的错误操作方法。

检测氧传感器时，不要用手同时接触氧传感器的信号正极与负极，因为人体的电阻约为几十千欧，同时接触信号正负极，会引起氧传感器的信号短路（因为氧传感器的内阻为 1MΩ 左右），我们将无法得到正确的测量结果。

测量 CAN 信号时，应选择双通道模式，并且两个通道的信号探针负极一起接到蓄电池负极或车身搭铁，两个通道的正极探针分别接 CANH 和 CANL。初学者有时会使用单通道，把这个通道的正负极探针分别接到 CAN 两个数据线上。这样的测量也是错误的，所得到的波形，也没有诊断意义。当我们的示波器取样速度不够时，无法检测快速变化的 CAN 信号，必须换用更高速度的示波器才能捕捉到准确的信号波形，图 10–4 是一辆 2016 年上海大众朗逸轿车的 CAN 通信线波形。

该波形是用 PICO 示波器测量到的，从图上可以看到，时间是每格 50μs，

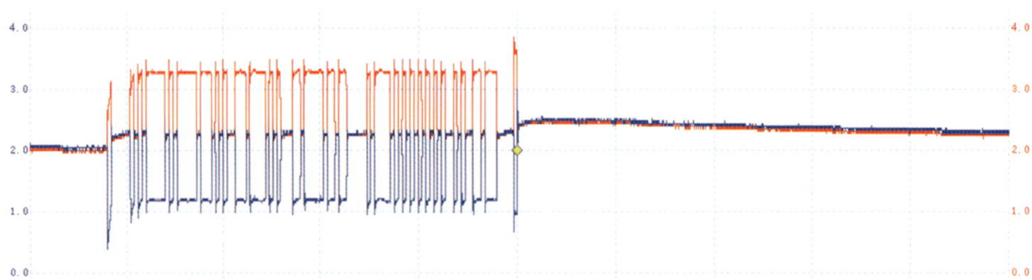

图 10–4

这个速度是 MT3500 达不到的，因为 MT3500 最快只能调整到每格 125 μs。

检测传感器信号时，示波器的负极夹子应该是在传感器负极端子，而不是任意找一个搭铁点。

测量执行元件时，要把示波器的正极探针接到执行元件的负极，示波器的负极接到蓄电池负极，这样才能看到执行元件的工作波形。

测量时波形始终跳动不止，无法得到一幅清晰的波形，这是因为触发方式没有设置正确引起的，我们可以试着对触发进行设置。

除了波形跳动不止外，有可能还会遇到波形干扰问题，图 10–5 是我们在维修一辆马自达昂克赛拉时遇到的干扰波形。

在我们检测 CAN 波形时，干扰时而出现时而消失，消失时的波形如图 10–6 所示。

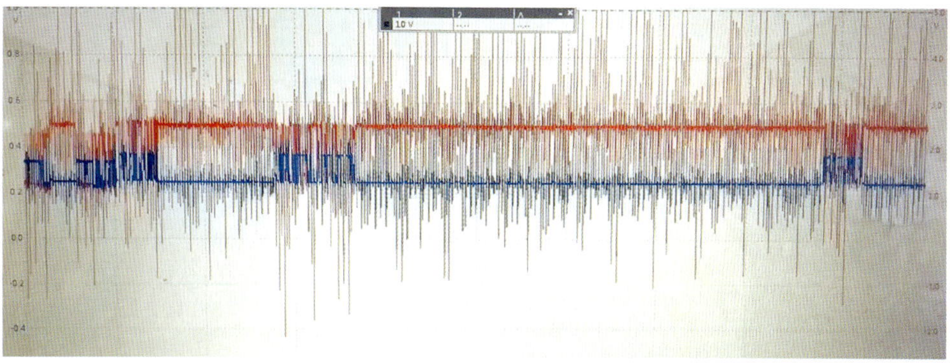

图 10–5

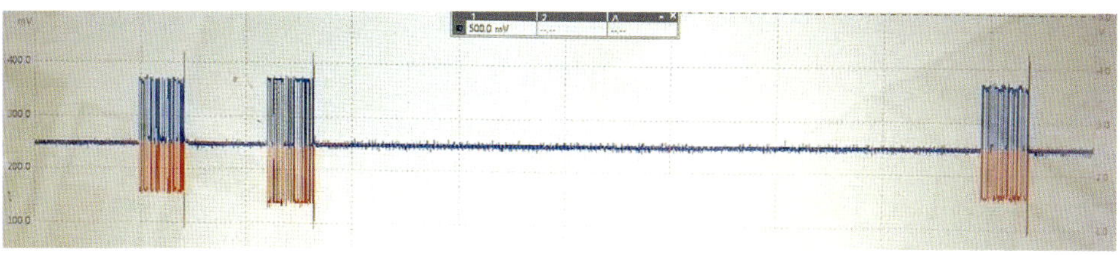

图 10–6

我们反复观察，终于找到了干扰来自智能充电机，当充电机输出电流为 5A 以上时，干扰出现；当电流降为 0 时，干扰消失。平时维修中，遇到干扰问题可以借鉴思维导图进行分析，如图 10–7 所示。

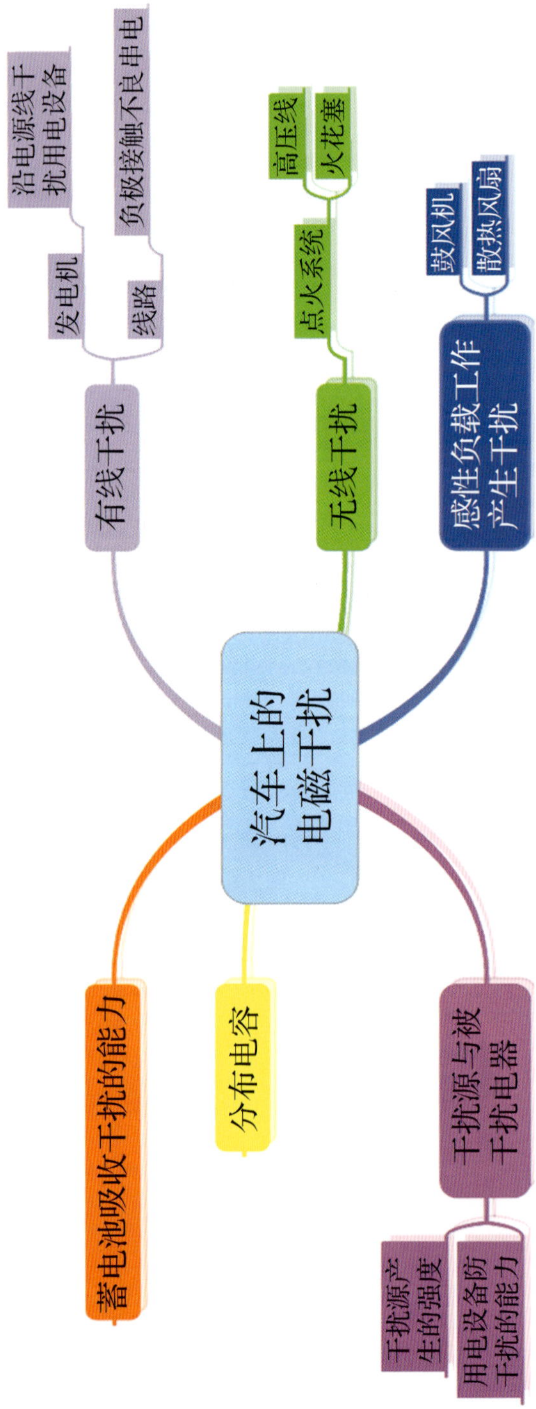
汽车上的电磁干扰
有线干扰
发电机
沿电源线干扰用电设备
线路
负极接触不良串电
无线干扰
点火系统
高压线
火花塞
感性负载工作产生干扰
鼓风机
散热风扇
干扰源与被干扰电器
干扰源产生的强度
用电设备防干扰的能力
分布电容
蓄电池吸收干扰的能力

图 10-7

（2）示波器的常见故障有哪些？

在十几年使用示波器的时间里，我所用的示波器还是比较稳定的，很少出现故障。记忆当中有 3 次故障，也都是人为原因引起的，并不是示波器本身质量问题。

①在使用示波器测量次级点火波形时，把示波器放在了检测车上，此时又来一辆要检修的车，急于腾出工位时，忘了把示波器与车辆断开，挪动车辆时把示波器牵扯后摔到地上，造成输入端口出现故障，我们自己打开外壳简单维修后，排除了故障。

②另外一次损坏，是在检测过程中，没有注意把检测线搭在了排气管上，烫坏了检测线，这也是我们平时诊断应该注意的问题。

③唯一一次返厂维修，是因示波器内的电池漏液后把电路板损坏，返厂维修后一次性修好了，一直用到现在，没有再次损坏。

多年来，这台设备一直陪伴我工作，无数次地按下按键，造成面板的软按键表皮塑料损坏，但仍旧不影响使用。

总之，这是一台质量非常可靠的设备，它耐用、工作稳定、方便易携带，是维修汽车电子电路的好帮手。请大家记住，这不是为厂家做广告，是我十几年使用该设备的心得。

10.4 示波器使用进阶

（1）触发相关问题。

①触发电平，如图 10-8 所示。

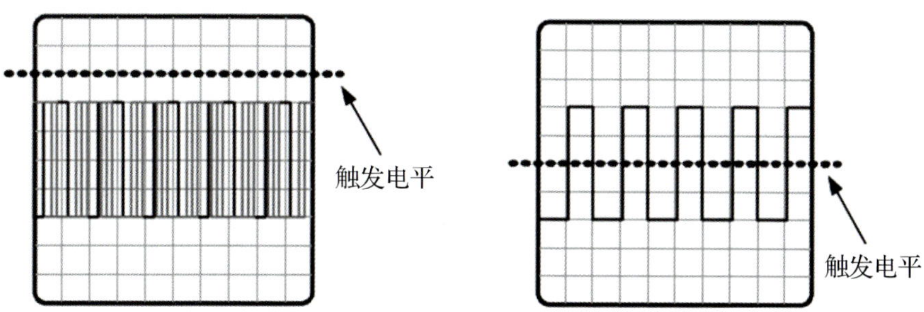

图 10-8

图 10–8 左图中设置的触发电平超过了信号的上沿，造成不能正确触发，引起信号在显示屏上不能同步显示，会一直在屏幕上流动，看不清楚。图 10–8 右图中将信号电压设置到信号中间部位，如果信号本身频率稳定，就能不断在屏幕上稳定显示，形成稳定清晰的图像。

②触发源：用来设置示波器，确定触发信号从哪一个通道里获取。

③触发沿：分为上升沿触发和下降沿触发，也就是设置一下，确定让屏幕上显示的信号从上升沿开始或是从下降沿开始。

④自动触发：示波器内部根据信号特点自动设置触发条件。当我们在测量信号时发现信号波形无法稳定显示在屏幕上，可以按上面的方法进行设置。如果按上面的方法仍旧不能使信号稳定显示时，可能原因是因为信号本身在频率上不稳定，每一个信号在时间间隔上比较长。再或者我们想捕捉一个偶发性的信号波形，这个波形不是在短时间内重复出现，那么它出现时就可能在屏幕上一闪而过，对于这样的问题，可以利用自动触发功能。

⑤峰值捕捉：峰值捕捉功能可以帮我们捕捉到偶发性的信号，调用这一功能后，符合设定条件的信号到来时，仪器会发出蜂鸣声并自冻结画面，这一功能十分方便，可以避免我们长时间监视示波器。

（2）屏幕宽度不够的问题。

由于该示波器的显示屏比较小，这是一个实际问题，有时在利用双踪功能测量曲轴和凸轮轴位置信号的相位时，会感觉到由于屏幕宽度的限制，将信号调整到可以看清晰细节时，看不到全貌。看清全貌后无法看清细节的，造成无法完整地看到一个周期内的曲轴和凸轮轴信号相对关系，这时我们可以利用多次测量信号，利用信号的上升沿和下降沿特点进行拼接，利用拼接形成一个完整的信号图，然后再进行分析。

（3）电子测量。

分析复杂波形时，该示波器还提供了电子测量，利用游标分析被测量数据，更精确，更科学。在使用电子测量分析功能时需要先按下 HOLD 键将图像冻结，然后利用左右箭头移动光标到需要测量的位置，就能显示当前的分析结果，实际使用效果如图 10-9 所示。

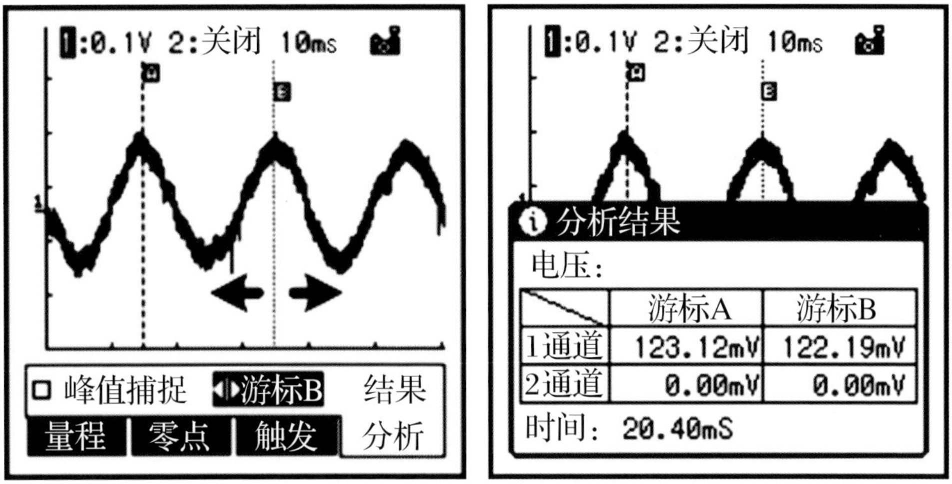

图 10-9

利用电子测量，可以得到精确的波形峰值电压，比如图 10-9 中游标 A 所处的第一个波形的峰值电压，为 123.12mV，游标 B 为第二个波形的峰值，为 122.19mV。游标 A 和 B 之间的时间间隔了 2ms，当我们需要精确测量，示波器的电子测量功能可以帮助我们实现对被测波形的精确分析。

（4）磁电式传感器的灵敏度。

磁电式传感器是利用电磁感应原理来工作的，当触发轮转动速度快时信号电压高，转动速度慢时信号电压低。如何评价一个传感器的输出信号是否合格，不能仅仅从信号电压的高低上着手。它需要两个信息：一个是频率，另一个是信号电压的高低。用专用名词讲，就是灵敏度，它的单位是 mV 或 mm/s。信号电压与触发轮的移动速度相关，并且磁电式传感器对于传感器与触发轮之间的间隙要求非常严格，间隙太大时，信号电压会严重变小。一般情况下，磁电式传感器的与触发轮之间的间隙为 0.5~1mm。由于上面的理论性比较复杂，我们在平时应用时可以利用示波器的双踪功能，同时测量在前轴的 2 个传感器或是后轴的 2 个传感器，将 2 个传感器的信号电压进行比较，就能确定出异常的信号。实际波形如图 10-10 所示。

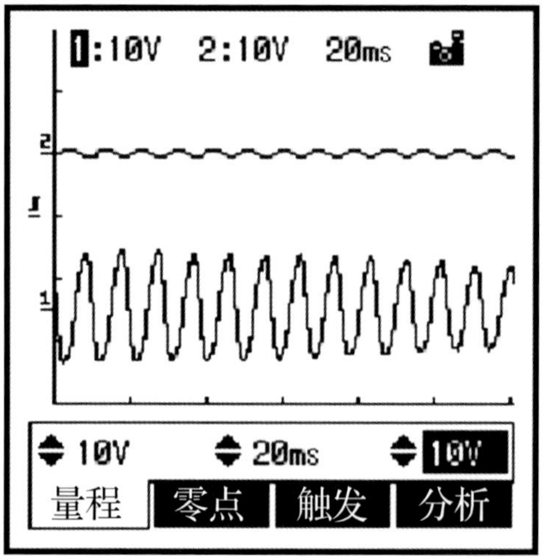

图 10-10

图 10-10 中信号 2 的幅度明显偏低，该传感器存在故障。ABS 传感器在低速时灵敏度不够时（比如传感器表面吸有过多的铁粉时），会表现低速轻踩制动踏板时 ABS 误动作的故障现象。

（5）专业示波器。

当我们使用示波器比较熟练时，会用到专业示波器，专业示波器就相当于一台普通双踪数字存储示波器，它的显示界面如图 10-11 所示。配合使用上下左右 4 个箭头键和 F1~F4 功能键，即可完成对示波器的设置。专用示波器使用起来比较复杂，仅凭文字难以详细讲解，我们把相关的内容放到视频讲座中来学习。

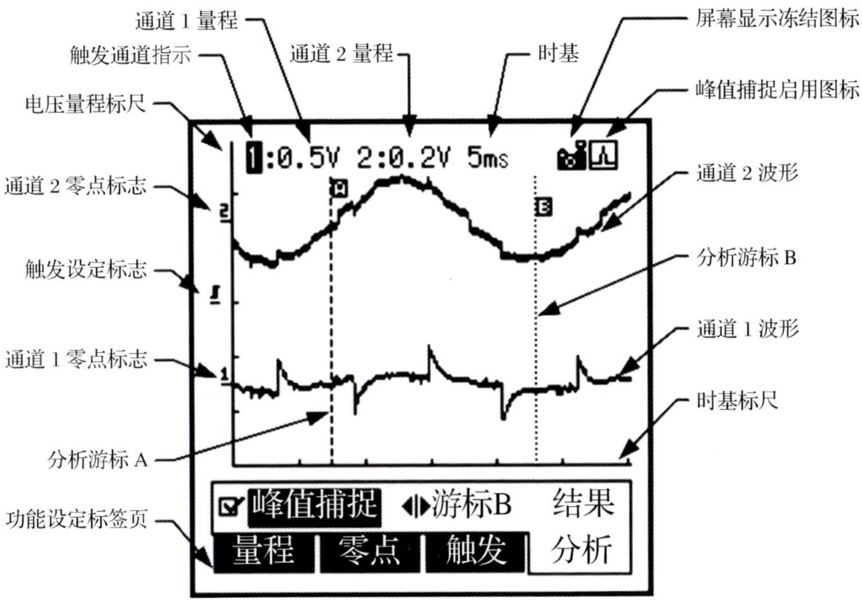

图 10-11

▶ 10.5 汽车电子电路立体学习法

在我的教学工作中，我把关于汽车电子知识看作是一棵大树，每一片树叶代表一个知识点，每一类问题就是大树的树干，成千上万的树叶，加上成百上千的枝干，组成了一棵大树。

在学习汽车电子电路维修的过程中，就是掌握每一片树叶，如何循序渐进地掌握众多的树叶，当然需要坚持不断，更需要有计划，有目的地进行主动思考。

主动思考是一种好方法，本书中关于节气门位置传感器的学习方法，关于水温传感器的学习方法，都从多个维度上进行学习。首先从理论上认识传感器的工作原理，一个是电位计工作原理，另一个是串联电阻分压原理。接着我们要联系汽车电路的特点，它在车上的作用，以及该元件损坏后所表现的故障现象。该元件损坏的原因是什么？到此，还不算完，如何掌握有效的验证方法，使我们诊断与之有关故障时，既高效又准确。检测方法与技巧是不可少的，还有关于设备的应用，设备应用包括操作方法、标准数据等。

现在我们总结以上的方法，不由自主地想到一个词，就是立体学习法，如图 10-12 所示。

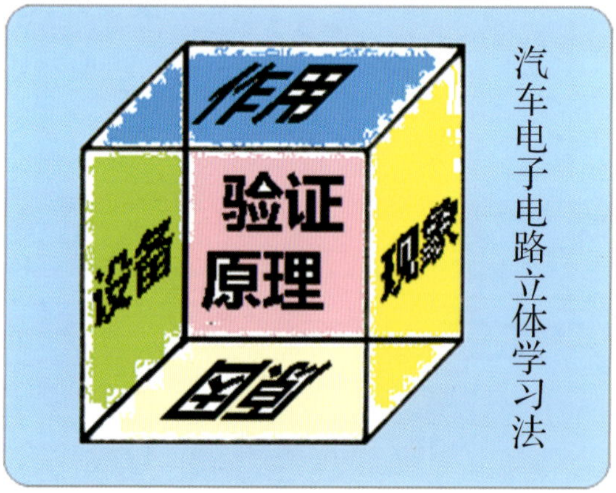

图 10-12

我们的知识掌握得再多，也是平面的，因为没有实践来验证和应用，知识就是没有办法转化成价值的。而我们在汽车维修中，看似简单的故障，维修起来可能会感到非常困难。最近带几个技校实习学生，在检测一辆马自达 6 线路故障时发现，电路图上所标注的导线颜色是英文字母，这对于一个专业维修电路的技工来说，是一个简单问题，而对于一个刚从学校出来的学生，他们感觉到一时难以从脑海中提取英文字母与颜色之间的关系。我们搞汽车电路维修，处处是知识，只有熟练掌握并应用，才能将知识转变为技能，没有知识是一定修不好车的。只有知识不去应用，就好比是一台存储了大量信息的电脑，它永远无法完成维修车辆这么简单的任务。学校的学生就是典型的例子，只习惯于往大脑中存储知识，不习惯于把知识用于现场维修中来，知识不能输出是个问题。

立体学习法就是从多个角度去应用知识，把知识转变成技能。要想实现从知识到技能的转变，就需要先从原理入手，理解原理，再对元件在车上的作用加以认识，然后通过长期工作，建立经验，当此元件损坏后会有什么样的故障现象。这种经验建立后，就可从现象引发联想，缩小诊断的工作面，学会使用设备进行检测。验证故障就是由该元件损坏引起的，最后要找到元件损坏的外在原因，并且会维修，这样就建立了一套立体的认知，学会了某一种元件诊断的全部过程。

原理→作用→现象→设备→验证→原因，这种立体学习方法不同于课堂上的原理讲解，也不同于常见的汽车维修界内的案例讲解，不同于平时维修工作的实践。而是借用案例理解原理，再通过检测实例，总结出标准参考数据，进而再找到设备使用技巧，最主要是诊断思路的正确性、合理性的训练。

只有真正掌握了这些技能，才能在工作现场举一反三，快速准确完成诊断工作。在本书最后的总结中，我们提出的立体学习法就是指以上的学习方法综合，这是一种整体技能，是要不断训练才能掌握，并且会随着你的熟练使用，越来越快地帮你掌握汽车电子故障诊断的能力，通过三五年的坚持，就能让你达到专家级的水平！

思维导图是一个好用的思维工具，不断应用这个工具，才能在工作中得心应手，实现高水平、高效率的工作能力，当学习效率提高了，才可从容面对新车型、新技术的挑战！

如果你在工作中遇到学习上的难题，可以从以上这 6 个层面分析一下，缺少哪一个面的工作、哪一个面的工作没有做，就加强训练，必定可以完成自己技能上的成长。

▶10.6　建立良好的工作习惯

前两天某 4S 店朋友遇到一个难题，来我维修厂请我帮他们诊断一台发动机故障，该发动机故障现象是偶发性报 3 缸失火的故障码。在与他们合作时，我发现了一个问题，就是基本的检测习惯不正确，当然 4S 店的朋友对该车型非常熟悉，想办法替换了外围所有能替换的元件。但在使用示波器时我发现了两个问题，在这里并不是贬低朋友，只是平时可能他们没有机会使用示波器的原因造成的。

具体的问题是这样的：

（1）在测量前氧传感器时，采用刺破导线外皮的方法来连接示波器。

（2）测量进气压力传感器时，朋友查阅图纸来确定哪一个引脚是进气压力信号脚。

从以上的问题看，我相信这位朋友平时工作也是这样的，先说第一个问题。他们很少处理电子电路故障，把原车导线刺破的方法不可取，我们维修的基本原则是尽量减少对车辆的伤害，就如同医生看病一样，尽量在保证检测准确的前提下减少对“病人”的伤害，这是一项基本原则，否则遇到疑难问题，你不但修不好车，还会把车辆问题搞得更复杂。连接示波器探针正确的方法是用探针沿插头背面插入，因为插头内部都带有橡胶密封圈，我们不会对导线的密封造成破坏，而不要刺破导线外层绝缘皮。

第二个问题，就是进气压力传感器是一个在电控发动机中广泛应用的传感器，其一般为 3 线或 4 线，4 线的传感器比 3 线的传感器多一个进气温度信号。发动着车后进气压力信号随加减油门快速变化，我们直接接上示波器探针，然后给发动机加速或减速，找到波形快速变化的那一个引脚，就能快速实现测量。在大多数情况下，该方法可快速看到结果，而且不用区分车型。以上这些都是从动脑开始，是一种好的测量习惯，只有好的测量习惯，才能保证准确的测量结果、保证高效的工作效率。下面还有几条维修电子电路需要注意的基本事项：

（1）安装蓄电池时千万不要把蓄电池极性接反，否则可能会造成电子控制单元的烧坏。

（2）给车辆蓄电池充电时，普通充电机千万不要直接在车上充电，如有必要，要断开蓄电池与车辆的连接线，再进行充电。

（3）外接蓄电池帮电时，要先连接蓄电池正极线，然后把负极线连接到发动机机体或车身上，不要把负极线与蓄电池负极直接相接。

（4）注意检测插头端子时，应该从背面测量，不要刺破线皮。

（5）线路中间为断开后，需要绞接的要用锡焊好，再套上热缩套管，以保证长时间工作不会出现接触不良故障。

（6）对系统进行检测后，不要随意清除故障码，否则控制单元的学习值会一起被清除，影响对故障的分析。最好是在维修完毕后，再清除故障码。

（7）在着车或打开点火开关状态下，不要断开任何插头。

（8）测量控制单元内部故障时，一定要断开蓄电池线。

（9）汽车点火系统怕开路、怕脏污，开路会引起击穿电压升高，引起点火线圈甚至发动机电脑的损坏，脏污会引起漏电。

（10）不要用万用表检测汽车安全气囊的电阻，否则会引爆气囊，也可先用电压挡确认没有电压时，再测电阻。

（11）在车上测量电阻时，应断开蓄电池线，然后再进行测量。

（12）一般汽车示波器直接测量时，最高电压为100V，测量点火高压时要使用感应夹进行间接测量，不要直接使用万用表或示波器测量点火系统高压，这样会损坏检测设备。

（13）测量终端电阻时，要拆下蓄电池线5min后再测量，防止控制单元中的电容存储电压，影响测量结果。

（14）维修安全气囊时，需要给蓄电池断电5min后再进行维修，防止控制单元中的电容存储电荷，导致气囊爆炸。

▶ 10.7 软件引发的故障你注意到了没有？

最近，在本书即将结稿时，遇到3例特殊故障，这3例故障引发了我的思考，这是否意味着这种类型的故障会越来越多呢？第一例是马自达3昂克赛拉泡水车，更换全车电脑后，无法进行防盗匹配；第二例是2010年斯柯达昊锐，仪表胎压灯亮起，读故障码是胎压监控系统无通信，拆开轮胎后，发现没有胎压传感器，该车是在一次检车后出现的故障；第三例是2012年高尔夫更换车身电脑J519后，遥控器只能开不能锁，同时左前门上的门锁开关也是只能开不能锁，而旧的车身电脑中央门锁功能正常。

再详细说一下，第一例用综合解码器检测时，可以检测到SSU（自动启停系统，装到方向柱锁模块内），而用马自达专检进行检测时，却发现不了SSU，所以也无法进行防盗匹配。多方请教，最后确认是手中的专检软件版本不够引起。最后借来新版本的专检且编程后，故障排除。

第二例，从故障码的字面上看是控制单元不能通信，但该车就没有安装胎压控制单元，胎压灯是靠 ABS 系统内部监测车轮转速的间接式胎压控制系统，这个故障码的解释就有点不着边际了，没有该控制单元，说该控制单元不通信，从道理上讲不通，也是多方请教，最终编程后故障排除。

第三例是 2012 年的高尔夫蓝驱，因为右前转向灯常亮，确认是 J519 车身电脑内部损坏，更换新车身电脑后，远光灯不工作，按旧电脑内部的长编码给新电脑编码后，远光灯恢复正常，但出现一个新的问题，就是遥控器不工作。再用设备进行遥控匹配后，发现遥控器只能开门，锁门键不起作用。该车的两个遥控器都是这样的现象，再换回旧车身电脑后，遥控门锁功能正常。我们根据以上现象分析，得出下面的结论：车辆本身线路正常，门锁执行元件正常，问题就是新车身电脑内。但电脑是新的，怎么会出现这种问题，如果是软件问题，按说应该遥控器不工作，怎么会有一部分功能不正常呢？并且进入车身系统数据流，能看到按下遥控器后，数据流中对应的数据有变化，说明接收到了遥控信号。实在没有办法时，再次请人做远程，告知电脑内部软件有差别，重新编程后，故障排除。

以上 3 例故障都是软件故障引起的，并且让我们很伤脑筋，百思不得其解的故障现象，最终让专业人士轻易化解。以我们综合维修厂来看，软件故障概率在不断上升，而我们维修人员一般很难意识到这个问题，这就带来了我的思考。

示波器是一种排除汽车电子电路故障最常用的设备之一，但它不是万能的，它可以让我们直观看到电信号，有些故障离了示波器就无法维修、无法诊断。但以上 3 例故障说明另外一个问题，示波器只能测量硬件故障，对于大多数软件故障，是无法使用示波器来发现问题的。

我们只能不断学习，才能想到，而只有想到，才有可能做到。在汽车新技术飞速发展的今天，当我们遇到一些百思不得其解的疑难问题时，一定要细心思考、认真学习，当硬件搞不定时，可能是软件的问题。如果你是一名汽车维修技术人员，对软件的了解还不够时，可能已经落伍了！

软件故障的特点用思维导图总结如图 10–13 所示。

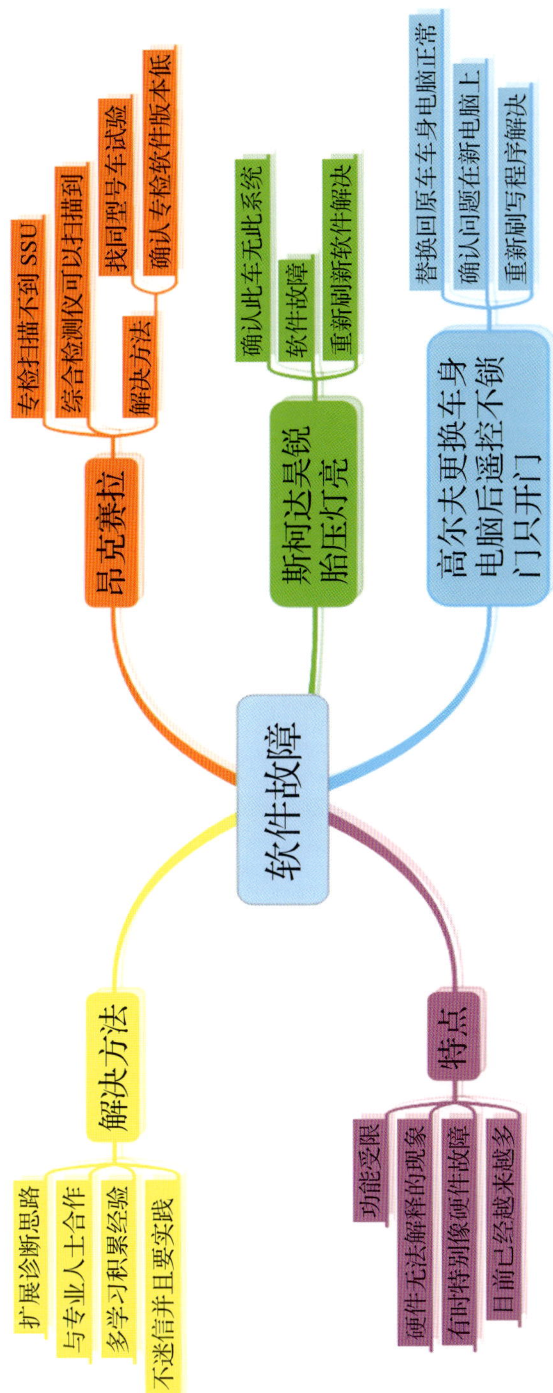
软件故障
昂克赛拉
专检扫描不到 SSU
综合检测仪可以扫描到
解决方法
找同型号车试验
确认专检软件版本低
斯柯达昊锐胎压灯亮
确认此车无此系统
软件故障
重新刷新软件解决
高尔夫更换车身电脑后遥控不锁门只开门
替换回原车车身电脑正常
确认问题在新电脑上
重新刷写程序解决
解决方法
扩展诊断思路
与专业人士合作
多学习积累经验
不迷信并且要实践
特点
功能受限
硬件无法解释的现象
有时特别像硬件故障
目前已经越来越多

图 10-13

▶10.8 让我们能看到“电”的第六感观

科学实验表明，人体除了有视觉、听觉、嗅觉、味觉和触觉等 5 个基本感觉外，还具有对机体未来的预感，生理学家把这种感觉称为“机体觉”“机体模糊知觉”，也叫作人体的“第六感觉”。国外把人的意念力或精神感应称为人的第六感觉，又称超感觉力（英文简写成 ESP）。有趣的是，在动物界还存在着“第六感”——对外激素（信息素）的感觉。科学家指出，外激素是由动物分泌的化学物质，用于影响同种动物的行为，感觉外激素的器官叫作犁鼻器，这是一个位于鼻中隔底部的软骨结构。

电是一种神奇的物理现象，它在电路中运行，速度飞快且如果不对外做功，我们是感觉不到的，所有电的理论也都是抽象的，我们的学习都是在思考与想象中进行，而示波器这个“神器”给了我们一双火眼金睛，让我们看到电的变化规律，学会了示波器的使用，就等于你拥有了看到电的第六感观。仅仅能看到电的变化规律还不够，这是一套严密的科学方法，还需要不断学习、不断思考，才能熟练掌握，才能在维修现场轻松解决各种难题。

在与同行的交流当中，我得知有很多同行买了示波器就一直闲置在那儿，无法有效利用，这让我觉得很可惜。为了解决这个问题，同时对自己多年来使用示波器的心得做个总结，就写作了本书，本书以理论结合案例为主，全书共有 10 章，大多数文章内容都配用了案例来解释理论上的问题。因为我知道多么复杂的理论，最终都是为了应用。而案例中有我们维修人员遇到难题时相似的思维方法，案例是修理技师之间交流的特殊模式，这些宝贵的案例蕴含着丰富的理论、经验与技巧。

示波器的重要作用是把我们看不到的电信号变成可以看到的波形，然后我们分析信号变化规律，来推理故障原因，最终得出结论，是某一个元件损坏，或是需要调整位置，再或是软件出现问题，最终还可以用示波器检测维修后的效果，从波形上判断、确认诊断结果。

在本章中，把示波器功能进一步拓展，把我们看不到的电信号转变成示波器上的波形，把听不到的超声波变成信号波形，把可以听到但不能精确确认故障性质与部位的故障进行波形上的分析，帮我们缩小故障范围，这些都是示波器很好的拓展。

汽车示波器的主要应用，还是电子电路，其次是特有的点火初级和次级电路的检测，再有就是上述的声波分析和超声波信号分析，以及网络通信故障的检测。

多数技能不经过训练就无法轻松掌握，就如同打乒乓球一样，我第一次打乒乓球后发现，我居然打不过60多岁的老球友，后来又发现，10岁左右的受过乒乓球训练的儿童我也打不过，这事就有意思了。为什么会有这种差距，随着不断地磨炼，慢慢认识到打乒乓球运动是一种复杂的运动，对人的跳跃能力、移动速度、挥拍动作、挥拍路径，对球的旋转、落点、速度的观察和理解能力，都会限制你的能力，只有综合能力提高了，才能最终站到高手的行列。虽然到现在为止，打乒乓球的能力仍旧不太理想，但与刚开始参加这项运动相比，已经明显提高了。尤其是看到新手们的动作，一下子就能判断出来他的大致水平。所以，我建议要想掌握示波器的使用，就别怕耽误时间，在维修工作中要不断用它去检测故障、不断总结维修思路，最终一定能掌握这台设备的使用。

我们感知世界的能力不仅仅是有6种感观，我相信还有很多。示波器用来显示电信号，近年来专门用来显示物体表面温度的热成像仪，它可以帮助我们看到物体表面温度所呈现的图像，这样在维修空调制冷、制热以及发动机散热系统故障时非常有帮助。我的朋友大连的刘科委在这方面是领先的高手，图10-14是他测量一辆轿车空调干燥储液器堵塞后的热成像。

科技进步给我们带来了更多的方法与设备。利用设备解决故障是一项技能，很多技能是靠训练才能掌握，这与我们在学校里学到的知识不太一样。因为所有汽修行业的从业人员都知道，一个大学刚毕业的大学生，都不一定能修好车，这说明经验与理论都是解决问题的重要因素。示波器检测的基本技能掌握以后，在使用它的过程中，我们就会不断创新，攻破以往解决不了的更多疑难故障，这样才能让我们在同行们的竞争中保持技术领先的优势！

恭喜你，离你训练自己掌握示波器的操作不远了，祝贺你成功读完了本书，

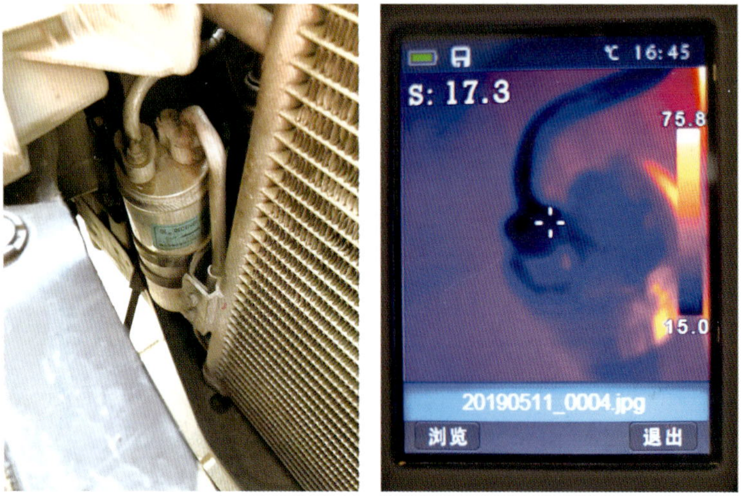

图 10-14

又向成功走近了一步！

汽车电子控制技术不断升级，使得检测设备也跟着不断发展，汽车解码器紧跟技术的发展，不断推出更新、更好用的功能。在笔者使用解码器的过程中，有许多值得记录与值得分享的好方法，准备把它们编辑成册，集中在我们将要出版的第 6 本书中，这本书的书名为《用思维导图学汽车解码器的使用》，感谢你的支持，同时也期待与你在新书里见面！